朱子語類彙校

伍

［宋］黃士毅　編
徐時儀　楊艷　彙校

上海古籍出版社

晦庵先生朱文公語類卷第七十二

易八

咸

咸就人身取象，看來便也是有些取象説。咸上一畫如人口，中三畫有腹背之象，下有人脚之象。艮就人身取象，便也似如此。上一陽畫有頭之象，中二陰有口之象，所以「艮其輔」於五爻見[一]。内卦之下亦有足之象。砥。[二]

「否、泰、咸、常、損、益、既濟、未濟，此八卦首尾皆是一義。如咸皆是感動之義之類。咸内卦艮，止也，何以皆説動？」曰：「艮雖是止，然咸有交感之義，都是要動，所以都説動。卦體雖是動，然纔動便不吉。動之所以不吉者，以其[三]内卦屬艮也。」僩。

「『山上有澤，咸』，當如伊川説，水潤土燥，有受之義。」又曰：「土若不虚，如何受得？」又曰：「上兑下艮，兑上缺，有澤口之象；兑下二陽畫，有澤底之象；艮上一畫陽，有土之象；

下二陰畫中虚，便是滲水之象。」砥。〔四〕

問：「咸卦〔五〕『君子以虚受人』，伊川注云：『以量而容之，擇交而受之。』『以量』莫是要着意容之否？」曰：「非也。以量者乃是隨我量之大小以容人，便是不虚了。」又問：「『貞吉悔亡』，易傳云『貞者，虚中無我之謂』，本義云『貞者，正而固』，不同，何也？」曰：「某尋常解經只要依訓詁説字。如『貞』字作『正而固』，子細玩索，自有滋味。若曉得『正而固』，則『虚中無我』亦在裏面。」又問：「『憧憧往來，朋從爾思』莫是此感彼應，憧憧是添一個心否？」曰：「往來固是感應。憧憧是一心方欲感他，一心又欲他來應。如正其義便欲謀其利，明其道便欲計其功。又如赤子入井之時，此心方怵惕要去救他，又欲他父母道我好，這便是憧憧底病。」僩。

「憧憧往來」。往來自不妨，如暑往寒來，日往月來，皆是常理。只看個「憧憧」字便鬧了。德明。〔六〕

厚之問「憧憧往來，朋從爾思」。曰：「『往來』字〔七〕不妨，天地間自是往來不絶。只不合着『憧憧』了，便是私意。」〔八〕又問：「明道云『莫若廓然而大公，物來而順應』，如何？」曰：「『廓然大公』便不是『憧憧』，『物來順應』便不是『朋從爾思』。此只是『比而不周，周而不比』之意。這一段，舊看易惑人，近來看得節目極分明。」可學。

問：「伊川解屈伸往來一段，以屈伸爲感應。屈伸之與感應若不相似，何也？」先生曰：

「屈則感伸，伸則感屈，此〔九〕自然之理也。今以鼻息觀之：出則必入，感出也；〔一〇〕入則又出，感入也。〔一一〕故曰『感則有應，應復爲感，所感復有應』，屈伸非感應而何？」洽。

趙致〔一二〕問感通之理。先生曰：「感是事來感我，通是自家受他感處之意。」時舉。

「憧憧〔一三〕往來」是感應合當底，「憧憧」是私。感應自是當有，只是不當私感應耳。淵。

「憧憧往來，朋從爾思」。聖人未嘗不教人思，只是不可憧憧，這便是私了。感應自有個自然底道理，何必思他？若是義理，却不可不思。淵。

寓問：〔一四〕「伊川易傳咸之九四，言『有感必有應，凡有動皆爲感。感則必有應，所應復爲感』。〔一五〕是如何？」曰：「凡在天地間無非感應之理，造化與人事皆是。且如雨暘，雨不成只管雨便感得個暘出來；暘不成只管暘，暘已是應處，又感得雨來。是『感則必有應，所應復爲感』，寒暑、晝夜無非此理。如人夜睡不成只管睡至曉，須着起來。一日運動，向晦亦須當息。凡一死一生、一出一入、一往一來、一語一默，皆是感應。中人之性，半善半惡，有善則有惡。古今天下，一盛必有一衰。聖人在上兢兢業業，必曰保治，及到衰廢，自是整頓不起，終不成一向如此，必有興起時節。唐貞觀之治可謂甚盛，至中間武后出來作壞一番，自恁地塌塌底去。至五代，衰微極矣。國之紀綱、國之人才，舉無一足恃。一旦聖人勃興，轉動一世，天地爲之豁開！仁宗皇帝〔一六〕時，天下稱太平，眼雖不得見，想見是太平。然當時災異亦數有之，所以馴至後來之變，亦是感應之常如此。」又問：「感應之理於學者工夫有用處否？」曰：「此理無乎不在，如何學者用不得？『精義入神，以致用也；利用安身，以崇德也』，亦是這道理。研精義理於内，所以致用於外；利用安身於外，所以崇德於内。横渠此處説得更好：『「精義入神」，事豫吾内，求利吾外；「利用安身」，求〔一七〕利吾外，致養吾内。』此幾句親切，正學者用功處。」寓。

林一之名易簡，邵人。〔一八〕問：「『凡有動皆爲感，感則必有應』是如何〔一九〕？」曰：「如風來是感，樹動便是應。樹拽又是感，下面物動又是應。如晝極必感得夜來，夜極又便感得晝來。」曰：「感便有善惡否？」曰：「自是有善惡。」曰：「何謂『心無私主，則有感皆通』？」曰：「心無私主不是暝涬没理會，也只是公。善則好之，惡則惡之；善則賞之，惡則刑之。此是聖人之至神之化。心無私主如天地一般，寒則遍天下皆寒，熱則遍天下皆熱，便是『有感皆通』。」曰：「心無私主最難。」曰：「只是克去己私，便心無私主。若心有私主，只是相契者應，不相契者則不應。如好讀書人見讀書便愛，不好讀書人見書便不愛。」淳。

器之問程子説感通之理。曰：「如晝而夜，夜而復晝，循環不窮。所謂『一動一静，互爲其根』，皆是感通之理。」木之問。〔二〇〕「便是。天下事那件無對來？陰與陽對，動與静對，一物便與一理對。君可謂尊矣，便與民爲對。人説棋盤中間一路無對，某説道，便與許多路爲對。」因舉「寒往則暑來，暑往則寒來」與屈伸消長之説。邵氏擊壤集云：「上下四方謂之宇，古往今來謂之宙。」因説：「易咸感處，伊川説得未備。往來自還他自然之理，惟正靜爲主則吉而悔亡。至於憧憧則私意〔二二〕爲主，而思慮之所及者朋從，所不及者不朋從矣。是以事未至則迎之，事已過則將之，全掉脱不下。今人皆病於無公平之心，所以事物之來，以〔二二〕有私意雜焉，則陷於所偏重矣。」木之。

「程子〔二三〕謂〔二四〕『感應』，在學者日用言之，則如何是感應〔二五〕？」曰：「只因這一件事又生出一件事，便是感與應。因第二件事又生出第三件事，第二件事又是感，第三件事又是應。如王文正公平生儉約，家無姬妾。自東封後，真宗以太平宜共享，令直省官爲買妾，公不樂。有沈倫家鬻銀器、花籃、火筒之屬，公嚬蹙曰：『吾家安用此！』其後姬妾既具，乃復呼直省官求前日沈氏銀器而用之。此買妾底便是感，買銀器底便是應。」淳。

或問：「易傳説感應之理。」曰：「如日往則感得那月來，月往則感得那日來，寒往則感得那暑來，暑往則感得那寒來。一感一應，一往一來，其理無窮，感應之理是如此。」曰：「此以感應之理言之，非有情者云『有動者皆爲感』，似以有情者言曰『父慈則感得那子愈孝，子孝則感得那父愈慈。』其理亦只一般。」文蔚。

繫辭解咸九四，據爻義看，上文説「貞吉悔亡」，「貞」字甚重。程子謂：「聖人感天下如雨暘寒暑，無不通、無不應者，貞而已矣。」所以感人者果貞矣，則吉而悔亡。蓋天下本無二理，果同歸矣，何患乎殊塗！果一致矣，何患乎百慮！所以重言「何思何慮」也。如日月寒暑之往來，皆是自然感應如此。日不往則月不來，月不往則日不來，寒暑亦然。往來只是一般往來，但憧憧之往來者患得患失，既要感這個又要感那個，便自憧憧忙亂，用其私心而已。「屈伸相感而利生焉」者，有晝必有夜，設使長長爲晝而不夜，則何以息？夜而不晝，安得有此光明？春氣固是好和[二六]，只有春夏而無秋冬則物何以成？一向秋冬而無春夏又何以生？屈伸往來之理，所以必待迭相爲用而後利所由生。春秋冬夏只是一個感應，所應復爲感，所感復爲應也。春夏是一個大感，秋冬則必應之，而秋冬又爲春夏之感。以細言之，則春爲夏之感，夏則應春而又爲秋之感；秋爲冬之感，冬則應秋而又爲春之感，所以不窮也。尺蠖不屈則不可以伸，龍蛇不蟄則不可以藏身。今山林冬暖而蛇出者往往多死，坐[二七]此則[二八]屈伸往來感應必然之理。夫子因「往來」兩字説得許多大，又推以言學，所以内外交相養，亦只是此理而已。横渠曰「事豫吾内，求利吾外；素利吾外，致養吾内」，此下學所當致力處，過此以上則不容計功。所謂「窮神知化」乃養盛自至，非思勉所及，此則聖人事矣。謨。

或説「貞吉悔亡，憧憧往來，朋從爾思」，云：「一往一來皆感應之常理也，加憧憧焉，則私矣。此以私感，彼以私應，所謂『朋從爾思』，非有感必通之道也。」先生然之。又問：「『往來』是心中憧憧然往來，猶言往來于懷否？」曰：「非也。下文分明説『日往則月來，月往則日來』，寒往則暑來，暑往則寒來』，安得爲心中之往來？伊川説微倒了，所以致人疑。一往一來，感應之常理也，自然如此。」又問：「是憧憧於往來之間否？」曰：「亦非也。這個只是對那日往則月來底説。那是個[二九]自然之往來，此憧憧者是加私意、不好底往來。『憧憧』只是加一個忙迫底心，不能順自然之理，猶言『助長』、『正心』，與計獲相似。方往時又便要來，方來時又便要往，只是一個忙。」又曰：「方做去時是往，後面來底是來。如人耕種，下種是往，少間禾生是來。」問：「『憧憧往來』如霸者，以私心感人便要人應。自然往來如王者，我感之也無心而感，其應我也無心而應，周遍公溥，無所私係。是如此否？」曰：「也是如此。」又問：「此以私而感。恐彼之應者非以私而應，只是應之者有限量否？」曰：「也是以私而應。如自家以私惠人及[三〇]，少間被我之惠者則以我爲恩，不被我之惠者則不以我爲恩矣。王者之感，如云『王用三驅失前禽』，去者不以爲恩，獲者不以爲怨，如此方是公正無私心。」又問：「『天下何思何慮』。人固不能無思慮，只是不可加私心欲其如此否？」曰：「也不曾教人不得思慮，只是道理自然如此。感應之理本不消思慮。空費思量，空費計較，空費安排，都是枉了，無益於事，只順其自然而已。」因問：「某人在位，當日之失便是如此，不能公平其心，『翕，受敷施』。每廣坐中見有這邊人即加敬與語，其他皆不顧。以至差遣之屬亦有所偏重，此其所以收怨而召禍也。」曰：「這事便是難説。今只是以成敗論人，不知當日事勢有難處者。若論大勢，則九分九釐須還時節，或其人見識之深淺、力量之廣狹，病却在此。以此而論却不是。前輩有云『牢籠之事，吾不爲也』，若必欲人人面分上説一般話，或慮其人不好，他日或爲吾患，遂委曲牢籠之，此却是憧憧往來之心。與人説話或偶然與這人話未終，因而不暇及其他，如何逐人面分問勞他得！李文靖公爲相，嚴毅端重，每見人不交一談。或有諫之者，公曰：『吾見豪俊跅弛之士，其議論尚不足以起發人意。今所謂通家子弟，每見我，語言進退之間尚周章失措。此等有何識見而足與語，徒亂人意耳！』王文正公、[三一]李文穆公[三二]皆如此，不害爲賢相，豈必人人皆與之語耶？宰相只是一個進賢退不肖，若着一毫私心便不得。前輩嘗言：『做宰相只要辦一片心、辦一雙眼。心公則能進賢退不肖，眼明則能識得那個是賢，那個是不肖。』此兩言説盡做宰相之道。只怕其所好者未必真賢，其所惡者未必真不肖耳。若真個知得，更何用牢籠！且天下之大、人才之衆，可人人牢籠之耶？」或問：「如一樣小人，涉歷既多又未有過失，自家明知其不肖，將安所措之？」曰：「只恐居其位不久。若久，少間此等小人自然退聽，不容他出來也。今之爲相者，朝夕疲精神於應接書簡之間，更何暇理會國事！世俗之論遂以此爲相業。然只是牢籠人住在那裏，今日一見，明日一請，或住半年、周歲，或住數月，必不得已而後與之。其人亦以爲宰相之顧我厚，令我得好差遣而去。賢愚同滯，舉世以爲當然。有一人焉，略欲分別善惡，杜絶干請，分諸闕於部中，已得以免應接之煩，稍留心國事則人争非之矣。且以當日所用之才觀之，固未能皆賢，然比之今日爲如何？今日之謗議者皆昔之遭擯棄之人也。其論固何足信！此下逸兩句。若牢籠得一人，則所謂小人者豈止此一人！與一人則千百皆怨矣。且吾欲牢籠之能保其終不畔己否？已往之事可以鑒矣。如公之言，却是憧憧往來之心也。其人之失處却不在此，却是他未能真知賢、不肖之分耳。」或曰：「如某人者，也有文采，也廉潔，豈可棄之耶？」曰：「公欲取賢才耶？取文采耶？且其廉，一己之事耳，何足以救其利口覆邦家之禍哉？今世之人見識一例低矮，所論皆卑。某嘗說，須是盡吐瀉出那肚裏許多塵糟惡濁底見識，方略有進處。譬如人病傷寒，在上則吐，在下則瀉，如此方得病除。」或曰：「近日諸公多有爲持平之說者，如何？」曰：「所謂近時惡濁之論，此是也，不成議論。某常說，此所謂平者乃大不平也，不知怎生平得。」僩問：「胡文定說：『元祐某人建議欲爲調亭之說者云：「但能内君子而外小人，天下自治，何必深治之哉？」此能體天理人欲者也。』此語亦似持平之論，如何？」曰：「文定未必有此論。然小人亦有數般樣，若一樣可用底也須用。或有事勢危急，翻轉後其禍不測。或只得隱忍，權以濟一時之急耳，然終非常法也。明道當初之意便是如此，欲使諸公用熙豐執政之人與之共事，令變熙豐之法，或他日事翻，則其罪不獨在我。他正是要用[三三]使術，然亦拙謀。諺所謂『掩目捕雀』，我却不見雀，不知雀却看見我。你欲以此術制他，不知他之術更高你在。所以後來温公留章子厚，欲與之共變新法，卒至簾前悖詈，得罪而去。章忿叫曰：『他日不能陪相公喫劍得！』便至如此，無可平之理，盡是拙謀。某嘗說，今世之士，所謂巧者是大拙，無有能以巧而濟者，都是枉了，空費心力。只有一個公平正大行將去，其濟不濟，天也。古人間有如此用術而成者都是偶然，不是他有意智。要之，都不消如此，決定無益。張子房號爲有智〔三四〕者，以今觀之，可謂甚疏。如勸帝與項羽和而反兵伐之，此成甚意智！只是他命好，使一番了，第二番又被他使得勝。」又曰：「古人做得成者不是他有智，只是偶然。只有一個『正其誼不謀其利，明其道不計其功』。其他費心費力，用智用數，牢籠計較，都不濟事，都是枉了。」又曰：「本朝以前，宰相見百官，皆以班見。國忌拈香歸來，回班以見。宰相見時有刻數，不知過幾刻，便喝『相公尊重』，用屏風攔斷。也是省事，攔截了幾多干請私曲底事。某舊見陳魏公、湯進之爲相時，那時猶無甚人相見，每見不過五六人、十數人，他也隨官之崇卑做兩番請。今則不勝其多，爲宰相者每日只了得應接，更無心理會國事。如此者謂之有相業、有精神。秦會之也是會做，嚴毅尊重，不妄發一談，其答人書只是數字。今宰相答人書，剗地委曲詳盡，人皆翕然稱之。只是不曾見已前事，只見後來習俗，遂以爲例，其有不然者，便群起非之矣。温公作相日，有一客位榜分作三項云：『訪及諸君，若覩朝政闕遺、庶民疾苦，欲進忠言，請以奏牘聞於朝廷，某得與同僚商議，擇可行者取旨行之。若但以私書寵喻，終無所益。若光身有過失，欲賜規正，則可以通書簡，分付吏人傳入，光得内自省訟，佩服改行。至於理會官職差遣，理雪罪名，凡干身計，並請一面進狀，光得伊川先生云「與朝省衆官公議施行。若在私第垂訪，不謂〔三五〕語及。」此皆前輩做處。」又曰：「『徇流俗之論，流俗之論便以爲是，是可歎也！』『徇俗雷同不喚做「隨時」，惟嚴毅特立，乃「隨時」也』，而今人見識低，只是徇流俗之論，流俗之論便以爲是，是可歎也！公門只是見那向時不得差遣底人說他，自是怨他。若教公去做看方見得難。且如有兩人焉，自家平日以一人爲賢，一人爲不肖。若自家執政定不肯捨其賢而舉其不肖，定是舉其賢而捨其不肖。若舉此一人，則彼一人怨必矣，如何盡要他說好得！只怕自家自認不破，賢者却以爲不肖，不肖者却以爲賢，如此則乖。若認得定，何害？又有一樣人底，半間不界，可進可退，自家却以此爲賢，以彼爲不肖，此尤難認，便是難。」又曰：「『舜有大功二十』，『以其舉十六相而去四凶也』。若如公言，却是舜有大罪二十矣。」僩。

恒

正便能久。「天地之道，恒久而不已」，這個只是說久。淳。〔三六〕

物各有個情。有個人在此，決定是有那羞惡、惻隱、是非、辭讓之情。性只是個物事。情却多般，或起或滅，然而頭面却只一般。長長恁地，這便是「觀其所恒而天地萬物之情可見」之義。

「乃若其情」只是去情上面看。淵。

履之問：「常非一定之謂，『一定則不能恒矣』。」童錄此下有云：「『切疑其有不一定而隨時變易者，有一定而不可變易者。」曰：『他正是論』。曰：童録無此「曰」字。〔三七〕「物理之始終變易，所以爲恒而不窮。然所謂不易者，亦須有以變易〔三八〕乃能不窮。如君尊臣卑，分固不易，然上下不交也不得。父子固是親親，然所謂『命士以上，父子皆異宮』，則又有變焉。惟其如此，所以爲恒。論其體則終是恒。然體之常所以爲用之變，用之變乃所以爲體之恒。」道夫。按，童伯羽録同。〔三九〕

恒非一定之謂。故晝則必夜，夜而復晝。寒則必暑，暑而復寒。若一定則不常也。其在人，「冬日則飲湯，夏日則飲水」；「可以仕則仕，可以止則止」；今日道合便從，明日不合則去。又如孟子辭齊王之金而受薛宋之餽，皆隨時變易，故可以爲常也。道夫。

能常而後能變，能常而不已所以能變。及其變也，常亦只在其中。伊川却説變而後能常，非是。僩。

叔重説：「恒卦初六〔四〇〕『浚恒貞凶』，恐是不安其常而深以常理求人之象，程氏所謂『守常而不能度勢』之意。」先生云：「未見其〔四一〕有不安其常之象，只是欲深以常理求人耳。」時舉。

遯

問：「遯卦，『遯』字雖是逃隱，大抵亦取遠去之意。天上山下相去甚遼絶，象之以君子遠小人，則君子如天，小人如山。相絶之義須如此方得。所以六爻在上，漸遠者愈善也。」先生云：「恁地推亦好。此六爻皆是君子之事也。」學蒙。〔四二〕

問：「『遯亨，遯而亨也』，分明是説能遯便亨。下更説『剛當位而應，與時行也』是何如〔四三〕？」曰：「此其所以遯而亨也。陰爻〔四四〕微，爲他剛當位而應，所以能知時而遯，是能『與時行』。不然便是與時背。」砥。〔四五〕

問：「『小利貞，浸而長也』，是見其浸長，故設戒令其貞正且以寬君子之患，然亦是他之福。」曰：「是如此。與〔四六〕否初、二兩爻義相似。」砥。〔四七〕

「伊川説『小利貞』，云『尚可以有爲』。陰已浸長，如何可以有爲？所説王允、謝安之於漢晉恐也不然。王允是算殺了董卓，謝安是乘王敦之老病，皆是他衰微時節，不是浸長之時也。兼他是大臣，亦如何去！此爲在下位有爲之兆者則可以去。大臣任國安危，君在與在，君亡與亡，如何去！」又曰：「王允不合要盡殺梁州兵，所以致敗。」砥。〔四八〕

「□〔四九〕尾，厲」，到這時節去不迭了，所以危厲，不可有所往，只得看他如何。賢人君子有這般底多。淵。

問：「『畜臣妾吉』，伊川云『待臣妾之道』。君子之待小人亦不如是。如何？」曰：「君子、小人更不可相對，更不可與相接。若臣妾，是終日在身〔五〇〕自家脚手頭，若無以係之，則望望然去矣。」又曰：「易中詳識物情，備極人事，都是實有此事。今學者平日只在燈窗下習讀，不曾應接世變，一旦讀此皆看不得。某舊時也如此，即管讀得不相入，所以常説易難讀。」砥。〔五一〕

問：「九五『嘉遯』，以陽剛中正漸向遯極，故爲嘉美。未是極處故戒以貞正則吉。」曰：「是如此。便是『剛當位而應』處，是去得恰好時節。小人亦未嫌自家，只是自家合去，暮見小人不嫌，却與相接而不去，便是不好，所以戒約〔五二〕他貞正。」砥。〔五三〕

大壯

問：「大壯『大者正』與『正大』不同。上『大』字是指陽，下『正大』是説理。」先生云：「亦緣上面有『大者正』，字〔五四〕方説此。」學蒙。〔五五〕

問：「『雷在天上，大壯，君子以非禮弗履』，伊川云云，其義是否？」曰：「固是。君子之自治須是如雷在天上，恁地威嚴猛烈方得。若半上落下，不如此猛烈果決，濟得甚事？」僩。

問大壯卦。先生曰：〔五六〕「此卦如『九二貞吉』，只是自守而不進。九四『藩决不羸，壯于大輿之輹』，却是有可進之象，此卦爻之好者。蓋以陽居陰，不極其剛，而前遇二陰，有藩决之象，所以爲進。非如九二前有三、四二陽隔之，不得進也。」又曰：「『喪羊于易』不若作『疆埸』

之『易』。漢食貨志『疆場』之『場』正作『易』。蓋後面有『喪羊于易』，亦同此義。今本義所注只是從前所説如此，只且仍舊耳。上六取喻甚巧，蓋壯終動極，無可去處，如羝羊之角掛于藩上，不能退、遂。然『艱則吉』者畢竟有可進之理，但必艱始吉耳。」銖。

此卦多説羊，羊是兑之屬。季通説，這個是夾住底兑卦，一個〔五七〕兩畫當一畫。淵。

晉

「康侯」似説「寧侯」相似。「用錫馬」之「用」只是個虚字，説他得遮個〔五八〕物事。淵。

「晝日」是那上卦離也。晝日爲之是此意。淵。

問：「晉卦〔五九〕『六五，悔亡。失得勿恤，往吉，无不利』。伊川以爲：『六以柔居尊位，本當有悔。以大明而下皆順附，故其悔亡。下既同德順附，當推誠委任，盡衆人之才，通天下之志，勿復自任其明，恤其失得。如此而往，則吉而无不利。』此説是否？」曰：「便是伊川説得太深。據此爻，只是占者占得此爻則不必恤其失得，而自亦無所不利耳。如何説道〔六〇〕人君既得同德之人而委任之，不復恤其失得？如此，則蕩然無復是非，而天下之事亂矣！假使其所任之人或有作亂者，亦將不恤之乎？雖以堯舜之聖、皋夔益稷之賢，猶云『屢省乃成』，如何説既得同心同德之人而任之，則在上者一切不管而任其所爲！豈有此理！且彼所爲既失矣，爲上者如何不恤得？聖人無此等説話。聖人所説卦爻只是略略説過，以爲人當著此爻則大勢已好，雖有所失得，亦不必慮而自無所不利也。聖人説得甚淺，伊川解〔六一〕得太深；聖人所説短，伊川解得長。」久之，又云：「『失得勿恤』只是自家自作教是，莫管他得失。如士人發解做官，這個却必不得，只得盡其所當爲者而已。如仁人『正其誼不謀其利，明其道不許其功』相似。」僩。

「失得勿恤」，此説失也不須問他，得也不須問他，自是好。猶言「勝負兵家之常」云爾。此卦六爻，無如此爻吉。淵。

先生〔六二〕看伯豐與廬陵問答内晉卦伐邑孟子助長之〔六三〕説，曰：「晉上九『貞吝』，吝不在克治，正以其克治之難，而言其合下有此吝耳。『貞吝』之義，諸義云只〔六四〕貞固守此則吝，不應於此獨云於正道爲吝也。孟子〔六五〕『必有事』與〔六六〕『勿忘』是論集義工夫，『勿〔六七〕助長』是論氣之本體上添一件物事不得。若是集義，便過用些氣〔六八〕力亦不妨，却如何不着力〔六九〕？苗固不可揠，若灌溉耘治，豈可不盡力？今謂克治則用嚴，養氣則不可助長，如此則二事相妨，如何用工？」㽦。〔七〇〕

明夷

明夷未是説闇之主，只是説明而被傷者乃君子也。上六方是説闇。君子出門庭，言君子去闇尚遠，可以得其本心而遠去。文王、箕子大概皆是「晦其明」。然文王之〔七一〕「外柔順」是本分自然做底。箕子「晦其明」又云「艱」，是他那佯狂底意思便是艱難底氣象。爻說「貞」而不言「艱」者，蓋言箕子則艱可見，不必更言之。淵。

商之「三仁」，微子最易做，比干亦只一向諫以至於此死。箕子却爲難處，被他監繫在那裏，只得陽狂，所以易中特說「箕子之明夷」，可見其難處，故曰「利艱貞，晦其明也」。内難而能正其志」。他雖陽狂，其心本定也。學蒙。〔七二〕

君子「用晦而明」。晦，地象；明，日象。晦則是不察察，若晦而不明，則晦得没理會了，故外晦而内必明乃好。學蒙。〔七三〕

家人

「風自火出」，家人是火中有風，如一堆火在此，氣自薰蒸上出是也。學蒙。〔七四〕

或問：「『風自火出』，如燈焰上氣出，如何？」答曰：「固是。此卦之大象。」指爐中火，曰：「亦如此火氣上薰炙也。」大雅。〔七五〕

「王假有家」，言到這裏方只〔七六〕且得許多物事。有妻有妾方始成個家。淵。

睽

問：「睽〔七七〕『君子以同而異』作『理一分殊』看，如何？」先生云：「『理一分殊』是理之自然如此，這處又就人事之異上説。蓋君子有同處、有異處，如所謂『周而不比』、『群而不黨』是也。大抵易中六十四象，下句皆是就人事之近處説，不必深去求他。此處伊川説得甚好。」學蒙。〔七八〕

睽皆言始異終同之理。淵。

馬是行底物，初間行不得，後來却行得。大率睽之諸爻都如此，多説先異而後同。淵。

「天」合作「而」，剃鬚也。篆文「天」作「𠀘」，「而」作「𦓐」。淵。

「其人天且劓」，「天」當作「而」。羞學轉訛誤也。篆文「天」作「𠀘」，「而」作「𦓐」。方子。〔七九〕

「宗」如「同人于宗」之「宗」。淵。

「載鬼一車」等語所以差異者，爲他這般事是差異底事，所以却把世間差異底明之。世間自有這般差異底事。淵。

蹇

「蹇，利西南」是説坤卦分曉。但不知從何插入這坤卦來，此須是個變例。聖人到這裏看見得有個做坤底道理。大率陽卦多自陰來，陰卦多自陽來。震是坤第一畫變，坎是第二畫變，艮是第三畫變。易之取象不曾確定了他。淵。

蹇無坤體，只取坎中爻變，如沈存中論五姓一般。「蹇利西南」謂地也。據卦體艮下坎上無坤，而繇辭言地者往往只取坎中爻變，變則爲坤矣。沈存中論五姓自古無之，後人既如此呼喚，即便有義可推。略記當時語意如此。〔八〇〕方子。㬊淵録同。〔八一〕

又云：〔八二〕「潘謙之書説〔八三〕：『蹇與困相似。「君子致命遂志」、「君子反身修德」亦一般。』殊不知不然。象曰『澤無水，困』是盡乾燥，處困之極，事無可爲者，故只得『致命遂志』。若『山上有水，蹇』，則猶可進步，如山下之泉曲折多艱阻，然猶可行，故教人以『反身修德』。豈可以困爲比？只觀『澤無水，困』與『山上有水，蹇』二句，便全不同。」學蒙。〔八四〕

問：「蹇九五，何故爲『大蹇』？」曰：「五是爲蹇主。凡人臣之蹇只是一事。至大蹇，須人主當之。」砥。〔八五〕

問蹇九五〔八六〕「大蹇朋來」之義。先生曰：「處九五尊位而居蹇之中，所以爲『大蹇』，所謂

『遺大投艱于朕身』。人君當此，則須屈群策用群力，乃可濟也。」學蒙。按，沈僩録同，而下文連上段潘謙之説。〔八七〕

解

「天地解而雷雨作」，陰陽之氣閉結之極，忽然迸散出做這雷雨。只管閉結了，若不解散，如何會有雷雨作？小畜所以不能成雷雨者，畜不極也。雷便是如今一個爆仗。淵。

六居三，大率少有好底。「負且乘」，聖人到這裏又見得有個小人乘君子之器底象，故又於此發出這個道理來。淵。

「射隼于高墉」。聖人説易大概是如此，不似今人説底。向來欽夫書與林艾軒云：「聖人説易，却則恁地。」此却似説得易了。淵。

損

「二簋」與「簋貳」字不同，可見其義亦不同。淵。

「懲忿」如救火，「窒慾」如防水。大雅。

「何以窒慾？伊川曰『思』，此莫是言慾心一萌，當思禮義以勝之否？」先生曰：「然。」又問：「思與敬如何？」曰：「人於敬上未有用力處，且自思義，庶幾有個巴攬處。『思』之一字於學者最有力。」謨。按，金去僞録同。[八八]

問：「『懲忿、窒慾』，忿怒易發難制，故曰『懲』，懲是戒於後。慾之起則甚微，漸漸到熾處故曰『窒』，窒謂塞於初。古人説『情竇』，竇是罅隙，須是塞其罅隙。」曰：「懲也不專是戒於後，若是怒時也須去懲治他是得[八九]。所謂懲者，懲於今而戒於後耳。窒亦非是真有個孔穴去塞了，但遏絶之使不行耳。」又曰：「『山下有澤，損，君子以懲忿、窒慾』，『風雷，益，君子以見善則遷，有過則改』。觀山之象以懲忿，觀澤之象以窒慾。慾如污澤然，其中穢濁解污染人，須當填塞了。如風之迅速以遷善，如雷之奮發以改過。」廣云：「『觀山之象以懲忿』，是如何？」曰：「人怒時，自是恁突兀起來。故孫權曰『令人氣湧如山』。」廣。

問：「『山下有澤，損，君子以懲忿、窒慾』，『風雷，益，君子以見善則遷，有過則改』。」曰：「伊川將來相牽合説，某不曉。看來人自有遷善時節，自有改過時節，不必只是一件事。某看來只是懲忿如摧山，窒慾如填壑，遷善如風之迅，改過如雷之烈。」又曰：「聖人取象亦只是個大約彷彿意思如此。若纔著言語窮他，便有説不去時。如後面小象，若更教孔子添幾句，也添不去。」僩。

「酌損之」，在損之初下，猶可以斟酌也。淵。

問：「損卦三陽皆能益陰，而二上爻則[九〇]『弗損，益之』，初則曰『酌損之』，何邪？」先生云：「這一爻難解，只得用伊川説。」又云：「易解得處少，難解處多，今且恁地説去。到那占時又自别消詳有應處，難與〔九一〕爲定説也。」學蒙。〔九二〕

「三人行，損一人」，三陽損一。「一人行，得其友」，一陽上去换得一陰來。淵。

「三人行則損一人，一人行則失其友」，伊川就六爻上説得好。義剛。按，陳淳録同。〔九三〕

益

「或益之十朋之龜，弗克違」。從周。按，旻淵録同。〔九四〕

問：「損卦下三爻皆是〔九五〕損己益人，四五兩爻是損己從人，上爻有爲人上之象，不待損己而自有以益人。」曰：「三〔九六〕爻無損己益人底意，只是盛到極處去不得，自是損了。四爻『損其疾』只是損了那不好了，便自好。五爻是受益，也無損己從人底意。」砥。〔九七〕

益損二卦説龜，一在二，一在五，是顛倒説去。未濟與既濟説「伐，鬼方」，亦然。不知如何。未濟，看來只陽爻便好，陰爻便不好。但六五、上九二爻不知是如何。蓋六五以得中故吉，上九有可濟之才，又當未濟之極，可以濟矣。却云不吉。更不可曉。學蒙。

大抵損益二卦，諸爻皆互换。損好，益却不好。如損六五却成益六二。損上九〔九八〕，益上九却不好。淵。

「得臣無家」猶言化家爲國李録止此。〔九九〕相似。得臣有家，其所得也小矣，無家則可見其大。淵。按，李方子録同而略。〔一〇〇〕

器之説損益。先生曰：「勢自是如此。有人主出來也只因這個勢自住不得，到這裏方看做是如何。惟是聖人能順得這勢，盡得這道理，以下人不能識得損益之宜便錯了〔一〇一〕，也自是立不得。因只是因這個，損益也是損益這個。」寓。〔一〇二〕

益卦〔一〇三〕「木道乃行」。曰：「不須改『木』字爲『益』字，只『木』字亦得。見一朋友説，有八卦之金木水火土，有五行之金木水火土。如『乾爲金』卦『金』作〔一〇四〕易卦之金也；兑之金，五行之金也。『巽爲木』，卦〔一〇五〕中取象也；震爲木乃東方屬木，五行之木也，五行取四維故也。」人傑。按，金去僞，周謨録並同。〔一〇六〕

先生言：〔一〇七〕「某昨日思『風雷，益，君子以遷善、改過』。遷善如風之速，改過如雷之猛。」祖道曰：「莫是纔遷善便是改過否？」曰：「不然，『遷善』字輕，『改過』字重。遷善如慘淡之物，要使之白；改過如黑之物，要使之白。用力自是不同。遷善者，但見是人做得一事强似我，心有所未安，即便遷之。李録「心有」以下九字作〔一〇八〕「只消當下遷過就他底。」若改過，須是大段勇猛始得。」又曰：「公所説蒙與蠱二象却有意思。如『山下有澤，損，君子以懲忿、窒慾』，必是降下山以塞其澤，便是此象。六十四卦象皆如此。」自「又曰」以下至此，李録並無。〔一〇九〕祖道。按，李儒用録同而略。〔一一〇〕

問益卦〔一一一〕「遷善、改過」。先生曰：「風是一個急底物，見人之善，己所不及，遷之如風之急；雷是一個勇決底物，己有過便斷然改之，如雷之勇，決不容有些子遲緩。」又曰：「『遷善』字輕，『改過』字重。」〔一一二〕賜。

先生舉易傳語「惟其知不善，則速改以從善而已」，曰：「這般説話好簡當。」文蔚。〔一一三〕

「元吉无咎」，吉凶是事，咎是道理。蓋有事則吉，而理則過差者是之謂吉而有咎。淵。

「享于帝吉」是「祭則受福」底道理。淵。

「中行」與「依」，見不得是指誰。淵。

「益之，用凶事」，猶書言「用降我凶德，嘉績于朕邦」。方子。按，晏子淵同。〔一一四〕

「利用遷國」。程昌寓守壽春，虜人來，占得此爻，遷來鼎州。〔一一五〕淵。〔一一六〕

夬

用之説夬卦云：「聖人於君子道消之時，固欲人戒謹恐懼以復天理。然於陽長小人道消之時，亦必如此戒懼，〔一一七〕其警戒之意深矣。」先生曰：「自〔一一八〕是無時不戒謹恐懼，不是到這時方戒懼，無時不然。〔一一九〕不成說天下已平治可以安意肆志，只纔有些放肆，便弄得靡所不至。」僩。

「揚于王庭，孚號有厲」。若合開口處，便雖有劍從自家頭上落也須着說。但使功罪各當，是非顯白，於吾何慊！道夫。

夬卦中「號」字皆當作「户羔反」。唯「孚號」古來作去聲，看來亦只當作平聲。僩。

「壯于前趾」與大壯初爻同。此卦大率似大壯，只争一畫。用。〔一二〇〕

夬〔一二一〕九三「壯于頄」，看來舊文本義自順，不知程氏何故欲易之。「有愠」也是自不能堪。正如顏杲卿使安禄山，受其衣服，至道間與其徒曰：「吾輩何爲服此？」歸而借兵伐之。正類此也。卦中與復卦六四有「獨」字。此卦諸爻皆欲去陰，獨此一爻與六爲應，也是惡模樣。砥。〔一二二〕

伊川改九三爻次序，看來不必改。淵。

這幾卦多說那臀，不可曉。淵。

「牽羊悔亡」，其說得於許慎之。淵。按，李方子録同。〔一二三〕

「中行无咎，中未光也」。事雖正而意潛有所係吝，荀子所謂「偷則自行」，佛家所謂「流注不斷」，皆意不誠之本也。方子。按，戞淵録同。〔一二四〕

莧、陸是兩物。莧者，馬齒莧。陸者，章陸，一名商陸。皆感陰氣多之物。藥中用商陸治水腫，其子紅。〔一二五〕學蒙。〔一二六〕

莧是馬齒莧。陸是章柳，今用治水氣者，其物難乾。淵。〔一二七〕

「中行无咎」言人能剛决自勝其私、合乎中行則得无咎。无咎但「補過」而已，未是極至處。這是説那微茫間有些個意思斷未得，釋氏所謂「流注想」，荀子所謂「偷則自行」，便是這意思。照管不着便走將去那裏去。爻雖無此意，孔子作象所以裨爻辭之不足。如「自我致寇」、「敬慎不敗」之類甚多。「中行无咎」，易中却不恁地看。言人占得此爻者能中行則无咎，不然則有咎。淵。

號平聲取先象。淵。〔一二八〕

姤

不是説陰漸長爲「女壯」，乃是一陰遇五陽。淵。

大率姤是一個女遇五陽，是個不正當底，如「人盡夫也」之事。聖人去這裏又看見得那天地相遇底道理出來。淵。

問：「『姤之時義大矣哉』，本義云：『幾微之際，聖人所謹。』與伊川之説不同，何也？」先

生曰：「上面説『天地相遇』至『天下大行也』，正是好時節，而不好之漸已生於微矣，故當謹於此。」學蒙。〔一二九〕

「金柅」或以爲止車物，或以爲絲衮。不可曉。廣。

又不知此卦如何有魚象。或説：「離爲鱉，爲蟹，爲蠃，爲蚌，爲龜，魚便在裏面了。」不知是不是。〔一三〇〕淵。

「包無魚」，又去這裏見得個君民底道理。陽在上爲君，陰在下爲民。淵。

「有隕自天」，言能回造化則陽氣復自天而隕，復生上來，都换了這時節。淵。

萃

問：「萃言『王假有廟』，是卦中有萃聚之象，故可以爲聚祖考之精神，而享祭之吉占。涣卦既散而不聚，本象不知何處有可立廟之義？將是卦外之意〔一三一〕，謂涣散之時當聚祖考之精神邪〔一三二〕？爲是〔一三三〕下卦是坎，有幽隱之義，因此象而設立廟之義〔一三四〕？」「都是〔一三五〕有鬼神之義。然此卦未必是因此爲義，且作因涣散而立廟説。大抵這處都見不得。」學蒙。〔一三六〕

大率人之精神萃於己，祖考之精神萃於廟。淵。

「順天命」，説道理時，彷彿如伊川説也去得，只是文勢不如此。他是説豐萃之時若不「用大牲」，則便是那「以天下儉其親」相似。也有此理，這時節比不得那「利用禴」之事。他這彖辭散漫説，説了「王假有廟」，又説「利見大人」，又説「用大牲，吉」。大率是聖人觀象節節地看見許多道理，看到這裏，見有這個象，便説出這一句來，又看見那個象，又説出那一個理來。然而觀象，則今不可得見是如何地觀矣。淵。

問「澤上於地，萃，君子以除戎器，戒不虞」。曰：「大凡物聚衆盛處必有爭，故當預爲之備。又澤本當在地中，今却上出於地上則是水盛長，有潰決奔突之憂，故取象如此。」僩。

「一握」，〔一三七〕不知如何地説個「一握」底句出來。淵。

「孚乃利用禴」説，如伊川固好。但若如此却是聖人説個影子，却恐不恁地，想只是説祭。升卦同。淵。

問：「萃〔一三八〕九五一爻亦似甚好，而反云『有位，〔一三九〕未光也』，是如何？」先生云：「見不得。讀易似這樣，且恁地解去，若强説便至鑿了。」學蒙。〔一四〇〕

升

升「南征吉」。巽、坤二卦拱得個南，如看命人虛拱底説話。砥。〔一四一〕

「地中生木，升。君子以順德，積小以高大」，木之生也無日不長，一日不長，則木死矣。人之學也一日不可已，一日而已，則心必死矣！人傑。

「地中生木，升。君子以順德，積小以高大〔一四二〕」，汪丈嘗云：「曾考究得樹木之生，日日滋長，若一日不長，便將枯瘁，便是生理不接。學者之於學，不可一日少懈。」大抵德須日日要進，若一日不進便退。近日學者纔相疏便都休了。㽦。

問：「升萃二卦多是言祭享。萃固取聚義，不知升何取義？」先生曰：「人積其誠意以事鬼神，有升而上通之義。」又曰：「『六五『貞吉升階』與萃九五『萃有位，匪孚，元永貞，悔亡』，皆謂有其位必當有其德，若無其德，則萃雖有位而人不信，雖有升階之象而不足以升矣。」銖。

「亨于岐山」與「亨于西山」，只是說祭山川，想不到得如伊川說。淵。

晦庵先生朱文公語類卷第七十三

易九

困

用之說困卦，先生曰：〔一〕「此〔二〕卦難理會，不可曉。易中有幾〔三〕卦如此。繫辭云：『卦有小大，辭有險易。辭也者，各指其所之。』困是個極不好底卦，所以卦辭也做得如此難曉。如蹇卦、剥卦、否卦、睽卦〔四〕皆是不好卦，〔五〕只有剥卦分明是剥，所以分曉。困卦〔六〕是個進退不得、窮極底卦，所以難曉。〔七〕其大意亦可見。」又曰：「看易不當更去卦爻中尋求道理當如何處置。這個只是〔八〕與人卜筮以決疑惑，若道理當爲，固是使〔九〕爲之，若道理不當爲，自是不可做，何用更占？却是有一樣事或吉或凶，成兩岐道理，處置不得，所以用占。若是放火殺人，此等事終不可爲，不成也去占？又如做官贓污邪僻，由徑求進，不成也去占？」按，林録惟自「如寐止「亦可見矣」。〔一〇〕僩。按，林學蒙同而略。〔一一〕

「不失其所亨」，這句自是説得好。淵。

李敬子問「致命遂志」。先生曰：「『致命』如論語中〔一二〕『見危授命』與『士見危致命』之義一般，是送這命與他。自家但遂志循義，都不管生死，不顧身命，猶言置死生於度外也。」僩。又一本詳云：〔一三〕「問：『澤無水，困，君子以致命遂志』。〔一四〕曰：『「澤無水，困」。君子道窮之時，但當委致其命以遂吾之志而已。致命猶送這命與他，不復爲我之有。雖委致其命，而志則自遂，無所回屈。伊川解作「推致其命」，雖説得通，然論語中「致命」字都是「委致」之「致」。「事君能致其身」與「士見危致命」、「見危授命」，皆是此意。「授」亦「致」字之意，言將這命授與之也。』」

「致命」猶言將這命送與他相似。淵。〔一五〕

問：「『臀困於株木』，如何？」先生曰：「在困之下，至困者也。株木不可坐，臀在株木上，其不安可知。」又問：「伊川將株木作初之正應，不能庇他，説〔一六〕如何？」先生曰：「恐説『臀』字不去。」學蒙。〔一七〕

問：「『困於酒食』本義作『饜飫於所欲』，是〔一八〕如何？」先生云：「此是困於好底事。在困之時有困於好事者，有困於不好事者。此爻是好爻，當困時則爲困於好事。如『感時花濺淚，恨別鳥驚心』，花鳥好娛戲底物，這時却發人不好底意思，是因好物困〔一九〕也。酒食饜飫亦如此。」又問云：「象云『中有慶也』，是如何？」先生云：「他下面有許多好事〔二〇〕。」學蒙。〔二一〕

「朱紱，赤紱」，若如伊川説，使書傳中説臣下皆是赤紱則可。詩中却有「朱芾斯皇」一句是說方叔，於理又似不通。某之精力只推得到這裏。淵。

問：「困二五皆『利用祭祀』，是如何？」先生云：「他得中正，又似取無應而心專一底意思。」〔二二〕

「祭祀」、「享祀」，想只說個祭祀，無那自家活人却享他人祭之說。淵。

六三陽之陰，上六陰之陰，故將六三言之，則上六爲妻。淵。

井

井象只取巽入之義，不取木義。淵。

井是那掇不動底物事，所以「改邑不改井」。淵。

「汔至，亦未繘井羸其瓶，凶」。「汔至」略作一句看。〔二三〕「亦未繘井羸其瓶」是一句，意幾至而止，如未綆〔二四〕及井而瓶敗，言功不成也。學蒙。〔二五〕

用之問「木上有水，井」。先生曰：「巽在坎下便是木在下面，漲得水上上來。如桶中盛得兩斗水，若將大一斗之木沉在水底，則木上之水亦長一斗，便是此義。如草木之生，津潤皆上行直至樹末，便是『木上有水，井〔二六〕』之義。雖至小之物亦然。如菖蒲葉，每日早晨〔二七〕葉葉尾皆有水，〔二八〕如珠顆，雖藏之密室中亦如此〔二九〕，非露水也。」〔三〇〕又〔三一〕問：「『木上有水，井』。〔三二〕如此，則『井』字之義與『木上有水』何異〔三三〕？」先生曰：「『木上有水』便如那〔三四〕井中之水。水本在井底，却能汲上來給人之食，故取象如井也〔三五〕。」用之又問：「程子汲水桶之説，是否？」先生曰：「不然。『木上有水』，是木穿水中，漲上那水。若作汲井〔三六〕桶則解不通矣，且與後面『羸其瓶凶』之説不相合也。」僩。按林學蒙〔三七〕同而略。又注云：「後親問先生。先生云：『不曾説木在下面漲得水來。這個話是別人説，不是義理如此。』」

「『木上有水，井』。説者以爲木是汲器，則後面却有瓶，瓶自是瓦器，此不可曉。怕只是説水之津潤上行至那木之杪，這便是井水上行之象。」問：「恐是桔槔之類？」答云：「亦恐是如此。」又云：「木〔三八〕上露珠便是下面水上去。大率裏面水氣上，則外面底也上。」淵。

鮒，程沙隨以爲蝸牛，如今廢井中多有之。淵。

九三「可用汲」以上三句是象，下兩句是占。大概是説理，决不是説汲井。淵。

若非王明，則無以收拾人才。淵。

「收」雖作去聲讀，義只是收也。淵。

革

鄭少梅解革卦以爲風爐，亦解得好。初爻爲爐底，二爻爲爐眼，三、四、五爻是爐腰處，上爻

是爐口。學蒙。〔三九〕

因説革卦，曰：「革是更革之謂。到這裏須盡翻轉更變一番，所謂『上下與天地同流，豈曰小補之哉』。『小補之』者謂扶衰救弊，逐些補緝，如錮鏴〔四〇〕家事相似。若是更革，則須徹底重新鑄造一番，非止補苴罅漏而已。湯武應天順人便是如此。孟子所説王政，其效之速如此，想見做出來好看。只是太粗〔四一〕，反〔四二〕少些『如其禮樂以俟君子』底意思。」或曰：「不知他如何做？」曰：「須是從五畝之宅，百畝之田，雞豚桑麻處做起。兩三番如此説，想不過只是如此做。」〔四三〕

問：「革二女『志不相得』，與睽『不同行』有異否？」先生云：「意則一，但變韻而叶之爾。」學蒙。〔四四〕

問：「革之象不曰『澤在火上』，而曰『澤中有火』。蓋水在火上則水滅了火，不見得水決則火滅，火炎則水涸之義。曰『中有火』則二物並在，有相息之象否？」先生曰：「亦是恁地。」學蒙。〔四五〕

「澤中有火」。水能滅火，此只是説陰盛陽衰。火盛則克水，水盛則克火。此是「澤中有火」之象，便有那四時改革底意思，君子觀這象便去「治曆明時」。林艾軒説因革卦得曆法，云：「曆須年年改革，不改革便差了天度。」此説不然。天度之差，蓋緣不曾推得那曆元定，却不因不改革〔四六〕而然。曆豈是那年年改革底〔四七〕？「治曆明時」非謂曆當改革，蓋四時變革中便有個「治曆明時」底道理。淵。

「『澤中有火，革』，蓋言陰陽相勝復，故聖人『治曆明時』。向林艾軒嘗言聖人於革著治曆者，蓋曆必有差，須時改革方得。某謂〔四八〕此不然。天度固必有差，須在吾術中始得。如度幾年當差一分，便就此添一分去乃是。」又云：「曆數微眇，如今下漏一般。漏管稍澀則必後天，稍闊則必先天。未子而子，未午而午。」淵。按，李方子録同。〔四九〕

「革言三就」，言三番結裹成就，如第一番商量這個是當革不當革，説成一番，又更如此商量一番，至于三番然後説成了。却不是三人來説。淵。

問：「革下三爻有謹重難改之意，上三爻則革而善。蓋事有新故，革者，變故而爲新也。下三爻則故事也。未變之時必當謹審於其先，上三爻則變而爲新事矣，故漸漸好。」先生云：「然。」又云：「乾卦到九四爻謂『乾道乃革』，也是到這處方變了。」學蒙。〔五〇〕

「未占有孚」，伊川於爻中「占」字皆不把做「卜筮尚其占」説。淵。

「澤中有火」自與「治曆明時」不甚相干。聖人取象處只是依稀地説，不曾確定指殺，只是見得這些意思便説。淵。

「正位凝命」，恐伊川説得未然。此言人君臨朝也須端莊安重，一似那鼎相似，安在這裏不動，然後可以凝住那天之命，如所謂「協于上下，以承天休」。淵。

鼎

「鼎[五一]顛趾，利出否，无咎」。或曰：「據此爻，是凡事須用與[五二]翻轉了，却能致福。」曰：「不然。只是偶然如此。本[五三]是不好底爻，却因禍致福，所謂不幸中之幸。蓋『鼎顛趾』本是不好，却因顛仆而傾出鼎中惡穢之物，所以反得利而無咎，非是故意欲翻轉鼎趾而求利也。盛[五四]言浙中諸公議論多是如此。」云：「凡事須是與他轉一轉了，却因轉處與他做教好。」曰：「便是浙中近來有一般議論如此。若只管如此存心，未必真有益，先和自家心[五五]壞了。聖賢做事只説個『正其義不謀其利，明其道不計其功』，凡事只如此做，何嘗先要安排紐捏，須要着些權變機械方喚做做事？又况自家一布衣，天下事那裏便教自家做？知他臨事做出時如何？却無故平日將此心去紐捏揣摩，先弄壞了。聖人所説底話光明正大底[五六]。綱領條目，且令自家心先正了，然後於天下之事先後緩急自有個[五七]次第，逐旋理會，道理自分明。今於『在明明德』未曾理會得，便先要理會『新民』工夫。及至『新民』，又無那『親其親、長其長』底事，却便先萌個計功計獲底心，要如何濟他，如何有益，少間盡落入功利窠窟裏去。固是此理無外，然亦自有個先後緩急之序。今未曾理會得正心、修身，便[五八]先要『開物成務』，都倒了。孔子曰『可與權』[五九]，亦是不得已方説此話。然須是聖人方可與權，若以顔子之賢，恐也不敢議此『磨而不磷，涅而不緇』。而今人纔磨便磷，涅便是緇，[六〇]如何更説權變功利？所謂『未學行，先學走』也。而今諸公只管講財貨源流是如何，兵又如何，民又如何，陳説[六一]又如何。此等事固當理會，只是須識個先後緩急之序，先其大者急者，而後其小者緩者，今都倒了這工夫。『子路問君子。子曰：「修己以敬。」曰：「如斯而已乎？」曰：「修己以安人。」』『顔淵問仁。子曰：「克己復禮。」』『仲弓問仁。子曰：「出門如見大賓，使民如承大祭。己所不欲，勿施於人。」』曾子將死，宜有要切之言。及孟敬子問之，惟在於辭氣容貌之間。此數子者皆聖門之高第，及夫子告之與其所以告人者，乃皆在於此。是豈遺其遠者大者而徒告以近者小者耶？是必有在矣。某今病得十生九死，已前數年見浙中一般議論如此，亦嘗竭其區區之力欲障其求流[六二]，而徒勤無益。不知瞑目以後，又作麽生。可畏！可歎！」僩。

「得妾以其子」。得妾是無緊要，其重却在以其子處。「顛趾利出否」，伊川説是。「得妾以其子，无咎」。彼謂子爲王公在喪之稱者，恐不然。淵。

「刑剭」，班固使來。若作「形渥」，却只是澆濕渾身。淵。

問：「『鼎九三[六三]『鼎耳革』是如何？」先生云：「他與五不相應。五是鼎耳，鼎無耳，移動〔六四〕不得。革是换變之義。他在上下之間，與五不相當，是鼎耳變革了，不可舉移，雖有雉膏而不食。此是陽爻，陰陽終必和，故有『方雨』之吉。」學蒙。〔六五〕

六五「金鉉」，只爲上已當玉鉉了，却下取九三之應來當金鉉。蓋推排到這裏，無去處了。淵。

震

震卦〔六六〕「震亨」止「不喪匕鬯」作一項看，後面「出可以爲宗廟社稷」又做一項看。震便自是亨。「震來虩虩」是恐懼顧慮，而後便「笑言啞啞」，「震驚百里」便也〔六七〕「不喪匕鬯」。文王語以〔六八〕是解「震亨」了，孔子又自説長子事。文王之語簡重精切，孔子之言方始條暢。須拆開看方得。砥。〔六九〕

震，未便説到誠敬處，只是説臨大震懼而不失其常。主器之事，未必彖辭便有此意，看來只是傳中方説。淵。

「震來虩虩」，是震之初震得來如此。淵。

「億喪貝」，有以「億」作「噫」字解底。淵。

言人常似那震來時虩虩地，便能「笑言啞啞」，到得「震驚百里」時也「不喪匕鬯」。這個相連做一串[七〇]下來。淵。

震六二不甚可曉。大概是喪了貨貝又被人趕上高處去，只當固守便好。六五是「生於憂患而死於安樂」。上六不全好，但能恐懼於未及身之時可得无咎，然亦不免他人語言。砥。[七一]

艮

「『艮其背』，『背』字是『止』字。彖中分明言『艮其止，止其所也』。」[七二]又言：「『艮其背』一句是腦，故彖中言『是以不獲其身，行其庭，不見其人』，四句只略對。」方子。

「艮其背」，背只是言止也。人之四體皆能動，惟背不動，取止之義。各止其所則廓然而大公。德明。

「艮其背」便「不獲其身」，「不獲其身」便「不見其人」。「行其庭」對「艮其背」，只是對得輕。身是動物，不道動都是妄，然而動斯妄矣，不動自无妄。淵。

因說「不獲其身」，曰：「如君止於仁，臣止於忠，但見得事之當止，不見得此身之爲利爲害。纔將此身預其間，則道理便壞了。古人所以殺身成仁、舍生取義者，只爲不見身方能如此。」或問心性之别。先生曰：「這個極難説，且[七三]難爲譬論。如伊川以水喻性，其説本好，却便喚[七四]不得者生病。心大概似個官[七五]人，天命便是君之命，性便如職事一般。此亦大概如此，要自理會得。如邵子云『性者道之形體』，蓋道只是合當如此，此[七六]則有一個根苗，生出君臣之義、父子之仁。性雖虛無[七七]，都是實理。心雖是一理[七八]，物却虛，故能包含萬理。要[七九]人自體察始得。」學蒙。[八〇]

「艮其背」，渾只見得道理合當如此，入自家一分不得，着一些私意不得。「不獲其身」，不干自家事。這四句須是說，艮其背了，靜時不獲其身，動時不見其人。所以彖辭傳中說「是以不獲其身」至「无咎也」。周先生所以說「定之以仁義中正而主靜」，這依舊只是就「艮其背」邊說下來，不是內不見己，外不見人。這兩卦各自是一個物，不相秋采。淵。

「時止則止，時行則行」。止固是止，[八一]然行而不失其正，[八二]乃所謂[八三]止也。僩。

問：「艮之象，何以爲光明？」先生云：「定則明。凡人胸次煩擾則愈見昏昧，中有定止則自然光明。莊子所謂『泰宇定而天光發焉』是也。」學蒙。[八四]

艮卦是個最好底卦。「動靜不失其時，其道光明」，又「剛健篤實輝光，日新其德」，皆艮之象也。艮居外卦者八而皆吉，[八五]惟蒙卦半吉半凶。如賁之上九「白賁无咎，上得志也」，大畜上九「何天之衢，道大行也」，蠱上九「不事王侯，志可則也」，頤上九「由頤厲吉，大有慶也」，損上九「弗損益之，大得志也」，艮卦「敦艮之吉，以厚終也」。蒙卦上九「擊蒙，不利爲寇，利禦寇」，雖小不利，然卦爻亦自好。蓋上九以剛陽居上，擊去蒙蔽，只要恰好，不要太過。太過則於彼有傷，而我亦失其所以擊蒙之道。如人合喫十五棒，若只決他十五棒，則彼亦無辭，而足以禦寇。若再加五棒，則太過而反害人矣。爲寇者，爲人之害也；禦寇者，止人之害也。如人有疾病，醫者用藥對病，則彼足以袪病而我亦得爲醫之道。若藥不對病，則反害他人而我亦失爲醫之道矣。所以象曰「利用禦寇，上下順也」，惟如此則上下兩順而無害也。僩。

艮卦是個好卦，居八卦之上，凡上九爻皆好。砥。〔八六〕

八純卦都不相與，只是艮卦是止，尤不相與。內不見己是內卦，外不見人是外卦，兩卦各自去。淵。

守約問伊川〔八七〕易傳「艮其背」之義。曰：「此說似差了，不可曉。若據夫子說『止其所也』，只是物各有所止之意。伊川又却於解『艮其止，止其所也』，又自說得分明。恐上面是失點檢。」木之。

「易傳艮卦〔八八〕云：『能使天下順治，非能爲物作則也，惟止之各於其所而已。』此說甚當。至謂『艮其背』爲『止於所不見』，竊恐未然。據彖辭，自解得分曉。」曰：「『艮其止，止其所也』，上句『止』字便是『背』字，故下文便繼之云『是以不獲其身』，更不再言『艮其背』也，『止』是當止之處。下句『止』字是解『艮』字，『所』字是解『背』字，蓋云止於所當止也。『所』即至善之地，如君之仁、臣之敬之類。『不獲其身』是無與於己，『不見其人』是亦不見人。無己無人，但見得[八九]此道理，各止其所也。『艮其背』是止於止，『行其庭，不見其人』是止於動，故曰『時止則止，時行則行』。」伯豐問：「如舜禹不與如何？」先生曰：「亦道[九〇]之。」繼曰：「未似。若遺書中所謂『百官萬務，金革百萬之衆，飲水曲肱，樂在其中。萬變皆在人，其實無一事』，是此氣象。大概看易須謹守彖象之言，聖人自解得精密平易。後人看得不子細，好自用己意解得，不是虛心去熟看，安得自見？[九一]如乾九五文言『同聲相應，同氣相求，水流濕，火就燥，雲從龍，風從虎，聖人作而萬物覩』。夫子因何於此說此數句？只是解『飛龍在天，利見大人』。『覩』字分明解出『見』字。『聖人作』便是『飛龍在天』，『萬物覩』便是人見之，如占得此爻，則利於見大人也。九二『見龍在田』，亦是在下賢德已著之人，雖未爲世間[九二]用，然天下已知其文明。亦是他人利見之，非是此兩爻自利相見。凡易中『利』者，多爲占得者設。蓋活人方有利不利，若是卦畫，何利之有？屯卦言『利建侯』，屯只是卦，如何去『利建侯』？蓋是占得此卦，者之利耳。晉文公占得屯豫，皆得此辭，後果能得國。若常人占得，亦隨高下自有個主宰道理。但古者占卜立君、大遷[九三]，是事體重者，故爻辭以其重者言之。」又問：「屯卦[九四]何以『利建侯』？」曰：「屯之初爻，以貴下賤，有得民之象，故其爻辭復云『利建侯』。」又問：「如何便得爻辭與所占之事相應？」曰：「自有此道理。如世之抽籤者，尚多有與所占之事相契。」又曰：「何以見得易專[九五]占筮者用？如『王用亨于岐山』、『于西山』，皆是『亨』字，多[九六]通用。若卜人君欲祭山川，占得此即吉。『公用亨于天子』，若諸侯占得此卦，則利於近天子耳。凡占，若爻辭與所占之事相應，即用爻辭斷之。萬一占病，却得『利建侯』，又須别於卦象上討義。」正淳謂：「三五相應，二五不相應，如何？」曰：「若得應爻，則所祈望之人、所指望之事皆相應，如官[九七]即有得君之義。不相應則亦然。昔敬夫爲魏公占得睽之蹇，六爻俱變。此二卦名義自是不好。李壽翁斷其占云：『用兵之人亦不得用兵，講和之人亦不成講和。睽上卦是離，「離爲甲胄，爲戈兵」，有用兵之象，却變爲坎，坎有險阻在前，是兵不得用也。「兑爲口舌」又「悦也」，是講和之象，却變爲艮。艮，止也，是議和者亦無所成。』未幾魏公既敗，湯思退亦敗，皆如所占。」𥲤。[九八]

伯豐問：「兼山所得程門者云：『艮内外皆止是内止天理，外止人欲。又如門限然，在外者不得入，在内者不得出。』此意如何？」先生云：「何故恁地説？」因論：「『艮其背』，彖云『止其所』便[九九]解『艮其背』。蓋人之四肢皆能運轉，惟背不動，『止其所』之義也。程傳解作『止於所不見』，恐未安。若是天下之事皆止其所，己何與焉？人亦何與焉？此所謂『不獲其身，行其庭，不見其人也。』」又[一〇〇]問：「莫是舜『有天下而不與』之意否？」曰：「不相似。如所謂『百官萬務，金革百萬之衆，飲水曲肱，樂在其中。萬變皆在人，其實無一事』，是也。」又云：「『艮其背』，静而止也；『行其庭』，動而止也。萬物皆止其所，只有理而已。『不獲其身』，不見其人也。」因論易云[一〇一]：「彖、象、文言解得易直是分曉精密，但學者虚心讀之便自可見。

如『利見大人』，文言分明解『聖人作而萬物覩』之類是也。爻辭只定占得此卦爻之辭看作何用。謂如屯卦之『利建侯』，屯自是卦畫，何嘗有建侯意思？如晉文公占之便有用也。又如『王用亨于岐山』，『亨』字合作『享』字，是王者有事于山川之卦。以此推之皆見〔一〇二〕矣。」按，此段即上段，而記有詳略，故今併存之。〔一〇三〕人傑。

又曰：「濂溪通書云『背非見也』，亦似伊川說。」問曰：「濂溪説『止非爲也』，亦不是易本意？」先生曰：「語録中有云：『周茂叔謂「看一部華嚴經，不如看一艮卦」，下面注云「言各止其所」。他這裏又看得「止」字好。』」癸丑，張元德問此一段。先生曰：「『艮其背，不獲其身』只是見道理，不見自家；『行其庭，不見其人』只是見道理，不見那人。『艮其背』，『背』字恐是『止』字。彖中分明。『艮其止』，止其所也。極解得好。」從周。〔一〇四〕

「『不獲其身』，不得其身也，猶言討自家身己不得。」又曰：「欲出於身。人纔要一件物事，便須以身己去對副他。若無所欲，則只恁底平平過，便似無此身一般。」又曰：「伊川解『艮其背』一段，若别做一段看却好，只是移於〔一〇五〕易上説便難通。須費心力口舌方始爲〔一〇六〕説得出。」又曰：「『上下敵應不相與』猶言各不相管，只是各止其所。」又曰：「明道曰『與其非外而是内，不若内外之兩忘也』，説得最好。便是『不獲其身，行其庭不見其人』，不見有物，不見有我，只見其所當止也。如『爲人君止於仁』〔一〇七〕。『爲人臣止於敬』，不知上面道如何，只是我當止於敬，只認我所當止也。以至父子、兄弟、夫婦、朋友，人事小事，莫不皆然。從伊川之說，到『不獲其身』處便說不來，至『行其庭，不見其人』越難說。只做止其所止更不費力。」賀孫。

「『艮其背，不獲其身』，只是道理所當止處不見自家自己。〔一〇八〕不見利，不見害，不見痛痾〔一〇九〕，只見道〔一一〇〕。如古人殺身成仁、舍生取義，皆是見道〔一一一〕所當止處，故不見其身。『行其庭，不見其人』，曼本自「皆是」以下無。〔一一二〕只是見得道理合當恁地處置，〔一一三〕皆不見是張三與是李四。」〔一一四〕至問：〔一一五〕曼本無此一字。〔一一六〕「伊川先生〔一一七〕易傳說『艮其背』是『止於所不見』。」先生曰：「伊川之意，自「伊川說」至此，曼本無。〔一一八〕如說『閑邪存誠』，如所謂『制之於外，以安其內』，如所謂『姦聲亂色，不留聰明；淫樂慝禮，不接心術』。〔一一九〕此意亦自好，但易之本意未必是如此。呂東萊〔一二〇〕又錯會伊川之意，謂『止於所不見』者，眼雖見而心不見。恐無此理，伊川之意却不如此。」自「呂東萊」以下，曼本無。〔一二一〕劉公度問：「老子所謂『不見可欲，其心不亂』，與易傳同否？〔一二二〕」先生曰：〔一二三〕「老子之意是要得使人不見，故溫公解此一段認得老子本意。〔一二四〕『聖人之治虛其心』是要得人無思無欲，〔一二五〕『實其腹』是要得人充飽，〔一二六〕『弱其志』是要得人不争，〔一二七〕『强其骨』是要得人作勞。後人解得皆過高了。」按曼本此下却有一段云：「通書云『背非見也』，亦似伊川說，『止非爲也』亦不是本意。語録中有云：『周茂叔謂「看一部華嚴經，不如看一艮卦」，下面注云「各止其所」。他這裏却看得「止」字好。』」從周。按，曼淵録同而略。〔一二八〕

「『艮其背，不復其身』，伊川易傳蓋是『閑邪存誠，制之於外以安其内』；姦聲亂色，不留聰明，淫樂慝禮，不接心術』之意，若能如此做工夫亦按，襲録無「之意」以下十字，有「凡可欲者皆置在背後」九字。自好。『外物不接，内欲不萌之際』，『之際』二字，欽夫以爲當去。按，曼録此句作一條，但「去」上有「除」字。伯恭却説『止於所不見，是眼雖見而心不見』，恐無此理。按程傳今已無「之際」二字。但易本義意却是説，只見義理不見本身也。不知是疼，也不知是痛；不知是利，不知是害。如舍生取義、殺身成仁一般。『行其庭不見其人』，只見道理，不見那人，也不知是張三，也不知是李四。」按，襲録「此理」以下云「『行其庭不見其人』，但見義理之當止；不見吾之身，但見義理之當爲；不知爲張三李四」。以下並無。劉公度問：「『老子不見可欲』是程子之意否？」曰：「不然。温公解云『不見可欲』是防閑。『民使之不見』與上文『不貴難得之貨』相似，『虛其心』是使之無思算、無計較，『實其腹』是使之充飽無餒，『弱其志』是使之不争，『强其骨』是使之作勞。温公之説止於如此。後人推得太高。此皆是言聖人治天下事，與易傳之言不同。」方子。按，襲蓋卿録同而略。此條當與竇從周、曼淵一時同聞而録，有先後詳略，故並列不注。〔一二九〕

「伊川〔一三〇〕易傳『艮其背』一段，只是非禮勿視聽言動則止於所不見，無欲以亂其心。『不獲其身』者，蓋外既無非禮之視聽言動，則内自不見有私己之欲矣。『外物不接』便是『姦聲亂色，不留聰明；淫樂慝禮，不接心術；惰慢邪僻之氣，不設於身體』之意。」又曰：「『艮其背，不獲其身；行其庭，不見其人』，易中只是説『艮其止，止其所』。人之四肢百骸皆能動作，惟背不能動，止於背是止得其當止之所。明道答横渠定性書舉其語，是此意。伊川説却不同，又自〔一三一〕是一説。不知伊川解『艮其止，止其所也』又説得分曉，却解『艮其背』又自有異，想是照顧不到。周先生通書之説却與伊川同也。」或問：「『不見可欲，此心不亂』與『艮其背』之説，何如？」曰：「老氏之説非爲自家不見可欲，看他上文皆是使民人如此。如『虚其心』亦是使他□□〔一三二〕，『實其腹』亦是使他飽滿。」温公注云云〔一三三〕，蔡丈説不然。又曰：「『艮其背』，看伊川説只是非禮勿視聽言動。今人又説得深，少間恐便走作，如釋、老氏之説屏去外物也。」又因説「止於所不見」，曰：「非禮之事物須是常去防閑他。不成道我恁地了，便一向去事物裏面衮！」按，李方子以下録亦皆與賓從周同，恐一時所共聞。賀孫。〔一三四〕

問：「『艮其背，不獲其身』是静中之止，『行其庭，不見其人』是動中之止。伊川云：『内欲不萌，外物不接，如是而止乃得其正。』似只説得静中之止否？」先生云：「然。此段分作兩截，却是〔一三五〕『艮其背，不獲其身』爲静之止，『行其庭，不見其人』爲動之止。總説則『艮其背』是止之時當其所止了，〔一三六〕所以止時自不獲其身，行時自不見其人。此三句乃『艮其背』之效驗，所以彖辭先説『止其所也，上下敵應，不相與也』，却云『是以不獲其身，行其庭，不見其人也』。」又問云：「『止』有兩義，『得所止』之『止』是指義理之極，『行所〔一三七〕止』之『止』則就人事所爲而言。」先生曰：「然。『時止』之『止』，『止』字小；『得其所止』之『止』，『止』字大。此段工夫全在『艮其背』上。多是人[一三八]將『行其庭』對此句説，便不是了。『行其庭』則[一三九]是輕説過，緣『艮其背』既盡得了，則『不獲其身，行其庭，不見其人』矣。」學蒙。[一四〇]

問：「伊川解曰[一四一]『外物不接，内欲不萌』，此説如何？」先生曰：「只『外物不接』意思亦難理會。尋常如何説這句？某詳伊川之意，當與人交之時只見道理合當止處，外物之私意不接於我。」先生曰：「某嘗問伯恭來，伯恭之意亦如此。然據某之[一四二]所見，伊川之説只是非禮勿視聽言動底意思。」某[一四三]問先生：「不知[一四四]如何解『行其庭，不見其人』？」先生曰：「如此在坐只見道理，不見許多人是也。」某[一四五]曰：「如此，則與非禮勿視聽言動之意不協。」先生曰：「固是不協。伊川此處説恐有可疑處。看彖辭『艮其止，止其所也』，此便是釋『艮其背』之文。[一四六]伊川於此下解云：『聖人所以能使天下順治，非能爲物作則也，惟止之爲得其所而已。[一四七]』此意却最解得分明。『艮其背』恐當只如此説。『艮其止』便是『艮其背』。經文或『背』字誤作『止』字，或『止』字誤作『背』字，或以『止』字解『背』字。不可知。[一四八]萬物各有所止，着自家私意不得。『艮其背，不獲其身』，只見道理，不見自家；自家[一四九]『行其庭，不見其人』，只見道理，不見他人也。」洽。

「艮其腓」、「咸其腓」，二卦皆就人身上取義而皆主静。如「艮其趾」，能止其動便无咎。「艮其腓」，腓亦是動物，故止之。「不拯其隨」是不能拯止其隨限而動也，所以「其心不快」。限雖〔一五〇〕腰所在，初六「咸其拇」自是不合動，六二「咸其腓」亦是欲隨股而動。動則凶，若不動則吉。䕫。

「艮其限」是截做兩段去。淵。

漸

「山上有木」，木漸長則山漸高，所以爲漸。學蒙。〔一五一〕

漸九三爻雖不好，「夫征不復，婦孕不育」却「利禦寇」。今術家擇日，利婚姻底日不宜用兵，利相戰底日不宜婚嫁，正是此意。蓋用兵則要相殺相勝，婚姻則要和合，故用不同也。學蒙。〔一五二〕

漸之九三，「夫征不復，婦孕不育，利禦寇」。今術家言，婚姻日不利出師征伐，宜征伐日不利婚姻。蓋其日有宜和合、爭鬭之不同，兵家多遵用之。僩。〔一五三〕

卦中有兩個「孕婦」字，不知如何取象，不可曉。淵。

歸妹

歸妹未有不好，只是説以動帶累他。淵。

兩「終」字，伊川説未安。淵。

「月幾望」是説陰盛。淵。

豐

「豐，亨，王假之」，須是王假之了，方且「勿憂，宜日中」。若未到這個田地更憂甚底？王亦未有可憂。「宜照天下」是貼底閑句。淵。

或問：「豐卦『宜日中』、『宜照天下』，人君之德如日之中，乃能盡照天下否？」曰：「易如此看不得。只是如日之中，則自然照天下，不可將作道理解他。『日中則昃，月盈則食，天地盈虛，與時消息。而况於人乎？况於鬼神乎』，自是如此。物事到盛時必衰，雖鬼神有所不能違也。」問：「此卦後面諸爻不甚好。」曰：「是他忒豐大了。這物事盛極，去不得了，必衰也。人君於此之時當如奉盤水，戰兢自持，方無傾側滿溢之患。若纔有纖毫驕矜自滿之心即敗矣，所以此處極難。紹聖〔一五四〕中群臣創爲『豐亨豫大』之説。當時某論某人曰：『當豐亨豫大之時而爲因陋就簡之説。君臣上下動以此藉口，於是安意肆志，無所不爲，而大禍起矣。』」僩。

仲思問「動非明則無所之，明非動則無所用」。曰：「徒明不行，則明無所用，空明而已；徒行不明，則行無所向，冥行而已。」伯羽。

問：「豐九四〔一五五〕近幽暗之君，所以有『豐其蔀，日中見斗』之象。亦是他本身不中正所致，故象云『位不當也』。」先生曰：「也是如此。」學蒙。

「豐其屋，天際翔也」，似是〔一五六〕説「如翬斯飛」樣。言其屋之大〔一五七〕，蔽障闊。〔一五八〕淵。〔一五九〕

旅

不知聖人特地做一個卦説這旅則甚。淵。

「明慎用刑而不留獄」，却只是火在山上之象，又不干旅事。淵。

「資斧」有做「齎斧」説底。這資斧在巽上説也自分曉，然而旅中亦豈可無備禦底物事？次第這便是。淵。

旅九〔一六〇〕五「上逮也」，不得如伊川説。「一矢亡」之「亡」字，如「秦無亡矢遺鏃」之「亡」，不是如伊川之説。易中凡言「終吉」者皆是初不好〔一六一〕也。〔一六二〕學蒙。

巽

巽卦是於「重巽」上取義。「重巽」所以爲「申命」。淵。

巽卦「申命」，「申」字是叮嚀反復之意。「風無所不入」，如命令人，丁嚀〔一六三〕告戒無所不至也。故象以之。學蒙。〔一六四〕

問：「『重巽以申命〔一六五〕』，『重』字之義如何〔一六六〕？」曰：「只是重卦，巽是重卦。〔一六七〕故曰『重巽』。〔一六八〕八卦之象皆是如此。」問：「『申』字是兩番降命令否？」曰：「非也。只是丁寧反復説便是『申命』。巽，風也。風之吹物，無處不入，無物不鼓動。詔令之入人，淪肌浹髓，亦如風之動物也。」僩。〔一六九〕

「無初有終」，也彷佛是伊川説。始未善是「無初」，更之而善是「有終」。自「貞吉悔亡」以下都是這一個意思。一如坤卦「先迷後得」以下都只是一個意思。淵。

「先庚」、「後庚」是説那後面變了底一截。淵。

兑

「兑説」，若不是「剛中」便成邪媚。下面許多道理都從這個「剛中柔外」來。「説以先民」如「利之而不庸」。「順天應人」，革卦就革命上説，兑卦就説上説，後人都做「應天順人」説了。到了「順天應人」是言順天理、應人心。胡致堂管見中辯這個也好。淵。

説若不「剛中」，便是違道干譽。淵。

渙

渙是散底意思。物事有當散底：號令當散，積聚當散，群隊當散。淵。

「渙奔其机」，以卦變言之，自[一七〇]三[一七一]來居二，得中而不窮，所以爲安，如机之安也。[一七二]也即是[一七三]依文解義説。終是不若三居二之爲得位，[一七四]是如何。學蒙。

問：「渙卦[一七五]『剛來而不窮』，窮是窮極。來處乎中，不至窮極否？」先生云：「是居二爲中，若在下則是窮矣。」學蒙。[一七六]

散居積，須是在他正位方可。淵。

「剛來不窮」是九三來做二，「柔得位而上同」是六二上做三。此説有些不穩，却爲是六五[一七七]不喚做得位。然而某這個例，只是一爻互換轉移，無那隔驀兩爻底。淵。

此卦只是卜祭吉，又更宜涉川。「王乃在中」是指廟中，言宜在廟祭祀，伊川先生説得那道理多了。他見得許多道理了，不肯自做他説，須要寄搭放在經上。淵。

「奔其机」也只是九來做二。人事上説時，是來就那安處。淵。

老蘇云：「渙之九四曰『渙其群，元吉』。夫群者，聖人之所欲渙以混一天下者也。」此説雖程傳有所不及。如程傳之説則是群其渙，非「渙其群」也。蓋當人心渙散之時各相朋黨，不能混一。惟九四能渙小人之私群，成天下之公道，此所以元吉也。老蘇天資高，又善爲文章，故此等話[一七八]皆達其意。大抵渙卦上三爻是以渙濟渙也。道夫。

「渙其群」言散小群做大群，如將小物事幾把解來合做一大把。東坡說這一爻最好，緣他會做文字，理會得文勢，故說得合。淵。

「渙汗其大號」，聖人當初就人身上說一「汗」字爲象，不爲無意。蓋人君之號令當出乎人君之中心，由中而外，由近而遠，雖至幽至遠之處，無不被而及之。亦猶人身之汗，出於中而浹于四體也。道夫。

「渙汗其大號」。號令當散，如汗之出，千毛百竅中迸散出來。這個物出不會反，却不是說那號令不當反，只是取其如汗之散出，自有不反底意思。淵。

節

「天地節而四時成」。天地轉來，到這裏相節了，更没去處。今年冬盡了，明年又是春夏秋冬，到這裏厮匝了，更去不得。這個折做兩截，兩截又截做四截，便是春夏秋冬。他是自然之節，初無人使他。聖人則因其自然之節而節之，如「修道之謂教」、「天秩有禮」之類皆是。天地則和這個都無，只是自然如此，聖人法天做這許多節指出來。淵。

「户庭」是初爻之象，「門庭」是第二爻之象。户庭未出去，在門庭則已稍去矣。就爻位上推，户庭主心，門庭主事。淵。

「安節」是安穩自在，「甘節」是不辛苦喫力底意思。甘便對那苦。「甘節」與「禮之用，和爲貴」相似。不成人臣得「甘節吉」時也要節天下！大率人一身上各自有個當節底。淵。

「節卦大體〔一七九〕以當而通爲善。觀九五『中正而通』，本義云『坎爲通』。豈水在中間必流而不止耶？」先生曰：「然。」又云〔一八〇〕：「觀這〔一八一〕六爻，上三〔一八二〕在險中是處節者也，故四在險初而節則亨，五在險中而節則甘。上在險終，雖苦而無悔，蓋節之時當然也。下三爻在險外，未〔一八三〕至於節而預知所節之義。初知通塞故无咎，二可行而反節，三見險在前當節，而又以陰居剛，不中正而不能節，所以二爻凶而有咎。不知是如此否？」先生曰：「恁地説也説得。然九二一爻看來甚好，而反云凶，終是解不穩。」學蒙。〔一八四〕按，林恪同。〔一八五〕

中孚

中孚、小過兩卦，鶻突不可曉。小過尤甚。如云「弗過防之」，則是不能過防之也，四字只是一句。至「弗過，遇之」與「弗遇，過之」，皆是兩字爲絶句，意義更不可曉。學蒙。

中孚與小過都是有飛鳥之象。中孚是個卵象，是鳥之未出殼底。孚亦是那孚膜意思。所以卦中都説「鳴鶴」、「翰音」之類。「翰音登天」言不知變者，蓋説一向恁麽去不知道去不得。這兩卦十分解不得，且只依希地説。「豚魚吉」[一八六]，這卦中他須見得有個[一八七]豚魚之象，今不可考。占法則莫須是見豚魚則吉，如鳥占之意象。若十分理會著便須穿鑿。淵。

問：「中孚，[一八八]『孚』字與『信』字恐亦有别否[一八九]？」先生曰：「伊川云『存於中爲孚，見於事爲信』，説得極好。」因舉字説：「『孚』字從『爪』從『子』，如鳥抱子之象。今之『乳』字也，一邊從『孚』，蓋中所抱者實有物也。中間實有物，所以人自信之。」學履。

「柔在内，剛得中」，這個是就全體看則中虚，就二體看則中實。他都見得有孚信之意，故唤作「中孚」。伊川這二句説得好。他只遇着這般齊整底便恁地説去。若遇那[一九〇]不齊整底便説不去。淵。

「議獄緩死」只是以誠意求之。「澤上有風」，感得水動。「議獄緩死」則能感人心。淵。

「鶴鳴子和」亦不可曉，「好爵爾縻」亦不知是説甚底。繫辭中又説從别處去。淵。

問：「中孚六三，大義是如何？」「某[一九一]所以説中孚、小過皆不可曉，便是如此。依文解字看來只是不中不正，所以歌泣喜樂都無常也。」學履。

「中孚[一九二]九二爻自不可曉。看來『我有好爵，吾與爾縻之』是兩個都要這物事，所以『鶴鳴子和』是兩個中心都愛，所[一九三]以相應如此。」因云：「『潔浄精微』之謂易，自是懸空説個物在這裏，初不惹着那實事。某嘗謂，説易如水上打毬，這頭打來，那頭又打去，都不惹着水方得。□□□□〔一九四〕入水裏去了。」〔一九五〕學履。

小過

小過大率是過得不多。如大過便説「獨立不懼」，小過只説這「行」、「喪」、「用」，都只是這般小事。伊川説那禪讓征伐也未説得〔一九六〕到這個。大概都是那過低過小底。「飛鳥〔一九七〕」雖不見得遺音是如何，大概且恁地説。淵。

小過是過於慈惠之類，大過則是剛嚴果毅底氣象。淵。

「小過，小者過而亨」，不知「小者」是指甚物事？學蒙。

「『飛鳥遺之音』，本義謂『致飛鳥遺音之應』，如何？」先生云：「看這象似有羽蟲之孽之意，如『鵩鳥』賈誼之類是也〔一九八〕。」學蒙。〔一九九〕

「山上有雷，小過」，是聲在高處下來。〔二〇〇〕「飛鳥遺之音」也是高處聲〔二〇一〕下來，爲小過。〔二〇二〕學蒙。〔二〇三〕

「行過恭，用過儉」皆是宜下之意。學履。

初六「飛鳥以凶」，只是取其飛過高了，不是取「遺音」之義。中孚有卵之象。小過中間二畫

是鳥腹，上下四畫〔二〇四〕陰爲鳥翼之象。鳥出乎卵，此小過所以次中孚也。學履。〔二〇五〕

三父，四祖，五便當妣。過祖而遇妣是過陽而遇陰，然而陽不可過則不能及六五，却反回來六二上面。淵。

九四「弗過遇之」，過遇猶言加意待之也。上六「弗遇過之」□〔二〇六〕亦當作「弗過遇之」，與九三「弗過防之」文體正同。淵。□録同而略，今附。云：「『弗遇過之』，疑下言當作『弗過遇之』，猶言加意待之也。」〔二〇七〕

小過〔二〇八〕「終不可長也」，爻義未明，此亦當闕。僩。

「密雲不雨」，大概是做不得事底意思。淵。

「弋」是俊壯底意，却只弋得這般物事。淵。

既濟

「亨小」常〔二〇九〕作「小亨」。大率到那既濟了時便有不好去，所以説「小亨」。如唐時貞觀之盛，便向那不好去。淵。

既濟是已濟了，大事都亨，只小小底正在亨通，若能戒懼得〔二一〇〕常似今〔二一一〕便好，不然便一向不好去。伊川意亦是如此〔二一二〕，但要説做「亨小」，所以不分曉。〔二一三〕學蒙。

「初吉終亂」便有不好在末後底意思。淵。

「『高宗伐鬼方』，疑是高宗舊日占得此爻，故聖人引之，以證此爻之吉凶。」〔二一四〕又曰：「漢去古未遠，想見卜筮之書皆存。如漢文帝之占『大横庚庚』，都似左傳時人説話。」又曰：「『夏啓以光』，想是夏啓曾占得此卦。」學蒙。

問：「『三年克之，憊也』言用兵是不得已。以高宗之賢，三年而克鬼方，亦不勝其憊矣！」先生曰：「言兵不可輕用也。」學履。

問：「既濟上三爻皆漸漸不好去，〔二一五〕蓋出明而入險，四有衣袽〔二一六〕之象。」曰：「『有所疑也』便是不美之〔二一七〕端倪自此已露。」「五『殺牛』則已〔二一八〕自過盛，上『濡』首則極而亂矣。不知如何？」先生曰：「然時運到那裏都過了，〔二一九〕康節所謂『飲酒酩酊，開花離披』時節，所以有這樣不好底意思出來。」學履。

六四以柔居柔，能慮患豫防，蓋是心低小底人便能慮事。柔善底人心不粗，慮事細密。剛果之人心粗，不解如此。淵。

未濟

取狐爲〔二二〇〕象，上象頭，下象尾。淵。

問：「未濟所[二二一]以亨者，便[二二二]是有濟之理。而[二二三]『柔得中』又自有亨之道[二二四]。」曰：「然。『小狐汔濟』，『汔』字訓『幾』，與井卦同[二二五]。既曰『幾』，便是未濟[二二六]。未出中[二二七]，不獨是說九二爻，通一卦之體，皆是未出乎[二二八]坎險，所以未濟。」學履。[二二九]

未濟象辭[二三〇]「不相接[二三一]續，終也」，是首濟而尾濡，不能濟，不[二三二]相接續去，故曰「不續終也」。狐尾大，「濡其尾」則濟不得矣。學蒙。[二三三]

易不是說殺底物事，只可輕輕地說。若是確定一爻吉、一爻凶，便是揚子雲太玄了，易不恁地。兩卦各自說「濡尾」、「濡首」，不必拘說在此言首，在彼言尾。大概既濟是那日中衙府[二三四]時候，盛了只是向衰去。未濟是五更初[二三五]時，只是向明去。聖人當初見這個爻裏有這個意思[二三六]，便說[二三七]出這一爻來，或是從陰陽上說，或是從卦位上說[二三八]。他這個[二三九]說得散漫，不恁地逼拶他，他這個說得疏。到他密時盛水不漏，到他疏時疏得無理會。若只要就名義上求他，便是今人說易了，大失他易底本意。他[二四〇]周公做這爻辭，只依稀地見這個意便說這個事出來，大段散漫。趙子欽尚自嫌某說得那[二四一]疏，不知如今煞有要[二四二]退削了處。譬如個燈籠安四個柱，這柱已是礙了明。若更剔去得，豈不更是明亮！

所以説「不可爲[二四三]典要」，可見得他散漫。淵。

既濟未濟[二四四]所謂「濡尾」、「濡其[二四五]首」，分明是説[二四六]野狐過水。今孔子解云[二四七]「飲酒濡首」，亦不知是如何。只是孔子説，人便不敢[二四八]議，他人便恁地不得。砥。[二四九]

未濟與[二五〇]既濟諸爻頭尾相似。中間三四兩爻，如損益模樣，顛倒了他。「曳輪濡尾」，在既濟爲无咎，在此卦則或吝、或貞吉，這便是不同了。淵。

「曳輪濡尾」是只争些子時候，是欲到與未到之間。不是不欲濟，是要濟而未敢輕濟。如曹操臨敵，意思安閑，如不欲戰。老子所謂「猶若冬涉川」之象。涉則必竟涉，只是畏那寒了[二五一]，未敢便涉。淵。

「濡其尾，亦不知極也」，[二五二]「極」字未詳，考上下韻亦不叶，或恐是「敬」字[二五三]，今且[二五四]闕之。僩。

問：「居未濟之時[二五五]未可動作，初[二五六]柔不能固守[二五七]，故有『濡尾』之吝。二陽中正，故有曳輪之吉。[二五八]」曰：「也是如此，大概難曉。某解也且備禮，依衆人説。」又曰：「坎有輪象，所以説輪。大概未濟之下卦皆未可進[二五九]。六三未離坎體，也不好。到四、五已出乎險，方好。六[二六〇]又不好。」又曰：「『濡首』分明是狐過水而濡其首。今象却云『飲酒濡首』，皆不可曉。嘗有人[二六一]著書以彖辭、[二六二]文言爲非聖人之書。只是似這處頗費分疏，所以有是説。[二六三]」

問：「未濟[二六四]上九，以陽居未濟之極，宜可以濟而反不善者[二六五]，竊謂[二六六]未濟則當寬静以待。九二、九[二六七]四以陽居[二六八]陰，皆當静守。[二六九]上九則極陽不中，所以如此。」先生曰：「也未見得如此[二七〇]。大抵時運既當未濟，雖有陽剛之才亦無所用。况又不得位，所以如此。」學蒙。[二七一]

晦庵先生朱文公語類卷第七十四

易十

上繫上

上、下繫辭説那許多爻，直如此分明。他人説得分明，便淺近。聖人説來却不淺近，有含蓄。所以分在上、下繫也無甚意義。聖人偶然去這處説，又去那處説。嘗説道看易底不去理會道理，却只去理會這般底，譬如讀詩者不去理會那四字句押韻底，却去理會那[一]十五國[二]風次序相似。淵。

「天尊地卑」，上一截皆説面前道理，下[三]一截是説易書。聖人做[四]這個易，與天地準處如此。如今看面前，[五]天地便是他[六]那乾坤，卑高便是貴賤。聖人只是見成説這個，見得易是準這個。若把下面一句説做未畫之易也不妨。然聖人是從那有易後説來。淵。

繫辭[七]「天尊地卑」至「變化見矣」，是舉天地事理以明易。自「是故」以下却舉易以明天地間事。人傑。

「天尊地卑，乾坤定矣」，上句是説天地造化實體，以明下句是説易中之義。「天尊地卑」，故易中之乾坤定矣。楊氏説得深了。〔八〕易中固有屈伸往來之乾坤處，然只是説〔九〕乾坤之卦。在易則有乾坤，非是因有天地而始定乾坤〔一〇〕。

「天尊地卑」至「變化見矣」〔一一〕，上一句皆説天地，下一句皆説易。如貴賤是易之位，剛柔是易之變化類，皆是易，不必專主乾、坤二卦而言。「方以類聚，物以群分」，方只是事，訓「術」，訓「道」。善有善之類，惡有惡之類，各以其類而聚也。謨。

「天尊地卑，乾坤定矣」，觀天地則見易也。僩。

乾坤陰陽以位相對言〔一二〕，固只一般。然以分而〔一三〕言，乾尊坤卑，陽尊而〔一四〕陰卑，不可並也。以一家言之，父母固皆尊，然〔一五〕母〔一六〕終不可以並乎父，〔一七〕所謂「尊無二上」也。僩。〔一八〕

「卑高以陳貴賤位矣」，此只是一句。説天地間有卑有高，故易〔一九〕之六爻有貴賤之位也，故曰「列貴賤者存乎位」。𠐊。

問「方以類聚，物以群分」。曰：「物各有類，善有善類，惡有惡類，吉凶於是乎出。」又曰：

「方以事言，物以物言。」砥。〔二〇〕

「方以類聚，物以群分」，楊氏之説爲字〔二一〕所拘，此只是「物有本末，事有終始」之意。隨其善惡而類聚群分，善者吉，惡者凶，而吉凶亦由是而生耳。伊川説是。亦是言天下事物各以類分，故存乎易者，吉有吉類，凶有凶類。僩。

「在天成象，在地成形，〔二二〕變化見矣」。上是天地之變化，下是易之變〔二三〕化。蓋變化，易中陰陽二爻變化，〔二四〕故〔二五〕「變化者，進退之象〔二六〕也」。變化只進退便是，如自坤而〔二七〕乾則爲進，自乾而坤則爲退。進退在已變、未定之間，若已定則便是剛柔也。僩。

問：「不知『變化』二字以成象、成形者分言之，不知是衮同説？」〔二八〕曰：「莫分不得。『變化』二字，下章説得最分曉。」文蔚曰：「下章云『變化者，進退之象』，如此則變是自微而著，化是自盛而衰。」曰：「固是。變是自陰而陽，化是自陽而陰，易中〔二九〕説變化惟此處最親切。如言『剛柔者，立本者也；變通〔三〇〕者，趨時者也』，剛柔是體，變通不過是二者盈虚消息而已，此所謂『變化』。故此章亦云『剛柔者晝夜之象也〔三一〕，變化者進退之象也』，『剛柔者晝夜之象』，所謂『立本』；『變〔三二〕化者進退之象』，所謂『趨時』。又如言『吉凶者失得之象，悔吝者憂虞之象』，悔吝便是吉凶底交互處，悔是吉之漸，吝是凶之端。」文蔚。林録止「最親切」。僩録皆同，而以「變自微而著，化自盛而衰」皆作先生説。〔三三〕

問：「變化是分於[三四]天地上説否？」曰：「難爲分説。變是自陰而陽，自静而動；化是自陽而陰，自動而静。漸漸化將去，不見其迹。」又曰：「横渠云『變是倏忽之變，化是逐旋不覺化將去』，恐易之意不如此説。」既而曰：「適間説『類聚』、『群分』[三五]，也未見説到物處。易只是説一個陰陽變化，陰陽變化[三六]便自有吉凶。下篇説得變化極分曉。『剛柔者晝夜之象也[三七]』，剛柔便是個骨子，只管恁地變化。」此條與上□□，疑一時[三八]所同録，□少異。[三九]砥。[四〇]

「摩」是那兩個物事相摩戛，「盪」則是圜轉推盪將出來。「摩」是八卦以前事，「盪」是八卦以後爲六十四卦底事。「盪」是有那八卦了，團旋推盪那六十四卦出來。漢書所謂「盪軍」是團轉去殺他、磨轉他底意思。淵。節録同。[四一]

「剛柔相摩，八卦相盪」，方是説做這卦。做這卦了，那「鼓之以雷霆」與風雨、日月、寒暑之變化皆在這卦中，那成男成[四二]女之變化也在這卦中。見造化關捩子纔動，那許多物事都出來。易只是模寫他這個。淵。

「鼓之以雷霆，潤之以風雨」，此已上是將造化之實體對易中之理。此下便是説易中[四三]却有許多物事。㽦。

「乾道成男，坤道成女」，通人物言之，如牡馬之類。在物[四四]亦有男女，如[四五]竹[四六]有雌雄之類，皆離陰陽剛柔不得。㽦。

「乾知太始」，知猶當也。如知縣、知州之類。泳。〔四七〕

「乾知太始，坤作成物」。知者，管也。乾管却太始，太始即物生之始。乾始物而坤成之也。謨。

或問：「『乾知太始，坤作成物，乾以易知，坤以簡能』，如何是知〔四八〕？」曰〔四九〕：「此『知』字訓『管』字，不當解作知見之『知』。太始是『萬物資〔五〇〕始』，乾以易，故管之；成物是『萬物資生』，坤以簡，故能〔五一〕之。大抵談經只要自在，不必泥於一字之間。」蓋卿。

「乾知〔五二〕太始」，知，才〔五三〕之意也，如知縣、知州。乾爲其初，爲其萌芽。「坤作成物」，坤管下面一截，有所作爲。「乾以易知」，「乾，陽物也」，陽剛健故作爲易成。「坤以簡能」，坤因其〔五四〕乾先發得有頭腦，特因而爲之，故簡。節。

乾德剛健，他做時便通透徹達，欄截障蔽他不得〔五五〕。人剛健者亦如此。「乾以易知」，只是説他恁地做時不費力。淵。

「坤以簡能」，坤最省事，更無勞攘，他即〔五六〕承受那乾底生將出來〔五七〕。他生將物出來便見得是能。陰則〔五八〕是一個順，若不順如何配陽而生物！淵。

問「乾坤易簡」之理〔五九〕。曰：「『易簡』只以『健順』可見義〔六〇〕。」曰：〔六一〕「且以人論之，有人甚健則遇事時自然覺易，〔六二〕易只是不難。又如人稟得性順，及其作事便自然簡，[六三]簡只是不繁。然乾之易只管得上一截事，到下一截却屬坤，故易。坤只是承乾，故不著做上一截事，只做下面一截，故簡。如『乾以易知，坤以簡能』，知便是做起頭，能便是做了。只觀『隤然』、『確然』亦可見得易簡之理。」㽦。

「易簡」，一畫是易，兩畫是簡。泳。

方□談[六四]問「乾坤簡易」。曰：「易只是一個[六五]要做便做，簡是一恁地[六六]都不入自家思惟意思，惟順他乾道做將去。」又[六七]問：「乾健，『德行常易以知險』；坤順，『德行常簡以知阻』。」曰：「自上臨下爲險，自下升上爲阻。故乾無自下升上之義，坤無自上降下之理。」賀孫。

吳必大[六八]伯豐問「簡易」。曰：「只是『健順』。如人之健者做事自易，順承者自簡靜而不繁。只看下繫『確然』、『隤然』自分曉。易者只做得一半，簡者承之。又如乾『恒易以知險』，坤『恒簡以知阻』，因登山而知之。高者視下可見其險，有阻在前，簡靜者不以爲難。」人傑。

問「『乾知』是知，『坤作』是行否？」曰：「是。」又問：「通乾坤言之，有此理否？」曰：「有。」又問：[六九]「如何是『易簡』？」曰：「他行健所以易，易是知阻難之謂，人有私意便難。簡只是順從而已，若外更生出一番[七〇]，如何得簡？今人多是私意，所以不能簡易。易，故知之者易；簡，故從之者易。『有親』者，惟知之者易，故人得而親之。此一段通天人而言。」祖道。

乾[七一]惟行健，其所施爲自是容易，觀造化生長則可見。只是這氣一過時萬物皆生了，可見其易。要生便生，更無凝滯；要做便做，更無等待，非健不能也。淵。[七二]

問「乾易坤簡[七三]」。曰：「『簡』字易曉，『易』字難曉。他是健了，[七四]自然恁地不勞氣力。纔從這裏過，要生便生，所謂『因行不妨掉臂』，是[七五]這樣説話。繫辭有數處説『易簡』，皆是這意。」[七六]又問：「健不是要[七七]恁地，是實理自然如此。在人則順理而行便自容易，不須安排。」曰：「順理自是簡底事。所謂易便只是健，健自是易。」學蒙。

問「易則易知，簡則易從」。答曰：「乾坤只是健順之理，非可指乾坤爲天地，亦不可指乾坤爲二卦，在天地與卦中皆是此理。『易知』、『易從』不必皆指聖人，但易時自然易知，簡時自然易從。」謨。去僞、人傑皆録同。[七八]

問：「如何是『易知』？」曰：「且從上一個『易』字看，看得『易』字分曉自然易知。」久之，又曰：「簡則有個睹當底意思。看這事可行不可行，可行則行，不可行則止，所以謂之順。易則都無睹當，無如何、若何，只是容易行將去。如口之欲語，如足之欲行，更無因依。口須是説話，足須是行履。如虎嘯風冽、龍興致雲，自然如此，更無所等待，非至健何以如此？這個只就『健』字上看。惟其健所以易。雖天下之至險，亦安然行之，如履平地，此所以爲至健。坤則行到前面，遇着有阻處便不行了，此其所以爲至[七九]順。」僩。

「『乾以易知，坤以簡能』。他自〔八〇〕是從上面『乾知太始，坤作成物』處説來。」文蔚曰：「本義以『知』字作『當』字解，其義如何？」曰：〔八一〕「此一〔八二〕如説『樂著太始』，太始就當體而言。言乾當此太始，然亦自有知覺之義。」文蔚曰：「此是那性分一邊事。」曰：「便是他屬陽。『坤作成物』，却是作那成物，乃是順乾。『乾以易知，坤以簡能』，易簡在乾坤。『易則易知，簡則易從』却是以人事言之。兩個『易』字又自不同，一個是簡易之『易』，一個是難易之『易』。要之只是一個字，但微有毫釐之間。」因極〔八三〕論：「天地間只有一個陰陽，故程先生云『只有一個感與應』。所謂陰與陽無處不是。且如前後，前便是陽，後便是陰；又如左右，左便是陽，右便是陰；又如上下，上面一截便是陽，下面一截便是陰。」文蔚曰：「先生易説中謂『伏羲作易，驗陰陽消息兩端而已』。此語最盡。」曰：「『陰陽』雖是兩個字，然却只是一氣之消息，一進一退，一消一長。進處便是陽，退處便是陰；長處便是陽，消處便是陰。只是這一氣之消長做出古今天地間無限事來，所以陰陽做一個説亦得，做兩個説亦得。」文蔚。

「易知則有親，易從則有功」。惟易則人自親之，簡則人自從之。蓋難〔八四〕阻則自是人不親，繁碎則自是人不從。人既親附則自然可以久長，人既順從則所爲之事自然廣大。若其中險深不可測，則誰親之？做事不繁碎，人所易從，有人從之，功便可成。若是頭項多，做得事來艱難底，必無人從之。𥲅。

「易繫解『易知』、『易從』，云『知則同心，從則協力，一於內故可久，兼於外故可大』，如何？」曰：「既易知則人皆可以同心，既易從則人皆可以叶力。『一於內故可久〔八五〕』者，謂可久是賢人之德，德則得於己者。『兼於外故可大〔八六〕』者，謂可大是賢人之業，事業則見於外者故爾。」謨。

「乾以易知，坤以簡能」以下，〔八七〕只爲易知、易從，故可親、可久。如人不可測度者自是難親，亦豈能久？煩碎者自是難從，何緣得有功也？謨。

德是得之於心，業是事之有頭緒次第者。方子。

蕭兄問「德」、「業」。先生云：「德者，得也，得之於心謂之德。如得這個孝，則爲孝之德業是做得成頭緒、有次第了。不然，泛泛做，只是俗事，更無可守。」蓋卿。

黄子功問：「繫辭乾坤易簡之理，繼之以久、大、賢人之德業。〔八八〕何以不言聖人之德業，而言賢人之德業？」曰：「未消理會這個得。若恁地理會，亦只是理會得一段文字。」良久，乃曰：「乾坤只是一個健順之理，人之性無不具此。『雖千萬人，吾往矣』便是健，『雖褐寬博，吾不惴焉』便是順。如剛果奮發、謙遜退讓亦是。所以君子『富貴不能淫，貧賤不能移，威武不能屈』，非是剛强，健之理如此。至於『出門如見大賓，使民如承大祭』，非是巽懦，順之理如此。但要施之得其當，施之不當便不是乾、坤之理。且如孝子事親須是下氣怡色，起敬起孝。若用健，便是悖逆不孝之子。事君須是立朝正色，犯顏敢諫。若用順，便是阿諛順旨。中庸説『君子而時中』，時中之道，施之得其宜便是。」文蔚曰：「通書云『性者，剛柔善惡中而已』，此一句説得亦好。」先生點頭曰：「古人自是説得好了，後人説出來又好。」徐子融曰：「上蔡嘗云『一部論語只如此看』，今聽先生所論，一部周易亦只消如此看。」先生默然。文蔚。

「『可久則賢人之德，可大則賢人之業』，楊氏『可而已』之説亦善。」又問：「不言聖人，是未及聖人事否？」曰：「『成位乎其中』便是説底〔八九〕著聖人。張子所謂『盡人道，並立乎天地以成三才』，則盡人道非聖人不能。程子之説不可曉。」〔九〇〕𥛚。

伯豐問：「『成位乎其中』，程子、張子二説孰是？」曰：「此只是説聖人。程子説不可曉。」𥛚。

右第一章

「聖人設卦觀象」至「生變化」三句是題目，下面是解説這個。吉凶悔吝自大説去小處，變化剛柔自小説去大處。吉凶悔吝説人事變化，剛柔説卦畫。從剛柔而爲變化，又自變化而爲剛柔。所以下個「變化之極」者，未到極處時未成這個物事。變似那一物變時，從萌芽變來成枝成葉。化成〔九一〕時是那消化了底意思。淵。

問：「本義云：〔九二〕『剛柔相推而生變化，變化之極復爲剛柔，流行於〔九三〕一卦六爻之中，而占者因得其所值以斷吉凶也〔九四〕。』竊意在天地之中，陰陽變化無窮而萬物得因之以生生；在卦爻之中，變〔九五〕化無窮而人始得因其變以占吉凶。」先生云：「易自是占其變。若都變了，只一爻不變，則又〔九六〕以不變者爲主。或都全不變，則不變者又反是變也。」學蒙。

「剛柔相推」是說陰陽二氣相推，「八卦相盪」是說奇偶雜而爲八卦。在天則「剛柔相推」，在易則「八卦相盪」，然皆自易言。一說則「剛柔相推」而成八卦，「八卦相盪」而成六十四卦。僩。

「吉凶者，失得之象也；悔吝者，憂虞之象也；變化者，進退之象也；剛柔者，晝夜之象也。」四句皆互換往來，乍讀似不貫穿，細看來不勝其密。吉凶與悔吝相貫，悔自凶而趨吉，吝自吉而趨凶。進退與晝夜相貫，進自陰而趨乎陽，退自陽而趨乎陰也。〔九七〕謨。

繫辭一字不胡亂下，只人不仔細看。如「吉凶者，失得之象也；悔吝者，憂虞之象也；變化者，進退之象也；剛柔者，晝夜之象也〔九八〕」，中間兩句，悔是自凶而向乎吉，吝是自吉而趨乎凶；進是自柔而向乎剛，退是自剛而趨乎柔。又如「乾知險，坤知阻」，何故乾言險、坤言阻？舊因登山曉得自上而下來方見險處，故以乾言；自下而上去方見阻處，故以坤言。淳。

吉凶悔吝四者，正如剛柔變化相似。四者循環，周而復始，悔了便吉，吉了便吝，吝了便凶，凶了便悔。正如「生於憂患，死於安樂」相似。蓋憂苦患難中必悔，悔便是吉之漸；及至吉了，少間便安意肆志，必至做出不好、可羞吝底事出來，這便是吝，〔九九〕吝便是凶之漸矣；及至凶矣，又却悔。只管循環不已。正如剛柔變化，剛了化，化了柔，柔了變，變便是剛，亦循環不已。吉似夏，吝似秋，凶似冬，悔似春。僩錄同而略。〔一〇〇〕

「吉〔一〇一〕凶悔吝是對那剛柔變化說。剛極便柔，柔極便剛。四個循環如春夏秋冬，凶是〔一〇二〕冬，悔是〔一〇三〕春，吉是〔一〇四〕夏，吝是〔一〇五〕秋，秋又是冬去。」或問曰：〔一〇六〕「此配陰陽〔一〇七〕當如此。於人事上如何說〔一〇八〕？」曰：「事〔一〇九〕未嘗不『生於憂患，死〔一一〇〕於安樂』。若吉而〔一一一〕不知戒懼，自是生出吝來，雖未至於凶，是有凶之道也。〔一一二〕」學蒙。

剛過當爲悔，柔過當爲吝。節。

過便悔，不及便吝。礱。

「悔吝二義，悔者，將趨於吉而未至於吉；吝者，將趨於凶而未至於凶。」又問：「所謂小疵者，只是以其未便至於吉凶否？」曰：「悔是漸好，知道是錯了便有進善之理，悔便到無咎。吝者，喑嗚說不出，心下不定〔一一三〕，没分曉，然未至大過，故曰小疵。然小疵畢竟是小

過。」僩。〔一一四〕

問：「『所居而安者，易之序也』，與『居則觀其象』之『居』不同。上『居』字是總就身之所處而言，下『居』字是靜對動而言。」曰：「然。」學蒙。〔一一五〕

問「所居而安者，易之序也」。曰：「序是次序，謂卦及爻之初終，如潛、見、飛、躍，循其序則安。」又問「所樂而玩者，爻之辭」。曰：「橫渠謂『每讀每有益，所以可樂』，蓋有契於心則自然樂。」僩。

「『居則觀其象而〔一一六〕玩其辭；動則觀其變而〔一一七〕玩其占』，如何？」曰：「若是理會不得，却如何理會得占？閑時理會得，到用時便占。〔一一八〕」僩。

居〔一一九〕則玩其占，有不待占而自〔一二〇〕顯者。可學。〔一二一〕

右第二章

「憂悔吝者存乎介，震無咎者存乎悔」。悔〔一二二〕固是吉凶之小者，介又是幾微之間，慮悔吝之來當察於幾微之際。無咎者本是有咎，善補過則无爲咎。震，動也，欲動而无咎當存乎悔爾。悔吝在吉凶之間，悔是自凶而趨吉，吝是自吉而之凶。悔吝，小於吉凶而將至於吉凶者也。謨。

「齊小大者存乎卦」，齊猶分辨之意，一云猶斷也。小謂否睽之類，大謂泰謙之類。如泰謙之辭便平易，睽困之辭便艱險，故曰「卦有小大，辭有險易」。此説與本義異。人傑。

「齊小大者存乎卦」。曰：「『齊』字又不是整齊，自有個如準如協字，是分辨字。泰爲大，否爲小。『辭有險易』直是吉卦易、凶卦險。泰謙之類説得平易，睽蹇之類説得艱險。」僴。

問：「『憂悔吝者存乎介』。悔吝未至於吉凶，是那初萌動，可[一二三]向吉凶之微處。介又是悔吝之微處。『介』字如界至、界限之『界』，是善惡初分界處。以[一二四]此憂之則不至悔吝矣。」曰：「然。」學蒙。

問：「『卦有小大，辭有險易』。陽卦爲大，陰卦爲小。爻辭如『休復吉』底自是平易，[一二五]『困于葛藟』底[一二六]自是險。」曰：「大約也是如此。[一二七]」學蒙。

問：「『卦有小大』，舊説謂大畜、小畜、大過、小過，如此則只説得四卦，也不知如何。[一二八]」曰：「看來只是好底卦便是大，不好底卦便是小。如復、如泰、如大有、如夬之類盡[一二九]好底卦，如睽、如困、如小過底盡不好底。譬如人，光明磊落底便是好人，昏昧迷暗底便是不好人。所以謂『卦有小大，辭有險易』。大卦辭易，小卦辭險，即此可見矣。」學蒙。[一三〇]

問「易與天地準，故能彌綸天地之道」。曰：「易道本與天地齊準，所以能彌綸之。凡天地間之物，無非易之道，故易能『彌綸天地之道』，而聖人用之也。『彌』如封彌之『彌』，糊合便無縫罅；『綸』如絡絲之『綸』，自有條理。言雖是彌得外面無縫罅，而中則事事物物各有條理。彌，如『大德敦化』；綸，如『小德川流』。彌而非綸，則空疏無物；綸而非彌，則判然不相干。此二字，見得聖人下字甚密也。」學蒙。〔一三一〕

「彌綸天地之道」，「彌」字如封彌之義。惟其封彌得無縫罅，所以能遍滿也。本義解作遍滿之意。〔一三二〕僩。

「『仰以觀天文，俯以察地理，是故知幽明之故』。注云：『天文則有晝夜上下，地理則有南北高深。』不知如何？」曰：「晝明夜幽，上明下幽。觀晝夜之運，日月星辰之上下，可見此天文幽明〔一三三〕所以然。南明北幽，高明深幽。觀之南北高深，可見此地理幽明之所以然。」又云：「始終死生是以循環言，精氣鬼神是以聚散言，其實不過陰陽兩端而已。」學蒙。〔一三四〕

天是陽，地是陰，〔一三五〕然各有陰陽。天之晝是陽，夜是陰；日是陽，月是陰。地如高屬陽，下屬陰；平坦屬陽，險阻屬陰；東南屬陽，西北屬陰。幽明便是陰陽。㽦。

觀文、察變以至「知鬼神之情狀」，皆是言窮理之事。直是要知得許多，然後謂之窮理。謨。

正卿問「原始反終，故知死生」之說。曰：「人未死，如何知得死之說？只是原其始之理，將後面摺轉來看便見得，以此之有，知彼之無。」

「原始反終」，推原其始，却回頭轉來看其終。人傑。〔一三六〕

問：「『反』字如何？」曰：「推原其始而反其終。謂如人心〔一三七〕方推原其始初，却摺轉一摺來，如回頭之義，反觀其終。〔一三八〕」㽦。〔一三九〕

右第三章〔一四〇〕

「精氣爲物」是合精與氣而成物，精魂而氣魄也。變則是魂魄相離。雖獨說「遊魂」而不言魄，而離魄之意自可見矣。學蒙。

林安卿問「精氣爲物，遊魂爲變」。曰：「此是兩個合，一個離。精氣，合則魂魄凝結而爲物，離則陽已散而陰無所歸，故爲變。『精氣爲物』，精，陰也；氣，陽也。『仁者見之謂之仁，智者見之謂之智』，仁，陽也；智，陰也。」人傑。〔一四一〕

問：「尹子解『遊魂』一句爲鬼神，如何？」曰：「此只是聚散。聚而爲物者神也，散而爲變者鬼也。鬼神便有陰陽之分，只於屈伸往來觀之。橫渠說『精氣自無而有，遊魂自有而無』，其說亦分曉。然精屬陰，氣屬陽，然又自有錯綜底道理。然就一人之身將來橫看，生便帶着個死底道理。人身雖是屬陽而體魄便屬陰，及其死而屬陰又却是此氣，便亦屬陽。蓋死則魂氣上升，而魄氣〔一四二〕下降。若〔一四三〕古人說『徂落』二字極有義理，便是謂魂魄。徂者，魂升于天；落者，魄降于地。只就人身便亦是鬼神。如祭祀『求諸陽』便是求其魂，『求諸陰』便是求其魄。祭義中宰我問鬼神一段説得好，注解得亦好。」㽦。

「與天地相似故不違」。上言易「與天地準」，此言聖人「與天地相似」也。此下數句是與天地相似之事。僩。〔一四四〕

「與天地相似故不違」。上文言易之道「與天地相似」，此言聖人之道「與天地準」也。惟其人不違，所以「與天地相似」。若此心有外，則與天地不相似矣。此下數句皆是「與天地相似」之事也。上文「易與天地準」下數句，皆「易與天地準」之事也。「旁行而不流」，言其道旁行而不流於偏也。「範圍天地之化而不過」，自有大底範圍，又自有小底範圍。而今且就身上看，一事有一個範圍。「通乎晝夜之道而知」，「通」訓兼，言兼晝與夜皆知也。僩。

「與天地相似」是説聖人。第一句泛説。如「周乎萬物」至「道濟」，〔一四五〕是細密底工夫。知便是〔一四六〕要周乎萬物，無一物之遺；道直要濟天下。㽦。

問：「『與天地相似故不違，知周乎萬物而道濟天下故不違』，〔一四七〕注云：『「知周萬物」者天也，「道濟天下」者地也。』是如何？」曰：「此與後段『仁者見之謂之仁，知者見之謂之知』又自不同。此以清濁言，彼以動靜言。智是先知得較虛，故屬之天。『道濟天下』則普濟萬物，惠實〔一四八〕及民，故屬之地。又言〔一四九〕『旁行不流，樂天知命故不憂』，此兩句本皆是知之事，蓋不流便是貞也。不流是本，旁行是應。變處無本則不能應變，能應變而無其本則流而入

變詐矣。細分之，則旁行是知，不流屬仁。其實皆是知之事，對下文『安土敦乎仁故能愛』一句，專説仁也。」學蒙。〔一五〇〕

「知周萬物」是體；「旁行」是「可與權」，乃推行處；「樂天知命」是自處。三節各説一理。淵。

「旁行而不流」。曰：「此『小變而不失其大常』。然前後却有『故』字，又相對。此一句突然，易中自時有恁地處，頗有〔一五一〕難曉。」僩。

問：「『樂天知命』，云『通上下言之』，又曰『聖人之知天命則異於此』。某竊謂『樂天知命』便是説聖人。」曰：「此一段亦未安。『樂天知命』便是聖人之〔一五二〕異者，與『不知命無以爲君子』自别。」可學。

「安土敦乎仁」對「樂天知命」言之。所寓而安，篤厚於仁，更無夾雜，純是天理。自「易與天地準」而下，皆發明陰陽之理。人傑。

問「安土敦乎仁，故能愛」。曰：「此是與上文『樂天知命』對説。『樂天知命』是『知崇』，『安土敦仁』是『禮卑』。安是隨所居而安，在在處處皆安。若自家不安，何以能愛？敦只是篤厚。去盡己私，全是天理，更無夾雜，充足盈滿，方有個敦厚之意。只是仁而又仁，敦厚於仁故能愛。惟『安土敦仁』則其愛自廣。」僩。

「安土」者隨所寓而安，若自擇安處，便只知有己，不知有物也。此厚於仁者之事，故能愛也。人傑。謨、去僞録同。〔一五三〕

「安土敦乎仁，故能愛」，聖人説仁是恁地説，不似江西人説知覺相似。此句説仁最密。淵。方子録無「江西」一句。〔一五四〕

「範圍天地」之道〔一五五〕。範是鑄金作範，圍是圍裹。如天地之道〔一五六〕都没個遮欄，聖人便將天地之道一如用範來範成個物，包裹了。試舉一端，如在天便做成四時節候〔一五七〕，以此做個塗轍，更無過差。此特其一〔一五八〕爾。䇲。

問：「『範圍天地之化而不過』，如天之生物至秋而成，聖人則爲之斂藏。人之生也，欲動情勝，聖人則爲之教化防範。此皆是範圍而使之不過之事否？」曰：「範圍之事闊大，此亦其一事也。今且就身上看如何。」或曰：「如視聽言動，皆當存養使不過差，此便是否？」曰：「事事物物無非天地之化，皆當有以範圍之。就喜怒哀樂而言，喜所當喜、怒所當怒之類，皆範圍也。能範圍之不過，曲成之不遺，方始見得這『神無方，易無體』。若範圍有不盡，曲成有所遺，神便有方，易便有體矣。」學蒙。

問「範圍天地之化，而不過」。曰：「天地之化，滔滔無窮。如一爐金汁鎔化不息，聖人則爲之鑄瀉成器，使入模範匡郭，不使過於中道也。『曲成萬物而不遺』，此又是就事物之分量形質，隨其大小闊狹、長短方圓，無不各成就此物之理，無有遺闕。『範圍天地』是極其大而言，『曲成萬物』是極其小而言。『範圍』如『大德敦化』，『曲成』如『小德川流』。」學蒙。〔一五九〕

「通乎晝夜之道而知」。既曰「通」又曰「知」，似不可曉。然通是兼通，若通晝不通夜，通生不通死，便是不知，便是神有方，有〔一六〇〕體了。學蒙。

「『通乎晝夜之道而知』，『通』字只是兼乎晝夜之道而知其所以然。大抵此一章自『易與天地準』以下，只是言個〔一六一〕陰陽。至『仁者見之謂之仁，知者見之謂之知』，謂隨人氣偏處見。仁亦屬陽，知亦屬陰，此又是分著陰陽。〔一六二〕如『繼之者善，成之者性』，便於造化流行處分陰陽，此是指人氣稟有偏處，分屬陰陽耳。〔一六三〕」因問：「尹子『「鬼神情狀」只是解「遊魂爲變」一句』，即是將『神』字作『鬼』字看了。程、張説得甚明白，尹子親見伊川，何以不知此義？」曰：「尹子見伊川晚，又性質朴鈍，想伊川亦不曾與他説。」僩。

「易無體」，這個物事逐日各自是個頭面，日異而時不同。淵。

「神無方而易無體」，神便是在陰底〔一六四〕又忽然在陽底。易便是或爲陰或爲陽，如爲春，又爲夏；爲秋，又爲冬。交錯代換而不可以形體拘也。學蒙。〔一六五〕

「神無方，易無體」。神自是無方，易自是無體。方是四方上下，神却或在此或在彼，故云「無方」。「易無體」者，或自陰而陽，或自陽而陰，無確定底，故云「無體」。自與那「其體則謂之易」不同，各自是説一個道理。若恁地衮將來説，少間都説不去。他那個是説「上天之載，無聲無臭」。「其體則謂之易」，這只是説個陰陽、動静、闢闔、剛柔、消長，不着這七八個字説不了。若喚做「易」，只一字便了。易是變易，陰陽無一日不變，無一時不變。莊子分明説「易以道陰陽」。要看易須當恁地看，事物都是那陰陽做出來。其體則謂之易，此體是個骨子。〔一六六〕淵。節録同。〔一六七〕

「一陰一陽之謂道」則〔一六八〕陰陽是氣，不是道，所以爲陰陽者乃道也。若只言「陰陽之謂道」則陰陽是道，今曰「一陰一陽」則是所以循環者乃道也。「一闔一闢謂之變」亦然。道夫。〔一六九〕

或問「一陰一陽之謂道」。曰：「以一日言之則晝陽而夜陰；以一月言之則望前爲陽，望後爲陰；以一歲言之則春夏爲陽，秋冬爲陰。從古至今恁地衮將去，只這〔一七〇〕是個陰陽，是孰使之然也？乃道也。從此句下又分兩脚。此氣之動爲人物，渾是一個道理。故人未生以前此理不〔一七一〕善，所以謂之〔一七二〕『繼之者善』，此則屬陽；氣質既定，爲人爲物，所以謂『成之者性』，此則屬陰。」正卿。〔一七三〕

問「一陰一陽之謂道」。曰：「一陰一陽，此是天地之埋。如『大哉乾元，萬物資始』，乃『繼之者善也』；『乾道變化，各正性命』，此『成之者性也』。這一段是説天地生成萬物之意，不是説人性上事。」去僞録同。〔一七四〕

「一陰一陽之謂道」，太極也。「繼之者善」，生生不已之意，屬陽；「成之者性」，「各正性命」之意，屬陰。通書第一章可見。如説「純粹至善」，却是統言道理。人傑。

「一陰一陽之謂道」。就人身言之，道是吾心。「繼之者善」是吾心發見惻隱、羞惡之類。「成之者性」是吾心之理，所以爲仁義禮智是也。人傑。

問：「孟子只言『性善』，易繫辭却云『一陰一陽之謂道，繼之者善也，成之者性也』。如此則性與善却是二事？」曰：「一陰一陽是總名。『繼之者善』是二氣五行之[一七五]事，『成之者性』是氣化已後事。」去僞。[一七六]

問：「『一陰一陽之謂道』便[一七七]是太極否？」曰：「陰陽只是陰陽，道便[一七八]是太極。程子説『所以一陰一陽者，道也』。」問：「知言云『有一則有三，自三而無窮矣』，又云『「一陰一陽之謂道」謂太極也。陰陽剛柔顯極之幾，至善以微，孟子所謂「可欲」者也』，此意[一七九]如何？」曰：「知言只是説得一段文字皆好[一八〇]不可曉。」問：「『純粹至善者也』與『繼之者善』同否？」曰：「是繳上二句，却與『繼之者善』不同。『繼之者善』屬陽，『成之者性』屬陰。」問：「陽實陰虚。『繼之者善』是天命流行，『成之者性』是在人物。疑人物是實。」曰：「陽實陰虚又不可執。只是陽便實、陰便虚，各隨地步上説。如揚子説『於仁也柔，於義也剛』，今周子却以仁爲陽、義爲陰。要知二者説得都是。且如造化周流，未著形質，便屬形而上者；[一八一]才麗於形質爲人物、爲金木水火土，便轉動不得，便是形而下者，屬陰。若是陽時自有多少流行變動在，及至成物，一成而不返。謂如人之初生屬陽，只管有長，及至長成便只有衰，此氣逐旋衰減，至於衰盡則死矣。周子所謂『原始反終』，只於衰盡處可見反終之理。」又曰：「嘗見張乖崖云『未押字時屬陽，已押字時〔一八二〕屬陰』，此語疑有得於希夷，未可知。」僩。〔一八三〕

「繼之者善」如水之流行，「成之者性」如水之止而成潭也。椿。

流行造化處是善，凝成於我者即是性。繼是接續綿綿不息之意，成是凝成有主之意。大雅。

「繼之者善也」，元亨是氣之方行而未著於物也，是上一截事。「成之者性也」，利貞是氣之結成一物也，是下一截事。節。

「繼之者善，成之者性」。曰：〔一八四〕「造化所以發育萬物者爲『繼之者善』，『各正其性命』者爲『成之者性』。」榦。

性〔一八五〕便是善。可學。

問：「『繼之』、『成之』，〔一八六〕是道，是器？」曰：「繼之成之是器，善與性是道。」人傑。

「成性」只是本來性。節。

或問「成之者性也」。曰：「性如寶珠，氣質如水。水有清有污，故珠或全見、或半見、或不見。」又問：「先生嘗說性是理，本無是物。若譬之寶珠，則却有是物。」曰：「譬喻無十分親切底。」蓋卿。

「仁者」、「知者」〔一八七〕至「鮮矣」。「此言萬物各具是性，但氣禀不同，各以其性之所近者窺之，故仁者只見得他發生流動處而〔一八八〕以爲仁，知者只見得他貞静處而〔一八九〕便以爲知。下此一等，百姓日用之間『習矣而不察』，所以『君子之道鮮矣』。」學蒙。

右第四章

「『顯諸仁，藏諸用』，二句只是一事。『顯諸仁』是可見底，便是『繼之〔一九〇〕善也』；『藏諸用』是不可見底，便是『成之者性也』。『藏諸用』是『顯諸仁』底骨子，正如説『一而二，二而一』者也。張文定説『公事未判屬陽，已判屬陰』，〔一九一〕亦是此意。『顯諸仁，藏諸用』，亦如元亨利貞，〔一九二〕元亨是發用流行處，利貞便是流行底骨子。」又曰：「『顯諸仁』，德之所以盛；『藏諸用』，業之所以成。譬如一樹，一根生許多枝葉花實，此是『顯諸仁』處。及至結實，一核成一個種子，此是『藏諸用』處。生生不已，所謂『日新』也；萬物無不具此理，所謂『富有』也。」僩。

「顯諸仁，藏諸用」是「元亨誠之通，利貞誠之復」。畓。〔一九三〕

「鼓萬物而不與聖人同憂」，此言造化之理。如聖人則只是人，安得而無憂！謨。

天地造化是自然，聖人雖生知安行，然畢竟是有心去做，所以説「不與聖人同憂」。淵。

問「鼓萬物而不與聖人同憂」。答曰：「明道兩句最好：『天地無心而成化，聖人有心而無爲。』無心便是不憂，成化便是鼓萬物。天地鼓萬物，亦何嘗有心來！」謨。去僞録同。[一九四]

「盛德大業」以下都是説易之理，不是指聖人。[一九五]㽦。

「盛德大業至矣哉」，是贊歎上面「顯諸仁，藏諸用」。昊録。[一九六]

「盛德大業」一章。曰：「既説『盛德大業』，又説他只管恁地生去，所以接之以『生生之謂易』，是漸説入易上去。乾只略成一個形象，坤便都呈見出許多法來。到坤處都細了，萬法一齊出見。『效』字如效順、效忠、效力之『效』。『極數知來之謂占，變通之謂事[一九七]』，占出這事變[一九八]，人便依他這個做，便是『通變之謂事』。看來聖人到這處便説在占上去，則此書分明是要占矣。『陰陽不測之謂神』是總結這一段。不測者是在這裏又在那裏，便只[一九九]是這一個物事走來走去，無處不在。六十四卦都説了，這又説三百八十四爻。許多變化只是這一個物事周流其間。」學蒙。

先説個「富有」，方始説「日新」，此與説宇宙相似。先是有這物事了方始相連相續去。自「富有」至「效法」是説其理如此，用處却在那「極數知來」與「通變」上面。蓋説上面許多道理要做這般[二〇〇]用。淵。

「效法之謂坤」，到這個坤時都子細詳密了，一個是一個模樣。效猶呈，一似説「效犬」、「效羊」、「效牛」、「效馬」，言呈出許多物。大概乾底只是做得個形象，到得坤底則漸次詳密。「資始」、「資生」，於此可見。淵。

「成象之謂乾，效法之謂坤」，依舊只是陰陽。凡屬陽底便是方做未成形之意〔二〇一〕，「成象」謂如日月星辰在天亦無個懸象〔二〇二〕。如此，乾便略，坤便詳。效如陳效之「效」，若今人言效力之類。法是有一成已定之物，可以形狀見者。如條法，亦是實有已成之法。𤇆。

「成象之謂乾」，此造化方有些顯露處。「效法之謂坤」，以「法」言之則大段詳密矣。「效」字難看，如效力、效成之「效」，有陳獻底意思。乾坤只是理。理本無心，自人而觀，猶必待乾之成象而後坤能效法。然理自如此，本無相待。且如四時亦只是自然迭運，春夏生物，初不道要秋冬之所成〔二〇三〕；秋冬成物，又不道成就春夏之所生，皆是理之所必然者爾。謨。

「成象之謂乾」，謂風霆雨露日星只是個象。效者，效力之「效」。效法則效其形法而可見也。人傑。

右第五章

「夫易，廣矣，大矣。以言乎遠則不禦，〔二〇四〕以言乎邇則靜而正，以言乎天地之間則備矣」。「靜而正」謂觸處皆見有此道，不待安排，不待措置，雖至小、至近、至鄙、至陋之事，無不見有。隨處皆見足，無所欠缺，只觀之人身便見。「見有」、「見足」之「見」，賢遍反。僩。

「夫易，廣矣，大矣」、「静[二〇五]而正」，是無大無小，無物不包，然當體便各具此道理。[二〇六]㽦。

「『静而正』，須著工夫看。」徐曰[二〇七]：「未動時便都有此道理，都是真實，所以下個『正』字。」㽦。[二〇八]

「其動也闢」。大抵陰是兩件，如陰爻兩畫。闢是兩開去，翕是兩合。如地皮上生出物來，地皮須開。今論天道包著地在，然天之氣却貫在地中，地却虚，有以受天之氣。其下所謂有「大生」、「廣生」之字，[二〇九]大是一個大底物事，廣便是容得許多物事。「大」字實，「廣」字虚。㽦。

「『夫坤，[二一〇]其静也翕，其動也闢』。地到冬間，氣都翕聚不開；至春則天氣下入地，地氣開以迎之。」又曰：「陰陽與天地自是兩件物事。陰陽是二氣，天地是兩個有形質底物事，如何做一物説得！不成説動爲天而静爲地，無此理，正如鬼神之説。」僩。

乾静專動直而大生，坤静翕動闢而廣生。這説陰陽體性如此，卦畫也彷佛似恁地。淵。

天體大，「是以大生焉」；地體虚，「是以廣生焉」。「廣」有虚之義，如「河廣」、「漢廣」之「廣」。敬仲。

本義云：「乾一而實，故以質言而曰大；坤二而虚，故以量言而曰廣。」學者不曉〔二一一〕，請問。曰：「此兩句解得極分曉。蓋曰以形言之則天包地外，地在天中，所以説天之質大。以理與氣言之則地却包着天，天之氣却盡在地之中，地盡承受得那天之氣，所以説地之量廣。天只是一個物事，一本〔二一二〕故實，從裏面便實出來，流行發生只是一個物事，所以説『乾一而實』。地雖是堅實，然却虚，所以天之氣流行乎地之中，皆從地裏發出來，所以説『坤二而虚』。」用之云：「坤〔二一三〕形如肺，形質雖硬而中本虚，故陽氣升降乎其中無所障礙，雖金石也透過去。地便承受得這氣，發育萬物。」曰：「然。要之天形如一個鼓鞴，天便是那鼓鞴外面皮殼子，中間包得許多氣開闔消長，所以説『乾一而實』。地只是一個物事，中間盡是這氣升降來往，緣中間虚故容得這氣升降來往。以其包得地，所以説其質之大；以其容得天之氣，所以説其量之廣。非是説地之形有盡故以量言也，只是説地盡容得天之氣，所以説其量之廣耳。今治曆家用律吕候氣，其法最精。氣之至也分寸不差，便是這氣都在地中透上來。如十一月冬至，黄鍾管距地九寸，以葭灰實其中，至之日，氣至灰去，晷刻不差。」又云：「看來天地中間，此氣升降上下當分爲六層。十一月冬至自下面第一層生起，直到第六層上，極至天，是爲四月。陽氣既生足便消，下面陰氣便生。只是這一氣升降循環不已，往來乎六層之中也。」問：「月令中『天氣下降，地氣上騰』，此又似是〔二一四〕天地各有氣相交合？」曰：「只是這一氣，只是陽極則消而陰生，陰極則消而陽生。『天氣下降』便只是冬至。復卦之時陽氣在下面生起，故云『天氣下降』。」或曰：「據此則却是陰消於上面〔二一五〕，陽生於下，却是〔二一六〕不得『天氣下降』。」曰：「也須是天運一轉則陽氣在下，故從下生也。今以天運言之則一日自轉一匝。然又有那大轉底時候，須是大著心腸看始得，不可拘一不通也。蓋天本是個大底物事，以偏滯求他不得。」僩。

問：「陰偶陽奇，就天地之實形上看，如何見得？」曰：「天是一個渾淪底物，雖包乎地之外，而氣則迸出乎地之中。地雖一塊物在天之中，其中實虛，容得天之氣迸上來。繫辭云：『乾，静也專，動也直，是以大生焉；坤，静也翕，動也闢，是以廣生焉。』『大生』是渾淪無所不包，『廣生』是廣闊，能容受得那天之氣。『專』、『直』則只是一物直去。『翕』、『闢』則是二個，翕則闔，闢則開，此奇偶之形也。」又曰：「陰陽只得一半，〔二一七〕兩個方做得一個。」學蒙。〔二一八〕

易不是象乾、坤，乾、坤乃是易之子目。下面一壁子是乾，一壁子是坤。蓋説易之廣大，是這個〔二一九〕乾便做他那大，坤便做他那廣。乾所以説大時，塞了他中心，所以大；坤所以説廣時，中間虛，容得物，所以廣。廣是説他廣闊，着得物。常説道地對他天不得，天便包得地在中心。然而地却是中虛，容得氣過，容得物，便是他廣。天是那〔二二〇〕一直大底物事。地是那〔二二一〕廣闊底物，有坳處，有陷處，所以説廣。這個只是説理，然而〔二二二〕也是説書。有這理便有這書，書是載那道理底，若死分不得。大概上面幾句是虛説底，這個配天地、四時、日月、至德是説他實處。淵。

陰陽雖便是天地，然畢竟天地自是天地。「廣大配天地」時，這個理與他一般廣大。淵。「廣大配天地，變通配四時，陰陽之義配日月」，以易配天。「易簡之善配至德」，以易配人之至德。人傑。

問「易簡之善配至德」。曰：「此是以易中之理取外面一事來對。謂易之廣大，故可配天地；易之變通，如老陽變陰、老陰變陽，往來變化，故可配四時；『陰陽之義』便是日月[二二三]；『易簡之善配至德[二二四]』便是[二二五]在人之至德。」㽦。

問：「『廣大配天地』至[二二六]『變通配四時』，這『配』字是配合義[二二七]底意思否？」曰：「只是相似之意。」又問「易簡之善[二二八]」。曰：「也是易上有這道理，似[二二九]人心之至德也。」學蒙。[二三〇]

林安卿問：「『廣大配天地』，莫[二三一]是配合否？」曰：「配只是似。直[二三二]如下句云『變通配四時』，四時如何配合？四時自是流行不息，所謂『變通』者如此。『易簡之善配至德』，『至德』亦如何配合？『易簡』是當行之理，『至德』是自家所傳得者。[二三三]」又問：「伊川解『知微知彰，知柔知剛』，云：『知微則知彰，知柔則知剛。』如何？」曰「只作四截看，較闊，言君子無所不知。」良久，笑云：「向時有個人出此語令楊大年對，楊應聲云『小人不耻不仁，不畏不義』，無如此恰好！」義剛。

學只是知與禮，他這意思却好。禮便細密。中庸「致廣大，盡精微」等語，皆只是説知、禮。淵。

「『禮卑』是卑順之意。卑便廣，地卑便廣，高則狹了。人若則[二三四]揀取高底做便狹，兩脚踏地做方得。若是着件物事，填教一二尺高便不穩了，如何會廣！地卑便會廣。世上更無卑似地底。」又曰：「地卑是從貼底謹細處做去[二三五]，所以能廣。」淵。

知要崇，禮要卑。節。[二三六]

「知崇、禮卑」。知是知處，禮是行處。知儘要高，行却自近起。可學。

「知崇、禮卑」，這是兩截。「知崇」是智識超邁，「禮卑」是須就切實處行。若知不高則識見淺陋，若履不切則所行不實。知識高便是象天，所行實便是法地。識見高於上，所行實於下，中間便生生而不窮，故説「易行乎其中」。成性存存，道義之門」。大學所説格物、致知，是「知崇」之事；所説誠意、正心、修身、齊家、治國、平天下，是「禮卑」之事。賀孫。

「知崇、禮卑」一段。云：「地至卑，無物不載在地上。縱開井百尺，依舊在地上，是無物更卑得似地。所謂『德言盛，禮言恭』，禮是要極卑，故無物事無個禮。至於至微至細底事，皆當畏謹[二三七]，惟恐失之，這便是禮之卑處。曲禮曰『毋不敬』，自『上東階先左足，上西階先右足』，『羹之有菜者用梜，無菜者不用梜』，正謂此也。[二三八]」又曰：「似這處不是他特地要恁地，是他天理合如此。知識日多則知日高，[二三九]積累多則業益廣。[二四〇]」學蒙。[二四一]

「知崇、禮卑」。禮極是個卑底事，如地相似，看甚底載在地上。知却要極其高明，「禮儀三百，威儀三千」，無非卑底事，然又不是强安排，皆是天理自然如此。如「羹之有菜者用梜，其無菜者不用梜」，主人升自東階、客自西階之類，「上東階則先左足，上西階則先右足」，若上東階則先右足則背了主人，上西階先左足則背了客，自是理合如此，不可亂。又曰：「『知崇』者，德之所以崇；『禮卑』者，業之所以廣。理纔有些子不到處，這業便是有欠缺，便不廣了。地雖極卑，無所欠闕，故廣。」僩。[二四二]

「知[二四三]崇」，天也，是致知事要得高明。「禮卑」，[二四四]是[二四五]事事都要踐履過，卑便業廣。[二四六]㽦。

知識貴乎高明，踐履貴乎着實。知既高明，須是[二四七]放低着實做去。銖。

問「天地設位而易行乎其中矣。成性存存，道義之門」。曰：[二四八]「上文言『知崇、禮卑，崇效天，卑法地』。人崇其智須是如天之高，卑其禮須如地之下矣[二四九]。『天地設位』一句只是引起，要説『智崇、禮卑』。人之智、禮能如天地，便能成其性、存其存，道義便自此出。所謂道

義便是易也。『成性存存』，不必專主聖人言。」謨。去僞録同。〔二二五〇〕

蓋卿〔二二五一〕問：「『天地設位而易行乎其中』，『乾坤成列而易立乎其中』，如『易行乎其中』，此固易曉。至如『易立乎其中』，豈非乾坤既成列之後道體始有所寓而形見？其立也有似『如有所立卓爾』之『立』乎？」曰：「大抵易之言乾坤者多以卦言。『易立乎其中』只是乾坤之卦既成而易立矣，況所謂『如有所立卓爾』，亦只是不可及之意。後世之論多是説得太高，不必如此説。」蓋卿。〔二二五二〕

問：「『天地設位』一段，明道云云〔二二五三〕見劉質夫録論人神處。『天地設位』合道『易』字，道他字不得。不知此説如何？」曰：「明道説話自有不論文義處。」可學。〔二二五四〕

「成性」與「成之者性也」，止争些子不同。「成之者性」便從上説來，言成這個〔二二五五〕物。「成性」是説已成底性，如「成德」、「成説」之「成」。然亦只争些子也，如「正心、心正」，「誠意、意誠」相似。賀孫。

「成性」如名，「明德」如表德相似。「天命」都一般。泳。

「成性」猶言見成底性。這性元自好了，但「知崇、禮卑」，則成性便存存。學蒙。

「成性存存」，〔二二五六〕「成性」不曾作環底。「存」謂常在這裏，存之又存。泳。

「成性存存」不是專主聖人道義，便是易也。人傑。〔二二五七〕

或問：「『成性存存』是不忘其所存。」曰：「衆人多是説到聖人處方是性之成，看來不如此。『成性』，只是一個渾淪之性存而不失，便是『道義之門』，便是生生不已處。」卓。

「成性存存」，〔二五八〕横渠謂「成其性，存其存」。伊川易傳中亦是「存其存」，却遺書中作〔二五九〕「生生之謂易」，意思好。〔二六〇〕僩。

「横渠言『成性』與古人不同。他所説性雖是那個性，然曰『成性』則猶言『踐形』也。」又曰：「他只〔二六一〕是説去氣禀物欲之私以成其性。」道夫。

「『知崇禮卑』則性自存，横渠之説非是。如云『性未成則善惡混，當亹亹而繼之以善』云云，又云『纖惡必除，善斯成性矣』，皆是此病。」「知禮成性則道義出」，先生本義中引此而改「成」爲「存」。又曰：「横渠言『「成性」猶孟子云「踐形」』，此説不是。夫性是本然已成之性，豈待習而後成邪！他從上文『繼之者善也，成之者性也』，便是如此説來，與孔子之意不相似。」僩。

右第六章〔二六二〕

晦庵先生朱文公語類卷第七十五

易十一

上繫下

先生命二三子説書，畢，召蔡仲默及義剛語，小子侍立。先生顧義剛曰：「勞公教之，不廢公讀書否？」對〔一〕曰：「不廢。」因借先生所點六經。先生曰：「被人將去，都無本了。看公於句讀音訓也大段子細。那『言天下之至賾而不可惡也』，是音作去聲字？是公以意讀作去聲？」對〔二〕曰：「只據東萊音訓辭〔三〕。此字有三音，或音作入聲。」〔四〕先生笑曰：「便是他門好恁地强説。」仲默曰：「作去聲也似是。」先生曰：「據某看只作入聲亦是。〔五〕説雖是如此勞攘事多，然也不可以爲惡。〔六〕而今音訓有全不可曉底。若有兩三音底，便着去裏面揀一個較近底來解。」義剛。〔七〕

「聖人有以見天下之賾」，「賾」字在説文曰：「雜亂也。」古〔八〕無此字，只是「嘖」字。今從「賾」，亦是口之義。「言天下之賾而不可惡」，雖是雜亂，聖人却於雜亂中見其不雜亂之理，便與下句「天下之物〔九〕而不可亂」相對。僩。

「天下之至賾」與左傳「嘖有煩言」之「嘖」同。那個從「口」，這個從「臣」，是個口裏説話多、雜亂底意思，所以下面説「不可惡」。若喚做好字，不應説個「可惡」字也。「探賾索隱」，若與人説話時，也須聽他雜亂説將出來底，方可索他那隱底。淵。〔一〇〕

「聖人有以見天下之賾」，正是説畫卦之初，聖人見陰陽變化便畫出一畫，有一個象，只管生去，自不同。六十四卦各是一樣，更生到千以上卦，亦自各一樣。學蒙。

「擬諸其形容」，未便是説那水火雷風〔一一〕之形容。方擬這卦，看是甚形容，始去象那物之宜而名之。一陽在二陰之下則象以雷，一陰在二陽之下則象以風。「擬」是比度之意。學蒙。

問「聖人有以見天下之賾，而擬諸其形容，象其物宜，是故謂之『象』；聖人有以見天下之動，而觀其會通以行其典禮，繫辭焉以斷其吉凶，是故謂之『爻』」。曰：「『象言卦也，下截言爻也。『會通』者，觀衆理之會而擇其通者而行。且如有一事關着許多道理，也有父子之倫，也有君臣之倫，也有夫婦之倫。若是父子，重則就父子行將去，而他有不暇計；若君臣，重則行君臣之義，而他不暇計。若父子之恩，重則便得『身體髮膚，受之父母，不敢毁傷』之義，而『委致其身』之説不可行。若君臣之義，重則當委致其身，而『不敢毁傷』之説不暇顧。此之謂『觀會通』。」僩。

問：「『聖人有以見天下之動』，是說文王、周公否？」曰：「不知伏羲畫卦之初，與連山、歸藏有繫辭否。爲復一卦只已有[一二]六畫。」學蒙。

問：「『觀會通，行其典禮』，是就會聚處尋一個通路行[一三]否？」曰：「此是兩件。會是觀衆理之會聚處。如這一項君臣之道也有，父子兄弟之道也有，須是看得周遍始得通，便是一個通行底路，都無窒礙。典禮猶言常理常法。」又曰：「禮便是節文也。升降揖遜是禮之節文，[一四]但這個『禮』字又說得闊，凡事物之常理皆是。」學蒙。

「一卦之中自有會通，六爻又自各有會通。且如屯卦，初九在卦之下，未可以進，爲屯之義。乾坤始交而遇險陷，亦屯之義，似草穿地而未申，亦屯之義，凡此數義，皆是屯之會聚處。若『盤桓利居貞』，便是一個合行底，却是[一五]通處也。」學蒙。

「『觀會通以行其典禮』。會是衆義[一六]理聚處，雖覺得有許多難易窒礙，必於其中却得個通底道理。謂如庖丁解牛，於族處却『批大郤，導大窾』，此是於其筋骨叢聚之所得其可通之理，故十九牛而刃若新發於硎。且如事理間，若不於會處理會，却只見得一偏，便如何行得通？須是於會處都理會，其間却自有個通處，便如脈理相似。到得多處自然貫通得，所以可『行其典禮』。蓋會而不通便窒塞而不可行，通而不會便不知許多曲直錯雜處。」𥲅。

問「『言天下之至賾而不可惡』，此是說天下之事物如此，不是說卦上否？」曰：「卦亦如此，三百八十四爻是多少雜亂。」學蒙。

「言天下之至賾而不可惡也」，蓋雜亂處，人易得厭惡。然而這都是道理中合有底事，自合理會，故不可惡。「言天下之至動而不可亂也」，蓋動亦是合有底，然上面各自有道理，故自不可亂。學蒙。

「天下之至動」，事若未動時不見得他那〔一七〕道理是如何。人平不語，水平不流，須是動方見得。「會通」是會聚處，「典禮」是借這般字來説，只是説道觀他那會通處後〔一八〕却求個道理來區處他。所謂卦〔一九〕之動便是法象這個，故曰「爻也者，效天下之動者也」。動亦未説事之動，只是事到面前，自家一念之動要求處置他，便是動也。淵。

問：「『擬之而後言，議之而後動』，凡一言一動皆於易而擬議之否？」曰：「然。」㽦。

「擬之而後言，議之而後動，擬議以成其變化」，此變化只就人事説。擬議只是裁度自家言動使合此理，「變易以從道」之意。如擬議得是便吉，擬議未善則爲凶矣。謨。

問「擬議以成其變化」。曰：「這變化就人動作處説，如下所舉七爻，皆變化也。」學蒙。〔二〇〕

「鳴鶴在陰，其子和之。我有好爵，吾與爾縻之」。此本是説誠信感通之理，夫子却專以言行論之，蓋誠信感通，莫大於言行。上文「言天下之賾而不敢惡也，言天下之動而不敢亂也」，先儒多以「賾」字爲至妙之意。若如此説，則何以謂之「不敢惡」？賾只是一個雜亂冗鬧底意思。

言之而不惡者，精粗本末無不盡也。「賾」字與「頤」字相似，此有互體之意。〔二二一〕謨。

「鶴鳴」、「好爵」皆卦中有此象。諸爻立象，聖人必有所據，非是白撰，但今不可考耳。到孔子方不説象。如「見豕負塗，載鬼一車」之類，孔子只説「群疑亡也」，便見得上面許多皆是狐惑可疑之事而已。到後人解説便多牽强。如十三卦中「重門擊柝，以待暴客」只是豫備之意，却須待用互體推艮爲門闕、雷震乎外之意。「剡木爲矢，弦木爲弧」，只爲睽乖，故有威天下之象，亦必待穿鑿附會，就卦中推出制器之義。殊不知卦中但有此理而已，故孔子各以「蓋取諸某卦」言之，亦曰其大意云爾。漢書所謂「獲一角獸，蓋麟云」，皆疑辭也。謨。

問：「『言行，君子之樞機』，是言所發者至近，而所應者甚遠否？」曰：「樞機便是『鳴鶴在陰』。下面大概只説這意，都不解著『我有好爵』二句。」學蒙。

「其利斷金」，斷是斷做兩斷去〔二二二〕。學蒙。〔二二三〕

右第七章

右第八章無〔二二四〕

揲蓍法，不得見古人全文。如今底一半是解，一半是説。如「分而爲二」是説，「以象兩」便是解。想得古人無這許多解，須別有個全文說。淵。

「揲蓍雖是一小事，自孔子來千五百年，人都理會不得。唐時人說得雖有病痛，大體理會得是。近來說得太乖，自郭子和始。奇者，揲之餘爲奇；扐者，歸其餘扐於二指之中。今子和反以掛一爲奇而以揲之餘爲扐，又不用老少，只用三十六、三十二、二十八、二十四，不知[二五]爲策數，以爲聖賢從來只說陰陽，不曾說老少。不知他既無老少則七八九六皆無用，又何以爲卦？」又曰：「龜爲卜，策爲筮。策是餘數[二六]謂之策。他只胡亂說『策』字。[二七]」或問：「他既如此說，則『再扐而後掛』之說何如？」曰：「他以第一揲扐爲扐，第二、第三揲不掛爲扐，第四揲又掛。然如此則無五年再閏。[二八]如某已前排，真個是五年再閏。聖人下字皆有義。掛者，挂音卦。[二九]也；扐者，勒於二指之中也。」賀孫。[三〇]

「蓍卦，當初聖人用之亦須有個見成圖算。後自[三一]失其傳，所僅存者只有這幾句：『大衍之數五十，其用四十有九。分而爲二。掛一，揲之以四，歸奇於扐。』只有這幾句。如『以象兩』、『以象三』、『以象四時』、『以象閏』，已自[三二]是添入許多字去[三三]說他了。」又曰：「元亨利貞，仁義禮智，金木水火，春夏秋冬，將這四個只管涵泳玩味，儘好。」賀孫。

繫辭言蓍法大抵只是解其大略，想別有文字，今不可見。但如「天數五，地數五」，此是舊文；「五位相得而各有合」是孔子解文。「天數二十有五，地數三十，凡天地之數五十有五」，此是舊文；「此所以成變化而行鬼神」，此是孔子解文。「分而爲二」是本文，「以象兩」是解「掛一」。「揲之以四」、「歸奇於扐」，皆是本文；「以象三」、「以象四時」、「以象閏」之類，皆解文也。「乾之策二百一十有六，坤之策百四十有四」，孔子則斷之以「當期之日」；「二篇之策萬有一千五百二十」，孔子則斷之以「當萬物之數」。於此可見。謨。

「大衍之數五十」，以「天地之數五十有五」，除出金木水火土五數并天一，便用四十九，此一說也。數家之說雖不同，某自謂此說却分曉。三天兩地則是已虛了天一之數，便只用三對地之[三四]二。又五是生數之極，十是成數之極，以五乘十亦是五十，以十乘五亦是五十，此一說也。又，數始於一成於五，小衍之而成十，大衍之而成五十，此又是一說。僩。

掛，一歲；右揲，二歲；扐，三歲一閏也。左揲，四歲；扐，五歲再閏也。人傑。

「沙隨云：『易三百八十四爻，惟閏歲恰三百八十四日，正應爻數。』余曰：『聖人作易如此，則惟三年方一度可用，餘年皆用不得矣。且閏月必小盡，審如公言，則閏年止有三百八十三日，更剩一爻無用處矣。』」或問：「沙隨何以答？」曰：「他執拗不回，豈肯服也！」僩。[三五]

二篇之策當萬物之數。不是萬物盡於此數，只是取象自一而萬，以萬數來當萬物之數耳。僩。

「策數」云者，凡手中之數皆是。如「倒[三六]策於君前有誅」、「龜策弊則埋之」，不可以既揲餘數不爲策數也。僩。

「大衍之數五十」，蓍之數五十。蓍之籌乃其策也，策中乘除之數則直謂之數耳。僩。

卦雖八而數須十。八是陰陽數，十是五行數。一陰一陽便是二，以二乘二便是四，以四乘四便是八。五行本只是五而有是十者，蓋一個便包兩個：如木便包甲乙，火便包丙丁，土便包戊己，金便包庚辛，水便包壬癸，所以爲十。學蒙。〔三七〕

「五位相得而各有合」是兩個意：一與二，三與四，五與六，七與八，九與十，是奇偶以類「相得」；一與六合，二與七合，三與八合，四與九合，五與十合，是「各有合」。在十干：甲乙木，丙丁火，戊己土，庚辛金，壬癸水，便是「相得」；甲與己合，乙與庚合，丙與辛合，丁與壬合，戊與癸合，是「各有合」。學蒙。〔三八〕

「所以成變化而行鬼神也」。先生舉程子云：「變化言功，鬼神言用。」張子曰：「成行，鬼神之氣而已。」「數只是氣，變化鬼神亦只是氣。『天地之數五十有五』，變化鬼神皆不越於其間。」僩。

「四營而成易」，「易」字只是個「變」字。四度經營方成一變，若說易之一變却不可。這處未下得「卦」字，亦未下得「爻」字，只下得「易」字。淵。

「引而伸之，觸類而長之」，是占得這〔三九〕一卦則就上面推看。如乾，則推其爲圜、爲君、爲

父之類是也。學蒙。〔四〇〕

「神德行」是説人事。那粗做底只是人爲。若決之於鬼神，德行便神。淵。

問「顯道，神德行」。曰：「道較微妙，無形影，因卦詞説出來，道這是吉、這是凶、這可爲、這不可爲。德行是人做底事，因數推出來，方知得這不是人硬恁地做，都是神之所爲也。」又曰：「須知得是天理合如此。」學蒙。

易，惟其「顯道，神德行」，故能與人酬酢而佑助夫神化之功也。學蒙。〔四一〕

「顯道，神德行，是故可與酬酢，可與佑神矣」，此是説蓍卦之用，道理因此顯著。德行是人事，却由取決於蓍。既知吉凶便可以酬酢事變，神又豈能自説吉凶與人！因有易後方著見，便是易來佑助神。僩。

右第九章

「易有聖人之道四」。「至精」、「至變」則合做兩個，是他裏面各有那〔四二〕個。淵。下二字池本作「這個」。〔四三〕

問：「『以言者尚其辭』，以言是取其言以明理斷事，如論語上舉『不恒其德，或承之羞』否？」曰：「是。」學蒙。〔四四〕

問：「『以言者尚其辭』及云[四五]『以動』、『以制器』、『以卜筮』，這『以』字是指以易而言否？」曰：「然。」又問：「辭、占是一類，動、制器[四六]是一類。所以下文『至精』合辭、占說；『至變』合變、象說？」曰：「然。占與辭是一類者，曉得辭方能知得占。若與人說話，曉得他言語方見得他胸中底蘊。變是事之始，象是事之已形者，故亦是一類也。」學蒙。[四七]

用之問「以制器者尚其象」。曰：「這都難說。『蓋取諸離』，『蓋』字便是一個半間半界底字。如『取諸離』、『取諸益』，不是先有見乎離而後爲網罟，先有見乎益而後爲耒耜之屬[四八]。聖人亦只是見魚鱉之屬，欲有以取之，遂做一個物事去欄截他。欲得耕種，見地土硬，遂做一個物事去剔起他，却合於離之象，合於益之意。」又曰：「有取其象者，有取其意者。」賀孫。

問：「『以卜筮者尚其占』，卜用龜亦使易占否？」曰：「不用。則是文勢如此。」學蒙。[四九]

問「君子將有爲也，將有行也，問焉而以言，其受命也如響」。曰：「此是說君子作事問於蓍龜也。『問焉以言』，人以蓍問易，求其卦爻之辭而以之發言處事。『受命如響』則易受人之命，如響之應聲，以決未來吉凶也。」去僞。

問「君子將有爲也，將有行也，問焉而以言，其受命也如響」。曰：「此是說君子作事問於蓍龜。言是命龜，受命如響，龜受命也。」是抱龜南面，易只是卜筮之官。謨。人傑同而無注。[五〇]

「參伍」是相牽連之意。如參要做五須用添二，五要做六須著添一，做三須著減二。錯綜是兩樣：錯是往來交錯之義；　綜如織底綜，一個上去，一個下來。陽上去做陰，陰下來做陽，如綜相似。淵。

「參伍以變，錯綜其數」，參謂互數之。[五一] 揲蓍本無三數、五數之法，只言交互參考皆有自然之數。如三三爲九、五[五二]六三十之類，雖不用以揲蓍，而推算變通未嘗不用。錯者有迭相爲用之意，綜又有總而挈之之意，如織者之綜絲也。謨。

問「參伍以變，錯綜其數」。曰：「荀子說『參伍』處，楊倞解之爲詳。漢書所謂『欲問馬先問牛，參伍之以得其實』。綜如織絲之綜。大抵陰陽奇耦，變化無窮，天下之事不出諸此。『成天地之文』者，若卦爻之陳列變態者是也。『定天下之象』者，物象皆有定理，只以經綸天下之事也。」人傑。

問：「參伍以變」。曰：[五三]「既三以數之，又五以數之。譬之三十錢，以三數之看得幾個三了，又以五數之看得幾個五。兩數相合，方可看得個成數是[五四]如此。」又問：「不獨是以數算，大概只是參合底意思。如趙廣漢『欲問馬，先問牛』，便只是以彼數來參此數否？」曰：「是。却是恁地數了又恁地數，也是將這個去比那個。」又曰：「若是他數猶可湊。參與五兩數自是參差不齊，所以舉以爲言。如這個是三個，將五來比又多兩個；這[五五]是五個，將三來比又少兩個。兵家謂『窺敵制變，欲伍以參』。今欲覘[五六]敵人之事，教一人探來恁地說，又差一個探

來。若説得不同，便將這兩説相參，看如何以求其實，所以謂之『欲伍以參』。」學蒙。［五七］

「『錯綜其數』，本義云：『錯者，交而互之，一左一右之謂也。』莫是揲蓍以左揲右、右揲左否？」曰：「不特如此。乾對坤，坎對離，自是交錯。」又問：「『綜者，總而挈之』，莫［五八］合掛扐之數否？」曰：「且以七八九六明之：六七八九便是次序，然而七是陽，六壓他不得，便當挨上。七去八、八去九，［五九］九又須挨上，便是一低一昂。」學蒙。

手指畫

六　五指

七　四指

八　三指

九　二指

「寂然不動，感而遂通天下之故」與「窮理盡性以至於命」，本是説易，不是説人。諸家皆是借來就人上説，亦通。閎祖。

「感而遂通」，感着他卦，卦便應他。如人來問底善，便與説善；來問底惡，便與説惡。所以先儒説道「潔淨精微」，這般句説得有些意思。淵。

陳厚之問「寂然不動，感而遂通」。曰：「寂然是體，感是用。當其寂然時理固在此，必感而後發。如仁感爲惻隱，未感時只是仁；義感爲羞惡，未感時只是義。」某問：「胡氏說此，多指心作已發。」曰：「便是錯了。縱使已發，感之體固在，所謂『動中未嘗不靜』，如此則流行發見而常卓然不可移。今只指作已發，一齊無本了，終日只得奔波急迫，大錯了！」可學。

「深」就心上說，「幾」就事上說。幾便是有那事了，雖是微，畢竟有件事。「深」在心，甚玄奧；「幾」在事，半微半顯。「通天下之志」猶言「開物」，開通其閉塞。故其下對「成務」。淵。

問：「『惟深也』、『惟幾也』、『惟神也』，此是說聖人如此否？」曰：「是說聖人，亦是易如此。若不深，如何能通得天下之志！」又曰：「雖深，[六〇]疑若不可測，然却事事有一個端緒可尋。[六一]所以又[六二]曰『惟幾也，故能成天下之務』，研是[六三]研窮他，幾便是周子所謂『動而未形，有無之間』。[六四]」學蒙。

易便有那「深」有那「幾」，聖人用這底來極出那「深」，研出那「幾」。研是研摩到底之意。詩書禮樂皆是說那已有底事，惟是易說那未有底事。「研幾」是不待他顯著，只在那茫昧時都處置了。深是幽深，通是開通。所以閉塞只爲他淺，若是深後便能開通人志，道理若淺如何開通得人？所謂「通天下之志」亦只似說「開物」相似，所以下一句也說個「成務」。易是說那未有底。六十四卦皆是如此。淵。

極出那深，故能「通天下之志」；研出那幾，故能「成天下之務」。淵。

右第十章

問：「『易，開物成務，冒天下之道』，是易之理能恁地，而人以之卜筮又能『開物成務』否？」先生曰：「然。」學蒙。

「開物成務，冒天下之道」。讀繫辭須見得如何是「開物」，如何是「成務」，又如何是「冒天下之道」。須要就卦中一一見得許多道理，然後可讀繫辭也。蓋易之爲書，大抵皆是[六五]因卜筮以設教，逐爻開示吉凶，包括無遺，如將天下許多道理包藏在其中，故曰「冒天下之道」。如「利用爲依遷國[六六]」一爻，象只曰「下不厚事也」，自此推之，則凡居下者不當厚事。如子之於父、臣之於君、僚屬之於官長，皆不可以踰分越職。縱可爲，亦須是盡善方能無過，所以有「元吉无咎」之戒。繫辭自大衍數以下皆是説卜筮事，若不曉他盡是説爻變中道理，則如所謂「動静不居，周流六虚」之類有何憑着？今人説易所以不將卜筮爲主者，只是慊怕小却這個道理，故憑虚失實，茫昧臆度而已。殊不知由卜筮而推而[六七]上通鬼神，下通事物，精及於無形，粗及於有象，如包罩在此，隨取隨得。「居則觀其象而玩其辭，動則觀其變而玩其占」者，又不待卜而後見，只是體察便自見吉凶之理。聖人作易無不示戒，乾卦纔説「元亨」，便説「利貞」，坤卦纔説「元亨」，便説「利牝馬之貞」。大蓄乾陽在下，爲艮所蓄，三得上應，又畜極必通，故曰「良馬逐」，可謂通快矣。然必艱難貞正，又且曰「閑輿衛」然後「利有攸往」。設若恃良馬之壯而忘「艱貞」之戒，則必不利矣。乾之九三「君子終日乾乾」，固是好事，然必曰「夕惕若厲」然後「无咎」也。凡讀易而能句句體驗，每存兢慄戒謹之意，則於己爲有益，不然亦空言爾。謨。

「是故聖人以通天下之志，以定天下之業，以斷天下之疑」，此只是説蓍龜。若不是蓍龜，如何通之、定之、斷之？到「蓍之德圓而神」以下，知是從源頭説，而未是説卜筮。蓋聖人之心具此易三德，故渾然是此道理，不勞作用一毫之私便是「洗心」，即「退藏於密」。所謂密者，只是他人自無可捉摸他處，便是「寂然不動」。「吉凶與民同患，神以知來，知以藏往」，皆具此道理，却〔六八〕未用之蓍龜，故曰「古之聰明睿智，神武而不殺者夫」。此言只是譬喻，如聖人已具此理却不犯手耳。「明於天之道」以下方説蓍龜，乃是發用處。「是興神物，以前民用」，聖人既具此理，又將此理復就蓍龜上發明出來，使民亦得前知而用之也。「聖人以此齋戒，以神明其德」，德即聖人之德，又即卜筮齋戒以神明之。聖人自有此理，亦用蓍龜之理以神明之。僩。

「蓍之德圓而神，卦之德方以知，六爻之義易以貢」。蓍與卦以德言，爻以義言，但〔六九〕只是具這個道理在此而已，故「聖人以此洗心，退藏於密」。「以此洗心」者，心中渾然此理，别無他物。「退藏於密」只是未見於用，所謂「寂然不動」也。下文説「神以知來」便是以蓍之德知來，「智以藏往」便是以卦之德藏往。「洗心退藏」言體，「知來藏往」言用，然亦只言體用具矣，而未及使出來處。到下文「是興神物以前民用」，方發揮許多道理以盡見於用也。然前段必結之以「聰明睿智神武而不殺者」，只是譬喻蓍龜雖未用而神靈之理具在，猶武是殺人底事，聖人却存此神武而不殺也。謨。

「蓍之德圓而神，卦之德方以知，〔七〇〕六爻之義易以貢」。今解「貢」字，只得以告人說。但「神」、「知」字重，「貢」字輕，却曉不得。學蒙。

「易以貢」是變易以告人。「聖人以此洗心，退藏於密」，是以那易來洗濯自家心了，更没些私意小智在裏許，聖人便似那易了。不假蓍龜而知卜筮，所以說「神武而不殺」。這是他有那「神以知來，知以藏往」，又說個「齋戒以神明其德」，皆是得其理不假其物。前面一截說易之理，未是說到蓍卦卜筮處，後面方說卜筮，便是說他物事。聖人雖無私意知這個，〔七一〕只是說聖人之心渾只是圓神、方知、易貢三個物事，更無别物，一似洗得來浄潔了。前面「此」字指易之理言。武是殺底物事，神武却不殺。便如易是卜筮底物事，這個却方是說他理，未到那爾他物〔七二〕處。到下面「是以明於天之道」，方是說卜筮。淵。〔七三〕

「聖人以此洗心」，注云：「洗萬物之心。」若聖人之意果如此，何不直言以此洗萬物之心乎？大抵觀聖賢之言，只作自己作文看。如本說洗萬物之心，却止云「洗心」，於心安乎？人傑。

「以此洗心」都只是道理。聖人此心虛明，自然具衆理。「潔静精微」只是不犯乎，卦爻許多不是安排對副與人，看是甚人來，自然撞着。易如此，聖人也如此，所以説個「蓍之德」、「卦之德」、「神明其德」。淵。

「退藏於密」時固是不用這物事，「吉凶與民同患」也不用這物事。用神而不用蓍，用知而不用卦，全不犯乎。「退藏於密」是不用事時，到他用事也不犯乎。事未到時先安排在這裏了，事到時恁地來恁地應。淵。

「神以知來，知以藏往」。一卦之中，凡爻卦所載、聖人之〔七五〕所已言者，皆具已見底道理，便是「藏往」。却〔七六〕占得此卦，因此道理以推未來之事便是「知來」。營。

「聖人以此洗心」一段。聖人心〔七七〕中都無纖毫私意，不〔七八〕假卜筮，只是以易之理洗心。其未感物也湛然純一，無累無跡，〔七九〕所謂「退藏於密」也。及其「吉凶與民同患」，却「神以知來，知以藏往」。〔八〇〕「知來」是如明鏡然，物來都見；〔八一〕「知以藏往」，只是見在有底事都〔八二〕識得，藏在裏面。〔八三〕是誰會恁地？非古之「聰明睿智，神武不殺者」不能如此。〔八四〕

「古之聰明睿智，神武而不殺者夫」，如譬喻説相似。人傑。

「聖人明於天之道而察於民之故。是興神物，以前民用」。蓋聖人見得天道、人事都是這道理，蓍龜之靈都包得盡，於是作爲卜筮，使人因卜筮知得道理都在這裏面。學蒙。〔八五〕

「『是興神物，以前民用』，此言有以開民，使民皆知。前時民皆昏塞，吉凶利害是非都不知，因這個開了便能如神明然，此便是『神明其德』。」又云：「民用之則神明民德，聖人用之則自神明其德。『蓍之德』以下三句是未涉於用，『聖人以此洗心』是得此三者之理而不假其物。這個是有那『神以知來，知以藏往』。」淵。

問「聖人以此齋戒以神明其德夫」。[八六]曰：[八七]「『顯道，神德行』便是[八八]這『神』字，猶言吉凶[八九]若有神陰相之[九〇]相似。這都不是自家做得，却若神之所爲。」又曰：「這都只退聽於鬼神。聖人之於卜筮，[九一]其齋戒之心虚静純一、戒謹恐懼，只退聽於鬼神。」學蒙。

闔闢乾坤，理與事皆如此，書亦如此。這個則[九二]説理底意思多。「知禮成性」，横渠説得別。他道是聖人成得個性，衆人性而未成。淵。

問：「『闔户之謂坤』一段，只是這一個物，以其闔謂之坤，以其闢謂之乾，以其闔闢謂之變，以其不窮謂之通，發見而未形[九三]謂之象，成形謂之器，聖人修禮立教謂之法，百姓日用則謂之神。」曰：「是如此。」又曰：「『利用出入』者，便是人生日用都離他不得。」又曰：「民之於易，隨取而各足；易之於民，周遍而不窮，所以謂之神。所謂『活潑潑地』便是這處。」學蒙。

右第十一章

太極中全是具一個善。若三百八十四爻中有善有惡，皆陰陽變化以後方有。賀孫。

問「易有太極，是生兩儀」。曰：「自今觀之，陰陽函太極也。推本而言則太極生陰陽也。」〔九四〕

周子、康節説太極，和陰陽衮説。易中便抬起説。周子言「太極動而生陽，静而生陰」。如言太極動是陽，動極而静，静便是陰。動時便是陽之太極，静時便是陰之太極，蓋太極即在陰陽裏。如「易有太極，是生兩儀」，則先從實理處説，若論其生則俱生，太極依舊在陰陽裏。但言其次序，須有這實理方始有陰陽也，其理則一。雖然，自見在事物而觀之則陰陽函太極，推其本則太極生陰陽。學蒙。〔九五〕

問：「自一陰一陽，見一陰一陽又各生一陰一陽之象。以圖言之，『兩儀生四象，四象生八卦』，節節推去固容易見。就天地間着實處如何驗得？」曰：「一物上自各有陰陽，如人之男女，陰陽也。逐人身上又各有這血氣，血是陰而氣則是陽。〔九六〕如晝夜之間，晝陽也〔九七〕，夜陰也，而晝陽自午後又屬陰，夜陰自子後又是陽，此〔九八〕便是陰陽各生陰陽之象。」學蒙。〔九九〕

太極如一木生上，分而爲枝幹，又分而生花生葉，生生不窮。到得成果子，裏面又有生生不窮之理，生將出去又是無限個太極，更無停息。只是到成果實時又却略〔一〇〇〕少歇，也〔一〇一〕不是止，到這裏自合少止，正所謂「終〔一〇二〕萬物莫盛乎艮」。艮止是生息之意。賀孫。

問「易有太極，是生兩儀，兩儀生四象，四象生八卦」。曰：「此太極却是爲畫卦説。當未畫卦前，太極只是一個渾淪底道理，裏面包含陰陽、剛柔、奇耦，無所不有。及各畫一奇一耦便是生兩儀。再於一奇畫上加一耦，此是陽中之陰；又於一奇畫上加一奇，此是陽中之陽；又於一耦畫上加一奇，此是陰中之陽；又於一耦畫上加一耦，此是陰中之陰，是謂四象。所謂八卦者，一象上有兩卦，每象各添一奇或一耦便是八卦。嘗聞一朋友説，一爲儀，二爲象，三爲卦，四爲象，如春夏秋冬，金木水火，東西南北，無不可推矣。」謨。去僞録〔一〇三〕同。

「易有太極」，便是下面兩儀、四象、八卦。自三百六十〔一〇四〕爻總爲六十四，自六十四總爲八卦，自八卦總爲四象，自四象總爲兩儀，自兩儀總爲太極。以物論之，易之有太極如木之有根，浮屠之有頂，但木之根、浮圖之頂是有形之極，太極却不是一物，無方所頓放，是無形之極。故周子曰「無極而太極」，是他説得有功處。夫太極之所以爲太極，却不離乎兩儀、四象、八卦，如「一陰一陽之謂道」，指一陰一陽爲道則不可，而道則不離乎陰陽也。僩。

「探賾」，「賾」是雜亂，不是好字。本從「口」，是喧鬧意，從「臣」旁亦然。淳。〔一〇五〕

「以定天下之吉凶，成天下之亹亹，莫大乎蓍龜」。人到疑而不能自明〔一〇六〕，往往便放倒不復能向前，動有疑阻。既有卜筮，知是吉是凶便自勉勉住不得。其所以勉勉者，是卜筮成之也。僩。

廖氏論洪範篇大段闢河圖、洛書事〔一〇七〕，以此見知於歐陽公。蓋歐陽公〔一〇八〕有無祥瑞之論。歐公只見五代有僞作祥瑞，故併與古而不信。如河圖、洛書之事，論語自有此説，而歐公不信祥瑞，併不信此，而云繫辭亦不足信。且如〔一〇九〕世間有一等〔一一〇〕石頭上出日月者，人取爲石屏。又有一等石上面〔一一一〕分明有如枯樹者，亦不足怪也。河圖、洛書亦何足怪。〔一一二〕

右第十二章

問「書不盡言，言不盡意」一章。「『立象盡意』，是觀奇偶兩畫包含變化，無有窮盡。『設卦以盡情僞』，謂有一奇一偶，設之於卦，自是盡得天下情僞。繫辭便斷其吉凶。『變而通之以盡利』，此言占得此卦，陰陽老少變爻〔一一三〕，因其變便有通之之理。『鼓之舞之以盡神』，未占得則有所疑，既占則無所疑，自然使得人脚輕手快，行得順便。如『大衍』之後，言『顯道，神德行，是故可與酬酢，可與佑神』，『定天下之吉凶，成天下之亹亹』，皆是『鼓之舞之』之意。『乾坤其易之緼邪！乾坤成列而易立乎其中』，這又只〔一一四〕是言『立象以盡意，設卦以盡情僞』。易不過只是一個陰陽奇偶，千變萬變則易之體立。若奇偶不交變，奇純是奇，偶純是偶，去那裏見易？易不可見，則陰陽奇偶之用亦何自而辨？」問：「在天地上如何？」曰：「關天地什麼事？此皆〔一一五〕是説易不外奇偶兩物而已。『化而裁之謂之變，推而行之謂之通』，這是兩截，不相干。『化而裁之』屬前項事，謂漸漸化去，裁制成變則謂之變；『推而行之』屬後項事，謂推而爲別一卦了則通行無礙，故爲通。『舉而措之天下謂之事業』，便則〔一一六〕是『定天下吉凶，成天下亹亹』。『極天下之賾者存乎卦』，謂卦體之中備陰陽變易之形容。『鼓天下之動者存乎辭』，是説出這天下之動如『鼓之舞之』相似。卦即辭〔一一七〕也，辭即爻也。大抵易只是一個陰陽奇偶而已，此外更有何物？『神而明之』一段，却是與形而上之道相對説。自『形而上謂之道』説至於變、通、事業，却是自至約處説入至粗處去。自『極天下之賾者存乎卦』説至於『神而明之』，則又是由至粗上〔一一八〕説入至約處。『默而成之，不言而信』則説得又微矣。」學蒙。〔一一九〕

問：「『書不盡言，言不盡意』，是聖人設問之辭？」曰：「也是如此。亦言是〔一二〇〕不足以盡意，故立象以盡意，書是〔一二一〕不足以盡言，故繫辭以盡言。」〔一二二〕又曰：「『立象以盡意』，不獨見聖人有這意思寫出來，自是他象上有這意。『設卦以盡情僞』，不成聖人有情又有僞？自是卦上有這情僞，但今不知〔一二三〕那處是僞。如下云『中心疑者其辭支，誣善之人其辭游』，也不知如何是支〔一二四〕。不知那卦上見得。」沉思久之，曰：「看來『情僞』只是個好不好。如剥五陰只是要害一個陽，這是不好底情，便是僞。如復、如臨便是好底卦，便是真情。」學蒙。

問：「立象、設卦、繫辭，是聖人發其精意見於書？變通、鼓舞，是聖人推而見於事否？」

曰：「是。」學蒙。

「變而通之以盡利，鼓之舞之以盡神」，立象、設卦、繫辭皆謂卜筮之用，而天下之人方知所以避凶趨吉，奮然有所興作，不知手之舞之、足之蹈之之意。故曰「定天下之吉凶、成天下之亹亹者，蓋[一二五]莫大乎蓍龜」，猶催迫天下之人，勉之爲善相似。謨。

「鼓之舞之以盡神」，鼓舞有發動之意，亦只如「成天下之亹亹」之義。「鼓天下之動者存乎辭」，是因易之辭而知吉凶後如此。「乾坤成列，易立乎其中矣」。乾坤只是説卦[一二六]，此易只是説象[一二七]，與「天地定位，易行乎其中矣」之「易」不同。「行乎其中」者却是道理[一二八]。僴。[一二九]

「乾坤其易之緼」。問論語[一三〇]「衣敝緼袍」，是[一三一]綿絮胎，今看此「緼」字正是如此取義。易是包著此理，乾坤即是易之體骨耳。僴。[一三二]

問「乾坤其易之緼邪」。曰：「緼是袍中之胎骨子。『乾坤成列』，便是乾一、兑二、離三、震四，[一三三]卦都成了，[一三四]其變易方立其中。若只是一陰一陽，則未有變易在。」又曰：「有這卦則有變易，無這卦便無這易了。」又曰：「『易有太極』則以易爲主，此一段文意則以乾坤爲主。」學蒙。

問：「『乾坤成列，而易立乎其中』，是謂[一三五]兩畫之列，是謂[一三六]八卦之列？」曰：

「兩畫也是列，八卦也是列，六十四卦也是列。」學蒙。

「乾坤毀則無以見易」。易只是陰陽卦畫，没這幾個卦畫，憑個甚寫出那陰陽造化？何處更得易來？這則是反覆説。「易不可見，則乾坤或幾乎息」，只是説揲著求卦更推不去，説做造化之理息也得。不若前説較平。淵。節録同而詳。〔一三七〕

形是這形質，以上便爲道，以下便爲器，這個分别得最親切，故明道云「惟此語截得上下最分明」。〔一三八〕淵。方子録同。〔一三九〕

形而上者，形而下者。形以上底虚，渾是道理；形以下底實，便是器。這個分别得精切。明道説：「只是這個截得上下最分明。」淵。方子録同而詳。〔一四〇〕

問：「『形而上下』，如何以形言？」曰：「此言最的當。設若以『有形』、『無形』言之，便是物與理相間斷了。所以謂『欄〔一四一〕截得分明』者，只是上下之間分别得一個界止分明。器亦道，道亦器，有分别而不相離也。」謨。

「形而上者謂之道，形而下者謂之器」，〔一四二〕這個在人看始得。指器爲道固不得，離器於道亦不得。且如此火是器，自有道在裏。夔孫。

「形而上者謂之道，形而下者謂之器」。道是道理，事事物物皆有個道理；器是形迹，事事物物亦皆有個形迹。有道須有器，有器須有道。物必有則。賀孫。

伊川云「『形而上者謂之道，形而下者謂之器』，須着如此說」。曰：「這是伊川見得分明，故云『須著如此說』。『形而上者』是理，『形而下者』是物。如此開說方見分明。如此了，方說得道不離乎器，器不違乎道處。如爲君須止於仁，這是道理合如此。『爲人臣止於敬，爲人子止於孝，爲人父止於慈』，這是道理合如此。今人不解恁地說便不索性。兩邊說，怎生說得通？」〔一四三〕

「形而上者」指理而言，「形而下者」指事物而言。事事物物皆有其理，事物可見而其理難知，即事即物便要見得此理，只是如此看。但要真實於事物上見得這個道理，然後於己有益。必〔一四四〕須就君臣、父子上見得此理。大學之道不曰「窮理」，而謂之「格物」，只是使人就實處窮竟。事事物物上有許多道理，窮之不可不盡也。謨。

問：「如何分形、器？」曰：「形而上者是理，纔有作用便是形而下者。」問：「陰陽如何是形而下者？」曰：「一物便有陰陽。寒暖、生殺皆見得，是形而下者。事物雖大皆形而下者，堯舜之事業是也。理雖小，皆形而上者。」祖道。

天地，形而下者。天地，乾坤之形〔一四五〕殼。乾坤而〔一四六〕天地之性情。方子。〔一四七〕

「化而裁之」方是分下頭項，「推而行之」便是見於事。如堯典分命羲、和許多事，便是「化而裁之」。到「敬授人時」便是「推而行之」。學蒙。〔一四八〕

「化而裁之」。化是因其自然而化，裁是人爲，變是變了他。且如一年三百六十日，須待一日日漸次進去到那滿時，這便是化。自春而夏，夏而秋，秋而冬，聖人去這裏截做四時，這便是變。化不是一日内便頓然恁地底事。人之進德亦如此。「三十而立」不是到那三十時便立，須從十五志學漸漸化去方到。横渠去這裏説做「化而裁之」，便是這意。柔變而趨於剛，剛變而趨於柔，與這個意思也只一般。自陰來做陽，其勢浸長，便覺突兀有頭面。自陽去做陰，這只是漸漸消化去。這變化之義亦與鬼神屈伸意相似。淵。〔一四九〕

「化而裁之存乎變」，只在那化中裁截取便是變，如子丑寅卯十二時皆以漸而化，不見其化之之迹。及亥〔一五〇〕，子時便截取是屬明日，所謂變也。僩。

問：「『化而裁之謂之變』，又云『存乎變』，是如何？」曰：「上文『化而裁之』便唤做變，下文是説這〔一五一〕變處見得『化而裁之』。如自初一至三十日便是化，到這三十日裁斷做一月，明日便屬後月，便是變。此便是『化而裁之』，到這裏〔一五二〕方見得。」可學。〔一五三〕

變、化二者不同，化是漸化，如自子至亥漸漸消化，以至於無。如自今日至來日則謂之變，變是頓斷有可見處。横渠説「化而裁之」一段好。㽦。

「化而裁之存乎變，推而行之存乎通」。裁是裁截之義。謂如一歲裁爲四時，一時裁爲三月，一月裁爲三十日，一日裁爲十二時，此是變也。又如陰陽兩爻，自此之彼，自彼之此，若不裁[一五四]斷，則豈有定體？通是通其變，將已裁定者而推行之即是通。謂如占得乾之履便是九三，如[一五五]乾之不息，則是我所行者，以此而措之於民，則謂之事業也。僩。

右第十二章

晦庵先生朱文公語類卷第七十六

易十二

繫辭下

問：「『八卦成列』，只是説乾、兑、離、震、巽、坎、艮、坤。先生解云『之類』，如何？」曰：「所謂『成列』者，不止只論此横圖，若乾南坤北又是一列，所以云『之類』。」學蒙。〔一〕

問：「『八卦成列，象在其中矣』，象只是乾、兑、離、震之象，未説到天地雷風處否？」曰：「是。然八卦是做〔二〕一項看，『象在其中』又是逐個看。」又問：「成列是自一奇一偶，畫到三畫處，其中逐一分，便有乾、兑、離、震之象否？」曰：「是。」學蒙。〔三〕

問：「『剛柔相推，變在其中矣。繫辭焉而命之，動在其中矣』。『變』字是總卦爻之有往來相錯〔四〕者言，『動』字是專指占者所值當動底爻象爲〔五〕言否？」曰：「變是就剛柔交錯而成卦爻上言，動是專主當占之爻言。如二爻變則占者以上爻爲主，這上爻便是動處。如五爻變，一

爻不變，則占者以不變之爻爲主，則這不變底[六]便是動處也。」學蒙。[七]

「剛柔者立本者也，變通者趨時者也」，此兩句亦相對説。剛柔者陰陽之質，是移易不得之定體，故謂之本。若剛變爲柔，柔變爲剛，便是變通之用。僩。

「剛柔者立本者也，變通者趨時者也」，便與「變化者進退之象也，剛柔者晝夜之象也」是一樣。剛柔兩個是本，變通只是其往來者。學蒙。[八]

「吉[九]凶者，貞勝者也」。「貞」字。[一〇]便是他本相如此。猶言附子者，貞熱者也；龍腦者，貞寒者也。[一一]學蒙。

「吉凶者，貞勝者也」。這兩個物事常相勝，一個吉，便有一個凶在後面。天地間一陰一陽如環無端，便是相勝底道理。陰符經注：「天地萬物之道浸，故陰陽勝，陰陽相推而變化順矣。」[一二]

「吉凶者，貞勝者也」，這一句最好看。這個物事常在這裏相勝。一個吉，便有一個凶在後面來。這兩個物事不是一定住在這裏底。「物各以其所正爲常」，「正」是説他當然之理，蓋言其本相如此也，與「利貞」之「貞」一般，所以説「利貞者，性情也」。橫渠説得這個[一三]別，他説道，貞便能勝得他。如此則下文三個「貞」字説不通。這個只是説吉凶相勝。天地間一陰一陽，如環無端，便是相勝底道理。陰符經説「天地之道浸，故陰陽勝」，「浸」字最下得妙，天地間不陡頓恁地陰陽勝。又説那五個物事在這裏相生相尅，曰「五賊在心，施行於天」。用不好心去看他便都是賊了。「五賊」乃言五性之德，「施行於天」言五行之氣。陳子昂感興詩[一四]亦略見得這般意思。大概説相勝是説他常底，他以本相爲常。淵。

「貞，常也。陰陽常即是個[一五]相勝。如子以前便是夜勝晝，子以後便是晝勝夜。觀，是示人不窮。『貞夫一者也』，天下常只是有一個道理。」又曰：「須是看[一六]字義分明方看得下落，説也只説得到偏旁近處。貞便是他體處，常常如此，所以説『利貞者，性情也』。」砥。[一七]

貞只是常。「吉凶者，貞勝者也」，[一八]吉凶常相勝，不是吉勝凶，便是凶勝吉。二者常相勝，故曰「貞勝」。天地之道則常示，日月之道則常明。「天下之動，貞夫一者也」，天下之動雖不齊，常有一個是底，故曰「貞夫一」。陰符經云「自然之道静故天地萬物生，天地之道浸故剛柔勝」，若不是極静則天地萬物不生。浸者，漸也。天地之道漸漸消長，故剛柔勝，此便是「吉凶貞勝」之理。這必是一個識道理人説，其他多不可曉，似此等處特然好。文蔚。

「『吉凶者，貞勝者也』。『貞』猶『常』也。吉則勝凶，凶則勝吉，理自如此。」因説「貞」字兼「正」、「固」二義，惟程子發明之，因云：「凡屬北者兼二義，如冬至前一半屬今年，後一半屬明年。又如夜半子時，前一半屬今日，後一半屬明日。」甚有笑北方玄武、龜蛇之象。人傑。[一九]

問：「『吉凶貞勝』一段，横渠説如何？」曰：「説貞勝處巧矣，却恐不如此。只伊川説[二〇]『常』字，甚佳。易[二一]解此字多云『正』、『固』，固乃常也，但不曾發出貞勝之理。蓋吉凶二義無兩立之理，迭相爲勝，非吉之〔二二〕勝凶則凶勝吉矣，故吉凶常相勝。〔二三〕所以訓『貞』字作『常』者，貞相〔二四〕是正固。謂〔二五〕『正』字盡『貞』字義不得，故又云〔二六〕『固』字。謂此雖是正，又須常固守之，然後爲貞。其〔二七〕在五常之中〔二八〕屬智，孟子所謂『智之實，知斯二者，弗去是也』。正是知之，固是守之，徒知之而不能守之則不可，須是知之又固守之。蓋貞屬冬，大抵北方必有兩件事，皆如此，莫非自然，言之可笑。如〔二九〕玄武〔三〇〕便龜、蛇二物。謂如冬至前四十五日屬今年，後四十五日便屬明年。夜分子夜前四刻屬今日，後四刻即屬來日耳。」僴。〔三一〕

又〔三二〕問張子「貞勝」之說。曰：「此雖非經意，然其說自好。便只行得他底，此〔三三〕說有甚不可？大凡人看〔三四〕解經，雖一時有與經意稍遠，然其說底自是一說，自有用處，不可廢也。不特後人，雖〔三五〕古來已自〔三六〕如此。如『元亨利貞』，文王重卦只是大亨利於守正而已，到夫子却自解分作四德看。文王卦辭當看文王意思，到孔子文言當看孔子意思。豈可以一說爲是，一說爲非？」僴。

問：「『爻也者，效此者也』，是效乾坤之變化而分六爻。『象也者，像此者也』，是象乾坤之虛實而爲奇偶。」曰：「『象此』、『效此』，『此』便是乾坤，象只是象其奇偶。」學蒙。

先生問曰：「如何是『爻象動乎內，吉凶見乎外』？」或曰：「陰陽老少在分蓍揲卦之時，而

吉凶乃見於成卦之後。」曰：「也是如此。然『内』、『外』字猶言先後微顯。」學蒙。〔三七〕

「功業見乎變」是就那動底爻見得，這「功業」字似「吉凶生大業」之「業」，猶言事變、庶事相似。學蒙。〔三八〕

「聖人之情見乎辭」，下連接説「天地大德曰生」，此不是相連，乃各自説去。「聖人之大寶曰位」，後世只爲這兩個不相對，有位底無德，有德底無位，有位則事事做得。〔三九〕

「守位曰仁」，釋文「仁」作「人」。伯恭尚欲擔當此，以爲當從釋文。淵。

問：「『人君臨天下，大小大事只言『理財正辭』，如何？」曰：「是因上文而言。聚得許多人，無財何以養之？有財不能理又不得。『正辭』便只是分別是非。」又曰：「教化便在『正辭』裏面。」學蒙。〔四〇〕

理財、正辭、禁民爲非〔四一〕是三事。大概是辨別是非。理財，言你底還你，我底還我。正辭，言是底説是，不是底説不是，猶所謂「正名」。淵。

右第一章

「仰則觀象於天」一段，只是陰陽奇耦。閎祖。

「觀鳥獸之文與地之宜」，「近取身，遠取物」，「仰觀天，俯察地」，只是一個「陰陽」兩字〔四二〕。聖人看這許多般事物，都不出這〔四三〕「陰陽」兩字，便是河圖、洛書也則是陰陽，粗說時即是奇耦。聖人却看見這個上面都有那陰陽底道理，故説道讀易不可恁逼拶他。歐公只是執定那「仰觀俯察」之說，便與河圖相礙，遂至不信他。淵。節録同而略。〔四四〕

「古者〔四五〕伏羲『觀鳥獸之文與地之宜』。那時未有文字，只是仰觀俯察而已。想聖人心細，雖以鳥獸羽毛之微，也盡察得有陰陽。今人心粗，如何察得？」或曰：「伊川見兔曰：『察此亦可以畫卦。』便是此義。」曰：「就這一端上亦可以見，凡草木禽獸無不有陰陽。鯉魚脊上有三十六鱗，陰數。龍脊上有八十一鱗。陽數。龍不曾見，鯉魚必有之。又龜背上文，中間一簇成五段，又〔四六〕兩邊各插四段，共成八段子，八段之外，兩邊周圍共有二十四段。中間五段者，五行也；兩邊插八段者，八卦也；周圍二十四段者，二十四氣也。個個如此。又如草木之有雌雄，銀杏、桐、楮、牝牡麻、竹之類皆然。又樹木向陽處則堅實，其背陰處必虛軟。男生必伏，女生必偃，其死於水也亦然。蓋男陽氣在背，女陽氣在腹也。」揚子雲太玄云「觀龍虎之文與龜馬之象」，謂二十八篇也。〔四七〕

「以通神明之德，以類萬物之情」，盡於八卦，而震、巽、坎、離、艮、兑又總於乾坤。曰「動」、曰「陷」、曰「止」，皆健底意思；曰「麗」、曰「悦」、曰「入」，〔四八〕皆順底意。聖人下此等〔四九〕八字，極狀得八卦性情盡。㽦。

「蓋取諸益」等，「蓋」字乃模樣是恁地。淳。〔五〇〕

「黄帝堯舜氏作」，到這時候合當如此變。「易窮則變」，道理亦如此。「垂衣裳而天下治」，是大變他以前底事了。十三卦是大概説，則這幾卦也自難曉。淵。

通其變〔五一〕使民不倦，須是得一個人「通其變」。若聽其自變，如何得？賀孫。

「蓋取諸涣」之類，「蓋」字有義。可學。〔五二〕

「上古結繩而治，後世聖人易之以書契」。天下事有古未之爲而後人爲之，因不可無者，此類是也。如年號一事，古所未有，後來既置便不可廢。胡文定却以後世建年號爲非，以爲年號之美有時而窮，不若只作元年、二年、三年也〔五三〕。此殊不然。三代已前事迹多有不可攷者，正緣無年號所以事無統紀，難記。如云某年，王某月，個個相似，虛無理會處。及漢既建年號，於是事乃各有紀屬而可記。而〔五四〕今有年號猶自姦僞百出，若只寫一年、二年、三年，則官司詞訴〔五五〕簿曆憑何而決。少間都無討更理會處〔五六〕。嘗見前輩説，有兩家争田地。甲家買在元祐幾年，乙家買在前。甲家遂將「元」字改擦作「嘉」字，乙家則將出文字又在嘉祐之先，甲家遂又將嘉祐字塗擦作皇祐。有年號了猶自被人如此，無復〔五七〕如何！僩。

結繩，今溪洞諸蠻猶有此俗。又有刻板者，凡年月日時以至人馬糧草之數，皆刻板爲記，都不相亂。僩。

右第二章

林安卿問：「『易者，象也』，象也者，像也』，四句莫只是解個『象』字否？」曰：「『象』是解『易』字，『像』又是解『象』字，『材』又是解『彖』〔五八〕字。末句亦然。」義剛。

「易也者，象也」；象也者，像也」，只是髣髴說，不可求得太深。程先生只是見得道理多後，却須將來寄搭在上面說。淵。方子録同。〔五九〕

「易者，象也」；象也者，像也。彖者，材也；爻也者，效天下之動也」。〔六〇〕「易者，象也」是總說起，言易不過則〔六一〕是陰陽之象。下云「像也」、「材也」、「天下之動也」，則皆是說那上面「象」字。學蒙。〔六二〕

「二君一民」，試教一個民有兩個君，看是甚模樣！淵。〔六三〕

「天下何思何慮」一句，便是先打破那個「思」字，却說個〔六四〕「同歸殊塗，一致百慮」，又再說「天下何思何慮」。謂何用如此「憧憧往來」而爲此朋從之思也。日月寒暑之往來，尺蠖龍蛇之屈伸，皆是自然底道理。不往則不來，不屈則亦不能伸也。今之爲學亦只是如此。「精義入神」，用力於内乃所以致用乎外；「利用安身」，求利於外乃所以崇德乎内。只是如此做將去。雖至於「窮神知化」地位，亦只是德盛仁熟之所致，何思何慮之有！謨。

「天下何思何慮」一段，此是言自然而然。如「精義入神」自然致用，「利用安身」自然崇德。節。

問：「『天下同歸殊塗，一致百慮』，何不先云『殊塗』、『百慮』，而後及『一致』、『同歸』？［六五］」曰：「也只一般。但他是從上説下，自合如此。」學蒙。

尺蠖屈便要求伸，龍蛇蟄便要存身。精研義理無毫釐絲忽之差，入那神妙處，這便是要出來致用；外面用得利而身安，乃所以入來自崇己德。「致用」之「用」，即是「利用」之「用」。所以横渠云：「『精義入神』，事豫吾内，求利吾外；『利用安身』，素利吾外，致養吾内。」「事豫吾内」言曾到這裏面來。淵。從周録同。［六六］

「入神」是到那微妙、人不知得處。一事一理上。淵。

且如「精義入神」，如何不思？那致用底却不必思。致用底是事功，是效驗。淵。

「利用安身」。今人循理則自然安利，不循理則自然不安利。升卿。

「窮神知化，德之盛也」，這「德」字只是上面「崇德」之「德」。德盛後便能「窮神知化」，便如「聰明睿智皆由此出」、「自誠而明」相似。淵。方子録同。［六七］

「未之或知」是到這裏不可奈何。「窮神知化」，雖不從這裏面出來，然也有這個意思。淵。

或問：「横渠説『精義入神，求利吾外』，『求』字恐有病，似有個先獲底心。『精義入神』，自

利吾外，何用求？」曰：「然。合當云『所以利吾外也』。〔六八〕『事豫吾内』，事未至而先知其理之謂『豫』。」學蒙。〔六九〕

「神化」二字，前人都説不到，惟是横渠分説得出來分曉。雖伊川也説得鶻突。淵。〔七〇〕

「『神化』二字，雖程子説得亦不甚分明，惟是横渠推出來。〔七一〕推行有漸爲化，合一不測爲神。」又曰：「『一故神，兩在，故不測。兩故化』，言『兩在』者，或在陰，或在陽，在陰時全體都是陰，在陽時全體都是陽。化是逐一挨將去底，一日復一日，一月復一月，節節挨將去便成一年，這是化。」直卿云：「『一故神』猶『一動一静互爲其根』，『兩故化』猶『動極而静，静極復動』。」方子。〔七二〕

「窮神知化」，「化」是逐些子挨將去底。一日復一日，一月復一月，節節挨將去便成一年，這是化。「神」是一個物事，或在彼或在此，當其〔七三〕在陰時全體在陰，在陽時全體在陽，都只是這一物，兩處都在，不可測，故謂之神。横渠言「一故神，兩故化」，又注云：「兩在，故不測。」這説得甚分曉。淵。

陽化而爲陰，只恁地〔七四〕消縮去，無痕迹，故謂之化。陰變而爲陽，其勢浸長，便覺突兀有頭面，故謂之變云〔七五〕。方子。〔七六〕

右第三章

問：「『非所困而困焉，名必辱』，大意謂石不能動底物，[七七]自是不須去動他。若只管去用力，徒自困耳。[七八]」曰：「爻意義謂不可做底，便不可入頭去做。」學蒙。[七九]

「公用射隼」，孔子是發出言外意。學蒙。

易曰「知幾其神乎」，便是這事難。如「邦有道，危言危行；邦無道，危行言遜」。今有一樣人，其不畏者又言過於直，其畏謹者又縮做一團，更不敢說一句話，此便是不曉得那幾。若知幾則自裁節[八〇]，無此病矣。「君子上交不諂，下交不瀆」，蓋上交貴於恭，恭則便近於諂；下交貴和易，和則便近於瀆。蓋恭與諂相近，和與瀆相近，只爭些子便至於流也。僩。

問「君子上交不諂，下交不瀆」。曰：「凡人上交必有些小取奉底心，下交必有些小簡傲底心，所爭只是些小。於此察之，非知幾者莫能。」僩。[八一]

「『君子上交不諂，下交不瀆』，他這[八二]下面說『幾』。最要看個『幾』字，只爭些子。凡事未至而空說，道理易見；事已至而顯然，道理也易見。惟事之方萌而動之微處，此最難見。」或問：「『幾者動之微』，何以獨於上交、下交言之？」曰：「上交要恭遜，纔恭遜便不知不覺有個諂底意思在裏頭[八三]。『下交不瀆』亦是如此。所謂『幾』者，只纔覺得近諂、近瀆便勿令如此，此便是『知幾』。『幾者，動之微，吉之先見者也』，漢書引此句，『吉』下有『凶』字。當有『凶』字。」僩。

「幾者動之微」，是欲動未動之間便有善惡，便須就這處理會。若到發出處，更怎生奈何得！所以聖賢説謹獨，便都〔八四〕是要就幾微處理會。賀孫。

魏問「幾者，動之微，吉之先見者也」。「似〔八五〕是漏字。漢書説『幾者，動之微，吉凶之先見者也』，似説得是。幾自是有善有惡。君子見幾，亦是見得方舍惡從善。不能無惡。」又曰：「漢書上添字，如『豈若匹夫匹婦之爲諒，自經於溝瀆而人莫之知也』，添個『人』字，似是。」賀孫。

知微、知彰、知柔、知剛，是四件事。學蒙。〔八六〕

問：「伊川作『見微則知彰矣，見柔則知剛矣』，其説如何？」曰：「也好。看來只作四件事亦自好。既知微又知彰，既知柔又知剛，言其無所不知，所以爲萬民之望也。」學蒙。

「有不善未嘗不知，知之未嘗復行」。直是顔子天資好，如至清之水，纖芥必見。蓋卿。

「天地絪緼，萬物化醇」。「致一」，專一也。惟專一所以能絪緼，若不專一則各自相離矣。化醇是已化後。化生指氣化而言，草木是也。僩。

「致一」是專一之義，程先生言之詳矣。天地、男女都是兩個方得專一，若三個便亂了。〔八七〕程先生説初與二、三與上、四與五皆兩個相與，自説得好。「初、二二陽，四、五二陰，同德相比；

三與上應，皆兩相與」。學蒙。

右第四章[八八]

「乾坤，易之門」，不是乾坤外別有易，只易便是乾坤，乾坤便是易。似那兩扇門相似，一扇開便一扇閉，只是一個陰陽做底，如「闔户謂之坤，闢户謂之乾」。淵。公晦録同。[八九]

問：「『乾坤，易之門』。門者是六十四卦皆由是出，如『兩儀生四象』，只管生出耶？爲是取闔闢之義耶？」曰：「只是取闔闢之義。六十四卦只是這一個陰陽闔闢而成。但看他下文云『乾，陽物也；坤，陰物也。陰陽合德而剛柔有體』，便見得只是這兩個。」學蒙。

「乾，陽物；坤，陰物」。陰陽，形而下者；乾坤，形而上者。道夫。

「天地之撰」，撰即是說他做處。淵。[九〇]

「以體天地之撰」，撰是所爲。僴。[九一]

問「『其稱名也雜而不越』，是指繫辭而言，是指卦名而言？」曰：「他後[九二]兩三番說名後，又舉九卦說，看來只是謂卦名。」又曰：「繫辭自此以後皆難曉。」學蒙。

「『於稽其類』，一本作『於稽音啓。其顡』，又一本『於』作『烏』，不知如何。」曰：「但不過是說稽考其事類。」淵。

「其衰世之意耶」。伏羲畫卦時這般事都已有了，只是未曾經歷。到文王時世變不好，古來未曾有底事都有了，他一一經歷這崎嶇萬變過來，所以説出那卦辭。如「箕子之明夷」；如「入于左腹，獲明夷之心于出門庭」。此若不是經歷，如何説得！淵。

問：「『彰往察來』，如『神以知來，知以藏往』相似。『往』是已定底，如天地陰陽之變，皆已見在這卦上了；『來』謂方來之變，亦皆在這上。」曰：「是。」〔九三〕

「彰往察來」。往者如陰陽消長，來者事之未來吉凶。學蒙。〔九四〕

「『微顯闡幽』。幽者不可見，便就這顯處説出來。顯者便就上面尋其不可見底，教人知得。」又曰：「如『顯道，神德行』相似。」學蒙。

「微顯闡幽」便是「顯道，神德行」。德行顯然可見者，道不可見者。「微顯闡幽」是將道來事上看，言那個雖是粗底，然皆出於道義之藴。「潛龍勿用」，顯也。「陽在下也」，只是就兩頭説。微顯所以闡幽，闡幽所以微顯，只是一個物事。僩。

將那道理來事物上與人看，就那事物上推出那裏面有這道理。「微顯闡幽」。〔九五〕

右第五章〔九六〕

問論易九卦，云：「聖人道理只在口邊，不是安排來。如九卦，只是偶然説到此，而今人便要說如何不說十卦，又如何不說八卦，便從九卦上起義。皆是胡說。且如『履，德之基』，只是要以踐履爲本。『謙，德之柄』只是要謙退，若處患難而矯亢自高，取禍必矣。『復，德之本』如孟子所謂『自反』。『困，德之辨』，困而通則可辨其是，困而不通則可辨其非。損是懲忿窒慾。益是修德，益令廣大。『巽，德之制』，『巽以行權』，巽只是低心下意。要制事須是將心入那事裏面去，順他道理方能制事，方能行權。若心粗，只從事皮膚上綽過。如此行權便不錯了。巽，伏也，入也。」正卿。〔九七〕

三陳九卦初無他意。觀上面「其有憂患」一句，便見得是聖人說處憂患之道。聖人去這裏偶然看見這幾卦有這個道理，所以就這個說去。若論到底，睽蹇皆是憂禍患底事，何故却不說？以此知只是聖人偶然去這裏見得有此理，便就這裏說出。聖人視易如雲行水流，初無定相，不可確定他。在易之序，履卦當在第十，上面又自不說乾、坤。淵。

三說九卦，是聖人因上面說憂患故發明此一項道理，不必深泥。如「困，德之辨」，若說蹇屯亦可，蓋偶然如此說。大抵易之書如雲行水流，本無定相，確定說不得。揚子雲太玄一爻吉，一爻凶，相間排將去，七百三十贊乃三百六十五日之晝夜，晝爻吉，夜爻凶，又以五行參之，故吉凶有深淺，毫髮不可移，此可爲典要之書也。聖人之易則有變通。如此卦以陽居陽則吉，他卦以陽居陽或不爲吉；此卦以陰居陰則凶，他卦以陰居陰或不爲凶。此不可爲典要之書也。〔九八〕

初七日至信州，有周伯壽、蔣良弼、李思永、黎季成諸友皆來追送，會聚者二十餘人。先生問：「諸公遠來，有可見教可商量處，不惜言之。」〔九九〕鄭仲履問：「易繫云『作易者其有憂患乎』，如何止取九卦？」先生云：「聖人論處憂患，偶然說此九卦爾。天下道理只在聖人口頭，開口便是道理，偶說此九卦，意思自足。若更添一卦也不妨，更不說一卦也不妨，只就此九卦中亦自儘有道理。且易中儘有處憂患底卦，非謂九卦之外皆非所以處憂患也。若以困爲處憂患底卦，則屯蹇非處憂患而何？觀聖人之經正不當如此。後世拘於象數之學者乃以爲九陽數，聖人之舉九卦蓋〔一〇〇〕合此數也，尤泥而不通矣。」蓋卿。〔一〇一〕

既論九卦之後，因言：「今之談經者往往有四者之病：本卑也，而抗之使高；本淺也，而鑿之使深；本近也，而推之使遠；本明也，而必使至於晦。此今日談經之大患也。」蓋卿。〔一〇二〕

問：「巽何以爲『德之制』？」曰：「巽爲資斧，多〔一〇三〕作斷制之象。蓋『巽』字非順之義所以能盡，〔一〇四〕順〔一〇五〕而能入之義。謂巽一陰入在二陽之下，是入細直徹到底，不只是到皮子上者〔一〇六〕，如此方能斷得殺。若不見得盡，如何可以『行權』？」㽦。

「謙尊而光，卑而不可踰」，以尊而行謙則其道光，以卑而行謙則其德不可踰。尊對卑言，伊川以謙對卑說，非是。但聖人九卦文〔一〇七〕引此一句，看來大綱說。僩。〔一〇八〕

問〔一〇九〕「損先難而後易」。「如子産爲政，鄭人歌之曰『孰殺子産，吾其與之』，及三年後〔一一〇〕人復歌而誦之。蓋事之初，在我亦有所勉强，在人亦有所難堪；久之當事理，順人心，這裏方易。便如『利者，義之和』一般，義是一個斷制物事，恰似不和；久之，事得其宜乃所以爲和。如萬物到秋，許多嚴凝肅殺之氣似可畏。然萬物到這裏，若不得此氣收斂凝結許多生意，又無所成就。其難者乃所以爲易也。『益，長裕而不設』，長裕只是一事，但充長自家物事教寬裕而已。『困窮而通』，此因困卦説『澤無水，困，君子以致命遂志』，蓋此是『致命遂志』之時，所以困。彖曰『險以説，困而不失其所亨，其惟君子乎』，蓋處困而能説也。困而寡怨，是得其處困之道，故無所怨於天，無所尤於人；若不得其道，則有所怨尤矣。『井居其所而遷』，井是不動之物，然其水却流行出去利物。『井以辨義』，辨義謂安而能慮，蓋守得自家先定，方能辨事之是非。若自家心不定，事到面前安能辨其義也？『巽稱而隱』，巽是個卑巽底物事，如『兑見而巽伏也』，自是個隱伏底物事。蓋巽一陰在下、二陽在上，陰初生時已自稱量得個道理了，不待顯而後見。如事到面前，自家便有一個道理處置他，不待發露出來。如云『尊者於己踰等，不敢問其年』，蓋纔見個尊長底人便自不用問其年，不待更計其年然後方稱量合問與不合問也。『稱而隱』是巽順恰好底道理。有隱而不能稱量者，有能稱量而不能隱伏不露形迹者，皆非巽之道也。『巽，德之制也』、『巽以行權』，都是此意。」學蒙録同。〔一一一〕僩。

問「巽稱而隱」。曰：「以『巽以行權』觀之，則『稱』字宜音去聲，爲稱物之義。」又問：「巽有優游巽入之義；權是仁精義熟，於事能優游以入之意。」曰：「是。巽[一一二]是入細底意，説在九卦之後，是八卦事了方可以行權。某前時以稱爲揚之説[一一三]，錯了。」學蒙。

問：「『巽稱而隱』，『稱』，稱揚也。[一一四]『隱』字何訓？」曰：「隱，不見也。如風之動物，無物不入，但見其動而不見其形。權之用亦猶是也。昨得潘恭叔書，説滕文公問『間於齊楚』與『竭力以事大國』兩段，注云『蓋遷國以圖存者，權也；效死勿去者，義也』，『義』字當改作『經』。思之誠是。蓋義便近權，如或可如此或可如彼，皆義也。經則一定而不易。既對『權』字，須著用『經』字。」僩。

問「井，德之地」。曰：「井有本，故澤及於物而井未嘗動，故曰『居其所而遷』。如人有德而後能施以及人，然其德性未嘗動也。『井以辨義』，如人有德而其施見於物，自有斟酌裁度。」砥。[一一五]

問「井以辨義」。曰：「只是『井居其所而遷』，大小多寡，施之各當。」㽦。

問井義而辨。[一一六]曰：[一一七]「井有定體不動，『居其所而不遷』。[一一八]然水却流行出去而[一一九]不窮，猶人心有持守不動，而應變於外[一二〇]則不動[一二一]也。『井，德之地』亦是指那不動之處。[一二二]」僩。

陳才卿〔一二三〕問「巽以行權」。曰：「『權』之用便是如此，見得道理精熟後，於物之精微委曲處，無處不入，所以説『巽以行權』。『巽』，風也。猶風之動物，無處不入，但見其動而不見其形。權之用亦猶是也。〔一二四〕」僩。

鄭仲履問：「『巽以行權』，恐是神道？」曰：「不須如此説。巽只是柔順、低心下意底氣象。人至行權處，不少巽順如何行得？此外八卦各有所主，皆是處憂患之道。」蓋卿。

問：「『巽以行權』，權是逶迤曲折以順理否？」曰：「然。巽有入之義。『巽爲風』，如風之入物。只爲巽便能入義理之中，無細不入。」又問：「『巽稱而隱』，『稱』如風之鼓舞，有稱揚之義。〔一二五〕隱亦是入物否？」曰：「隱便是不見處。」文蔚。

「巽以行權」，「兑見而巽伏」。權是隱然做底物事，若顯然地做，却不成行權。淵。

右第六章〔一二六〕

問：「易之所言，無非天地自然之理、人生日用之所不能須臾離者，故曰『不可遠』。」曰：「是。」學蒙。

「既有典常」，是一定了。占得他〔一二七〕這爻了，吉凶自定，這〔一二八〕便是「有典常」。淵。

易「不可爲典要」。易不是確定硬本子。揚雄太玄却是可爲典要。他排定三百五十四贊當畫，三百五十四贊當夜，晝底吉，夜底凶，吉之中又自分輕重，凶之中又自分輕重。易却不然。有陽居陽爻而吉底，又有凶底；有陰居陰爻而吉底，又有凶底；有有應而吉底，有有應而凶底。是不可爲典要之書。他這個［一二九］是有那許多變，所以如此。淵。

問：「『內［一三〇］外使知懼』合作『使內外知懼』始得。」曰：「是如此。不知這兩句是如何。上下文意都不相屬，［一三一］硬解也解得，［一三二］但不曉意是訓［一三三］甚底，後面說二與四同功、三與五同功却好，但『不利遠者』也難曉。［一三四］」學蒙。

使「知懼」，便是使人有戒懼之意。易中說如此則吉、如此則凶是也。既知懼，則雖無師保，一似臨父母相似，常恁地戒懼。淵。

問「雜物撰德，辨是與非，則非其中爻不備」。先生云：「這樣處曉不得，某常疑有闕文。先儒解此多以爲互體，如屯卦震下坎上，就中間四爻觀之，自二至四則爲坤，自三至五則爲艮，故曰『非其中爻不備』。互體說，漢儒多用之。左傳中一處說占得觀卦處亦舉得分明。看來此說亦不可廢。」學蒙。［一三五］

右第七章［一三六］

問「道有變動故曰爻，爻有等故曰物，物相雜故曰文」。曰：「『道有變動』，不是指那陰陽老少之變，是説卦中變動。如乾卦中〔一三七〕六畫，初潛，二見，三惕，四躍，這個便是有變動，所以謂之爻。爻中自有等差，或高或低，〔一三八〕或貴或賤，皆謂之等，易中便可見。如説『遠近相取而悔吝生』、『近而不相得則凶』、『二與四同功而異位〔一三九〕』、『三〔一四〇〕多凶，五多功，貴賤之等也』，又曰『列貴賤者存乎位』，皆是等也。物者，想見古人占卦必有個物事名爲『物』，而今亡矣。這個物是那別貴賤、辨尊卑底。『物相雜故曰文』，如有君又有臣便爲君臣之文，是兩物相對待在這裏故有文，若相離去、不相干，便不成文矣。卦中有陰爻又有陽爻，相間錯則爲文。若有陰無陽，有陽無陰，如何得有文？」學蒙。〔一四一〕

長孺問：「『乾健坤順』，如何得有過不及？」曰：「乾坤者，一氣運於無心，不能無過不及之差。聖人有心以爲之主，故無過不及之失。所以聖人能贊天地之化育，天地之功有待於聖人。」賀孫。〔一四二〕

「天行健」，故易；地承乎天，柔順，故簡。簡易，故無艱難。敬仲。〔一四三〕

乾健，而以易臨下，故知下之險。險底意思在下。坤順，而以簡承上，故知上之阻。阻是自家低，他却高底意思。自上面下來，到那去不得處，便是險；自下而上，上到那去不得處，便是阻。易只是這兩個物事。自東而西也是這個，自西而東也是這個。左而右、右而左皆然。淵。

因言乾坤簡易，知險知阻，而曰：「知險阻便不去了，惟其簡易，所以知險阻而不去。」敬子云：「今行險徼倖之人，雖知險阻而猶冒昧以進。惟乾坤德行本自簡易，所以知險阻。」僩。

問「夫乾，天下之至健也，德行」止〔一四四〕「知阻」。曰：「不消先說健順。好底物事自是知險阻。恰如良馬，他纔遇險阻處便自不去了。如人臨懸崖之上，若說不怕險了，要跳下來，必跌殺卻〔一四五〕。」良久，又曰：「此段專是以憂患之際而言。且如健，當憂患之際則知險之不可乘；順，當憂患之際便知阻之不可越。這都是當憂患之際、處憂患之道當如此，因憂患方生那知險知阻。若只就健、順上看，便不相似。如下文說『危者使平，易者使傾』、『能說諸心，能研諸慮』，皆因憂患說。大要乾坤只是循理而已。他若知得前有險之不可乘而不去，則不陷於險；知得前有阻之不可冒而不去，則不困於阻。若人不循理，以私意行乎其間，其過乎剛者，雖知險之不可乘卻硬要乘，則陷於險矣；雖知阻之不可越卻硬要越，則困於阻矣。只是順理便無事。」又問：「在人固是如此，以天地言之則如何？」曰：「在天地自是無險阻，這只是大綱說個乾坤底意思是〔一四六〕如此。」又曰：「順自是畏謹，宜其不越夫阻。如健，卻宜其不畏險，然卻知險而不去，蓋他當憂患之際故也。」又問「簡易」。曰：「若長是易時更有甚麼險？他便不知險矣。若長是簡時更有甚麼阻？他便不知阻矣。只是當憂患之際方見得。」僩。

因說：「乾坤知險阻，非是說那定位底險阻。乾是個至健底物，自是見那物事皆低；坤是至順底物，自是見那物事都大。」學者曰：〔一四七〕「如云『能勝物之謂剛，故常信於萬物之上』相似。」曰：「然。如云『膽欲大而心欲小』。至健『恒易以知險』，如『膽欲大』；至順『恒簡以知阻』，如『心欲小』。又如云『大心則敬〔一四八〕天而道，小心則畏義而節』相似。」學者曰：〔一四九〕：「如人欲渡，若風濤洶湧，未有要緊，不渡也不妨。萬一有君父之急，也只得渡。」曰：「固是如此，只是未説到這裏在。這個又是説處那險阻，聖人固自有道以處之。這裏方説知險阻，知得了方去處他。」問：「如此，則乾之所見無非險，坤之所見無非阻矣。」曰：「不然。他是至健底物，自是見那物事低。如人下山坂，自上而下，但見其險而其行也易。坤是至順底物，則自下而上但見其阻。只〔一五〇〕是一個物事，一是自上而視下，一是自下而視上。若見些小險便止了，不敢去，安足爲健？若不顧萬仞之險，只認從上面擂將下，此又非所以爲乾。若見些小阻便止了，不敢上去，固不是坤。若不顧萬仞之阻必欲上去，又非所以爲坤。」所説險阻與本義異。僩。

或問：「見得〔一五一〕乾是至健不息之物，經歷艱險處多。雖有險處，皆不足爲其病，自然足以進之而無難否？」曰：「不然。舊亦嘗如此説，覺得終是硬説。易之書本意不如此，正要人知險而不進，不説是恃〔一五二〕我至健順了，凡有險阻只認冒進而無難。如此，大非聖人作易之意。觀上文云：『易之興也，其當殷之末世，周之盛德邪！當文王與紂之事邪！是故，其辭危。危者使平，易者使傾，其道甚大，百物不廢，懼以終始，其要無咎。此之謂易之道也。〔一五三〕』看他此語，但是恐懼危險便[一五四]不敢輕進之意。乾之道便是如此。卦中皆然，所以多説『見險而能止』，如需卦之類可見。易之道正是要人知進退存亡之道。若是冒險前進必陷於險，是『知進而不知退，知存而不知亡』，豈乾之道邪！惟其至健而知險，故止於險而不陷於險也。此[一五五]是就人事上説。險[一五六]與阻不同，險是自上視下，見下之險故不敢行；阻是自下觀上，爲上所阻故不敢進。」僩。恪録同。[一五七]

問「夫乾，天下之至健也，德行常易以知險；夫坤，天下之至順也，德行常簡以知阻[一五八]」。曰：「乾健，則看什麽物都剌音辣。將過去。坤則有阻處便不能進，故只是順。如上壁相似，上不得，自是住了。」後復云：「前説差了。乾雖至健，知得險了却不下去；坤雖至順，知得阻了更不上去。以人事言之，若健了一向進去，做甚收殺！」後又一段甚詳。[一五九]學蒙。

又説「知險知阻」之義，曰：「舊因登山而知之。自上而下則所向爲險，自下而上則所向爲阻。蓋乾則自上而下，坤則自下而上。健則遇險亦易，順則遇阻亦簡。然易則可以濟險，而簡亦有可涉阻之理。」㽦。

因登山而得乾坤險阻之説。尋常從看便[一六〇]將險阻作一個意思。其實自高而下愈覺其險，乾以險言者如此；自下而升自是阻礙在前，坤以阻言者如此。謨。

自山下上山爲阻，故指坤而言；自山上觀山下爲險，故指乾而言。因登山而明險阻之義。〔一六一〕敬仲。

「易以知險，簡以知阻」。以登山而得之，自下望著上面，是在前隔着，是阻。泳。〔一六二〕

自上視下曰險，自下升上曰阻。因登山悟此。公謹。〔一六三〕

大率〔一六四〕易只是一陰一陽，做出許多般〔一六五〕樣事。「夫乾」、「夫坤」一段，也似上面「知大始」、「作成物」意思。「説諸心」只是見過了便説，這個屬陽；「研諸慮」是研窮到底，似那「安而能慮」，直是子細了，這個屬陰。「定吉凶」是陽，「成亹亹」是陰，便是上面作成物。且以做事言之，吉凶未定時，人自意思懶散不肯做去。吉凶定了，他自勉勉做將去，所以屬陰。大率陽是輕清底，物事之輕清底屬陽；陰是重濁底，物事之重濁者屬陰。「成亹亹」是做將去。淵。

「能説諸心」，乾也；「能研諸慮」，坤也。「説諸心」有自然底意思，故屬陽；「研諸慮」有作爲意思，故屬陰。「定吉凶」，乾也；「成亹亹」，坤也。事之未定者屬乎陽，「定吉凶」所以爲乾；事之已爲者屬陰，「成亹亹」所以爲坤。大抵言語兩端處皆有陰陽。如「開物成務」，「開物」是陽，「成務」是陰。如「致知力行」，「致知」是陽，「力行」是陰。周子之書屢發此意，推之可見。謨。

「能説諸心」是〔一六六〕凡事見得通透了，自然歡説。既説諸心，是理會得了，於事上更審一審便是研諸慮。研是去研磨他〔一六七〕。學蒙。

「定天下之吉凶」是剖判得這事，「成天下之亹亹」是做得事業。學蒙。〔一六八〕

「變化云爲」是明，「吉事有祥」是幽。「象事知器」是人事，「占事知來」是筮。「象事知器」是人做這事去；「占事知來」是他方有個禎祥，這便是〔一六九〕得他。如中庸言「必有禎祥」、「見乎蓍龜」之類。吉事有祥，凶事亦有。淵。

問「變化云爲，吉事有祥。象事知器，占事知來」。曰：「上兩句只說理如此，下兩句是人就理上知得。在陰陽則爲變化，在人事則爲云爲。吉事自有祥兆。惟其理如此，故於『變化云爲』則象之而知已有之器，於『吉事有祥』則占之而知未然之事也。」又問：「『器』字則是凡見於有形之實事者皆爲器否？」曰：「易中『器』字是恁地說。」學蒙。〔一七〇〕

「天地設位」四句說天人合處。「天地設位」便聖人成其功能，「人謀鬼謀」則雖百姓亦可以與其能。「成能」、「與〔一七一〕能」，雖大小不同，然亦是小小地造化之功用。然「百姓與能」，却須因蓍龜而方知得。「人謀鬼謀」如「謀及乃心、庶人、卜筮」相似。淵。

「百姓與能」，〔一七二〕他無知，因卜筮便會做得事，便是「與能」。「人謀鬼謀」猶洪範之謀及〔一七三〕庶人相似。學蒙。

「八卦以象告」以後，說得叢雜。不知如何。學蒙。

問：「『八卦以象告』至『失其守者其辭屈』〔一七四〕，切疑自『吉凶可見矣』而上，只是總說易書所載如此。自『變動以利言』而下，則專就人占時上說。不知如何？」〔一七五〕曰：「然。」又問：「『易之情，近而不相得則凶，或害之，悔且吝』，是如何？」曰：「此疑是指占法而言。想古人占法更多，今不見得。蓋遠而不相得則安能爲害？惟切近不相得則凶害便能相及。如一個凶人在五湖四海之外，安能害自家？若與之爲鄰，近則有害矣。」又問云：「此如今人占火珠林課底，若是凶神，動與世不相干則不能爲害，惟是克世應世則能爲害否？」曰：「恐是這樣意思。」學蒙。〔一七六〕

右第九章〔一七七〕

晦庵先生朱文公語類卷第七十七

易十三

説卦

「幽贊於神明」，「於」字猶「治於人」之「於」，猶言見助於神明。淵。〔一〕

「生蓍」便是「大衍之數五十」，如何恰限生出百莖物事教人做筮用？到那「參〔二〕天兩地」方是取數處。看得來「陰陽剛柔」四字，「陰陽」指二老，「剛柔」指二少。淵。

「贊於神明」猶言「治於人」相似，謂爲人所治也。「贊於神明」，神明所贊也。聖人用「於」字恁地用，不然只當説「幽贊神明」。此説〔三〕却是説見助於神明。淵。

「贊」只是「贊化育」之「贊」，不解便説那贊命於神明。這只説道他爲神明所贊，所以生出這般物事來與人做卦。淵。

「倚數」，倚是靠在那裏。且如先得個三，又得個三只成六，更得個三方成九。若得個二却成八。恁地倚得數出來。有人說「參」作「三」，謂一、三、五；「兩」謂二、四。一、三、五固是天數，二、四固是地數。然而這却是積數，不是倚數之數[四]。淵。

一個天，參之則三；一個地，兩之則二。數便從此起。此與「大衍之數五十」，各自說一個道理，不須合來看。然要合也合得。一個三，一個五，恐是「二」字。衍之則成十，便是五十。淵。

「參天兩地而倚數」，此在揲蓍上說。參者，元是個三數底物事，自家從而三之；兩者，元是個兩數底物事，自家從而兩之。雖然，却只是說得個三在，未見得成何數。「倚數」云者，似把幾件物事挨放這裏。如已有三數，更把個三數倚在這裏成六，又把個三數物事倚在此成九。兩亦如之。淵。

「參天兩地而倚數」。一個天參之爲三，一個地兩之爲二。三三爲九，三二爲六，兩其三、一其二爲八，兩其二、一其三爲七。二老爲陰陽，二少爲剛柔。方子。[五]「參」不是「三」之數，是「無[六]往參焉」之「參」。[七]

問「參天兩地而倚數」。曰：「天圓，得數之三；地方，得數之四。一畫中有三畫，三畫[八]中參之則爲九，此天數也。陽道常饒，陰道常乏。地之數不能爲三，止於兩而已。兩之爲六，故六爲坤。」謨。僩同。[九]

問：「『觀變於陰陽而立卦』，觀變是就蓍數上觀否？」曰：「恐只是就陰陽上觀，未用說到

蓍數處。」學蒙。〔一〇〕

「觀變於陰陽」，且統説道有幾畫陰，幾畫陽，成個甚卦。「發揮剛柔」却是就七八九六上説，初間做這個卦時未曉得是變與不變，及至發揮出剛柔了，方知這是老陰、少陰，那是老陽、少陽。淵。

聖人作易時，其中固是具得許多道理，人能體之而盡則便似那易。他説那吉凶悔吝處，莫非「和順道德理於義，窮理盡性」之事。這一句本是説易之書如此，後人説去學問上，却是借他底。然這上也有意思，皆是自淺至深。淵。

問：「『和順道德而理於義』，是就聖人上説，是就易上説？」曰：「是説易。」又問：「『和順』是聖人和順否？」曰：「是易去和順道德而理於義。如吉凶消長之道順而無逆，是『和順道德』也。『理於義』則又極其細而言，隨事各得其宜之謂也〔一一〕。『和順道德』如『極高明』，『理於義』如『道中庸』。」學蒙。〔一二〕

「和順道德而理於義」是統説底，「窮理」、「盡性」、「至命」是分説底。上一句是離合言之，下一句以淺深言之。凡卦中所説，莫非和順那道德，不悖了他。「理於義」是細分他，逐事上各有個義理。「和順」字、「理」字最好看。聖人下這般字改移不得。不似今時，抹了却添幾字都不妨。淵。

道理須是與自家心相契方是得他，所以要窮理。忠信進德之類皆窮理之事。易中自具得許多道理，便是教人窮理、循理。淵。

「窮理」是理會得道理窮盡，「盡性」是做[一三]到盡處。如能事父，然後盡仁之性；能事君，然後盡義之性。閎祖。

「窮理」是窮得物、盡得人性到得那天命，所以說道「性命之源」。淵。

「窮理」是「知」字上說，「盡性」是因「仁知」[一四]字上說，言能造其極也。至[一五]於「範圍天地」，是「至命」，言與造化一般。淵。

蜚卿問「窮理盡性至於命」。曰：「此爲易書而言。」可學。[一六]

問「窮理盡性以至於命」。曰：「此言作易者如此，從來不合將做學者事看。如孟子盡心、知性、知天之說，豈與此是一串？却是學者事，只於窮理上着工夫，窮得理時，性與命在其中矣。橫渠之說未當。」人傑。謨、去僞同。[一七]

「窮理盡性至於命」，本是就易上說。易上皆說物理便是「窮理盡性」，即此便是「至命」。諸先生把來就人上說，能「窮理」[一八]了方「至於命」。淳。

伯豐問：「『窮理盡性以至於命』，程、張之說孰是？」曰：「各是一說。程子皆以見言，不如張子有作用。窮理是見，盡性是行。覺[一九]程子是說得快了。如爲子知所以孝，爲臣知所以忠，此窮理也；爲子能孝，爲臣能忠，此盡性也。能窮此理〔二〇〕，充其性之所有，方謂之『盡』。『以至於命』是拖脚，却説得於天者。盡性〔二一〕是我〔二二〕之所至也，至命是却〔二三〕説天之所以予我者耳〔二四〕。昔嘗與人論舜事〔二五〕，『舜〔二六〕盡事親之道而瞽瞍厎豫，瞽瞍厎豫而天下化〔二七〕，瞽瞍厎豫而天下之爲人父子者定』，知此者是窮理者也，能此者盡性者也。」㽦。

「昔者聖人之作易，將以順性命之理」。聖人作易，只是要發揮性命之理模寫那個物事。下文所説「陰陽」、「剛柔」、「仁義」，便是性中〔二八〕這個物事。「順性命之理」只是要發揮性命之理。淵。方子録止注兩句。〔二九〕

「性命之理」，便知是下文「陰陽」、「柔剛」、「仁義」也。學蒙。〔三〇〕

問：「『立天之道曰陰與〔三一〕陽』。道，理也；陰陽，氣也。何故以陰陽爲道？」曰：「『形而上者謂之道，形而下者謂之器』，明道以爲須着如此説。然器亦道，道亦器也。道未嘗離乎器，道只〔三二〕是器之理。如這交椅是器，可坐便是交椅之理；如這〔三三〕人身是器，語言動作便是人之理。理只在器上，理與器未嘗相離，所以『一陰一陽之謂道』。」曰：「何謂『一』？」曰：「道，〔三四〕如一闔一闢謂之變。只是一陰了又一陽，此便是道。寒了又暑，暑了又寒，這道理只循環不已。『維天之命，於穆不已』，萬古只如此。」曰：〔三五〕「『太極動而生陽』，是有這動之理便能動而生陽否？」曰：「有這動之理便是〔三六〕動而生陽，有這靜之理便是〔三七〕靜而生陰。既動則理又在動之中，既静則理又在静之中。」曰：「動静是氣也，有這理[三八]爲氣之主，氣便能如此否？」曰：「是也。既有理便有氣，既有[三九]氣則理又[四〇]在乎氣之中。周子謂[四一]『五殊[四二]二實，二本則一[四三]。一實[四四]萬分，萬一[四五]各正，小大有[四六]定』，自下[四七]推[四八]上去，五行只是二[四九]氣，二氣又只是一理。[五〇]自上推下來，[五一]只是這[五二]一個理[五三]，萬物分之以爲體，萬物之中又[五四]各具一理。所謂『乾道變化，各正性命[五五]』，然總又只是一個理。此理處處皆渾淪，如一粒粟生爲苗，苗便生花，花便結實又成粟，還復本形。一穗有百粒，每粒個個完全，又將這百粒去種，每粒[五六]又各成百粒。生生只管不已，初間只是這一粒分去。物物各有理，總只是一理。」曰：「鳶飛魚躍，皆理[五七]之流行發見處否？」曰：「固是。然此段更須與後文通看[五八]。」或[五九]問：「太極解[六〇]『萬物各具一太極』，此是以理[六一]、以氣言？」先生曰：「以理言。」淳。[六二]

「陰陽」、「剛[六三]柔」、「仁義」，看來當曰「義與仁」，當以仁對陽。仁若不是陽剛，如何做得許多造化？義雖剛却主於收斂，仁却主發舒。這也是陽中之陰、陰中之陽，互藏其根之意。且如今人用賞罰：到賜與人，自是無疑便做將去；若是[六四]刑殺時，便遲疑不肯果決做[六五]。這[六六]見得陽舒陰斂，仁屬陽、[六七]義屬陰處[六八]。淵。

陰陽[六九]是[七〇]陽中之陰陽，剛柔是陰中之陰[七一]陽。剛柔以質言，是有[七二]個物

了〔七三〕，見得〔七四〕是剛底、柔底〔七五〕。陰陽以〔七六〕氣言。節。〔七七〕

「兼三才〔七八〕而兩之」，初剛而二〔七九〕柔，三仁而四義〔八〇〕，五陽而上陰。「兩之」，〔八一〕如〔八二〕言加一倍〔八三〕。本是一個，又〔八四〕各加一個〔八五〕爲兩。方子。節録同。〔八六〕

問：「聖人〔八七〕『兼三才而兩之〔八八〕』。」曰：「前日爲學者説，佛經云『如來爲一大〔八九〕事因緣出現於世』，聖人亦是爲一大事出現於世。上至天，下至地，中間是人。塞於兩間者無非此理。聖人出來左提右挈，原始要終，無非欲人有以全此理而不失其本然之性。故曰『天佑下民，作之君，作之師〔九〇〕』，只〔九一〕是爲此道理。所以作個君師相裁成以左右民，使各全其秉彝之善〔九二〕而已。如老佛也窺見這個道理〔九三〕。莊子所謂『神鬼神帝，生天生地』，釋氏所謂『能爲萬象〔九四〕主，不逐四時彫』，只是他説得驚天動地。聖人作用處則與他全不同，聖人之學至虚而實實，至無而實有，有〔九五〕此物則有此理。〔九六〕須一一與他盡得。佛氏則見得如〔九七〕此便休了，所以不同。」僩。〔九八〕

問：「『山澤通氣』，只爲兩卦相對，所以氣通。」曰：「澤氣通〔九九〕升於山，爲雲爲雨，是山通澤之氣；山之泉脈流於澤，爲泉爲水〔一〇〇〕，是澤通山之氣。是兩個之氣相通。」學蒙。

「山澤通〔一〇一〕氣，水火不相〔一〇二〕射」，山澤一高一下〔一〇三〕而水脈相爲灌輸也〔一〇四〕，水〔一〇五〕火下然上沸而不相滅息也〔一〇六〕。或〔一〇七〕曰：「『射』音『亦』，與『斁』同〔一〇八〕，

言相爲用〔一〇九〕而不相厭也。」〔一一〇〕

「雷風相〔一一一〕薄，水火不相〔一一二〕射」，射〔一一三〕猶犯也。〔一一四〕

「水火不相射」，〔一一五〕「射」，一音「亦」，〔一一六〕是不相厭之意〔一一七〕；一音〔一一八〕「食」，是不相害。水火本相殺滅，〔一一九〕用一物〔一二〇〕隔着却相爲〔一二一〕用。此二義皆通。學蒙。

「數往者順〔一二二〕」，這一段是從卦氣上看〔一二三〕來，也是從卦畫生處看來。恁地方交錯〔一二四〕成六十四。淵。

「易逆數也」，以〔一二五〕康節說方可通。但方圖則一向皆逆，若以圓圖看又只一半〔一二六〕，不知如何。學蒙。

「『雷以動之〔一二七〕』以下四句取象義多，故以象言。『艮以止之』以下四句取卦義多，故以卦言。」又曰：「喚『山以止之』不得，只得云『艮以止之』。〔一二八〕」學蒙。

後四〔一二九〕卦不言象也只是偶然。到後兩句說「乾以君之，坤以藏之」，却恁地說得好。淵。

「帝出乎震〔一三〇〕」與「萬物出乎震」，只這兩段說文王卦。〔一三一〕

「帝出〔一三二〕乎震」，萬物發生，便是他主宰，從這裏出。「齊乎巽」，曉不得。〔一三三〕學蒙。

「勞乎坎」是說萬物休息〔一三四〕底意。「成言乎艮」，艮在東北，是說萬物〔一三五〕終始處。淵。

艮也者，[一三六]萬物之所以成終而成始也；[一三七]猶春[一三八]冬之交，故其位在[一三九]東北。方。[一四〇]

文王八[一四一]卦：坎艮震在東北[一四二]，離坤兑在西南[一四三]，所以分陰方、陽方[一四四]。淵。

八卦次序[一四五]是伏羲底，此是[一四六]時未有文王次[一四七]序。三索而爲六子[一四八]，這自是文王底。[一四九]各[一五〇]自有個道理。淵。

文王八卦[一五一]，不可曉處多，如離南坎北，離、坎却不應在南北，且做水火居南北。兑也不屬金。如今只是見他底慣了，一似合當恁地相似。淵。

文王八卦有些似京房卦氣，不取卦畫，只取卦名。京房卦氣以[一五二]復中孚屯爲次。復，陽氣之始也；中孚，陽實在内而未發也；屯，始發而艱難也。只取名義。文王八卦配[一五三]四方四時，離南坎北，震東兑西。若卦畫則不可移換[一五四]。方子。

「水火相逮」一段，又似與上面「水火不相射」同，又自[一五五]伏羲卦。淵。

健順，剛柔[一五六]之精者；剛柔，健順之粗者。方子。[一五七]

「八卦之性情」。謂之「性」者，言其性如此；又謂之「情」者，言其發用處亦如此。如乾之

健，本性如此，用時亦如此。淵。[一五八]

乾坤三索，則七八固有六子之象，然不可謂之六子之策。若[一五九]謂少陰陽爲六子之策[一六〇]，則乾坤爲無少陰陽乎？淵。

「震一索[一六一]而得男[一六二]」云云一段[一六三]，看來不當專[一六四]作揲蓍看。揲蓍有不[一六五]依這次[一六六]序時便說不通[一六七]。大概只是乾求於坤而得震、坎、艮，[一六八]坤求[一六九]於乾而得巽、離、兌[一七〇]。一二[一七一]三者，以其畫之次[一七二]序言也。淵。

問：「遺書[一七三]有『古言乾[一七四]坤不用六子[一七五]』一段[一七六]，如何？[一七七]」曰：「此一段却主張[一七八]是自然之理[一七九]。又有一段却不取。[一八〇]」可學。[一八一]

「『震一索[一八二]而得男』，『索』字[一八三]訓『求』字否[一八四]？」曰：「是。」又曰：「非『震一索而得男』，乃是一索得陽爻而後成震。」又曰：「一說是就變體上說，謂就坤上求得一陽爻而成震卦。一說乃是揲[一八五]蓍求卦，求得一陽，後面二陰便是震；求得一陰，後面二陽[一八六]便是巽。」學蒙。

橫渠云：「『艮三索得男』，乾道之所成；『兌三索得女』，坤道之所[一八七]成。所以有天地絪緼、男女構精之義。[一八八]」亦有此理。學蒙。[一八九]

卦象[一九〇]指文王卦言，所以乾言「爲寒，爲冰」。淵。

爲乾卦。「其究爲躁卦」，此卦是巽下一爻變則爲乾，便是純陽而[一九一]躁動。此蓋言巽反爲震，震爲決躁，故爲躁卦。此[一九二]亦不繫大綱領處，無得工夫去點檢他這般卦[一九三]處。若恁地，逐段理會得來也無意思。淵。「乾」卦音「干」。[一九四]

楊至之問曰：[一九五]「艮何以爲手？」曰：「手去捉定那物，便是艮。」又問：「捉[一九六]物乃手之用，不見取象[一九七]正意。」先生曰：「也只是大概略恁地[一九八]。」陳安卿說：[一九九]「麻衣以艮爲鼻。[二〇〇]」先生曰：「鼻者，面之山[二〇一]者[二〇二]，管輅已[二〇三]如此說，亦各有取象[二〇四]。」又問：「麻衣以巽爲手[二〇五]，取義[二〇六]於風[二〇七]之舞，非是爲股[二〇八]。」先生蹙[二〇九]眉曰：「亂道如此[二一〇]之甚！」義剛。陳淳録。[二一一]

序卦

序卦自[二一二]言天地萬物、男女[二一三]夫婦，是因咸[二一四]恒爲夫婦之道說起[二一五]，非如舊人分天道人事之說。大率上經用乾、坤、坎、離爲始終，下經便當用艮、兌、巽、震爲始終。淵。

問：「『禮義有所錯』，『錯』字，陸氏兩音，如何？」曰：「只是作『措』字，謂禮義有所施設耳。」㽦。

雜卦

序卦、雜卦，聖人云〔二一六〕這裏見有那無緊要底道理，也説則個〔二一七〕了過去。然雜卦中亦有説得極精處。淵。

「謙輕〔二一八〕而豫怠」。輕是卑小之義。豫是悦之極便放倒了，如上六「冥豫」是也。人傑。去僞並同。〔二一九〕

伊川説〔二二〇〕「未濟〔二二一〕男之窮」爲「三陽失位」，以爲斯義得之。成都隱者見張欽夫説：「伊川之在涪也方讀易，〔二二二〕有篐人〔二二三〕以此問伊川，伊川不能答。」其人云：「三陽失位。」故珠林〔二二四〕上已有。伊川不曾看雜書，所以被他説動了。

晦庵先生朱文公語類卷第七十八

尚書一

綱領

至之問："書斷自唐虞以下，須是孔子意？"曰："也不可知。且如三皇之書言大道，言大道[一]有何不可！便删去。五帝之書言常道少昊、顓帝、高辛[二]，有何不可！便删去。此皆未可曉也。[三]"道夫。[四]

陳仲蔚問："『三皇』，所説甚多，當以何者爲是？"曰："無處[五]理會，當[六]且依孔安國之説。五峰以爲天皇、地皇、人皇，而伏羲、神農、黄帝、堯、舜爲五帝，却無高辛、顓頊之数[七]。要之，也不可便如此説。且如歐陽公説泰誓篇[八]文王未嘗稱王。不知『九年大統未集』是自甚年數起。且如武王初伐紂之時曰『惟有道曾孫周王發』，又未知如何便稱『王』？假謂史筆之記，何爲未即位之前便書爲『王』耶？且如太祖未即位之前，史官只書『殿前都點檢』，安得便稱

『帝』！那[九]是皆不可曉。[一〇]昨日得鞏仲至書，潘叔昌託討世本。向時大人亦有此書，後因兵火失了，今亦少有人收得。史記又皆本此爲之。且如孟子有滕定公，及世本所載則有滕成公、滕考公，又與孟子異，皆不可得而考。前人之誤既不可考，則後人之論之[一一]又以爲何[一二]據耶！此事已釐革了，亦無理會處。」義剛。又[一三]一本云：「義剛[一四]問：『三皇當從何說？』先生曰：『只依孔安國之說。然五峰又將天、地、人作三皇，羲、農、黄、唐、虞作五帝，云是據易繫說當如此。要之，不必如此。且如歐公作泰誓論，言文王不稱王，歷破史遷之說。此亦未見得史遷全不是，歐公全是。蓋泰誓有「惟九年大統未集」之說，若以文王在位五十年之說推之，不知九年當從何處數起。又有「曾孫周王發」之說，到這裏便是難理會，不若只兩存之。又如世本所載帝王世系，但有滕考公、成公，而無文公、定公，此自與孟子不合。理會到此，便是難曉，亦不須枉費精神。』」

孔壁所出尚書，如大禹謨[一五]、五子之歌、胤征、泰誓、武成、冏命、微子之命、蔡仲之命、君牙等篇皆平易，伏生所傳皆難讀。如何伏生偏記得難底，至於易底全記不得？此不可曉。如當時誥命出於史官，屬辭須說得平易。若盤庚之類再三告戒者，或是方言，或是當時曲折說話，所以難曉。人傑。[一六]

因論[一七]「伏生書多艱澀難曉，孔安國壁中書却平易易曉。或者以[一八]謂伏生口授女子，故多錯誤，此不然。今古書傳中所引書語已皆如此，不可曉。」僩問：「如史記引周書『將欲取之，必固與之』之類，此必非聖賢語。」曰：「此出於老子。疑當時自有一般書如此，故老子五千言綴[一九]其言，取其與己意合者則入之耳。」僩。

問：「林少穎説盤誥之類皆[二〇]伏生，如何？」答曰：「此亦可疑。蓋書有古文有今文。今文乃伏生口傳，古文乃壁中之書。大禹謨[二一]、説命、高宗肜日、西伯戡黎、泰誓等篇，凡易讀者皆古文。況又是科斗書，以伏生書字文考之方讀得。豈有數百年壁中之物安得不訛損一字？又却是伏生記得者難讀，此尤可疑。今人作全書解，必不是。」大雅。

書有兩體：有極分曉者，有極難曉者。某恐如盤庚、周誥、多方、多士之類，是當時召之來而面命之，面教告之自是當時一類説話。至於旅獒、畢命、微子之命、君陳、君牙、冏命之屬，則是當時修其詞命。所以當時百姓都曉得者，有今時老師宿儒之所不曉。今人之所不曉者，未必當時之人識[二二]其詞義也。道夫。

書有易曉者，恐是當時做底文字或是曾經修飾潤色來。其難曉者恐只是當時説話。蓋當時人説話自是如此，當時人自曉得，後人乃以爲難曉爾。若使古人見今之俗語，卻理會不得也。以其間頭緒多，若去做文字時説不盡，故只直記其言語而已。廣。

尚書諸命皆分曉，蓋如今制誥，是朝廷做底文字；諸誥皆難曉，蓋是時與民下説話，後來追録而成之。方子。[二三]

典謨之書恐是曾經史官潤色來。如周誥等篇，恐只似如今榜文曉諭俗人者，方言便[二四]

語隨地隨時各自不同。林少穎嘗曰：「如今人『即日伏惟尊候萬福』，使古人聞之，亦不知是何等説話。」人傑。

或問：「諸家〔二五〕書解誰者最好？莫是東坡書爲上否？」曰：「然。」又問：「但若失之簡。」曰：「亦有只消如此解者。」廣。〔二六〕

東坡書解卻好，他看得文勢好。學蒙。

荆公不解洛誥，但云：「其間煞有不可强通處，今姑擇其可曉者釋之。」今人多説荆公穿鑿，他卻有如此處。若後來人解書，則〔二七〕又卻須要盡解。廣。

林書儘有好處，但自洛誥已後，非他所解。祖道。

吕伯恭解書自洛誥始。某問之曰：「有解不去處否？」曰：「也無。」及數日後，謂某曰：「書也是難説處，今只是强解將去爾。」要之，伯恭卻是傷於巧。道夫。

問：「書當如何看？」曰：「且看曉〔二八〕處。其他不可曉者不要强説，縱説得出，恐未必是當時本意。近世解書者甚衆，往往皆是穿鑿。如吕伯恭亦未免此也。」時舉。

先生曰：「曾見史丞相書否？」劉兄〔二九〕云：「見了。看了〔三〇〕他説『昔在』二字，其説甚乖。」先生云：「亦有好處。」劉問：「好在甚處？」曰：「如『命公後』，衆説亦〔三一〕皆云命伯禽爲周公之後。史云成王既歸，命周公在後。看『公定，予往矣』一言，便見得是周公旦〔三二〕在後之意。」卓。

陳安卿〔三三〕問：「書〔三四〕何緣無宣王書？」曰：「是當時偶然不曾載得。」又問：「康王何緣無詩？」曰：「某竊以『昊天有成命』之類便是康王詩。而今人只是要解那成王做王業後，便不可曉。且如左傳不明説作成王詩，故〔三五〕韋昭又且費盡氣力要解從那王業上去。不知怎生地。」義剛。

道夫請先生點尚書以幸後學。曰：「某今無工夫。」道夫〔三六〕曰：「先生於書既無解，若更不點，則句讀不分，後人承舛聽訛，卒不足以見帝王之淵懿。」曰：「公豈可如此説，焉知後來無人？」道夫再三請之。曰：「書亦難點。如大誥語句甚長，今人却都碎讀了，所以曉不得。某嘗欲作書説，竟不曾成。如制度之屬祇以疏文爲本，若其他未穩處，更與挑剔令分明便得。」又曰：「書疏載『在璇璣玉衡』處先説個天，今人讀着亦無甚緊要。以某觀之，若看得此，則亦可以粗想象天之與日月星辰之運，進退疾遲之度皆有分數，而曆數大概亦可知矣。」道夫。〔三七〕

或問讀尚書。曰：「不如且讀大學。若尚書，却只説治國平天下許多事較詳。如堯典『克明俊德，親九族』至『黎民於變』，這展開是多少。舜典又詳。」賀孫。

問：「『尚書難讀，蓋無許大心胸』。他書亦須大心胸方讀得，如何程子只説尚書？」曰：「他書却有次第。且如大學自『格物』、『致知』以至『平天下』有多少節次，尚書只合下便大。如堯典自『克明俊德，以親九族』至『黎民於變時雍』，展開是大小大。分命四時成歲，便是心中包一個三百六十五度四分度之一底天方見得恁地。若不得一個大底心胸，如何了得？」賀孫。

某嘗患尚書難讀，後來先將文義分曉[三八]者讀之，聱訛者且未讀。如二典、三謨等篇義理明白，句句是實理。堯之所以爲君，舜之所以爲臣，皐陶、稷、契、伊、傅輩所言所行最好紬繹玩味，體貼向自家身上來，其味自別。謨。

讀尚書只揀其中易曉底讀。如「期三百有六旬有六日，以閏月定四時成歲」，此樣雖未曉亦不緊要。節。

「二典三謨，其言奧雅，學者未遽曉會，後面盤誥等篇又難看。且如商書中伊尹告太甲五篇，說得極切。伊訓、太甲三篇、咸有一德。[三九]其所以治心修身處，雖爲人主言，然初無貴賤之別，宜取細讀，極好。今人不於此等處理會，却只理會小序。某看得書小序不是漢人[四〇]作，只是周秦間低手人作。然後人亦自理會他本義未得。且如『皐陶矢厥謨，禹成厥功，帝舜申之』，申，重也。序者本意先說皐陶，後說禹，謂舜欲令禹重說，故將『申』字係『禹』字。蓋伏生書以益稷合於皐陶謨，而『思曰贊贊襄哉』與『帝曰：「來，禹，汝亦昌言！」禹拜曰：「俞，帝，予何言？予思日孜孜」』相連，『申之』二字便見是舜令禹重言之意。此是序者本意。今人都不如此說，說得雖多，皆非其本意也。」又曰：「『以義制事，以禮制心』，此是自[四一]內外交相養之[四二]法。事在外，義由內制；心在內，禮由外作。」銖問：「禮莫是攝心之規矩否？」曰：「禮只是這個禮，如顏子非禮勿視聽言動之類皆是也。」又曰：「今學者别無事，只要以心觀衆理。理是心中所有，常存此心觀〔四三〕衆理，只是此兩事耳。」銖。

先生問可學：「近讀何書？」曰：「讀尚書。」先生曰：「尚書如何看？」曰：「須要考歷代之變。」先生曰：「世變難看。唐、虞、三代事浩大闊遠，何處測度？不若求聖人之心。如堯則考其所以治民，舜則考其所以事君。且如湯誓，湯曰『予畏上帝，不敢不正』，熟讀豈不見湯之心？大抵尚書有不必解者，有須著意解者，有略須解者。〔四四〕不必解者，如仲虺之誥、太甲諸篇只是熟讀，義理自分明，何俟於解？如洪範則須著意解。如典謨諸篇，辭稍雅奥，亦須略解。若如盤庚諸篇已難解，而康誥之屬則已不可解矣。昔日吕伯恭〔四五〕相見，語之以此。渠云：『亦無可闕處。』因語之云：『若如此，則是讀之未熟。』後二年相見，云：『誠如所説。』」可學。

語德粹云：「尚書亦有難看者。」昨日嘗語子上，滕請問先生，復言：「大略如昨日之説。」又云：〔四六〕「如微子、洛誥〔四七〕等篇，讀至此且認微子與父師、少師哀商之淪喪，已將如何。其他皆然。若其文義，知他當時言語如何，自有不能曉矣。」可學。

書序恐不是孔安國做。漢文粗枝大葉，今書序細膩，只似六朝時文字。小序斷不是孔氏〔四八〕做。義剛。〔四九〕

漢人文字也不喚做好，却是粗枝大葉。書序細弱，只是魏晉人文字。陳同父亦如此說。庚[五〇]

「尚書注并序，某疑非孔安國所作。蓋文字善困，不類西漢人文章，亦非後漢之文。」或言：「趙岐孟子序却自好。」曰：「文字絮氣悶人。東漢文章皆然。」僩。

尚書孔安國注[五一]，某疑[五二]決非孔安國所注，蓋文字困善，不是西漢人文章。安國，漢武帝時，文章豈如此？但有太粗處，決不如此困善也。亦非後漢文，[五三]如書序做得善弱，亦非西漢人文章也。卓。

尚書孔安國傳，此恐是魏晉間人所作，托安國爲名，與毛公詩傳大段不同。今觀序文亦不類漢文章。[五四]如孔叢子亦然，皆是那一時人所爲。廣。

「傳之子孫，以貽後代」，漢時無這般文章。義剛。

孔安國解經，最亂道。看得只是孔叢子等做出來。泳。[五五]

因說書云：[五六]「某嘗疑孔安國書是假書。比毛公詩如此高簡，大段爭事。漢儒訓釋文字多是如此，有疑則闕。今此却盡釋之。豈有千百年前人說底話，收拾於灰燼屋壁中與口傳之餘，更無一字訛舛！理會不得如此[五七]，可疑也。[五八]兼小序皆可疑。堯典一篇自說堯一代爲治之次序，至讓于舜方止。今却說是讓于舜後方作。舜典亦是見一代政事之終始，却說『歷試諸難』，是爲要受讓時作也。至後諸篇皆然。況他〔五九〕先漢文章重厚有力量，他今大序格致極輕，却〔六〇〕疑是晉宋間文章。況孔書至東晉方出，前此諸儒皆不曾見，可疑之甚。」大雅。

尚書小序不知何人作。大序亦不是孔安國作，怕只是撰孔叢子底人作。文字軟善，西漢文字却粗大。夔孫。〔六一〕

書小序亦非孔子作，與詩小序同。廣。

徐彥章問：「先生所以除却〔六二〕書序不以冠於〔六三〕篇首者，豈非有所疑於其間耶？」曰：「誠有可疑。且如康誥第述文王，不曾説及武王，只有『乃寡兄』是説武王，又是自稱之詞，然則康誥是武王誥康叔明矣。但緣其中有錯説『周公初基』處，遂使序者以爲成王時事，此豈可信？」徐曰：「然則殷地，武王既以封武庚，而使王叔〔六四〕監之矣，又以何處封康叔？」曰：「既言『以殷餘民封康叔』，豈非封武庚之外，將以封之乎？又曾見吳才老辨梓材一篇，云後半截不是梓材，緣其中多是勉君，乃臣告君之訓〔六五〕，未嘗如前一截稱『王曰』，又稱『汝』，爲上告下之詞。亦自有理。」處謙。

堯典

問：「堯典小序〔六六〕云『聰明文思』，經作『欽明文思』，如何？」曰：「小序不可信。」問

曰：「恐是作序者見經中有『欽明文思』，遂改換『欽』字作『聰』字否？」曰：「然。」〔六七〕

林少穎解「放勳」之「放」，作「推而放之四海」之「放」，比之程氏説爲優。廣。

「安安」只是個重疊字，言堯之「聰明文思」皆本於自然，不出於勉强也。「允」則是信實，「克」則是能。廣。

「格」，至也。「格于上下」，上至天，下至地也。廣。

「克明俊德」是「明明德」之意。德明。

「克明俊德」只是説堯之德，與文王「克明德」同。廣。

顯道問：「堯典自『欽明文思』以下皆説堯之德。則所謂『克明俊德』者，古注作『能明俊德之人』，似有理。」曰：「且看文勢不見有用人意。」又問：「『納于大麓，烈風雷雨弗迷』，説者或謂大録萬機之政，或謂登封太山，二説如何〔六八〕？」曰：「史記載『使舜入山林，烈風雷雨，弗迷其道』。當從史記。」人傑。

任道問：「『堯典『以親九族』，説者謂上至高祖下至玄孫。林少穎謂，若如此只是一族。所謂『九族』者，父族四、母族三、妻族二。是否？」曰：「父族謂本族、姑之夫、姊妹之夫、女子之夫家，母族謂母之本族、母族與姨母之家，妻族則妻之本族與其母族是也。上殺、下殺、旁殺，只看所畫宗族圖可見。」人傑。

「九族」且從古注。「克明德」是再提起堯德來說。「百姓」或以爲民，或以爲百官族姓，亦不可考，姑存二説可也。「釐」則訓治，「釐降」只是他經理二女下降時事爾。廣。

「平章百姓」只是近處百姓，「黎民」則合天下之民言之矣。典謨中「百姓」只是説民，如「罔咈百姓」之類。若是國語中說「百姓」，則多是指百官族姓。廣。

「平章百姓」。〔六九〕「百姓」，畿内之民，非百官族姓也。此「家齊而後國治」之意。「百姓昭明」，乃三綱五常皆分曉不鶻突也。人傑。

堯舜之道，如「平章百姓」、「黎民於變時雍」之類皆是。幾時只是安坐而無所作爲！履孫。

羲、和主曆家〔七〇〕，授時而已，非是各行其方之事。德明。

羲、和即是那四子。或云有羲、和伯〔七一〕，共六人，未必是。「卒乃復」是事畢而歸，非是以贊爲復也。〔七二〕義剛。

曆是古時一件大事，故炎帝以鳥名官，首曰「鳳鳥氏，曆正也」。歲月日時既定則百工之事可考其成。程氏、王氏兩説相兼，其義始備。廣。

曆是書，象是器。無曆則無以知三辰之所在，無璣衡則無以見三辰之所在。廣。

古字「宅」、「度」通用。「宅嵎夷」之類恐只是四方度其日景以作曆耳，如唐時尚使人去四方觀望。廣。

問：「『寅賓出日』，『寅餞納日』，如何？」曰：「恐當從林少穎解：『寅賓出日』是推測日出時候，『寅餞納日』是推測日入時候，如土圭之法是也。暘谷、南交、昧谷、幽都是測日景之處。宅，度也。古書『度』字有作『宅』字者。『東作、南訛、西成、朔易』皆節候也。『東作』如立春至雨水節之類，『寅賓』則求之於日，『星鳥』則求之於夜。『厥民析、因、夷、隩』，非是使民如此，民自是如此。因者，因其析後之事；夷者，萬物收成，民皆優逸之意。『孳尾』至『氄毛』亦是鳥獸自然如此，如今曆書記鳴鳩拂羽等事。程泰之解暘谷、南交、昧谷、幽都，以爲築一臺而分爲四處，非也。〔七三〕若如此，只是東方之民得東作，他處更不耕種矣；西方之民亨西成，他方皆不斂穫矣。大抵羲、和四子皆是掌曆之官，觀於『咨汝羲暨和』之辭可見。『敬致』乃『冬夏致日，春秋致月』是也。春、秋分無日景，夏至景短，冬至景長。」人傑。

「平秩東作」之類，只是如今穀雨、芒種之節候爾。林少穎作「萬物作」之「作」說，即是此意。廣。

「敬致」只是「冬夏致日」之「致」。「寅賓」是賓其出，「寅餞」是餞其入，「敬致」是致其中。北方不說者，北方無日故也。廣。

「朔易」亦是時候。歲一〔七四〕改易於此，有終而復始之意。在，祭〔七五〕也。廣。

堯典云「期三百六旬有六日」，而今一歲三百五十四日者，積朔空餘分以爲閏。朔空者，六小月也；餘分者，五日四分度之一也。大雅。

自「疇咨若時登庸」到篇末只是一事，皆是爲禪位設也。一舉而放齊舉胤子，再舉而驩兜舉共工，三舉而四岳舉鯀，皆不得其人，故卒以天下授舜。廣。

「胤子朱」，古注與程氏説當兩存之。「啓明」之説亦然。廣。〔七六〕

「百姓」、「胤子朱」，兩存其説。德明。〔七七〕

包顯道問：「朱先稱『啓明』，後又説他『嚚訟』，恐不相協？」曰：「便是驩兜〔七八〕以白爲黑，〔七九〕以非爲是，所以舜治他。但那人也是嶢崎。且説而今暗昧底人解與人健訟不解？惟其是〔八〇〕啓明後方解嚚訟。」又問：「堯既知鯀，如何尚用之？」曰：「鯀也是有才智，想見只是很拗自是，所以弄得恁地狼當。所以楚辭説『鯀倖直以亡身』，必是他去治水有不依道理壞了處〔八一〕，弄了〔八二〕八九年無收殺了，故舜殛之。」義剛。夔孫録同〔八三〕。

共工、驩兜，看得來其過惡甚於放齊、胤子朱。廣。

「象恭滔天」，「滔天」二字羨，因下文而誤。廣。

四岳只是一人。四岳是總十二牧者，百揆是總九官者。義剛。

問：「四岳是十二牧之長否？」曰：「周官言『内有百揆、四岳』，則百揆是朝廷官之長，四岳乃管領十二牧者。四岳通九官、十二牧爲二十有二人，則四岳爲一人矣。又，堯咨四岳以『汝能庸命巽朕位』，不成堯欲以天下與四人也。又，周官一篇説三公、六卿甚分曉。漢儒如揚雄、鄭康成之徒，以至晉杜元凱，皆不曾見。直至東晉，此書方出。伏生書多説司徒、〔八四〕司馬、司空，乃是諸侯三卿之制，故其誥諸侯多引此。顧命排列六卿甚整齊，太保奭、冢宰。芮伯、家〔八五〕伯。彤伯、司馬。畢公、司徒。衛侯、司寇。毛公，司空。疏中言之甚詳。康誥多言刑罰事，爲其〔八六〕爲司寇也。太保、畢公、毛公乃以三公下行六卿之職，三公本無職事，亦無官屬，但以道義輔導天子而已。漢却以司徒、司馬、司空爲三公，失其制矣。」人傑。〔八七〕

「異哉」是不用亦可。「試可乃已」，言試而可則用之，亦可已而已之也。廣。

「庸命」、「方命」之「命」，皆謂命令也。庸命者言能用我之命以巽朕位也。方命者言止其命令而不行也。王氏曰：「圓則行，方則止，猶今言廢閣詔令也。」蓋鯀之爲人悻戾自用，不聽人言語，不受人教令也。廣。

先儒多疑舜乃前世帝王之後，在堯時不應在側陋。此恐不然。若漢光武只是景帝七世孫，已在民間耕稼了。況上古人壽長，傳數世後，經歷之遠，自然有微而在下者。廣。

「烝烝」，東萊説亦好。曾氏是曾彥和。自有一本孫曾書解。孫是孫懲。廣。

「女于時觀厥刑于二女」皆堯之言。「釐降二女于潙汭，嬪于虞」乃史官之詞，言堯以女下降於舜爾。「帝曰欽哉」是堯戒其二女之詞，如所謂「往之女家，必敬必戒」也。若如此説，不解亦自分明。但今解者便添入許多字了説。廣。

舜典

東萊謂舜典止載舜元年事，則是。若説此是作史之妙，則不然。焉知當時别無文字在？廣。

「濬哲文明，温恭允塞」，細分是八字，合而言之却只是四事。濬是明之發處，哲則見於事也，文是文章，明是明著。易中多言「文明」。此[八八]是就事上説。塞是其中實處。廣。

「舜典自『虞舜側微』至『乃命以位』，一本無云[八九]。直自堯典『帝曰欽哉』而下，接起『慎徽五典』，所謂『伏生以舜典合於堯典』也。『玄德』難曉，書傳中亦無言玄者。今人避諱，多以『玄』爲『元』，甚非也。如『玄黄』之『玄』本黑色，若云『元黄』，是『子畏於正』之類也。舊來頒降避諱，多以『玄』爲『真』字，如『玄冥』作『真冥』，『玄武』作『真武』。」伯豐問：「既諱黄帝名，又諱聖祖名，如何？」曰：「舊以聖祖爲人皇中之一，黄帝自是天降而生，少典之子[九〇]。其説虚誕，蓋難憑信也。」人傑。

「『濬哲文明，温恭允塞』是八德。」人傑[九一]問：「『徽五典』是使之掌教，『納于百揆』是使之宅百揆，『賓于四門』是使之爲行人之官，『納大麓』恐是爲山虞之官。」先生曰：「若爲山虞則其職益卑。且合從史記説，使之入山，雖遇風雨弗迷其道也。」人傑。

「納于大麓」，當以史記爲據，謂如治水之類。「弗迷」謂舜不迷於風雨也。若主祭之説，某不敢信。且雷雨在天，如何解迷？仍是舜在主祭而乃有風雷之變，豈得爲好！義剛。

「烈風雷雨弗迷」，只當如太史公説。若從主祭説，則「弗迷」二字説不得。「弗迷」乃指人而言也。廣。

堯命舜曰「三載汝陟帝位」。「舜讓于德，弗嗣」則是不居其位也。其曰「受終于文祖」則是攝行其事也。故舜之攝不居其位，不稱其號，只是攝行其職事爾。到得後來舜遜于禹，不復言位，止曰「總朕師」爾。其曰「汝終陟元后」則今不陟也。「率百官若帝之初」者，但率百官如舜之初爾。廣。

堯舜之廟雖不可考，然以義理推之，堯之廟當立於丹朱之國，所謂「修其禮物，作賓于王家」。蓋「神不歆非類，民不祀非族」，故禮記「有虞氏禘黄帝而郊嚳，祖顓頊而宗堯」，伊川以爲可疑。方子。

書正義「璿璣玉衡」處説天體極好。閎祖。

在「璿璣玉衡，以齊七政」，注謂「察天文，審己當天心否」，未必然。只是從新整理起，此是最當先理會者，故從此理會去。廣。

「類」只是祭天之名，其義則不可曉。與所謂「旅上帝」同，皆不可曉。然決非是常祭。廣。

雉〔九二〕問「六宗」。先生曰：「古注説得自好。鄭氏『宗』讀爲『禜』〔九三〕，即祭法中所謂『祭時、祭寒暑、祭日、祭月、祭星、祭水旱』者。如此説，則先祭上帝，次禋六宗，次望山川，然後徧及群神，次序則〔九四〕皆順。」又問：「五峰取張髦昭穆之説，如何？」先生曰：「非唯用改易經文，兼之古者昭穆不盡稱宗，唯祖有功、宗有德，故云『祖文王而宗武王』。且如西漢之廟唯文帝稱太宗、武帝稱世宗，至唐廟乃盡稱宗，此不可以爲據。」雉。

「六宗」，只當用祭法中所謂四時、日、月、星、水旱之説。廣。〔九五〕

汪季良問「望」、「禋」之説。曰：「注家〔九六〕以『至于岱宗柴』爲句。某謂當以『柴望秩于山川』爲一句。」道夫。

問：「『輯五瑞，既月，乃日覲四岳群牧，班瑞于群后』，恐只是王畿之諸侯，輯斂瑞玉是命圭合信，如點檢牌印之屬。如何？」先生云：「不當指殺王畿。如顧命，太保率東方諸侯，畢公率西方諸侯，不數日間諸侯皆至，如此之速。」人傑。

「協時月，正日」，只是去合同其時日月爾，非謂作曆也。每遇巡狩，凡事理會一遍，如文字之類。廣。

「『五玉、三帛、二生、一死贄』乃倒文。當云：『肆覲東后。三帛、二生、一死贄。協時月，正日，同律度量衡。修五禮，如五器，卒乃復。』五器，謂五禮之器也。如周禮大行人十一年『同數器』之謂。『如』即同也。『卒乃復』言事畢則回之南岳去也。」又曰：「既見東后，必先有贄見了，然後與他整齊這許多事遍〔九七〕。」廣。

問：「贄用生物，恐有飛走。」曰：「以物束縛之，故不至飛走。」義剛。

「『五載一巡狩』，此是立法如此。若一歲間行一遍，則去一方近處會一方之諸侯。如周禮所謂『十有二歲，巡狩殷國』，殷國，即是會一方之諸侯使來朝也。」又云：「巡狩亦非是舜時創立，此制蓋亦循襲將來，故黄帝紀亦云『披山通道，未嘗寧居』。」廣。

汪季良問：「『五載一巡狩』，還是一年遍歷四方，還是止於一方？」曰：「恐亦不能遍。」問「卒乃復」。曰：「説者多以爲『如五器』、『輯五瑞』而卒復以還之，某恐不然。只是事卒則還復爾。」魯可幾問：「古之巡狩，不至如後世之千騎萬乘否？」曰：「今以左氏觀之，如所謂『國君以乘，卿以旅』，國君則以千五百人衛，正卿則以五百人從，則天子亦可見矣。」可幾曰：「春秋之世與茅茨土堦之時莫不同否？」曰：「也不然。如黄帝以師爲衛，則天子衛從亦不應大段寡弱也。」道夫。

或問：「舜之巡狩是一年中遍四岳否？」曰：「觀其末後載『歸格于藝祖，用特』一句，則是一年遍巡四岳矣。」問：「四岳惟衡山最遠。先儒以爲非今之衡山，別自有衡山，不知在甚處？」曰「恐在嵩山之南。若如此，則四岳相去甚近矣。然古之天子一歲不能遍及四岳，則到一方境上會諸侯亦可。周禮有此禮。」廣。人傑録同。〔九八〕巡狩只是去回禮一番。義剛。

「明庶以功」，恐「庶」字誤，只是「試」字。廣。

「肇十有二州」。冀州，堯所都。北去地已狹，若又分而爲幽、并二州，則三州疆界極不多了。青州分爲營州亦然。葉氏曰：「分冀州西爲并州、北爲幽州。青州又在帝都之東，分其東北爲營州。」廣。

蔡仲默〔九九〕集注尚書，至「肇十有二州」，因云：「禹即位後又并作九州。」先生曰：「也見不得。但後面皆只說『帝命式于九圍』，『奄〔一〇〇〕有九有之師』，不知是甚時又復并作九州。」義剛。

「『象以典刑，流宥五刑，鞭作官刑，扑作教刑，金作贖刑』。象者，象其人所犯之罪而加之以所犯之刑。典，常也，即墨、劓、剕、宮、大辟之常刑也。『象以典刑』，此一句乃五句之綱領，諸刑之總括，猶今之刑皆結於笞、杖、徒、流、絞、斬也。凡人〔一〇一〕所犯合墨則加以墨刑，所犯合劓則加以劓刑，剕、宮、大辟皆然。猶夷虜之法，傷人者償創，折人手者亦折其手，傷人目者亦傷其目之類。『流宥五刑』者，其人所犯合此五刑而情輕可恕，或因過誤，則全其肌體，不加刀鋸，但流以宥之，屏之遠方，不與民齒，如『五流有宅，五宅三居』之類是也。『鞭作官刑』者，此官府之刑，猶今之鞭撻吏人，蓋自有一項刑專以治官府之胥吏，如周禮治胥吏鞭五百、鞭三百之類。

『扑作教刑』，此一項學官之刑，猶今之學舍榎楚，如習射、習藝，『春秋教以禮樂，冬夏教以詩書』。凡教人之事有不率者，則用此刑扑之，如侯明、撻記之類是也。『金作贖刑』，謂鞭、扑二刑之可恕者，則許用金以贖其罪。如此解釋，則五句之義豈不粲然明白。『象以典刑』之輕者有流以宥之，鞭扑之刑之輕者有金以贖之。流宥所以寬五刑，贖刑所以寬鞭扑。聖人斟酌損益，低昂輕重，莫不合天理人心之自然而無毫釐杪忽之差，所謂『既竭心思焉，繼之以不忍人之政』者。如何説聖人專意只在教化，刑非所急？聖人固以教化爲急。若有犯者，須以此刑治之，豈得置而不用！」問：「贖刑非古法。」曰：「然。贖刑起周穆王。古之所謂贖刑者，贖鞭、扑耳。夫既已殺人傷人矣，又使之得以金贖，則有財者皆可以殺人傷人，而無辜被害者何其大不幸也！且殺之者安然居乎鄉里，彼孝子順孫之欲報其親者豈肯安於此乎！所以屏之四裔，流之遠方，彼此兩全之也。」僩。

「『流宥五刑』謂刑之重者，『金作贖刑』謂刑之輕者。」又曰：「重刑不可贖，金贖者，鞭、扑二輕刑耳。」德明。〔一〇二〕

五宥〔一〇三〕所以寬五刑，贖刑又所以寬鞭、扑之刑。石林説亦曾入思量。鄭氏説則據他意胡説將去爾。廣。

古人贖金只是用於鞭、扑之小刑而已，重刑無贖。到穆王，好巡幸，無錢使〔一〇四〕，遂造贖法，五刑皆有贖，墨百鍰，劓惟倍，剕倍差，宮六百鍰，大辟千鍰。聖人有〔一〇五〕此篇，所以記法之變。然其間亦多好語，有不輕於用刑底意。淳。

或問「欽哉欽哉，惟刑之恤哉」。先生曰：「多有人解書做寬恤之『恤』，某之意不然。若做寬恤，如被殺者不令償命，死者何辜！大率是説刑者民之司命，不可不謹，如斷者不可續，乃矜恤之『恤』耳。」友仁。

「放驩兜于崇山」，或云在今澧州慈利縣。義剛。

「殛鯀于羽山」，想是偶然在彼而殛之，程子謂「時適在彼」是也。若曰罪之彰著，或害功敗事於彼則未可知也。大抵此等隔涉遥遠，又無證據，只説得個大綱如此便了，不必説殺了，便受折難。廣。

四凶只緣堯舉舜而遜之位，故不服而抵于罪。在堯時則其罪未彰，又他畢竟是個世家大族，又未有過惡，故動他未得。廣。

問：「舜不惟德盛，又且才高。嗣位未幾，如『齊七政，覲四岳，協時月，正日，同律度量衡，肇十二州，封十二山，及四罪而天下服』，一齊做了，其功用神速如此！」曰：「聖人作處自别，故書稱『三載底可績』。」德明。

「堯崩，『百姓如喪考妣，三載，四海遏密八音』。〔一〇六〕『百姓如喪考妣』，此是本分。『四海遏密八音』，以禮論之則爲過。爲天子服三年之喪只是畿内，諸侯之國則不然。爲君爲父皆服斬衰。君謂天子、諸侯及大夫之有地者。大夫之邑以大夫爲君，大夫以諸侯爲君，諸侯以天子爲君，各爲其君服斬衰。諸侯之大夫却爲天子服齊衰三月，禮無二斬故也。『公之喪，諸達官之長杖』，達官謂通於君得奏事者，各有其長杖，其下者不杖可知。」文蔚問：「後世不封建諸侯，天下一統，百姓當爲天子何服？」曰：「三月。天下服地雖有遠近，聞喪雖有先後，然亦不過三月。」文蔚。

問：「『明四目，達四聰』，是達天下之聰明否？」曰：「固是。」曰：「孔安國言『廣視聽於四方』，如何？」曰：「亦是以天下之目爲目、以天下之耳爲耳之意。」人傑。

「柔遠能邇」。柔遠却說得輕。能邇是奈何得他，使之帖服之意。「三就」只當從古注。「五宅三居」，「宅」只訓居。人傑。

「惇德允元」只是說自己德，使之厚其德、信其人〔一〇七〕。「難」字只作平聲，「任」如字，「難任人」言不可輕易任用人也。廣。

問「亮采惠疇」。曰：「疇，類也，與儔同。惠疇，順衆也。『疇咨若予采』，舉其類而咨詢也。」人傑。

禹以司空行宰相事。「汝平水土」則是司空之職，「惟時懋哉」則又勉以行百揆之事。廣。

問：「禹自司空宅百揆。」曰：「以司空兼百揆，如周公以六卿兼三公也。」夔孫。〔一〇八〕

禹以司空宅百揆，猶周以六卿兼三公，今以户部侍郎兼平章事模樣。義剛。

義剛〔一〇九〕問：「堯德化如此久，何故至舜猶曰『百姓不親，五品不遜』？」曰：「也只是怕恁地。」又問：「『蠻夷猾夏』是有苗否？」曰：「也不專指此。但官〔一一〇〕爲此而設。」義剛。夔孫録同。〔一一一〕

「敬敷五教在寬」。聖賢於事無不敬，而此又其大者，故特以敬言之。「在寬」是欲其優游浸漬以漸而入也。夔孫。

「五服三就」。若大辟則就市，宫刑則如漢時就蠶室，其墨、劓、剕三刑，度亦必有一所在刑之。既非死刑，則傷人之肌體不可不擇一深密之所，但不至如蠶室爾。廣。

「五刑三就」，用三刑就三處。故大辟棄於市，宫刑下蠶室，其他底刑也是就個隱風處。不然，牽去當風處割了耳鼻，豈不割殺了他！夔孫。義剛録同，惟末句作「便不害傷人，胡亂死了人」。〔一一二〕

孟子説「益烈山澤而焚之」是使之除去障翳，驅逐禽獸耳，未必使之爲虞官也。至舜命之〔一一三〕作虞，然後使之養育其草木鳥〔一一四〕獸耳。廣。

惟寅故直，惟直故清。義剛。

問「夙夜惟寅，直哉惟清」。曰：「人能敬則内自直，内直則看得那禮文分明，不糊塗也。」廣。

問：「命伯夷典禮而曰『夙夜惟寅，直哉惟清』，何也？」曰：「禮是見成制度。『夙夜惟寅，直哉惟清』，乃所以行其禮也。今太常有直清堂。」人傑。

「直而温」，只是説所教冑子要得如此。若説做教者事，則於教冑子上都無益了。廣。

古人以樂教冑子，緣平和中正。「詩言志，歌永言，聲依永，律和聲。八音克諧，無相奪倫」。古人詩只一兩句，歌便衍得來長。聲是宫商角徵羽，是聲依所歌而發，却用律以和之。如黄鍾爲宫則太簇爲羽之類，不可亂其倫序也。泳。

或問「詩言志，聲依永，律和聲」之説〔一一五〕。曰：「古人作詩只是説他心下所存事。説出來，人便將他詩來歌。其聲之清濁長短各依他作詩之語言〔一一六〕，却將律來調和其聲。今人却又〔一一七〕先安排下腔調了，然後做言語去合腔子，豈不是倒了？却是永依聲也。古人是以樂去就他詩，後世是以詩去就他樂，如何解興起得人。」祖道。

「聲依永，律和聲」。以五聲依永，以律和聲之高下。節。

「聲依永，律和聲」，此皆有自然之調。沈存中以爲「臣與民不要大，事與物大不妨」。若合得自然，二者亦自大不得。可學。

「夔曰於予擊石」，只是重出。廣。〔一一八〕

「塈」只訓疾，較好。廣。

「殄行」是傷人之行。書曰「亦敢殄戮用乂民」、「殄殲乃讎」，皆傷殘之義。廣。

「納言」似今中書門下省。義剛。

問「夙夜出納，朕命惟允」。曰：「納言之官如今之門下審覆。自外而進入者既審之，自內而宣出者亦審之，恐『讒説殄行』之『震驚朕師』也。」人傑。

「舜生三十徵庸」數語，只依古注點似好。廣。

道夫〔一一九〕問：「張子以別生分類爲『明庶物，察人倫』，恐未安。」曰：「書序本是無證據，今引來解説，更無理會了。」又問：「如以『明庶物，察人倫』爲窮理，不知於聖人分上着得『窮理』字否？」曰：「這也是窮理之事，但聖人於理自然窮爾。」道夫。

「方設居方」，逐方各設其居方之道。九共九篇，劉侍讀以「共」爲「丘」，言九丘也。人傑。

大禹謨

大禹謨序「帝舜申之」，序者之意見書中皐陶陳謨了。帝曰「來，禹，汝亦昌言」，故先説「皐陶矢厥謨，禹成厥功」，帝又使禹亦陳昌言耳。今書序固不能得書意，後來説書者又不曉序者之意，只管穿鑿求巧妙爾。〔一二〇〕

自「后克艱厥后」至「四夷來王」只是一時説話。後面則不可知。〔一一一〕當無虞時須是儆戒。所儆戒者何也?「罔失法度,罔遊于逸,罔淫于樂」。人當無虞時易至於失法度,游逸淫樂,故當戒其如此。既知戒此,則當「任賢勿貳,去邪勿疑,疑謀勿成」,如此方能「罔違道以干百姓之譽,罔咈百姓以從己之欲」。義剛。

「儆戒無虞,罔失法度。罔遊于逸,罔淫于樂。任賢勿貳,去邪勿疑。疑謀勿成,百志惟熙。罔違道以干百姓之譽」。〔一一二〕聖賢言語自有個血脈貫在裏。如此一段,他先便〔一一三〕説「儆戒無虞」,蓋「制治未亂,保邦未危」,自其未有可虞之時必儆必戒,能如此則不至失法度、淫于逸、遊于樂矣。若無個儆戒底心,欲不至於失法度,不淫逸、不遊樂,不可得也。既能如此,然後可以知得賢者、邪者、正者、謀可疑者、無可疑者。若是自家身心顛倒,便會以不賢爲賢,以邪爲正,所當疑者亦不知矣,何以任之、去之、勿成之哉?蓋此三句,便是從上面有三句了方會恁地。又如此然後能「罔違道以干百姓之譽,罔咈百姓以從己之欲」,蓋於賢否、邪正、疑審有所未明,則何者爲道,何者爲非道,何者是百姓所欲,何者非百姓之所欲哉?夔孫。

問:「『水、火、金、木、土、穀惟修,正德、利用、厚生惟和』,正德是正民之德否?」曰:「固是。水如隄防灌溉,金如五兵田器,火如出火、内火、禁焚萊之類,木如斧斤以時之類。」良久,云:「古人設官掌此六府,蓋爲民惜此物,不使之妄用。非如今世之民,用財無節也。『戒之用休』言戒諭以休美之事。『勸之以九歌』，感動之意。但不知所謂『九歌』者如何。周官有九德之歌。大抵禹只説綱目，其詳不可考矣。」人傑。

「地平天成」是包得下面六府、三事在。義剛。

劉潛夫問：「書中〔一二四〕『六府三事』，林少穎云『六府本乎天，三事行乎人』，吴才老説『上是施，下是功』。未知孰是？」先生曰：「林説是。」又問「戒之用休，董之用威」并九歌。先生曰：「正是『匡之，直之，輔之，翼之』之意。九歌只是九功之叙可歌，想那時田野自有此歌，今不可得見。」賀孫。

「念兹在兹，釋兹在兹」，用捨皆在此人。「名言兹在兹，允出兹在兹」，語默皆在此人。「名言」則名言之，「允出」則誠實之所發見者也。人傑。

法家者流往往常患其過於慘刻。今之士大夫耻爲法官，更相循襲，以寬大爲事，於法之當死者反求以生之。殊不知「明於五刑以弼五教」，雖舜亦不免。教之不從，刑以督之，懲一人而天下人知所勸戒。所謂「辟以止辟」，雖曰殺之而仁愛之實已行乎中。今非法以求其生則人無所懲懼，陷於法者愈衆。雖曰仁之，適以害之。道夫。

聖人亦不曾徒用政刑。到德禮既行，天下既治，亦不曾不用政刑。故書説「刑期于無刑」，只是存心期於無而刑初非可廢。又曰「欽哉。惟刑之恤哉」，只是説恤刑。賀孫。

「罪疑惟輕」，豈有不疑而强欲輕之之理乎？王季海當國，好出人死罪以積陰德，至於奴與佃客殺主亦不至死。〔一二五〕人傑。

舜、禹相傳，只是説「人心惟危，道心惟微；惟精惟一，允執厥中」。只就這心上理會，也只在日用動静之間求之，不是去虚中討一個物事來。「惟皇上帝降衷于下民」，「天叙有典」，「天秩有禮」，天便是這個道理，這個道理便在日用間。存養是要養這許多道理在中間，這裏正好着力。寓。

人心者，氣質之心也，可爲善，可爲不善。道心者，兼得理在裏面。「惟精」是無雜，「惟一」是終始不變，乃能「允執厥中」。舜、禹之傳只是此説。〔一二六〕節。

士毅〔一二七〕問：「先生説，人心是『形氣之私』，形氣則是口耳鼻目四肢之屬。」曰：「固是。」士毅〔一二八〕問：「如此則未可便謂之私欲〔一二九〕？」曰：「但此數件事屬自家體段上便是私有底物，不比道便公共。故上面便有個私底根本。且如危亦未便是不好，只是有個不好底根本。」士毅。〔一三〇〕

「人心惟危〔一三一〕」，是知覺口之於味、目之於色、耳之於聲底未是不好，只是危。若便説做人欲，已〔一三二〕屬惡了，何用説危？道心是知覺義理底。「惟微」是微妙，亦是微隱。「惟精」是

要別得不雜，「惟一」是要守得不離。「惟精惟一」所以能「允執厥中」。從周。〔一三三〕

問：「微是微妙難體，危是危動難安否？」曰：「是。〔一三四〕危動難安。大凡徇人欲自是危險，其心忽然在此忽然在彼，又忽然在四方萬里之外，莊子所謂『其熱焦火，其寒凝冰』。凡苟免者皆幸也，動不動便是墮坑落塹，危孰甚焉！」文蔚曰：「徐子融嘗有一詩，末句云『精一危微共一心』。文蔚答之曰：『固知妙旨存精一，須別人心與道心。』」先生曰：「他底未是，但只是答他底亦慢，下一句救得少緊。當云『須知妙旨存精一，正爲人心與道心』。」又問「精一」。曰：「精是精別此二者，一是守之固。如顏子擇中庸處便是精，得一善拳拳服膺弗失處便是一。伊川云『惟精惟一，所以至之；允執厥中，所以行之』，此語甚好。」文蔚。

節〔一三五〕問：「『人心惟危』，則當去了人心否？」答曰：「從道心而不從人心。」節。

「道心惟微」者難明。〔一三六〕有時發見些子使自家見得，有時又不見了。惟聖人便辨之精，守得徹頭徹尾，學者則須是「擇善而固執之」。方子。

道心，人心之理。節。

問「道心惟微」。曰：「義理精微難見。且如利害最易見，是粗底，然鳥獸已有不知之者。」又曰：「人心、道心只是争些子，孟子曰『人之所以異於禽獸者幾希』。」夔孫。〔一三七〕

林武子問：「道心是先得，人心是形氣所有，但地步較闊。道心却在形氣中，所以人心易得陷了道心也。是如此否？」曰：「天下之物，精細底便難見。那人心便是粗底，〔一三八〕且如〔一三九〕飢渴寒暖便〔一四〇〕是至粗底，這〔一四一〕雖至愚之人亦知得。若以較細者言之，如利害，則禽獸已有不能知者了。若是義理則愈是難知。這只有些子，不多。所以説『人之所以異於禽獸者幾希』，言所争也不多。」〔一四二〕

或問人心、道心之别。曰：「只是這一個心，知覺從耳目之欲上去便是人心，知覺從義理上去便是道心。人心則危而易陷，道心則微而難著。微亦微妙之義。」學蒙。

問「人心道心，惟精惟一」。曰：「人心、道心元來只是一個。精是辨之明，一是守之專。」卓。〔一四三〕

「人心惟危，道心惟微」。〔一四四〕心只是一個心，〔一四五〕只是分説〔一四六〕兩邊説，人心便成一邊，道心便成一邊。「惟精惟一，允執厥中」。〔一四七〕精是辨之明，一是守之固。〔一四八〕既能辨之明，又能守之固，斯得其「中」矣。這「中」是無過不及之「中」。賀孫。

舜功問：「人多要去人欲，亦太畏之，如木上水，先作下般計較。〔一四九〕不若於天理上理會。理會得天理，人欲自退。」先生云：「堯舜不〔一五〇〕如此。天理、人欲是交界處，不是兩個。人心不成都流，只是占得多；道心不成十全，亦是占得多。須是在天理則明〔一五一〕天理，在人欲則去人欲。嘗愛五峰云『天理人欲，同行而異情』，此語甚好。」舜功云：「陸子静説人心混混未別。」先生曰：「此説亦不妨。大抵人心、道心只是交界，不是兩個物，觀下文『惟精惟一』可見。」德粹問：「既曰『精一』，何必云『執中』？」先生曰：「『允』字有道理。惟精一則信乎其能執中也。」因舉：「陸子静説話多反伊川。如『君子喻於義，小人喻於利』，解云『惟其深喻，是以篤好』。渠却云『好而後喻』，此語亦無害，終不如伊川。」通老云：「伊川云『敬則無己可克』。」先生曰：「孔門只有一[一五二]個顔子，孔子且使之克己，如何便會不克？此語意味長。」可學。

自人心而收之則是道心，自道心而放之便是人心。「惟聖罔念作狂，惟狂克念作聖」，近之。[一五三]

人心如卒徒，道心如將。伯羽。

蔣兄問人心、道心。曰：[一五四]「道心是義理上發出來底，人心是人身上發出來底。雖聖人不能無人心，如飢食渴飲之類；雖小人不能無道心，如惻隱之心是。但聖人於此擇之也精，守得徹頭徹尾。」問：「如何是『惟微』？」曰：「道心若[一五五]略瞥見些子便失了底意思。『惟危』是人心既從形骸上發出來，易得流於惡。」又問「惟精惟一」。曰：「是擇善而固執之。」[一五六]蓋卿。

問人心、道心之别[一五七]。曰：「如喜怒，人心也。然無故而喜焉，喜至於過而不能禁；無故而怒焉，怒至於甚而不能遏。是皆爲人心所使也。須是喜其所當喜，怒其所當怒，乃是道心。」問：「飢食渴飲，此人心否？」曰：「然。須是食其所當食，飲其所當飲，乃不失所謂道心。若飲盜泉之水，食嗟來之食，則人心勝而道心亡矣！」問：「人心可以無否？」曰：「如何無得！但以道心爲主，而人心每聽命焉耳。」僩。

又曰：〔一五八〕「飢欲食、渴欲飲者，人心也；得飲食之正者，道心也。須是一心只在道上，少間那人心自降伏得不見了。人心與道心爲一，恰似無了那人心相似。只是要得道心純一，道心都發見在那人心上。」僩。〔一五九〕

問人心、道心。曰：〔一六〇〕「飢食渴飲，人心也；如是而飲食，如是而不飲食，道心也。喚做人便有形氣，人心較切近於人。道心雖先得之，然被人心隔了一重，故難見。道心也，如清水之在濁水，惟見其濁，不見其清，故微而難見。人心如孟子言『耳目之官不思』，道心如言『心之官則思』，故貴『先立乎其大者』。人心只見那邊利害情欲之私，道心只見這邊道理之公。有道心則人心爲人〔一六一〕節制，人心皆道心也。」伯羽。

問：「曾看無垢文字否？」某說：「亦曾看。」問：「如何？」某說：「如他說『動心忍性，學者當驚惕其心，抑遏其性』，如說『惟精惟一，精者深入而不已，一者專致而不惑〔一六二〕』。」先生曰：「『深入』者〔一六三〕却未是。深入從何去？公且說人心、道心如何？」某說：「道心者，喜怒哀樂未發之時，所謂『寂然不動』者也；人心者，喜怒哀樂已發時〔一六四〕，所謂『感而遂通』者也。人當精審專一，無過不及則中矣。」先生曰：「恁地，則人心、道心不明白。人心者，人欲也；危者，危殆也。道心者，天理也；微者，精微也。物物上有個天理人欲。」指書几：［一六五］「如墨上亦有個天理人欲，硯上也有個天理人欲。分明擗［一六六］做兩片，自然分曉。堯、舜、禹所傳心法只此四句。」從周。［一六七］

賨初見先生，先生問前此所見如何，對以「欲察見私心」云云。因舉張無垢「人心道心」解云：「『精者，深入而不已；一者，專志而無二』，亦自有力。」先生曰：「人心、道心且要分別得界限分明。彼所謂『深入』者，若不察見，將入從何處去？」賨曰：「人心者，喜怒哀樂之已發。未發者，道心也。」先生曰：「然則已發者不得［一六八］謂之道心乎？」賨曰：「了翁言『人心即道心，道心即人心』。」先生曰：「然則人心何以謂之『危』？道心何以謂之『微』？」賨曰：「未發隱於內故微也，發不中節故危。是以聖人欲其精一，求合夫中，故曰『允執厥中』。［一六九］」先生曰：「不然。程子曰『人心，人欲也；道心，天理也』。此處舉語録前段。所謂人心者是氣血和合做成，先生以手指身。嗜欲之類皆從此出，故危。道心則［一七〇］是本來稟受得仁義禮智之心。聖人以此二者對待而言，正欲其察之精而守之一也。察之精則兩個界限分明，專一守着一個道心，不令人欲得以干犯。譬如一物判作兩片，便知得一個好一個惡。堯、舜所以授受之妙，不過如此。」［一七一］

「人心惟危，道心惟微；惟精惟一，允執厥中」。[一七二]程子曰：「人心人欲，故危殆；道心天理，故精微。惟精以致之，惟一以守之，如此方能執中。」此言盡之矣。惟精者，精審之而勿雜也；惟一者，有首有尾，專一也。此自堯、舜以來所傳，未有他議論時[一七三]堯[一七四]有此言，聖人心法無以易此。經中此意極多。所謂「擇善而固執之」，擇善即惟精也，固執即惟一也。又如「博學之，審問之，謹思之，明辨之」皆惟精也，且如[一七五]「篤行」又是惟一也。至如中庸，[一七六]「明善」是惟精也，「誠之」便是惟一也。大學致知、格物非惟精不可能，誠意則惟一矣。學只是學此道理。孟子以後失其傳，亦只是失此。洽。

問「精一執中」之說。曰：「惟精是精察分明，惟一是行處不雜，執中是執守不失。」大雅。

問：「動於人心之微，則天理固已發見而人欲亦已萌。天理便是道心，人欲便是人心。」曰：「然。」可學。

因論「惟精惟一」曰：「虛明安靜乃能精粹而不雜，誠篤確固乃能純一而無間。」僩。

「精」是識別得人心、道心，「一」是常守得定，「允執」只是個真知。道夫。

問「惟精惟一」。曰：「人心直是危，道心直是微。說[一七七]道心微妙有甚準則？直是要擇之精，直是要守之一。」賜。

問：「『堯舜禹，大聖人也。『允執厥中』，『執』字似亦大段喫力，如何？」答曰：「聖人固不思不勉。然使聖人自有不思不勉之意，則罔念而作狂矣。經言此類非一，更細思之。」人傑。

「人心惟危，道心惟微；惟精惟一，允執厥中」，克己復禮。閎祖。〔一七八〕

既「惟精惟一，允執厥中」，又曰「無稽之言勿聽，弗詢之謀勿庸」。節。

問「允執厥中」。曰：「書傳所載多是說無過、不及之『中』。只如中庸之『中』，亦只說無過、不及，但『喜怒哀樂之未發謂之中』一處却說得重也。」人傑。

舞干羽之事，想只是置三苗於度外，而示以閑暇之意。廣。

臯陶謨

「庶明勵翼」，庶明是衆賢樣，言賴衆明者勉勵輔翼。義剛。

九德分得細密。閎祖。

臯陶九德凡十八種，是好底氣質。每兩件□〔一七九〕家鬬合將來。人傑。〔一八〇〕

問「亦行有九德，亦言其人有德」。曰：「此亦難曉。若且據文勢解之，當云『亦言其人有德，乃言曰「載采采」』，言其人之有德當以事實言之，古注謂『必言其所行某事某事以爲驗』是也。」人傑。

因其生而第之以其所當處者謂之叙，因其叙而與之以其所當得者謂之秩。天叙便是自然底〔一八一〕，故〔一八二〕君便教他居君之位，臣便教他居臣之位，父便教他居父之位，子便教他居子之位。天〔一八三〕秩便是那天叙裏面物事，如天子祭天地、諸侯祭山川、大夫祭五祀、士庶人祭其先；天子八，諸侯六，大夫四。皆是有這個叙，便是他這個自然之秩。義剛。

要「五禮有庸」、「五典五惇」，須是「同寅協恭和衷」。要「五服五章」、「五刑五用」，須是「政事懋哉〔一八四〕」。義剛。

臯陶云：〔一八五〕「天命有德，五服五章哉！天討有罪，五刑五用哉！」若德之大者則賞以服之大者，德之小者則賞以服之小者，罪之大者則罪以大底刑，罪之小者則罪以小底刑，盡是「天命」、「天討」，聖人未嘗加一毫私意於其間，只是奉行天法而已。「天叙有典，勑我五典五惇哉！天秩有禮，自我五禮有庸哉」，許多典禮都是天叙、天秩下了，聖人只是因而勑正之、因而用出去而已。凡其所謂冠、昏、喪、祭之禮與夫典章制度、文物禮樂、車輿衣服，無一件是聖人自做底，都是天做下了，聖人只是依傍他天理行將去。如推個車子，本自轉將去，我這裏只是略扶助之而已。僩。

益稷

義剛〔一八六〕問：「益稷篇，禹與臯陶只管自叙其功，是如何？」曰：「不知是怎生地。

那〔一八七〕前面且做是脱簡，後面却又有一段。那禹前面時只是説他無可言，但『予思日孜孜』。皐陶問他如何，他便説他〔一八八〕要恁地孜孜，却不知後面一段是怎生地。」良久，云：「他上面也是説那丹朱後故恁地説。丹朱緣如此故不得爲天子，我如此勤苦故有功。以此相戒〔一八九〕，教莫如丹朱而如我。便是古人直，不似今人便要瞻前顧後。」義剛。

「止」，守也。「惟幾」，當審萬事之幾；「惟康」，求個安穩處。「弼直」，以直道輔之應之。非惟人應之，天亦應之。節。

張元德問：「『惟幾惟康，其弼直』，吕東萊〔一九〇〕解『幾』作『動』、『康』作『静』，如何？」先生云：「理會不得。伯恭説經多巧。」良久，云：「恐難如此説。」復問元德曰：〔一九一〕「尋常看『予克厥宅心』作存其心否？」曰：「然。」先生曰：「若説『三有俊心，三有宅心』，曰『三有宅，三有俊』則又當如何？此等處所〔一九二〕皆理會不得。解得這一處礙了那一處。若逐處自立説解之，何書不可通。」良久，云：「宅者恐是所居之位，是已用之賢；俊者是未用之賢也。」元德又〔一九三〕問「予欲聞六律五聲八音，在治忽，以出納五言，汝聽」。曰：「亦不可曉。漢書『在治忽』作『七始詠』，七始如七均之類。又如『工以納言，時而颺之，格則〔一九四〕庸之，否則威之』一段，上文説：『欽四鄰，庶頑讒説，若不在時，侯以明之，撻以記之，書用識哉！欲並生哉！』皆不可曉。如命龍之辭亦曰：『朕堲讒説殄行，震驚朕師。命汝作納言，夙夜出納朕命惟允。』皆言讒説。此須是當時有此制度，今不能知，又不當杜撰胡説，只得置之。」元德謂：「『侯以明之，撻以記之』乃是賞罰。」先生云：「既是賞罰，當別有施設，如何只靠射？豈有無狀之人，纔〔一九五〕得中便爲好人乎？」元德又〔一九六〕問：「『五言』，東萊釋作君、臣、民、事、物之言。」先生云：「君、臣、民、事、物是五聲所屬，如『宫亂則荒，其君驕』。宫屬君，最大；羽屬物，最小，此是論聲。若商放緩便似宫聲。尋常琴家最取廣陵操，以某觀之，其聲最不和平，有臣陵其君之意。『出納五言』却恐是審樂知政之類。如此，作五言説亦頗通。」又云：「納言之官如漢侍中，今給事中。朝廷誥令先過後省，可以封駁。」元德又〔一九七〕問：「孔壁所傳本科斗書，孔安國以伏生所傳爲隸古定，如何？」先生云：「孔壁所傳平易，伏生所書多難曉。如堯典、舜典、臯陶謨、益稷是伏生所傳，有『方鳩僝功』、『載采采』等語不可曉。大禹謨一篇却平易。又書中點句，如『天降割于我家不少延』、『用寧王遺我大寶龜』、『圻父薄違農父，若保宏父定辟』，與古注點句不同。又舊讀『罔或耆壽俊在厥服』作一句。今觀古記款識中多云『俊在位』，則當於『壽』字絶句矣。」又問：「盤庚如何？」曰：「不可曉。如『古我先王將多于前功，適于山，用降我凶德，嘉績于朕邦』，全無意義。又當時遷都，更不明説遷之爲利、不遷之爲害。如中篇又説神説鬼。若使如今誥令如此，好一場大鶻突！尋常讀尚書，讀了太甲、伊訓、咸有一德，便着輓過盤庚，却看説命。然高宗肜日亦自難看。要之，讀尚書可通則通，不可通姑置之。」人傑。

「『苗頑弗即工』，此是禹治水時調役他國人夫不動也。後方征之，既格而服則治其前日之罪而竄之，竄之而後分北之。今説者謂苗既格而又叛，恐無此事。」又曰：「三苗，想只是如今之溪洞相似。溪洞有數種，一種謂之猫，未必非三苗之後也。史中説三苗之國，左洞庭，右彭蠡，在今湖北、江西之界，其地亦甚闊矣。」廣。

晦庵先生朱文公語類卷第七十九

尚書二

夏書〔一〕

禹貢

李得之問薛常州九域圖。先生曰：「其書細碎，不是著書手段。『予決九川距四海，濬畎澮距川』，聖人做事便有大綱領，先決九川距四海了，却逐旋爬疏小水令至川。學者亦先識個大形勢，如江、河、淮先合識得。渭水入河，上面漆、沮、涇等又入渭，皆是第二重事。桑欽、酈道元水經亦細碎。」因言：「天下惟三水最大：江、河與混同江。混同江不知其所出。虜舊巢正臨此江，邪迤東南流入海。其下爲遼海，遼東、遼西指此水而分也。」又言：「河東奥區，堯、禹所居，後世德薄不能有。混同江猶自是來裏河東。」又言：「長安山生過鄜延，然長安却低，鄜延是山尾，却高。」又言：「收復燕雲時不曾得居庸關，門却開在，所以不能守。然正使得之，亦必不能有也。」方子。學蒙録同而略，今附，云：〔二〕「因説薛氏九域志，曰：『也不成文字，細碎了。禹「予〔三〕決九川距四海，濬畎澮距川」，這便是聖人做事綱領處。先決九川以〔四〕距海，然後理會畎澮。論形勢須先識大綱。如水，則中國莫大於河，南方莫大於江，涇、渭則入河者也。先定個大者，則小者便易考。』又曰：『天下有三大水，江、河、混同江是也。混同江在虜中，虜人之都見濱此江。』」

禹貢集義今當分解。如「冀州既載壺口，治梁及岐」當分作三段，逐段下注地名，漢爲甚郡縣，唐爲甚郡縣，今爲甚郡縣。下文「既修太原，至于岳陽，覃懷底績，至于衡漳」當爲一段，「厥土白壤」云云又爲一段，「碣石」云云又爲一段，方得子細。且先分細段解了，有解得成片者方成片寫于後。黑水、弱水諸處皆須細分，不可作大段寫。庚。〔五〕

禹之治水，乃是自下而上了，又自上而下。後人以爲自上而下，此大不然。不先從下泄水却先從上理會，下水泄未得，下當愈甚。是甚治水如此！庚。〔六〕

「禹當時治水也只理會河患，餘處亦不大段用工夫。河水之行不得其所，故泛濫浸及他處。觀禹用功，初只在冀以及兖、青、徐、雍，却不甚來東南。積石、龍門，所謂『作十三載乃同』者，正在此處。龍門至今横石斷流，水自上而下，其勢極可畏。向未經鑿治時，龍門正道不甚泄，故一派西衮入關陜，一派東衮往河東，故此爲患最甚。禹自積石至龍門着工夫最多。又其上散從西域去，往往亦不甚爲患。行河東者多流黄泥地中，故只管推洗，泥汁只管凝滯淤塞，故道漸狹。值上流下來纔急，故道不泄便致横湍他處。先朝亦多造鐵爲治河器，竟亦何濟！」或問：「齊威塞九河以富國，事果然否？」曰：「當時葵丘之會，申五禁，且曰『無曲防』，是令人不得私自防遏水流，他終不成自去塞了最利害處！便是這般説話亦難憑。」問：「河患何爲至漢方甚？」曰：「史記表中亦自有河決之文。禹只是理河水，餘處亦因河溢有些患。看治江不見甚用力。書載『岷山導江，東别爲沱，東至于澧，過九江，至于東陵，東迆北會于匯，東爲中江，入于海』，若中間便用工夫，如何載得恁略？」又云：「禹治水先就土低處用工。」賀孫。

禹貢西方、南方殊不見禹施工處。緣是山高，少水患。當時只分遣官屬，而不了事底記述得文字不整齊耳。某作九江彭蠡辯，禹貢大概可見於此。禹貢只載九江，無洞庭。今以其地驗之，有洞庭，無九江。則洞庭之爲九江無疑矣。洞庭、彭蠡冬月亦涸，只有數條江水在其中。義剛。陳淳録同。［七］

「江陵之下［八］、岳州之上是雲夢。」又曰：「江陵之下，連岳州是雲夢。」節。

問：「岷山之分支何以見？」曰：「只是以水驗之。大凡兩山夾行，中間必有水；兩水夾行，中間必有山。江出於岷山。岷山夾江兩岸而行，那邊一支去爲隴，［九］這邊一支爲湖南，又一支爲建康，又一支爲兩浙，而餘氣爲福建、二廣。」淳。義剛録同。［一〇］

因説禹貢，曰：「此最難説，蓋他本文自有繆[一一]處。且如漢水自是從今漢陽軍入江，下至江州，然後江西一帶江水流出，合爲[一二]大江。兩江下水相淤，故江西水出不得，溢爲彭蠡。上取漢水入江處有多少路，今言漢水『過三澨，至于大别，南入于江，東匯澤爲彭蠡』，全然不合。又如何去强解釋得？蓋禹當時只治得雍、冀數州爲詳，南方諸水皆不親見，恐只是得之傳聞，故多遺闕，又差誤如此。今又不成説他聖人之經不是，所以難説。然自古解釋者紛紛，終是與他地上水不合。」又言：「孟子説『瀹濟漯而注諸海，決汝漢，排淮泗而注諸江』。據今水路及禹貢所載，惟漢入江，汝、泗自入淮，而淮自入海。分明是誤，蓋一時牽於文勢而不暇考其實耳。今人從而强爲之解釋，終是可笑。」雉。

「東匯澤爲彭蠡」，多此一句。節。

問：「前日見[一三]先生説鄭漁仲以『東爲北江入于海』爲羨文，是否？」曰：「然。今考之，不見北江所在。」問：「鄭説見之何書？」曰：「家中舊有之，是川本，今不知所在矣。」又云：「洪水之患，意者只是如今河決之類，故禹之用功處多在河，所以於兖州下記『作十有三載乃同』，此言專爲治河也。兖州是河患甚處，正今之澶、衛州也。若其他江水，兩岸多是山石，想亦無泛溢[一四]之患，禹自不須大段去理會。」又云：「禹治水時，想亦不曾遍歷天下。如荆州乃三苗之國，不成禹一一皆到！往往是使官屬去彼相視其山川，具其圖説以歸，然後作此一書爾。

故今禹貢所載南方山川多與今地面上所有不同。」廣。

胤征

問：「東坡疑胤征。」答曰：「袁道絜考得是。太康失河北，至相方失河南。然亦疑羲、和是個曆官。曠職，廢之誅之可也，何至誓師如此？大抵古書之不可考，皆此類也。」大雅。

商書

湯誓

問：「湯誓[一五]『升自陑』，先儒以爲出其不意，如何？」先生曰：「此乃序説，經無明文。要之今不的見陑是何地，何以辨其正道、奇道？湯、武之興，決不爲後世之譎詐。若陑是取道近，亦何必迂路？大抵讀書須求其要處，如人食肉，畢竟肉中有滋味，有人却要於骨頭上咀嚼，縱得些肉，亦能得多少？古人所謂『味道之腴』最有理。」可學因問：「凡書傳中如此者皆可且置之？」曰：「固當然。」可學。

仲虺之誥

問：「仲虺之誥似未見其釋湯慚德處。」曰：「正是解他。云『若苗之有莠，若粟之有秕』，他緣何道這幾句？蓋謂湯若不除桀，則桀必殺湯。如說『推亡固存處』自是說伐桀，至『德日新』以下，乃是勉湯。又如『天乃錫王勇智』，他特地說『勇智』兩字便可見。尚書多不可曉，固難理會。然這般處，古人如何說得恁地好！如今人做時文相似。」夔孫。

問：「禮義本諸人心。惟中人以下爲氣稟物欲所拘蔽，所以反着求禮義自治。若成湯，尚何須『以義制事，以禮制心』？」曰：「『湯武反之也』，便也是有些子不那底了。但他能恁地，所以爲湯。若不恁地便是『惟聖罔念作狂』。聖人雖則說是『生知安行』，便只是常常恁地不已，所以不可及。若有一息不恁地，便也是凡人了。」問：「若〔一六〕舜『由仁義行』便是不操而自存否？」曰：「這都難說。舜只是不得似衆人恁地着心，自是操。」賀孫。

湯誥〔一七〕

蔡行父愍〔一八〕問書所謂「降衷」。曰：「古之聖賢纔説出便是這般話。成湯當放桀之初，便說：『惟皇上帝降衷于下民，若有常性，克綏厥猷惟后。』武王伐紂時便說：『惟天地萬物父母，惟人萬物之靈。亶聰明，作元后。元后作民父母。』傅說告高宗便說：『明王奉若天道，建邦設都，樹后王君公，承以大夫師長，不惟逸豫，惟以亂民。惟天聰明，惟聖時憲。』見古聖賢朝夕只見那天在眼前。」賀孫。

「惟皇上帝降衷于下民」，〔一九〕孔安國以爲衷善〔二〇〕便是〔二一〕無意思。「衷」不是「善」，〔二二〕便與「民受天地之中」一般。泳。

總説伊訓太甲説命

商書幾篇最分曉可玩。太甲、伊訓等篇又好看似説命。蓋高宗資質高，傅説所説底細了，難看。若是伊尹與太甲説，雖是粗，却切於學者之身。太甲也不是個昏愚底人，但「欲敗度，縱敗禮」爾。廣。

伊尹書及説命三篇，大抵分明易曉。今人觀書且看他那分明底，其難曉者且置之，政使曉得亦不濟事。廣。

伊訓

「伊尹祠于先生」，若有服，不可入廟。必有「外丙二年，仲壬四年」。節。

問：「伊訓『伊尹祠于先王，奉嗣王祇見厥祖』。是時湯方在殯宮，太甲於朝夕奠常在，如何伊尹因祠而見之？」曰：「此與顧命康王之誥所載冕服事同。意者，古人自有一件人君居喪之禮，但今不存，無以考據。蓋天子諸侯既有天下國家事體，恐難與常人一般行喪禮。」廣。

「與人不求備，檢身若不及」，大概是湯急己緩人，所以引爲「日新」之實。泳。

「具訓于蒙士」，吴斗南謂古者墨刑人以蒙蒙其首，恐不然。廣。

太甲上[二三]

近日蔡行之送得鄭景望文集來，略看數篇，見得學者讀書不去子細看正意，却便從外面説是與非。如鄭文亦平和純正，氣象雖好，然所説文字處，却是先立個己見，便都説從那上去，所以昏了正意。如説伊尹放太甲，三五版只説個「放」字，謂小序所謂「放」者正伊尹之罪，「思庸」二字所以雪伊尹之過，此皆是閑説。正是伊尹至誠懇惻告戒太甲處却都不説，此不可謂善讀書，學者不可不知也。銖。時舉録同。[二四]

太甲中[二五]

「並其有邦，厥鄰乃曰『徯我后，后來無罰』」，言湯與彼皆有土諸侯，而鄰國之人乃曰云

云〔二六〕。此可見湯得民心處。〔二七〕

視不爲惡色所蔽爲明，聽不爲姦人所欺爲聰。〔二八〕

咸有一德

「『爰革夏正』只是『正朔』之『正』。」賀孫因問：「伊尹説話自分明，間有數語難曉，如『爲上爲德，爲下爲民』之類。」曰：「伯恭四個『爲』字都從去聲，覺不順。」賀孫因説：「如『逆〔二九〕君之惡』也是爲上，而非是爲德；『爲宫室妻妾之奉』也是爲下，而非是爲民。」曰：「然。伊尹告太甲却是與尋常人説話，便恁地分曉、恁地切身。至今看時，通上下皆使得。至傅説告高宗，語意却深。緣高宗賢明，可以説這般話，故傅説輔之，説得較精微。伊尹告太甲，前一篇許多説話，都從天理窟中抉出許多話分明説與他，今看來句句是天理。」又云：「非獨此看得道理透，見得聖賢許多説話都是天理。」又云：「伊尹説得極懇切，許多説話重重疊疊，説了又説。」賀孫。

論「其難其謹」，曰：「君臣上下相與甚難。」節。

「『德無常師，主善爲師；善無常主，協于克一』。上兩句是教人以其所〔三〇〕師，下兩句是教人以其所擇善而爲之師。」道夫問：「『協于克一』莫是能主一則自默契于善否？」曰：「『協』

字難說，只是個比對裁斷之義。蓋如何知得這善不善，須是自心主宰得定始得。蓋有主宰則是非善惡[三一]瞭然於心目間，合乎此者便是，不合者便不是。橫渠云『德主天下之善，善原天下之一』，這見得他說極好處，蓋從一中流出者無有不善。所以他伊尹從前面說來便有此意，曰『常厥德』，曰『庸德』，曰『一德』，常、庸、一只是一個。」蜚卿謂：「『一』恐只是專一之『一』？」曰：「如此則絕說不來。」道夫曰：「上文自謂『德惟一，動罔不吉；德二三，動罔不凶』。」「纔[三二]尺度不定，今日長些子，明日短些子，便二三。」道夫曰：「到底說得來只是個定則明，明則事理見；不定則擾，擾則事理昏雜而不識矣。」曰：「只是如此。」曰：[三三]「看得道理多後，於這般所在都寬平開出，都無礙塞。如蜚卿恁地理會數日却是[三四]恁地，這便是看得不多，多少被他這個十六字礙。」又曰：「今若理會不得，且只看自家每日一與不一時便見。要之，今却正要人恁地理會，不得，又思量，但只當如橫渠所謂『濯去舊見，以來新意』。且放下着許多說話，只將這四句來平看便自見。」又曰：「這四句極好看。南軒云：『自「人心惟危，道心惟微」數語外，惟此四句好。但舜大聖人言語渾淪，伊尹之言較露鋒鋩得些。』這[三五]說得也好。」頃之，又曰：「舜之語如春生，伊尹之言如秋殺。」道夫。

「協于克一」，「協」猶齊也。升卿。

問：「『德無常師，主善爲師；善無常主，協于克一』。或言主善人而爲師，若仲尼無常師之意，如何？」答曰：「非也。橫渠説『德主天下之善，善原天下之一』，最好。此四句三段，一段緊似一段。德且是大體説，有吉德，有凶德，然必主於善始爲吉爾。善亦且是大體説，或在此爲善，在彼爲不善；或在彼爲善，在此爲不善；或在前日則爲善，而今日則爲不善；或在前日則不善，而今日則爲善。惟須『協于克一』是乃爲善，謂以此心揆度彼善爾。故橫渠言『原』則若善定於一耳，蓋善因一而後定也。德以事言，善以理言，一以心言。大抵此篇只是幾個『一』字上有精神，須與細看。此心纔一便終始不變而有常也。『協』字雖訓『合』事〔三六〕，却是如『以此合彼』之『合』，非『已相合』之『合』，與禮記『協於分藝』、書『協時月正日』之『協』同義，蓋若揆度參驗之意耳。張敬夫謂虞書『精一』四句與此爲尚書語之最精密者，而虞書爲尤精。」大雅。

説命中〔三七〕

「惟口起羞」以下四句皆是審。節。

口非欲起羞，而出言不當則反足以起羞。甲冑本所以禦戎，而出謀不當則反足以起戎。衣裳在笥，易以與人則〔三八〕不可不謹。干戈討有罪，則因以省身。

「惟甲冑起戎」，蓋不可有關防〔三九〕底意。方子。節録同。〔四〇〕

「惟甲胄起戎」，如「歸與石郎謀反」是也。節。

「惟厥攸居」，所居，所在也。[四一]

南軒云：「『非知之艱，行之艱』，此特傅説告高宗爾。蓋高宗舊學甘盤，於義理知之亦多，故説得這話[四二]。若常人，則須以致知爲先也。」此等議論儘好。道夫。

説命下[四三]

「遜志」則無所墜落，志不低則必有漏落在下面。節。

問爲學「遜志」、「以意逆志」之分。曰：「『遜志』是小着這心去順那事理，自然見得出。『逆志』是將自家底意去推迎候[四四]他志，不似今人硬將此意去捉那志。」僩。

言「斆學半」，曰是教人□□是學。節。[四五]

因説「斆學半」，曰：「近見喻子才[四六]跋説命寫本[四七]，云：『教只斆得一半，學只學得一半，那一半教人自理會。』呂伯恭亦如此説。某舊在同安時見士人作書義如此説，[四八]先説『王，人求多聞，時惟建事』，此是人君且學且斆，一面理會教人，又一面窮理義。後面説得[四九]『監于先王[五〇]成憲，其永無愆』數語，是平正實語，不應中間翻空一句，如此深險。[五一]如斆得[五二]一半，不成那一半掉放冷處教他自得！此語全似禪語，只當依古注。[五三]」賜。

西伯戡黎

「西伯戡黎」，便是這個事難判斷。觀戡黎大故逼近紂都了，豈有諸侯、臣子[五四]而敢稱兵於天子之都乎？看來文王只是不伐紂耳，其他事亦都做了，如伐崇、戡黎之類。韓退之拘幽操云「臣罪當誅兮，天王聖明」，伊川以爲此説出文王意中事。嘗疑這個説得來太過，據當日事勢觀之恐不如此。若文王終守臣節，何故伐崇侯虎[五五]？只是後人因孔子「以服事殷」一句，遂委曲回護個文王，説教好看，殊不知孔子只是説文王不伐紂耳。嘗見雜記[五六]云：「紂殺九侯，鄂侯爭之强，辯之疾，并醢鄂侯。西伯聞之竊歎，崇侯虎譖之曰：『西伯欲叛。』紂怒，囚之羑里。西伯歎曰：『父有不慈，子不可以不孝；君有不明，臣不可以不忠。豈有君而可叛者乎？』於是諸侯聞之，以西伯能敬上而恤下也，遂相率而歸之。」看來只這段説得平。[五七]

周書[五八]

泰誓

石洪慶問：「尚父年八十方遇西伯，及武王伐商乃即位之十三年，又其後就國，高年如此！」先生曰：「此不可考。」因云：「泰誓序『十有一年，武王伐殷』，經云『十有三年春，大會于孟津』，必[五九]差誤。說者乃以十一年爲觀兵，尤無義理。舊有人引洪範『十有三祀，王訪于箕子』，則十一年之誤可知矣。」人傑。

「亶聰明作元后，元后作民父母」。須是剛健中正出人意表之君，方能立天下之事。如創業之君能定禍亂者，皆是智勇過人。人傑。

或問：「『天視自我民視，天聽自我民聽』，天便是理否？」曰：「若全做理，又如何說『自我民視、聽』？這裏有些主宰底意思。」庚。[六〇]

莊仲問：「『天視自我民視，天聽自我民聽』，謂天即理也。」曰：「天固是理，然蒼蒼者亦是天，在上而有主宰者亦是天，各隨他所說。今既曰視、聽，理又如何是會視、聽？雖說不同又却只是一個，知其同不妨其爲異，知其異不害其爲同。嘗有一人題分水嶺，謂水不曾分。某和其詩曰：『水流無彼此，地勢有西東。若識分時異，方知合處同。』」文蔚。[六一]

武成

問：「武成一篇編簡錯亂。」曰：「新有定本，以程先生、王介甫、劉貢父、李叔易[六二]諸本推究甚詳。」僩。

包顯道[六三]問：「紂若改過遷善，則武王當何以處之？」曰：「他別自從那一邊去做。他既稱王，無倒殺，只着自去做。」[六四]

洪範

江彝叟疇問：「洪範武王勝殷殺紂，不知有這事否？」曰：「據史記所載，雖不是武王自[六五]，然説斬其頭懸之，亦是有這事。」又問「血流漂杵」。曰：「孟子所引雖如此，然以書考之，『前徒倒戈，攻于後以北』，是殷人自相攻以致血流如此之盛。觀武王整[六六]兵，初無意於殺人，所謂『今日之事不愆于六伐、七伐，乃止齊焉』是也。武王之言非好殺也。」卓。

問：「『勝殷殺受』之文是如何？」曰：「看史記載紂赴火死，武王斬其首以懸于旌，恐未必如此。書序，某看來煞有疑，相傳都説道孔子[六七]作，未知如何。」[六八]

柯國材言：「『稱武王[六九]』『十有一年』、『十[七〇]有三年』，書序雖[七一]不足憑，至洪範謂『惟十有三祀』則是十三年明矣。使武王十一年伐殷，到十三年方訪箕子，不應如是之緩。」此説有理。伯羽。[七二]

問：「『鯀則殛死，禹乃嗣興』。禹爲鯀之子，當舜用禹時何不逃去，[七三]以全父子之義？」曰：「伊川説『殛死』，只是貶死之類。」德明。

問：「鯀既被誅，禹又出而委質，不知如何？」曰：「蓋前人之愆。」又問：「禹以鯀爲有罪而欲蓋其愆，非顯父之惡否？」曰：「且如而今人，其父打碎個人一件家事，其子買來填還，此豈是顯父之惡！」自修。

禹所以用於舜者，乃所以求蓋父之愆也。僩。〔七四〕

說洪範：「看來古人文字也不被人牽强說得出。只自恁地熟讀，少間字字都自會着實。」又云：「今人只管要說治道，這是治道最切緊〔七五〕處。這個若理會不通，又去理會甚麽零零碎碎！」賀孫。〔七六〕

問洪範諸事。曰：「此是個大綱目，天下之事，其大者大概備於此矣。」又〔七七〕問「皇極」。曰：「此是人君爲治之心法。如周禮〔七八〕一書，只是個八政而已。」僩。

「凡數自一至五，五在中；自九至五，五亦在中。戴九履一〔七九〕，左三右七，五亦在中。」又曰：「若有前四者則方可以建極，四者乃〔八〇〕一五行、二五事、三八政、四五紀是也。後四者却自皇極中出。三德是皇極之權，人君所嚮用五福，所威用六極，此曾南豐所說。諸儒所說，惟此說好。」又曰：「皇，君也；極，標準也。皇極之君常滴水滴凍無一些不善，人却不齊，故曰『不協于極，不罹于咎』之類〔八一〕。『天子作民父母，以爲天下王』，此便是『皇建其有極』。」又曰：「尚書前五篇大概易曉。後如甘誓、胤征、伊訓、太甲、咸有一德、說命，此皆易曉，亦好。此是孔氏壁中所藏之書。」又曰：「看尚書，漸漸覺得[八二]曉不得便是有長進。若從頭至尾解得，則[八三]是亂道。高宗肜日是最不可曉者，西伯戡黎是稍稍不可曉者。太甲大故亂道，故伊尹之言緊切；高宗稍稍聰明，故説命之言細膩。」又曰：「讀尚書有一個法，半截曉得，半截曉不得。曉得底看，曉不得底且闕之，不可强通，强通則穿鑿。」又曰：「『敬敷五教在寬』，只是不急迫，慢慢地養他。」節。

因論洪範云：[八四]「洛書本文只有四十五點。班固云六十五字皆洛書本文。古字畫[八五]恐或有模樣，但今無所考。漢儒説此未是，恐只是以義起之，不是數如此。蓋皆以天道人事參互言之。五行最急，故第一；五事又參之於身，故第二；身既修，可推之於政，故八政次之；政既成，又驗之於天道，故五紀次之；又繼之皇極，居五。蓋能推五行、正五事、用八政、修五紀，乃可以建極也。六三德乃是權衡此皇極者也。德既修矣，稽疑庶政繼之者，著其驗也。又繼之以福極，則善惡之效至是不可加矣。皇極非大中，皇乃天子，極乃極至，言皇建此極也。東西南北到此恰好。」又云：「極非中也，[八六]但漢儒雖説作『中』字亦與今不同，如云『五事之中』是也。今人説『中』只是含胡依違，善不必盡賞，惡不必盡罰。如此，豈得謂之中！」可學。

箕子爲武王陳洪範，首言五行，次便及五事。蓋在天則是五行，在人則是五事。儒用。

自「水曰潤下」至「稼穡作甘」皆是二意：水能潤能下，火能炎能上，金曰「從」曰「革」，從而又能革也。德明。

忽問：「如何是『金曰從革』？」對曰：「是從人〔八七〕之革。」答曰：「不然，是或從或革耳。從者，從所鍛制。革者，又可革而之他，而其堅剛之質依舊自存，故與『曲直』、『稼穡』皆成雙字。『炎上』者，上字當作上聲；『潤下』者，下字當作去聲。亦此意。」大雅。

「金曰從革」，一從一革，互相變而體不變。且如銀，打一隻盞便是從，更要別打作一件家事便是革。依舊只是這物事，所以云體不變。〔八八〕

問：「形質屬土否？」曰：「從前如此説。」問：「吳斗南説如何？」曰：「舊來謂雨屬木，暘屬金，及與五事相配，皆錯亂了。吳説謂雨屬水，暘屬火，燠屬木，寒屬金，風屬土。雨看來只屬得水，自分曉。怎生屬得木？」問：「寒如何屬金？」「他引證甚佳。左傳『尨凉冬殺，金寒玦離』是也。又曰『貌言視聽思』，皆只以次第相屬。」問：「貌如何屬水？」曰：「容貌光澤，故屬水；言發於氣，故屬火。」〔八九〕

伯模云：「老蘇著洪範論不取五行傳，而東坡以爲漢儒五行傳不可廢。此亦自是。既廢則後世有忽天之心。」先生曰：「漢儒也穿鑿。如五事，一事錯則皆錯，如何却云聽之不聰則某事應，貌之不恭則某事應。」道夫。

「『五皇極』，只是説人君之身端本示儀於上，使天下之人則而效之。聖人固不可及，然約天下而使之歸于正者，如『皇則受之』、『則錫之福』也。所謂『遵王之義』、『遵王之道』者，天下之所取法也。人君端本豈有他哉？修於己而已。一五行是發原處，二五事是總持處，八政則治民事，五紀則協天運也，六三德則施爲之撙節處，七稽疑則人事已至而神明其德處，庶徵則天時之徵驗也，五福、六極則人事之徵驗也。其本皆在人君之心，其責亦甚重矣。『皇極』非説大中之道，若説大中則皇極都了，五行、五事等皆無歸着處。」又云：「便是『篤恭而天下平』之道。天下只是一理，聖賢語言雖多，皆是此理。如尚書中洛誥之類有不可曉處多，然間有説道理分曉處，不消[九〇]訓釋自然分明。如云『王敬作所不可不敬德』、『肆惟王其疾敬德』、『不敢替厥義德』等語是也。」人傑。[九一]

「極，盡也。」先生指前面香卓：「四邊盡處是極，所以謂之四極。四邊視中央，中央是[九二]極也。堯都平陽，舜都蒲坂，四邊望之，一齊看着平陽、蒲坂。如屋之極，極高之處，四邊到此盡了，去不得，故謂之『極』。宸極亦然。至善亦如此，應乎[九三]事到至善是極盡了，更無去處，『故君子無所不用其極』。書之『皇極』亦是四方所瞻仰者。『皇』有訓大處，惟『皇極』之『皇』不可訓大。『皇』只當作君，所以説『遵王之義，遵王之路』，直説到後面『以爲天下王』，其意可見。蓋『皇』字下從『王』。」泳。

「皇極」如「以爲民極」，標準立於此，四方皆面内而取法。皇謂君。太極[九四]如屋極，陰陽造化之總會樞紐。極之爲義窮極、極至，以上更無去處。閎祖。

問：「先生言『皇極』之『極』不訓中，只是標準之義。然『無偏無黨』、『無反無側』亦有中意。」曰：「只是個無私意。」問：「標準之義如何？」曰：「此是聖人正身以作民之準則。」問：「何以能斂五福？」曰：「當就五行、五事上推究。人君修身，使貌恭、言從、視明、聽聰、思睿即身自正。五者得其正則五行得其序，以之稽疑則『龜從，筮從，卿士從，庶民從』，在庶證則有休證無咎證。和氣致祥，有仁壽而無鄙夭便是五福，反是則福轉爲極。陸子静荆門軍曉諭乃是斂六極也。」德明。

「中」不可解做「極」。「極」無「中」意，只是在中乃至極之所，爲四向所標準，故因以爲中。如屋極亦只是在中，爲四向所準。如建邦設都以爲民極，亦只是中天下而立，爲四方所標準。如「粒我烝民，莫匪爾極」，來牟豈有「中」意！亦只是使人皆以此爲準。如北極，如宸極、皇極[九五]，皆然。若只説「中」，則殊不見「極」之義矣。淳。

先生問曹：「尋常説『皇極』如何？」曹云：「只説作『大中』。」先生曰：「某謂不是『大中』。皇者王也，極者[九六]如屋之極，言王者之身可以爲下民之標準也。貌之恭，言之從，謀之聰，[九七]則民觀而化之，故能使天下之民『無有作好而遵王之道，無有作惡而遵王之路』，王者又從而斂五者之福而錫之於庶民。斂者，非有[九八]取之於外，亦自吾身先得其正，然後可以率天下之民以歸于正，此錫福之道也。」卓。

問：「比看箕子爲武王陳洪範[九九]言『彝倫攸敘』，見事事物物中得其倫理，則無非此道。非道便無倫理。」答曰：「固是。曰『王道蕩蕩』，又曰『王道平平』，曰『無黨無偏』，又曰『無偏無黨』，只是一個道，如何如此反覆説？只是得[一〇〇]人反覆思量入心來，則自有所見矣。」大雅。

民之有福，君所當饗；　民之有極，君所當畏。道夫。[一〇一]

符敍舜功云：「象山在荆門，彼中上元，太守須作醮於道觀以祈福，象山至，罷之。[一〇二]勸諭邦人以『福不在外，但當求之内心』。於是日入道觀[一〇三]，設講座，説『皇極』，令邦人聚聽之。次日，又畫爲一圖以示之。」先生曰：「人君建極如個標準。如東方望也如此，西方望也如此，南方望也如此，北方望也如此，莫不取則於此。如周禮『以爲民極』，詩『維民之極』、『四方之極』，都是此意。中固在其間，而『極』不可以訓『中』。漢儒注説『中』字只説『五事之中』，猶未爲害。最是近世説『中』字不是。近日之説只要含胡苟且，不分是非，不辨黑白，遇當做底事只略略做些，不要做盡。此豈聖人之意！」又云：「洪範一篇首尾都是歸從『皇極』上去，蓋人君以一身爲至極之標準，最是不易。又須『斂是五福』，所以斂聚五福以爲建極之本。又須是敬五事、順五行、厚八政、協五紀，以結裹個『皇極』。又須乂三德，使事物之接、剛柔之辨須區處教合宜。稽疑便是考之於神，庶徵是驗之於天，五福是體之於人。這下許多是維持這『皇極』。『正人』猶言中人，是平平底人，是有常産方有常心底人。」又云：「今人讀書粗心大膽，如何看得古人意思。如說『八庶徵』，這若不細心體識，如何會見得。『肅，時雨若』，肅是恭肅，便自有滋潤底意思，所以便說時雨順應之。『乂，時暘若』，乂是整治，便自有開明底意思，所以便說時暘順應之。『晢〔一〇四〕，時燠若』，晢〔一〇五〕是普照，便自有和暖底意思。『謀，時寒若』，謀是藏密，便自有寒結底意思。『聖，時風若』，聖是〔一〇六〕通明，便自有爽快底意思。」符云：「謀自有顯然著見之謀，聖是不可知之妙，不知於寒、於風果相關否？」曰：「凡看文字，且就地頭看，不可將大底便來壓了。箕子所指『謀』字，只是且說密謀意思，『聖』只是說通明意思，如何將大底來壓了便休！如說喫棗，固是有大如瓜者，且就眼下說只是常常底棗。如煎藥合用棗子幾個，自家須要說棗如瓜大，如何用得許多！人若心下不細，如何讀古人書。洪範〔一〇七〕庶徵固不是必〔一〇八〕定如漢儒之說，必以爲有是應必有是事。多雨之徵，必推說道是某時做某事不肅所以致此。爲此必然之說，所以教人難盡信。但古人意精密，只於五事上體察是有此理。如王荊公〔一〇九〕又却要一齊都不消說感應，但把『若』字做『如似』字義說了，做譬喻說了，這〔一一〇〕也不得。荊公固是也說道此事不足驗，然而人主自當謹戒。如漢儒必然之說固不可，如荊公全不相關之說亦不可。古人意思精密，恐後世見未到耳。」因云：「古人意思精密，如易中八字『剛柔』、『終始』、『動静』、『往來』，只這七八字移換上下，添助語，是多少精微，有意味！見得彖、象極分明。」賀孫。

謂林正卿曰：「理會這個且理會這個，莫引證見，相將都理會不得。理會『剛而塞』且理會這一個『剛』字，莫要理會『沈潛剛克』。各自不同。」節。〔一一一〕

「沈潛剛克，高明柔克」。克，治也。言人資質沈潛者當以剛治〔一一二〕之，資質高明者當以柔治之。此說爲勝。僩。

「衍忒」。衍，疑是過多剩底意思。忒是差錯了。僩。

「一極備凶，一極無凶」。多些子不得，無些子不得。泳。

「王省惟歲」，言王之所當省者，一歲；卿士所省者，一月之事。以下皆然。僩。

問「王省惟歲，卿士惟月，師尹惟日」。曰：「此但言職任之大小如此。」又問：「『庶民惟星』一句解不通，并下文『星有好風，星有好雨』意亦不貫。」曰：「『家用不寧』以上自結上文了，下文却又説起星之〔一一三〕意，似是兩段云云。」又問「箕星好風，畢星好雨」。曰：「箕只是簸箕。以其簸揚而鼓風，故月宿之則風。古語云『月宿箕，風揚沙』。畢是叉網，漉魚底叉子，〔一一四〕亦謂之畢。凡以畢漉魚肉，其汁水淋漓而下若雨然，畢星名義蓋取此。今畢〔一一五〕上有一柄，下開兩叉，形狀亦類畢，故月宿之則雨。漢書謂月行東北入軫，若東南入箕則風。所以風者，蓋箕是東〔一一六〕南方，屬巽，巽爲風，所以好風。恐未必然。」僩。

「五福六極」，曾子固說得極好。洪範，大概曾子固說得勝如諸人。僩。

旅獒

「人不易物，惟德其物」。「易」，改易也。言人不足以易物，惟德足以易物，德重而人輕也。「人」猶言位也，謂居其位者。如寶玉雖貴，若有人君之德，則所錫賚之物斯足貴；若無其德，則雖有至寶以錫諸侯，亦不足貴也。僩。

金縢

林聞一問：「周公代武王之死，不知亦有此理否？」曰：「聖人爲之，亦須有此理。」木之。

「若爾三王，是有丕子之責于天，以旦代某之身」。〔一一七〕「責」如「責侍子」之「責」。周公之意云，設若三王欲得其子服事於彼，則我多才多藝可以備使令，且留武王以鎮天下也。人傑。

成王方疑周公，二年之間二公何不爲周公辨明？若天不雷電以風，二公終不追〔一一八〕說矣。當是時，成王欲誚周公而未敢。蓋周公東征，其勢亦難誚他，此成王雖深疑之而未敢誚之也。若成王終不悟，周公須有所處矣。人傑。

書中可疑諸篇，若一齊不信，恐倒了六經。如金縢亦有非人情者，「雨，反風，禾盡起」，也是差異。成王如何又恰限去啓金縢之書？然當周公納策於匱中，豈但二公知之？盤庚更没理會〔一一九〕。從古相傳來，如經傳所引用皆此書之文，但不知是何故説得都無頭。且如今要〔一二〇〕告諭民間一二事，做得幾句如此，他曉得曉不得？只爲〔一二一〕説道要遷，更不説道自家如何要遷，如何不可以不遷，萬民是因甚不要遷。要得人遷也須説出利害，今更不説。吕刑一篇，如何穆王説得散漫，直從苗民蚩尤爲始作亂道〔一二二〕起？若説道都是古人元文，如何出於孔氏者多分明易曉，出於伏生者都難理會？賀孫。

大誥

大誥一篇不可曉。據周公在當時外則有武庚、管蔡之叛，内則有成王之疑，周室方且岌岌然。他作此書決不是備禮苟且爲之，必欲以此聳動天下也。而今大誥大意不過説周家辛苦做得這基業在此，我後人不可不有以成就之而已。其後又却專歸在卜上，其意思緩而不切，殊不可曉。廣。

因言武王既克紂，武庚、三監及商民畔，曰：「當初紂之暴虐，天下之人胥怨，無不欲誅之。及武王既順天下之心以誅紂，於是天下之怨皆解而歸德於〔一二三〕周矣。然商之遺民及與紂同事之臣，一旦見故主遭人戮，宗社爲墟，寧不動心！兹固畔心之所由生也。蓋始於紂，苦之暴而欲其亡，〔一二四〕故〔一二五〕人之心及紂既死則怨已解，而人心復有所不忍，亦事勢人情之必然者。又況商之流風善政畢竟尚有在人心者。及其頑民感紂恩意之深，此其所以畔也云云。後來樂毅伐齊亦是如此。」僩。

「王若曰」、「周公若曰」，「若」字只是一似如此說底意思，如漢書中「帝意若曰」之類。蓋或宣道德意者敷演其語，或記録者失其語而追記其意如此也。僩。

書中「弗吊」字只如字讀。解者欲訓「吊」〔一二六〕爲至，故音「的」聲〔一二七〕，非也。其義止〔一二八〕如詩中所謂「不吊昊天」耳，言不見憫吊於上帝也。僩。

尚書〔一二九〕「棐」字與「匪」同。據漢書。敬仲。

「忱」、「諶」字只訓「信」，「天棐忱」如云天不可信。僩。

總論康誥梓材

康誥、梓材、洛誥諸篇煞有不可曉處，今人都自强解說去。伯恭亦自如此看。伯恭說，書自首至尾皆無一字理會不得。且如書中注家所説錯處極多，如「棐」字並作「輔」字訓，更曉不得。後讀漢書顏師古注，云「匪」、「棐」通用。如書中有「棐」字，止合作「匪」字義，如「率乂于民棐彝」乃是率治于民非常之事。賀孫。

「康誥三篇，此是武王書無疑。其中分明説：『王若曰：「孟侯，朕其弟，小子封。」』豈有周公方以成王之命命康叔而遽述己意以告之乎？決不解如此。五峰、吴才老皆説是武王書。只緣誤以洛誥書首一段置在康誥之前，故叙其書於大誥、微子之命之後。」問：「如此，則封康叔在武庚未叛之前矣。」曰：「想是同時。商畿千里，紂之地亦甚大，所封必不止三兩國也。周公使三叔監殷，他却與武庚叛，此是一段〔一三〇〕大疏脱事。若當時不便平息得〔一三一〕，模樣做出西晉初年時事。想見武庚日夜去説誘三叔，以爲周公，弟也，却在周作宰相；管叔，兄也，却去〔一三二〕監商，故管叔生起不肖之心如此。」廣。

康誥、酒誥是武王命康叔之詞，非成王也。如「朕其弟，小子封」，又曰「乃寡兄勖」，猶今人言「劣兄」也。故五峰編此書於皇王大紀，不屬成王而載於武王紀也。至若所謂「惟三月哉生魄，周公初基，作新大邑于東國洛」至「乃洪大誥」，自東坡看出，以爲非康誥之詞。而梓材一篇則又有可疑者。如「稽田垣墉」之喻，却與「無胥戕，無胥虐」之類不相似。以至於「欲至于萬年，惟王子子孫孫永保民」却又似洛誥之文，乃臣戒君之詞，非酒誥語也。〔一三三〕

康誥

「『惟三月哉生魄』一段自是脱落不〔一三四〕曉。且如『朕弟』、『寡兄』，是武王自告周公、〔一三五〕康叔之辭無疑。蓋武王，周公、康叔同叫作兄。豈應周公對康叔一家人説話，安得叫武王作『寡兄』以告其弟乎？蓋『寡』者，是向人稱我家、我國長上之辭也。只被其中有『作新大邑于周』數句，遂牽引得序來作成王時書。不知此是脱簡。且如梓材是君戒臣之辭，而後截又皆是臣戒君之辭。要之，此三篇斷然是武王時書。若是成王，不應所引多文王而不及武王。且如今人纔説太祖便須及太宗也。」又曰：「某嘗疑書注非孔安國作。蓋此傳不應是東晉方出，其文又皆不甚好，不似西漢時文。」義剛。

義剛〔一三六〕問：「『生明』、『生魄』如何？」曰：「日爲魂，月爲魄。魄是黯處。魄死則明生，書所謂『哉生魄〔一三七〕』是也。老子所謂『載營魄』，載如人載車、〔一三八〕車載人之載。月受日之光，魂加於魄，魄載魂也。明之生時，大盡則初二，小盡則初三。月受日之光常全，人望在下却在側邊了，〔一三九〕故見其盈虧不同。或云月形如餅，非也。筆談云，月形如彈丸〔一四〇〕，其受光如粉塗一半。月去日近則光露一屑〔一四一〕，漸遠則光漸大。且如日在午，月在酉，則是近一遠三，謂之弦。至日月相望則去日十矣，故〔一四二〕謂之『既望』。日在西而月在東，人在下面得以望見其光之全。月之中有影者，蓋天包地外，地形小，日在地下則月在天中，日甚大，從地四面光起，〔一四三〕其影則地影也。地礙日之光，世所謂『山河地〔一四四〕影』是也。如星亦受日光，凡天地之光皆日光也。自十六日生魄之後，其光之遠近如前之弦，謂之下弦。至晦則月與日相疊〔一四五〕，月在日後，光盡體伏矣。魄加日之上則日食，在日之後〔一四六〕無食，謂之晦。朔則日月相並。」又問：「步里客談所載如何？」曰：「非。」又問：「月蝕如何？」曰：「至明中有暗處，〔一四七〕其暗至微。望之時，月與之正對，無分毫相差。月爲暗處所射，故蝕。雖是陽勝陰，畢竟不好。若陰有退避之意則不〔一四八〕相敵，則不成〔一四九〕蝕矣。」義剛。

「非汝封刑人殺人，無或刑人殺人。非汝封又曰劓刵人，無或劓刵人」。康叔爲周司寇，故一篇多説用刑。此但言「非汝封刑人殺人」，則無或敢有刑人殺人者。蓋言用刑之權止在康叔，不可不謹之意耳。廣。

酒誥

徐孟寶問揚子雲言「酒誥之籍〔一五〇〕俄空焉」。答曰：「孔書以巫蠱事不曾傳，漢儒不曾見者多，如鄭康成、晉杜預皆然。想揚子雲亦不曾見。」大雅。

因論點書，曰：「人説荆公穿鑿，只是好處亦用還他。且如『矧惟若疇圻父薄違，農父若保，宏父定辟』，古注從『父』字絶句，荆公則就『違』、『保』、『辟』絶句，敻出諸儒之表。」道夫曰：「更如先儒點『天降割于我家不少延』、『用甯王遺我大寶龜』，皆非注家所及。」曰：「然。」道夫。

召誥[一五一]

「王敬作所不可不敬德」只是一句。道夫。

洛誥[一五二]

因讀尚書，先生曰：「其間錯誤解不得處煞多。昔呂伯恭解書，因問之云：『尚書還有解不通處否？』答曰：『無有。』因舉洛誥問之云：『據成王只使周公往營洛，故伻來獻圖及卜。成王未嘗一日居洛，後面如何却與周公有許多答對？又云「王在新邑」，此如何解？』伯恭遂無以答。後得書云：『誠有解不得處。』」雉問先生近定武成新本。先生曰：「前輩定本更差一節。『王若曰』一段，或接於『征伐商』之下，以爲誓師之辭；或連『受命于周』之下，以爲命諸侯之辭。以爲誓師之辭者固是錯連下[一五三]説了。以爲命諸侯之辭者，此去祭日只争一兩日，無緣有先誥命諸侯之理。某看，却[一五四]諸侯來，便教他助祭，此是祭畢臨遣之辭，當在『大誥成武』之下，比前輩只差此一節。」雉。

尚書中盤庚、五誥之類實是難曉。若要添減字硬説將去儘得，然只是穿鑿，終恐無益耳。時舉。[一五五]

淳[一五六]問：「周誥辭語艱澁，如何看？」曰：「此等是不可曉。」林丈[一五七]說：「艾軒以爲方言。」曰：「只是古語如此。切意當時風俗恁地說話，人便都曉得。如這物事喚做這物事，今風俗不喚做這物事便曉他不得。如蔡仲之命君牙等篇乃當時與士大夫語，似今翰林所作制誥之文，故甚易曉。如誥，是與民語，乃今官司行移曉諭文字，有帶時語在其中。今但曉其可曉者，不可曉處則闕之可也。如詩『景員維河』，上下文皆易曉，却此一句不可曉。又云[一五八]『三壽作朋』，三壽是何物？歐陽公記古語亦有『三壽』之說，想當時自有此般說話，人都曉得，只是今不可曉。」問：「東萊書說如何？」曰：「說得巧了。向嘗問他有疑處否？曰：『都解得通。』到兩三年後再相見，曰：『儘有可疑處。』」淳。義剛録云：「問：『誥[一五九]辭語恁地短促，如何？』先生曰：『這般底不可曉。』林擇之云：『艾軒以爲方言。』曰：『亦不是方言，只是古語如此。』云云。」並同。[一六〇]

無逸

萍鄉[一六一]柳兄言：「呂東萊[一六二]解無逸一篇極好。」先生扣之[一六三]曰：「伯恭如何解『君子所其無逸』？」柳兄[一六四]曰：「呂東萊[一六五]解『所』字爲『居』字。」先生曰：「若某則不敢如此說。」諸友問先生如何說。先生曰：「恐有脱字，則不可知。若說不行而必强立一說，雖若可觀，只恐道理不如此。」蓋卿。

舜功問：「『徽柔懿恭』是一字，是二字？」曰：「二字，上輕下重。柔者須徽，恭者須懿。柔而不徽則姑息，恭而不懿則非由中出。」可學。〔一六六〕

君奭

「召公不悦」，這意思曉不得。若論事了，儘未在。看來是見成王已臨政，便也小定了，許多事周公自可留〔一六七〕得，所以求去。庚〔一六八〕

包顯道問「召公不悦」之意。曰：「召公不悦只是小序恁地説，裏面却無此意。這只是召公要去後，周公去〔一六九〕留他，説道朝廷不可無老臣。」又問：「『先又曰』等語不可曉。」曰：「這個只是大綱綽得個意脈了〔一七〇〕，便恁地説了。不要逐個字去討，便無理會處〔一七一〕。這個物事難理會。」又曰：「『不〔一七二〕吊』只當作去聲讀。」義剛。

多方

艾軒云：「文字只看易曉處，如尚書『惟聖罔念作狂，惟狂克念作聖』。下面便不可曉，只看這兩句。」節。〔一七三〕

「惟聖罔念作狂，惟狂克念作聖」，此兩句大段分曉，不與上下文相似。言上下文多不可

曉也。[一七四]

立政

「文王惟克厥宅心」，人皆以「宅心」爲處心，非也，即前面所説「三有宅心」爾。若處心，則云「克宅厥心」。方子。

周官

漢人亦不見今文尚書，如以太尉、司徒、司空爲三公。當時只見牧誓有所謂司馬、司空、司徒、亞旅，遂以爲古之三公，不知此乃爲諸侯時制。古者諸侯只建三卿，如周公[一七五]所謂三太、三少、六卿。及周禮書，乃天子之制，漢皆不及見。又如中庸「一戎衣」解作「殪戎殷」，亦是不見今武成「一戎衣」之文。義剛。陳淳録同。[一七六]

問司馬、司徒、司空、三公、三少之官。曰：「漢自古文尚書出，方有周官篇。伏生口授二十五篇無周官，故漢只置太尉、司徒、司空爲三公，而無周三公、三少，蓋未見古文尚書，但見伏生書牧誓、立政篇中所説司徒、司馬、司空而置也。古者諸侯之國只置得司徒、司馬、司空三卿，惟天子方得置三公、三少六卿。牧誓、立政所説，周家是時方爲諸侯，故不及三公、三少。及周官篇所說，則周是時已得天下矣。三公、三少本以師道傅佐天子，只是加官。周公以太師兼冢宰，召公以太尉兼冢宰，是以加官而兼宰相之職也。後世官職益紊，今遂以三公、三少之官爲階官，不復有師保之任、論道經邦之責矣。然今加三公者，又須是加節度使了方得。故欲加三公者必除節。然朝廷又極惜節度使，蓋節度每月請俸千餘緡，所以不輕授人。然古者，猶是文臣之有功德重望者，方得加師保之官，以其有教輔天子之名也。後世遂以諸子或武臣爲之，既是天子之子與武臣，豈可任師保之責耶？訛謬傳襲，不復改正。本朝如韓、富、文、杜諸公欲加三公、少，爲須建節，不知是甚意。祖宗之法，先除檢校、太子少保、少師之屬，然後除開府、儀同三司，既除開府，然後除三少、三公。今則不然，既建節了，或不除檢校，便抹過除開府，便加三公、少。或和開府抹過，便加三公、少者有之。南渡以來，如張、韓、劉、楊諸各臣皆除三公」又云：「檢校、開府以上便得文官、文臣爲樞密使。樞密直學士者蔭子反得武官，如富鄭公家子弟有爲武官者是也。五代以武臣爲樞密使，武臣或不識字，故置樞密直學士，令文臣爲以輔之，故奏子皆得武官，本朝因而不廢。文官自金紫光禄大夫轉，特進開府、儀同三司然後加三公、三少，如富、韓諸公是如此。本朝置三太、三少官而無司徒、司馬、司空之三公，然韓、杜諸公有兼司徒、司空，又有守司徒、司空者，皆不可曉。神宗贈韓魏公尚書令，令後世不得更加侍中、中書，以爲制。蓋已前贈者皆是以中書令兼尚書令，神宗特贈尚書令者，其禮極重，本朝惟韓魏公爲然。

後來蔡京改神宗官制，遂奏云：『昔太宗皇帝嘗爲尚書令，令後更不除尚書令。』殊不知尚書令者乃唐太宗也。舉朝莫不笑之而不敢指其非。」問：「僕射名義如何？」曰：「古人説秦時置僕射，專主射，恐不然。周官注云：『卜人師扶右，射人師扶左，君薨以是舉。』僕射之名蓋起於此。承襲浸久遂爲宰相之號，蓋皆是親近人主官，所以浸重。如侍中、中書令、尚書令亦是如此。」問：「侍中、中書、尚書三省起於何時？」「侍中，漢時置，多是侍衛人主，或執唾壺虎子之屬，行幸則從，參錯於宦官之間，其初職甚微。緣日與人主相親，故浸以用事而權日重。尚書只是管開拆群臣書奏，又云：「宰相如州府之都吏，尚書如開拆司，管進呈文字。」凡四方奏狀皆由之以達。其初亦甚微，只是如今之尚食、尚衣、尚輦、尚藥之類，亦緣居中用事，所以權日重。漢武帝游宴內廷，以外廷遠，故置中尚書，以宦者爲之，尤與人主親狎，故其權愈重。後來洪恭、石顯皆以中尚書居中用事而權權也。及光武即位，政事不任三公而歸臺閣，臺即尚書閣，即禁中也。三公皆擁虛器，凡天下事盡入中尚書，行下三公，或又不經由三公，徑行下九卿。而三公之權反不如九卿矣，所以漢世宦者弄權用事。曹操開魏王府，未敢即擬朝廷置中書，遂置祕書監，及篡漢，遂置中書監。所以荀淑由中書遷尚書監，人賀之，淑曰：『奪我鳳凰池，諸君何賀耶！』蓋尚書又不如中書之居中用事親密也。」問：「侍中是時爲何官？」曰：「黄門監即今之門下省，左右散騎、常侍皆黄門監之屬也。」問：「『省』字何義？」曰：「省即禁也。以前謂之『禁』，避魏元后父諱遂爲『省』，猶盡言省中禁中也。」又曰：「嘗見後漢群臣章奏，有云年月日臣某頓首死罪奏書尚書云云，蓋不敢指斥乘輿。如今云陛下、殿下之類。」庚。〔一七七〕

顧命〔一七八〕

伏生以康王之誥合於顧命。今除着序文讀看，則文勢自相連接。道夫。

君牙

淳〔一七九〕問：「君牙、景命等篇見得穆王氣象甚好，而後來乃有車轍馬跡馳天下之事，如何？」曰：「此篇乃内史〔一八〇〕之屬所作，猶今之翰林作制誥然。如君陳、周官、蔡仲之命、微子之命等篇亦是當時此等文字，自有〔一八一〕格子，首呼其名而告之，末又爲『嗚呼』之辭以戒之。篇篇皆然，觀之可見。如大誥、梓材、多方、多士等篇乃當時編人君告其民之辭，多是方言。如『卬』字即『我』字，沈存中以爲秦語平音而謂之『卬』。故諸誥篇等〔一八二〕，當時下民曉得而今士人曉不得〔一八三〕。如尚書、尚衣、尚食，『尚』乃主守之意，而秦語作平音，與『常』字同。諸命等篇，今士人以爲易曉而當時下民却曉不得。」淳。義剛録同。〔一八四〕

呂刑[一八五]

東坡解呂刑「王享國百年耄」作一句，「荒度作刑」作一句，甚有理。如洛誥等篇不可曉處[一八六]只合闕疑。德明。

問：「贖刑所以寬鞭扑之刑，則呂刑之贖刑如何？」曰：「呂刑蓋非先王之法也。故程子有一策問云：『商之盤庚、周之呂刑，聖人載之於書，其取之乎？抑將垂戒後世乎？』」廣。

義剛[一八七]問：「鄭敷文所論甫刑之意是否？」曰：「便是他門都不去考那贖刑。如古之『金作贖刑』只是刑之輕者，如『流宥五刑』之屬皆是流竄，但有『鞭作官刑，扑作教刑』便是法之輕者，故贖。想見那穆王胡做[一八八]，到那[一八九]晚年無錢使後[一九〇]撰出這般法來。聖人也是志法之變處，但是他其中論不可輕於用刑之類，也有許多好說話，不可不知。」又問：「本朝之刑與古雖相遠，然也較近厚。」曰：「何以見得？」義剛曰：「如不甚輕殺人之類。」曰：「也是。但律較輕，勑較重。律是從[一九一]古來底，勑是本朝底。而今用時，勑之所無方用律。本朝自徒以下罪輕。古時流罪不刺面，只如今白面編管樣。是唐五代方是黥面。決脊如折杖，却是太祖方創起，言[一九二]却較寬。」陳安卿[一九三]問：「律起於何時？」曰：「律是從古底[一九四]，逐代相承修過，今也無理會處[一九五]。但是而今那[一九六]刑統便是古律，下面注底便是周世宗者。如宋莒公所謂『律應從而違，堪供而闕，此六經之亞文也』，所謂『律』者，漢書所引律便是，但其辭〔一九七〕難曉。如當時之〔一九八〕大獄引許多詞，便如而今款樣，引某罪引某法爲斷。本朝便都〔一九九〕是用唐法。」義剛曰：「漢法較重於唐，當時多以語辭爲〔二〇〇〕罪。」曰：「只是他用得如此，當時之法却不曾恁地。他只是見那〔二〇一〕前世輕殺人後〔二〇二〕便恁地。且如楊惲一書看得未〔二〇三〕有甚大段違法處，謂之不怨不可，但也無謗朝政之辭，却便謂之腹誹而腰斬。」義剛。

蔡仲默〔二〇四〕論五刑不贖之意。曰：「是穆王方有贖法〔二〇五〕。嘗見蕭望之言古不贖刑，某甚疑之，後來方省得贖刑不是古。」因取望之傳看畢，曰：「說得也無引證。」因論望之云：「想見望之也是拗。」義剛問：「望之學術不知是如何。又似好樣，又却也有那差異處。」先生徐應曰：「他說底也是正。」義剛曰：「如殺韓延壽，分明是他不是。」先生曰：「望之道理短。」義剛曰：「看來他也是暗於事機，被那兩個小人恁地弄後都不知。」先生但應之而已。義剛。

國秀問：「穆王去文、武、成、康時未遠，風俗人心何緣如此不好？」曰：「天下自有一般不好底氣質〔二〇六〕。聖人有那禮、樂、刑、政在此維持，不好底也能革面。至維持之具一有廢弛處，那不好氣質便自各出來，和那革面底都無了，所以恁地不好。人之學問，逐日恁地恐懼修省只〔二〇七〕得恰好，纔一日於〔二〇八〕倒便都壞了。」恪。

秦誓　費誓

秦誓、費誓亦皆有説不行、不可曉處。「民訖自若是多盤」，想只是説人情多要安逸之意。廣。

晦庵先生朱文公語類卷第八十

毛詩［一］一

綱領

孔子所謂「思無邪」止是一個「正」字，孟子所謂「集義」止是一個「是」字。儒用。［二］

寬厚温柔，詩教也。若如今人説九罭之詩乃責其君之辭，何處討寬厚温柔之意！賀孫。［三］

因論詩，曰：「孔子取詩只取大意。三百篇詩［四］也有會做底，有不會做底。如君子偕老詩［五］『子之不淑，云如之何』，此是顯然譏刺他了［六］，到第二章已下又全然放寬了［七］，豈不是亂道！如載馳詩煞有首尾，委曲詳盡，非大段會底説不得。又如鶴鳴做得巧［八］，更含畜意思，全然不露。如清廟一倡三歎者，人多理會他［九］不得。注下分明説『一人倡之，三人和之』。譬如今人挽歌之類。今人解者又須要胡説亂説。」祖道。

問：「删詩果只是許多，如何？［一〇］」曰：「那曾見得聖人執筆删那個、存這個，也只得就相傳上説去。」賀孫。

恭父問：「詩章起於誰？」曰：「有『故言』者是指毛公，無『故言』者皆是鄭康成。有全章換一韻處。有全押韻[一一]，如頌中有全篇句句是韻。如殷武之類，無兩句不是韻，到『稼穡匪解』自欠了一句。前輩分章都曉不得，某細讀方知是欠了一句。」賀孫。

問：「詩次序是合當如此否？」曰：「也[一二]不見得。只是如[一三]楚茨、信南山、甫田、大田諸詩，元初却當作一片。」又曰：「如卷阿説『豈弟君子』自作賢者；如洞酌説『豈弟君子』自作人君。大抵詩中有可以比並看底，有不可如此看，自有這般樣子。」賀孫。[一四]

「詩，人只見他恁地重三疊兩説，將謂是無倫理次序，不知他一句不胡亂下。」文蔚曰：「今日偶看棫樸一篇凡有五章。前三章是説人歸附文王之德，後二章乃言文王有作人之功及紀綱四方之德，致得人歸附者在此。一篇之意次第甚明。」先生曰：「然。『遐不作人』却是説他鼓舞作興底事。功夫細密處又在後一章。如曰『勉勉我王，綱紀四方』，四方便都在他綫索內，牽着都動。」文蔚曰：「『勉勉』即是『純亦不已』否？」曰：「然。如[一五]『追琢其章，金玉其相』，是那工夫到後文章真個是盛美，資質真個是堅實。」文蔚。

李善注文選，其中多有韓詩章句，常欲寫出。「易直子諒」，韓詩作「慈良」。方子。

問：「王風是他風如此，不是降爲國風。」曰：「其辭語可見。風多出於在下之人，雅乃士夫

所出〔一六〕。雅雖有刺而其辭莊重，與風異。」可學。〔一七〕

「大序言：『一國之事係一人之本，謂之風。』所以析衛〔一八〕邶、鄘、衛。」先生曰：「詩，古之樂也，亦如今之歌曲，音各不同：衛有衛音，鄘有鄘音，邶有邶音。故詩有鄘音者係之鄘，有邶音者係之邶。若大雅、小雅則亦如今之商調、宮調，作歌曲者亦按其腔調而作爾。大雅、小雅亦古作樂之體格，按大雅體格作大雅，按小雅體格作小雅。非是做成詩後旋相度其辭目爲大雅、小雅也。大抵國風是民庶所作，雅是朝廷之詩，頌是宗廟之詩。」又云：「小序，漢儒所作，有可信處絶少。大序好處多，然亦有不滿人意處。」謨。去僞、人傑録同。〔一九〕

器之問風、雅與「無天子之風」之義。先生舉鄭漁仲之説言：「出於朝廷者爲雅，出於民俗者爲風。文、武之時周、召之作者謂之周、召之風，東遷之後王畿之民作者謂之王風。似乎大約是如此，亦不敢爲斷然之説。但古人作詩，體自不同，雅自是雅之體，風自是風之體。如今人做詩曲亦自有體制不同者，自不可亂，不必説雅之降爲風。今且就詩上理會意義，其不可曉處不必反倒。」因説：「嘗見蔡行之舉陳君舉説春秋云：『須先看聖人所不書處，方見所書之義。』見成所書者更自理會不得，却又取不書者來理會，少間只是説得奇巧。」木之。

因説詩。答曰：〔二〇〕「詩有是當時朝廷作者，雅頌是也。若國風，乃採詩者採之民間以見四方民情之美惡，二南亦是採民言而被樂章爾。程先生必要説是周公作以教人，不知是如何？

某不敢從。若變風，又多是淫亂之詩，故班固言『男女相與歌詠以言其傷』是也。聖人存此，亦以見上失其教則民欲動情勝，其弊至此，故曰『詩可以觀』也。且『詩有六義』，先儒更不曾説得明。却又[二一]因周禮説豳詩有豳雅、豳頌，即於一詩之中要見六義，思之皆不然。蓋所謂『六義』者，風、雅、頌乃是樂章之腔調也，如言仲吕調、大石調、越調之類是也[二二]。至比、興、賦又別，如[二三]直指其名、直叙其事者，賦也；如本要言其事而虛用兩句鈎[二四]起，因而接續去者，興也；引物爲況者，比也。立此六義非特使人知其聲音之所當，又欲使歌者知作詩之法度也。」問：「豳之所以爲雅、爲頌者，恐是可以用雅底腔調又可用頌底腔調否？」答[二五]曰：「恐是如此，某亦不敢如此斷，今只説恐是亡其二。」大雅。

問二雅所以分。答[二六]曰：「小雅是所係者小，大雅是所係者大。『呦呦鹿鳴』，其義小；『文王在上，於昭于天』，其義大。」問變雅。答[二七]曰：「亦是變用他腔調爾。大抵今人説詩多去辨他序文要求着落，至其正文『關關雎鳩』之義，却不與理會。」王德修云：「詩序只是『國史』一句可信，如『關雎，后妃之德也』。此下即講師説，如蕩詩自是説『蕩蕩上帝』，序却言是『天下蕩蕩』；賚詩自是説『文王既勤止，我應受之』，是説後世子孫賴其祖宗基業之意，他序却説『賚，予也』。豈不是後人多被講師瞞耶？」答[二八]曰：「此是蘇子由曾説來，然亦有不通處。如漢廣『德廣所及也』有何義理？却是下面『無思犯禮，求而不可得』幾句却有理。若某，只上一句亦不敢信他。舊曾有一老儒鄭漁仲，邵武人，〔二九〕更不信小序，只依古本與疊在後面。某今亦只如此，令人虛心看正文，久之其義自見。蓋所謂序者類多世儒之談，不解詩人本意處甚多。且如『止乎禮義』，果能止禮義否？桑中之詩禮義在何處？」王曰：「他要存戒。」答〔三〇〕曰：「此正文中無戒意，只是直述他淫亂事爾。若鶉之奔奔、相鼠等詩却是譏罵，可以爲戒，此則不然。某今看得鄭詩自叔于田等詩之外，如狡童、子衿等篇皆淫亂之詩，而説詩者誤以爲刺昭公、刺學校廢耳。衛詩尚可，猶是男子戲婦人。鄭詩則不然，多是婦人戲男子，所以聖人尤惡鄭聲也。出其東門却是個識道理底人做。」大雅。

林子武問：「『詩者，中聲之所止』，如何？〔三一〕」。曰：「這只是正風、雅、頌，是中聲，那變風不是。伯恭堅要牽合説是，然恐無此理。今但去讀看便自有那輕薄底意思〔三二〕了。如韓愈説數句『其聲浮且淫』之類，這正是如此。」義剛。

問比、興。曰：「説出那個〔三三〕物事來是興，不説出那個〔三四〕物事是比。如『南有喬木』只是説個『漢有游女』，『奕奕寢廟，君子作之』只説個『他人有心，予忖度之』，關雎亦然，皆是興體。比底只是從頭比下來，不説破。興、比相近，却不同。周禮説『以六詩教萬民〔三五〕』，其實只是這賦、比、興三個物事。風、雅、頌，詩之擅名〔三六〕。理會得那興、比、賦時裏面全不大段費解。今人要細解，不道此説爲是。如『奕奕寢廟』，不認得他人〔三七〕意在那『他人有心』處，只管

解那『奕奕寢廟』。〔三八〕」植。〔三九〕

問：「詩中說興處多近比。」曰：「然。如關雎、麟趾相似，皆是興而兼比。然雖近比，其體却只是興。且如『關關雎鳩』本是興起，到得下面說『窈窕淑女』，此方是入題說那實事。蓋興是以一個物事貼一個物事說，上文興而起，下文便接說實事。如『麟之趾』，下文便〔四〇〕『振振公子』，一個對一個說。蓋公本是個好底人，子也好，孫也好，族人也好。譬如麟趾也好，定也好，角也好。及比則不然〔四一〕入題了，如比那一物說便是說實事。如『螽斯羽詵詵兮，宜爾子孫振振兮』，『螽斯羽』一句便是說那人了，下面『宜爾子孫』依舊是就『螽斯羽』上說，更不用說實事，此所以謂之比。大率詩中比、興皆類此。」僩。

比雖是較切，然興却意較深遠。也有興而不甚深遠者、比而深遠者，這又係人之高下，有做得好底、有拙底。常看後世，如魏文帝之徒作詩皆只是說風景，獨曹操愛說那〔四二〕周公。其詩中屢說，便是那曹操意思也是也〔四三〕較別，也是乖。義剛。

比是以一物比一物，而所指之事常在言外。興是借彼一物以引起此事，而其事常在下句。但比意雖切而却淺，興意雖闊而味長。賀孫。

節〔四四〕問：「詩如何可以興？」答〔四五〕曰：「讀詩，見其不美者令人羞惡，見其美者令人興起。」節。〔四六〕

「詩可以興」。須是反復熟讀，使書與心相乳入，自然有感發處。閎祖。〔四七〕

詩之興全無巴鼻，〔四八〕後來古詩〔四九〕猶有此體。如「青青陵上柏，磊磊澗中石。人生天地間，忽如遠行客」，又如「高山有涯，林木有枝。憂來無端，人莫之知」，「青青河畔草，綿綿思遠道」，皆是此體。方子。〔五〇〕

六義自鄭氏以來失之，后妃自程先生以來失之。后妃安知當時之稱如何。可學。〔五一〕

器之問：「詩傳分別六義有未備處。」曰：「不必又只管滯却許多，且看詩意義如何。觀人一篇詩必有意思，〔五二〕且要理會得這個。」因說：〔五三〕「如柏舟之詩只説到『靜言思之，不能奮飛』，綠衣之詩説『我思古人，實獲我心』，此可謂『止乎禮義』。所謂『可以怨』便是『喜怒哀樂發而皆中節』處。推此以觀，則子之不得於父，臣之不得於君，朋友之不相信，皆當以此意處之。如屈原之懷沙赴水，賈誼言『歷九州而相其君，何必懷此都也』，便都過當了。古人胸中發出意思自好，看着三百篇詩，則後世之詩多不足觀矣。」木之。

問「詩傳説六義以『託物興辭』爲興，與舊説不同。」曰：「覺舊説費力，失本指。如興體不一，或借眼前物事説將起，或別自將一物説起，大抵只是將三四句引起。如唐時尚有此等詩體。如『青青河畔草』、『青青水中蒲』，皆是別借此物興起其辭，非必有感有見於此物也。有將物之無興起自家之所有，將物之有興起自家之所無。前輩都理會這個不分明，如何説得詩本指！

只伊川先生[五四]也自未見得。看所説有甚廣大處，子細看，本指却不如此者[五五]。上蔡先生[五六]怕曉得詩，如他[五七]云『讀詩須先要識得六義體面』，這是他識得要領處。」問：「詩雖是吟咏，使人自有興起，固不專在文辭。然亦須是篇篇句句理會着實，見得古人所以作此詩之意，方始於吟咏上有得。」曰：「固是。若不得其真實，吟咏個甚麽？然古人已多不曉其意，如左傳所載歌詩，多是[五八]本意元不相關。」問：「我將詩云[五九]『維天其右之』、『既右享之』，今所解都作左右之『右』，與舊不同。」曰：「周禮有『享右祭祀』之文。如詩中此例亦多，如『既右烈考，亦右文母』之類。如我將所云作保祐説，更難。方説『維羊維牛』，如何便説保祐！到『伊嘏文王，既右享之』也説未得右助之『右』。」問：「振鷺詩不是正祭之樂歌，乃獻助祭之臣，未審如何？」曰：「看此文意都無告神之語，恐是獻助祭之臣。古者祭祀每一受胙，主與賓尸皆有獻酬之禮。既畢然後亞獻，至獻畢復受胙。如此，禮意甚好，有接續意思。到唐時尚然。今併受胙於諸獻既畢之後，主與賓尸意思皆隔了。古者一祭之中所以多事，如『季氏祭，逮闇而祭，日不足，繼之以燭。雖有强力之容，肅敬之心，皆祭怠矣。有司跛倚以臨祭，其爲不敬大矣！他日祭，子路與，室事交乎户，堂事交乎階，質明而始行事，晏朝而退。孔子聞之曰：「誰謂由也而不知禮乎？」』古人祭禮是大段有節奏。」賀孫。

詩序起「關雎，后妃之德也」止「教以化之」，大序起「詩者，志之所之也」止「詩之至也」。

敬仲。[六〇]

「變風止乎禮義」，如泉水、載馳固止乎禮義。如桑中有甚禮義？大序只是揀說，亦未盡。[六一]聲發出於口，成文而節宣和暢謂之音，乃合於音調。如今之唱曲合宫調、商調之類。[六二]

「詩大序只有六義之說是，而程先生不知如何又却說從別處去。如小序亦間有說得好處，只是杜撰處多。不知先儒何故不虛心子細看這道理，便只恁說却。後人又只依他那個說出，亦不看詩是有此意無。若說不去處又須穿鑿說將去。又，詩人當時多有唱和之詞，如是者有數十篇，序中都說從別處去。且如蟋蟀一篇本其風俗勤儉，其民終歲勤勞不得少休，及歲之暮方且與[六三]燕樂。而又遽相戒曰『日月其除，無已太康』，蓋謂今雖不可以不爲樂，然不已過於樂乎！其憂深思遠固如此。至山有樞一詩，特以和答其意而解其憂爾，故說山則有樞矣，隰則有榆矣。子有衣裳，弗曳弗婁；子有車馬，弗馳弗驅。一旦宛然以死，則他人藉之以爲樂爾，所以解勸他及時而樂也。而序蟋蟀者則曰『刺晉僖公儉不中禮』。蓋風俗之變必由上以及下。今謂君之儉反過於禮，而民之俗猶知用禮，則必無是理也。至山有樞則以爲『刺晉昭公』，又不然矣。若魚藻，則天子燕諸侯而諸侯美天子之詩也。采菽則天子所以答魚藻矣，至鹿鳴則燕享賓客也，序頗得其意。四牡則勞使臣也，而詩序下文則妄矣。皇皇者華則遣使臣之詩也，常棣則燕兄弟之詩也，序固得其意。伐木則燕朋友故舊之詩也。人君以鹿鳴而下五詩燕其臣，故臣受君之賜者，則歌天保之詩以答其上。天保之序雖略得此意，而古注言鹿鳴至伐木『皆君所以下其臣，臣亦歸美於上，崇君之尊而福禄之以答其歌』，却説得尤分明。又如行葦自是祭畢而燕父兄耆老之詩，首章言開燕設席之初，而慇懃篤厚之意已見於言語之外，二章言侍御獻酬飲食歌樂之盛，三章言既燕而射以爲懽樂，末章祝頌其既飲此酒皆得享夫長壽。今序者不知本旨，見有『勿踐履』之説，則便謂『仁及草木』，見『戚戚兄弟』，便謂『親睦九族』，見『黄耇台背』，便謂『養老』，見『以祈黄耇』，便謂『乞言』，見『介爾景福』，便謂『成其福禄』，細細碎碎，殊無倫理，其失爲尤甚也。既醉則父兄所以答行葦之詩也，鳧鷖則祭之明日繹而賓尸之詩也。古者宗廟之祭皆有尸，既祭之明日則煖其祭食，以燕爲尸之人，故有此詩。假樂則公尸之所以答鳧鷖也。今序篇皆失之。」又曰：「詩，即所謂樂章。雖有唱和之意，衹是樂工代歌，亦非是君臣自歌也。」道夫。

詩、書序當開在後面。升卿。〔六四〕

敬之問詩、書序。曰：「古本自是别作一處。如易大傳、班固序傳並在後。京師舊本揚子注其序亦總在後。」德明。

王德修曰：「六經惟詩最分明。」先生曰：「詩本易明，只被前面序作梗。序出於漢儒，反亂詩本意。且只將四字成句底詩讀，却自分曉。見作詩集傳，待取詩令編排放前面，驅逐過後面自作一處。」文蔚。

詩序作而觀詩者不知詩意。節。

詩[六五]小序不可信。而今看詩，有詩中分明説某人某事者則可知，其他不曾實[六六]説者，而今但可知其説此等事而已。韓退之詩曰「春秋書王法，不誅其人身」。從周。[六七]

詩[六八]小序極有難曉處，多是附會。如魚藻詩，見有「王在鎬」之言，便以爲君子思古之武王。似此類甚多。可學。

因論詩，歷言小序大無義理，皆是後人杜撰，先後增益湊合而作。多就詩中採摭言語更不能發明詩[六九]大旨。纔見有「漢之廣矣」之句，便以爲德廣所及，纔見有「命彼後車」之言，便以爲不能飲食教載。行葦之序，但見「牛羊勿踐」，便謂「仁及草木」，但見「戚戚兄弟」，便謂「親睦九族」，見「黄耇台背」，便謂「養老」，見「以祈黄耇」，便謂「乞言」，見「介爾景福」，便謂「成其福禄」。隨文生義，無復倫理。卷耳之序以「求賢審官，知臣下之勤勞」爲后妃之志事，固不倫矣。況詩中所謂「嗟我懷人」，其言親暱太甚，寧后妃所得施於使臣者哉！桃夭之詩謂「婚姻以時，國無鰥民」爲「后妃之所致」，而不知其爲文王刑家及國，其化固如此，豈專后妃所能致耶？其他變風諸詩，未必是刺者皆以爲刺，未必是言此人必傅會以爲此人。桑中之詩放蕩留連，止是淫者相戲之辭，豈有刺人之惡而反自陷於流蕩之中？子衿謂[七〇]意輕儇，亦豈刺學校之辭？有女同車等，皆以爲刺忽而作。鄭忽不娶齊女，其初亦是好底意思，但見後來失國便將詩[七一]許多詩盡爲刺忽而作。考之於忽，所謂淫昏暴虐之類，皆無其實。至遂目爲「狡童」，豈詩人愛君之意？況其所以失國，正坐柔懦闊疏，亦何狡之有？幽厲之刺亦蓋[七二]有不然者[七三]。甫田諸篇，凡詩中無詆譏之意，皆以爲傷今思古而作。其他謬誤不可勝說。後世但見詩序巍然冠於篇首，不敢復議其非，至有解説不通多爲飾辭以曲護之者，其誤後學多矣。大序却好，或者謂補湊而成，亦有此理。書小序亦未是，只如堯典、舜典便不能通貫一篇之意，堯典不獨爲遜舜一事，舜典到「歷試諸難」之外便不該通了，其他書序亦然。至如書大序亦疑不是孔安國文字。大抵西漢文章渾厚近古，雖董仲舒、劉向之徒言語自別，讀書大序便覺軟慢[七四]無氣，未必不是後人所作也。謨。

詩序實不足信。向來見鄭漁仲有詩辨妄力詆詩序，其間言語太甚，以爲皆是村野妄人所作。始者[七五]亦疑之，後來子細看一兩篇，因質之史記、國語，然後知詩序之果不足信。因是看行葦、賓之初筵、抑數篇，序與詩全不相似。以此看其他詩序，其不足信者煞多。以此知人不可亂説話，便都被人看破了。大率[七六]詩人假物興辭，大率將上句引下句。如「行葦勿踐履」、「戚戚兄弟，莫遠具爾」，行葦是比兄弟，「勿」字乃興「莫」字。此詩自是飲酒會賓之意，序者却牽合作周家忠厚之詩，遂以行葦爲「仁及草木」。如云「酌以大斗，以祈黄耉」亦是歡合之時祝壽之意，序者遂以爲「養老乞言」，豈知「祈」字本只是祝頌其高壽，無乞言意也。抑詩中間煞有好語，亦非刺厲王。如「於乎小子」，豈是以此指其君！兼厲王是暴虐大惡之主，詩人不應不述其事實，只説謹言節語。況厲王無道，謗訕者必不容，武公如何恁地指斥曰「小子」？却是〔七七〕國語以爲武公自警之詩，却是可信。大率古人作詩與今人作詩一般，其間亦自有感物道情、吟咏情性，幾時盡是譏刺他人？只緣序者立例，篇篇要作美刺説，將詩人意思盡穿鑿壞了。且如今人見〔七八〕纔做事便作一詩歌美之，或譏刺之，是甚麽道理？如此，一似里巷無知之人胡亂稱頌諛説，把持放鵰，〔七九〕何以爲情性之正？詩中數處皆應答之詩，如天保乃與鹿鳴爲唱答，賓之初筵〔八〇〕與既醉爲唱答，蟋蟀與山有樞爲唱答。唐自是晉未改號晉〔八一〕時國名，自作序者以爲刺僖公，便牽合謂此晉也，而謂之唐乃有堯之遺風。本意豈因此而謂之唐？是皆鑿説。但唐風自是尚有勤儉之意，作詩者是一個不敢放懷底人，説「今我不樂，日月其除」，便又説「無已太康，職思其居」。到山有樞是答者，便謂「子有衣裳，弗曳弗婁，宛其死矣，他人是愉」，「子有鐘鼓，弗鼓弗考，宛其死矣，他人是保」，這是答他不能享些快活，徒恁地苦澁。詩序亦有一二有憑據，如清人、碩人、載馳諸詩是也。昊天有成命中説「成王不敢康」，成王只是成王，何須牽合作成王業之王？自序者恁地附會，便謂周公作此以告成王〔八二〕。他既作周公告成功，便將「成王」字穿鑿説了，又幾曾是郊祀天地！被序者如此説，後來遂生一場事端，有南北郊之事。此詩自説「昊天有成命」，又不曾説着地，如何説道祭天地之詩？設使合祭，亦須幾句説及后土。如漢諸郊祀詩，祭某神便説某事。若用以祭地，不應只説天不説地。東萊詩記却編得子細，只是大本已失了，更説甚麽？向嘗與之論此，如清人、載馳一二詩可信。渠却云：「安得許多文字證據？」某云：「無證而可疑者只當闕之，不可據序作證。」渠又云：「只此序便是證。」某因云：「今人不以詩説詩，却以序解詩，是以委曲牽合，必欲如序者之意，寧失詩人之本意不恤也。此是序者大害處。」賀孫。

「詩序多是後人妄意推想詩人之美刺，非古人之所作也。古人之詩雖存而意不可得而知〔八三〕。詩序〔八四〕者妄誕其説，但擬〔八五〕見其人如此，便以爲是詩之美刺者必若人也。如莊姜之詩却以爲刺衛頃公。今觀史記所述，頃公竟無一事可紀，但言某公卒、子某公立而已，都無其事。頃公固亦是衛一不善〔八六〕之君，序詩者但見其詩有不美之迹，便指爲刺頃公之詩。此類甚多，皆是妄生美刺。初無其實，至有不能考之〔八七〕者，則但言『刺時〔八八〕也』、『思賢妃也』。然此是泛泛而言，如漢廣之序言『德廣所及』，此語最亂道。詩人言『漢之廣矣』，其言已分曉。至如下面小序却説得是，謂『文王之化被于南國，美化行乎江漢之域，無思犯禮，求而不可得也』，此數語却好。」又云：「看來詩序當時只是個山東學究等人做，不是個老師宿儒之言，故所言都無一事是當。如行葦之序雖皆是詩人之言，但却不得詩人之意。不知而今做義人到這處將如何做，於理決不順。某謂此詩本是四章、章八句，他不知，作八章、章四句讀了。如『敦彼行葦，牛羊勿踐履。方苞方體，惟葉泥泥。戚戚兄弟，莫遠具爾。或肆之筵，或授之几』。此詩本是興詩，即是興起下四句言。以『行葦』興兄弟，『勿踐履』是莫遠意也。」又云：「鄭、衛詩多是淫奔之詩。鄭詩如將仲子以下皆鄙俚之言，只是一時男女淫奔相襲[八九]之語。如桑中之詩云『衆散民流，而不可止』，故樂記云：『桑間濮上之音，亡國之音也。其衆散，其民流，誣上行私而不可止也。』鄭詩自緇衣之外亦皆鄙俚，如『采蕭』、『采艾』、『青衿』之類是也，故夫子『放鄭聲』。如抑之詩，非詩人作以刺君，乃武公爲之以自警。又有稱『小子』之言，此必非臣下告君之語，乃自謂之言無疑也。」卓。

問：「先生[九〇]詩傳盡撤去小序，何也？」答[九一]曰：「小序，如碩人、定之方中等見於左傳者自可無疑。若其他刺詩，無所據，多是世儒將他諡號不美者挨就立名爾。今只考一篇見是如此，故其他皆不敢信。且如蘇公刺暴公，固是姓暴者多，萬一不見得是暴公，則『惟暴之云』者只作一個狂暴底人説亦可。又如將仲子如何便見得是祭仲？某由此見得小序大故是後世陋儒所作。但既是千百年已往之詩，今只見得大意便了，又何必要指實得其人姓名？於看詩有何益也！」大雅。

問：「詩傳多不解詩序，何也？」曰：「予[九二]自二十歲時讀詩，便覺小序無意義。及去了小序，只玩味詩詞，却又覺得道理貫徹。當初亦嘗質問諸鄉先生，皆云序不可廢，而某之疑終不能釋。後到三十歲，斷然知小序之出於漢儒所作，其爲繆戾有不可勝言。東萊不合只因序講解，便有許多牽强處。某嘗與之言，終不肯信從[九三]。讀詩記中雖多説序，然亦有説不行處，亦廢之。某因作詩傳，遂成詩序辨説一册，其他繆戾辨之頗詳。」方子。[九四]

器之問詩叶韻之義。曰：「只要音韻相叶，好吟哦諷誦，易見道理，亦無甚要緊。今且要將七分工夫理會義理，三二分工夫理會這般去處。若只管留心此處，而於詩之義却見不得，亦何益也！」又曰：「叶韻多用吴才老本，或自以意補入。」木之。[九五]

問：「詩叶韻，是當時如此作，是樂歌當如此？」曰：「當時如此作。古人文字多有如此者，如正考父鼎銘之類。」可學。

問：「先生説詩，率皆叶韻，得非詩本樂章，播諸聲詩，自然叶韻，方諧律吕，其音節本如是耶？」曰：「固是如此。然古人文章亦多是叶韻。」因舉王制及老子叶韻處數段。又曰：「周頌多不叶韻，疑自有和底篇相叶。『清廟之瑟，朱弦而疏越，一唱而三歎』，歎即和聲也。」儒用。

詩之音韻是自然如此，這個與天通。古人音韻寬，後人分得密後隔開了。離騷注中發兩個例在前：「朕皇考曰伯庸」，「庚寅吾以降」。洪。「又重之以修能」。耐。「紉秋蘭以爲佩」，後人不曉，却謂只此兩韻如此。某有楚詞叶韻，作某〔九六〕名字，刻在漳州。方子。

又〔九七〕因說叶韻，先生曰：「此謂有文有字。文是形，字是聲。文如從『水』、從『金』、從『木』、從『日』、從『月』之類；字是『皮』、『可』、『工』、『奚』之類。故鄭漁仲云『文，眼學也；字，耳學也』，蓋以形、聲別之〔九八〕。」時舉。〔九九〕

叶韻恐當以頭一韻爲準。且如「華」字叶音「尃」〔一〇〇〕，如「有女同車」是第一句，則第二句「顔如舜華」當讀作「尃」〔一〇一〕字，然後與下文「佩玉瓊琚」、「洵美且都」皆叶。至如「何彼襛矣，唐棣之華」是第一韻，則當依本音讀，而下文「王姬之車」却當作尺奢反，如此方是。今只從吳才老舊說，不能又創得此例。然楚調〔一〇二〕「紛余既有此内美兮，又重之以修能」，「能」音「耐」，然後下文「紉秋蘭以爲佩」叶。若「能」字只從本音，則「佩」字遂無音，如此，則又未可以頭一韻爲定也。閎祖。

先生說：〔一〇三〕「詩音韻間有不可曉處。」因說：「如今所在方言，亦自有音韻與古今合去處〔一〇四〕。」子升因問：「今『陽』字却與『唐』字通，『清』字却與『青』字分之類，亦自不可曉。」曰：「古人韻疏，後世韻方嚴密。見某人好考古字，却說『青』字音自是『親』，如此類極多。」木之。

吳才老補韻甚詳，然亦有推不去者。某煞尋得，當時不曾記，今皆忘之矣。如「外禦其務」

叶「烝也無戎」，才老無尋處，却云「務」字古人讀做「蒙」。不知「戎，汝也」，「汝」、「戎」二字古人通用，是協音「汝」也。如「南仲太祖，太師皇父，整我六師，以修我戎」，亦是叶音「汝」也。「下民有嚴」叶「不敢怠遑」，才老欲音「嚴」爲「莊」，云避漢諱，却無道理。某後來讀楚辭天問，見二「嚴」字乃押從「莊」字，乃知是叶韻，「嚴」讀作「昂」也。天問，才老豈不讀？往往無甚意義，只恁地[一〇五]打過去也。義剛。[一〇六]

或問：「吴氏叶韻何據？」曰：「他皆有據。泉州有其書，每一字多者引十餘證，少者亦兩三證。他説，元初更多，後删去，姑存此耳。然猶有未盡。」因言：「商頌『天命降監，下民有嚴。不僭不濫，不敢怠遑』，吴氏云：『「嚴」字恐是「莊」字，漢人避諱改作「嚴」字。』某後來因讀楚辭天問，見『嚴』字都押入『剛』字、『方』字去。又此間鄉音『嚴』作户剛反，乃知『嚴』字自與『皇』字叶。然吴氏豈不曾看楚詞？想是偶然失之。又如伐木詩[一〇七]『兄弟鬩于墻，外禦其務；每有良朋，烝也無戎』。吴氏復疑『務』當作『蒙』，以叶『戎』字。某却疑古人訓『戎』爲『汝』，如『以佐戎辟』、『戎雖小子』，則『戎』、『女』音或通。後來讀常武詩有云：『南仲太祖，太師皇父，整我六師，以修我戎。』則與『汝』叶，明矣。」因言：「古之謡諺皆押韻，如夏諺之類。又如[一〇八]散文亦有押韻者，如曲禮『安民哉』叶音『兹』，則與上面『思』、『辭』二字叶矣。又如『將上堂，聲必揚；將入户，視必下』，『下』叶音『護』。禮運孔子閒居亦多押韻。莊子中尤多。

至於易之〔一〇九〕彖辭，則皆韻語也。」〔一一〇〕廣。

問：「詩叶韻有何所據而言？」曰：「叶韻乃吴才老所作，某又續添減之。蓋古人作詩皆押韻，與今人歌曲一般。今人信口讀之，全失古人詠歌之意。」晦夫。〔一一一〕

器之問詩。曰：「古人情意温厚寬和，道得言語自恁地好。當時叶韻只是要便於諷詠而已，到得後來一向於字韻上嚴切，却無意思。漢不如周，魏晉不如漢，唐不如魏晉，本朝又不如唐。如元微之劉禹錫之徒，和詩猶自有韻相重密。本朝和詩便定不要一字相同，不知却愈壞了詩。」木之。

論讀詩〔一一二〕

詩中頭項多，一項是音韻，一項是訓詁名件，一項是文體。若逐一根究，然後討得些道理，則殊不濟事，須是通悟者方看得。方子。〔一一三〕

聖人有法度之言，如春秋、書、禮是也，一字皆有理。如詩，亦要逐字將理去讀，便都礙了。淳。

問「聖人有法度之言」。「如春秋、書與周禮，字較實。詩無理會，只是看大意。若要將序去讀，便礙了。」問：「變風、變雅如何？」曰：「也是後人恁地説，今也只是〔一一四〕依他恁地説。」

如周南之[一一五]漢廣、汝墳諸詩[一一六]皆是説婦人。如此，則文王之化只化[一一七]及婦人，不化[一一八]及男子？只看他大意。恁地拘不得。」寓。

公不會看詩。須是看他詩人意思好處是如何，不好處是如何。看他風土，看他風俗，又看他人情、物態。只看伐檀詩便見得他一個清高底意思，看碩鼠詩便見他一個。[一一九]看他好底[一二〇]令自家善意油然感動而興起，看他不好底自家心下如着槍相似。如此看方得詩意。僩。

詩有説得曲折後好底，有只恁地去平直處[一二一]説後自好底。如燕燕末後一二[一二二]章，這不要看上文，考下文[一二三]便知得是恁地意，他[一二四]自是高遠，自是説得那人着。義剛。

林子武説詩。先生曰：「不消得恁地求之太深。他當初只是平[一二五]，横看也好，竪看也好。今若是[一二六]要討個路頭去裹面尋，却怕迫窄了。」義剛。

讀詩之法，且如「白華菅兮，白茅束兮。之子之遠，俾我獨兮」，蓋言白華與茅尚能相依，而我與子乃相去如此之遠，何哉？又如「倬彼雲漢，爲章于天。周王壽考，遐不作人」，只是説雲漢恁地爲章于天，周王壽考豈不能作人也！上兩句皆是引起下面説，略有些意思傍著，不須深求，只如[一二七]此讀過便得。僩。

看詩且看他大意。如衛之[一二八]諸詩，其中有説時事者固當細考。如鄭之淫亂底詩，若［一二九］搜求他有甚意思？一日看五六篇可也。僩。

看詩，義理外更好看他文章。且如谷風，他只是如此説出來，然而敘得事曲折先後皆有次序。而今人費盡氣力去做後，尚做得不好。義剛。

看詩不要死殺看了，看了［一三〇］見得無所不包。今人看詩無興底意思。節。［一三一］

讀詩便長人一格。如今人讀詩何緣會長一格？興處［一三二］最不緊要，然興起人意處正在興，會得詩人之興便有一格長。「豐水有芑，武王豈不仕」，蓋曰豐水且有芑，武王豈不有事乎！此亦興之一體，不必更注解。如龜山説關雎處意亦好，然終是説死了，如此便詩眼不活。伯豐。

問：「向見呂丈問讀詩之法。呂丈舉橫渠『置心平易』之説見教。某固嘗［一三三］遵用其説去誦味來，固有個涵泳情性底道理，然終不能有所啓發。程子謂『「興於詩」便知有着力處』，今讀之，止見其善可爲法、惡可爲戒［一三四］。」「不特詩也，他書皆然。古人獨以爲『興於詩』者，詩便有感發［一三五］底意思。今讀之無所感發者，正是被諸儒解殺了，死着詩義，興起人善意不得。如南山有臺序云『得賢則能爲邦家立太平之基』，蓋爲見詩中有『邦家之基』字故如此解。此序自是好句，但纔如此説定便局了一詩之意。若果先得其本意，雖如此説亦不妨。正如易解，若得聖人繫辭之意便橫説豎説都得。今斷以一義解定，易便不活。詩所以能興起人處全在興。如『山有樞，隰有榆』別無意義，只是興起下面『子有車馬』、『子有衣裳』耳。小雅諸篇皆君臣燕飲之詩，道主人之意以譽賓，如今人宴飲有『致語』之類，亦有間〔一三六〕敍賓客辭〔一三七〕者。漢書載客歌驪駒，主人歌客毋庸歸，亦是此意。古人以魚爲重，故魚麗、南有嘉魚皆特舉以歌之。儀禮載『乃間歌魚麗，笙由庚；歌南有嘉魚，笙崇丘；歌南山有臺，笙由儀』，本一套事。後人移魚麗附於鹿鳴之什，截以嘉魚以下爲成王詩，遂失當時用詩之意，故胡亂解。今觀魚麗、嘉魚、南山有臺等篇，辭意皆同。菁莪、湛露、蓼蕭皆燕飲之詩。詩中所謂『君子』皆稱賓客，後人却以言人君，正顛倒了。如以湛露爲恩澤，皆非詩義。故有〔一三八〕『野有蔓草，零露漙兮』，亦以爲君之澤不下流，皆局於一個死例，所以如此。周禮以六詩教國子，當時未有注解，不過教之曰此興也、此比也、此賦也。興者，人便自作興看；比者，人便自作比看。只〔一三九〕是興起，謂下句直説不起，故將上句帶起來説，如何去上頭〔一四〇〕討義理？今欲觀詩，不若且置小序及舊説，只將元詩虚心熟讀，徐徐玩味，候彷彿見個詩人本意，却從此雅尋〔一四一〕將去方有感發。如人拾得一個無題目詩，再三熟看亦須辨得出來，若被舊説一局局定看〔一四二〕不出。今雖説不用舊説，終被他先入在內，不期依舊從它去。某向作詩〔一四三〕文字初用小序，至解不行處亦曲爲之説。後來覺得不安，第二次解者，雖小序爲辨破，〔一四四〕然終是不見詩人本意。後來方知只盡去小序便自可通，於是盡滌舊説，詩意方活。」又曰：「變風中固多好詩，雖其間有没意思者，然亦須得其命辭遣意處方可觀。後人便自做個道理解説，於其造意下語處元不及究。只後代文集中詩，亦多不解其辭意者，樂府中羅敷行，羅敷即史君之妻，史君即羅敷之夫。其曰『史君自有婦，羅敷自有夫』，正相戲之辭。又曰『夫婿從東來，千騎居上頭』，觀其氣象即史君也。後人亦錯解了。須得其辭意，方見好笑處。」伯豐。

讀詩正在於吟咏諷誦，觀其委曲折旋之意。如吾自作此詩，自然足以感發善心。今公讀詩只是將己意去包籠他，如做時文相似。中間委曲周旋之意盡不曾理會得，濟得甚事？若如此看，只一日便可看盡，何用逐日只賍得數章而又不曾透徹耶？且如人入城郭，須是逐街坊里巷、屋廬臺榭、車馬人物一一看過方是。今公等只是外面望見城是如此，便說我都知得了。如鄭詩雖淫亂，然出其東門一詩却如此好。又如〔一四五〕女曰雞鳴一詩意思亦好，讀之真個有不知手之舞、足之蹈者。僩。〔一四六〕

「詩，如今恁地注解了，自是分曉易理會。但須是沉潛諷誦，玩味義理，咀嚼滋味，方有所益。若只草草看過，一部詩只三兩日可了，但不得滋味，也記不得，全不濟事。古人說『詩可以興』，須是讀了有興起處方是讀詩，若不能興起也〔一四七〕便不是讀詩。」因說：「永嘉之學只是要立新巧之說，少間指摘東西，鬭湊零碎便立說去，縱說得是也只無益，莫道又未是。」木之。

讀詩之法只是熟讀涵泳〔一四八〕，自然和氣從胸中流出，其妙處不可得而言。不待安排措置，務自立說，只恁平讀着，意思自足。須是打疊得這心光蕩蕩地不立一個字，只管虛心讀他，少間推來推去，自然推出那個道理。所以説「以此洗心」，便是以這道理盡洗出那心裏物事，渾然都是道理。上蔡曰「學詩，須先識得六義體面而諷味以得之」，此是讀詩之要法。看來書只是要讀，讀得熟時道理自見，切忌先自布置立説。僩。

問學者誦詩：「每篇誦得幾遍？」答〔一四九〕曰：「也不曾記，只覺得熟便止。」曰：「便是不得。須是讀熟了，文義都曉得了，涵泳讀取百來遍方見得〔一五〇〕，那好處方出，方見得精怪。見公每日説得來乾燥，元來不曾熟讀，若讀到精熟時意思自説不得。如人下種子，既下得種子〔一五一〕了，須是討水去灌溉他，討糞去培擁他，與他耘鋤，方正是下工夫養他處。今却只下得個種子〔一五二〕便休，都無耘治培養工夫。如人相見，纔見了便散去，都不曾交一談，如此何益？所以意思都不生，與自家都不相入，都恁地乾燥。這個貪多不得。讀得這一篇，恨不得常熟讀此篇，如無那第二篇方好。而今只是貪多，讀第一篇了便要讀第二篇，讀第二篇了便要讀第三篇。恁地不成讀書，此便是大不敬！此句厲聲説。須是殺了那走作底心了〔一五三〕方可讀書。」僩。

「大凡讀書先曉得文義了，只是常常熟讀。如看詩，不須得着意去裏面訓解，但只平平地涵泳自好。」因舉「池之竭矣，不云自頻。泉之竭矣，不云自中」四句，吟咏者久之。又曰：「大雅中如烝民、板、抑等詩自有好底。董氏舉侯苞言，衛武公作抑詩使人日誦於其側。不知此出在何處。他讀書多想見是如此。」又曰：「如孟子也大故分曉，也不用解他，熟讀滋味自出。」夔孫。

先生問林武子：「看詩何處？」對[一五四]曰：「至大雅。」大聲曰：「公前日方看節南山，如何恁地快！恁地不得！而今人看文字，敏底一揭開板便曉，但於意味却不曾得。而今[一五五]只管看時也只是恁地，但百遍自是强五十遍時，二百遍自是强一百遍時。『題彼脊鴒，載飛載鳴。我日斯邁，而月斯征。夙興夜寐，無忝爾所生』，這個看時也只是恁地，但裏面意思却有説不得底，解不得底，意思却在説不得底意思[一五六]裏面。」又曰：「生民等篇也可見祭祀次第，此與儀禮正相合。」義剛。

歐陽文忠公[一五七]有詩本義二十餘篇，煞説得有好處。有詩本末論。又有論云：「何者爲詩之本？何者爲詩之末？詩之本不可不理會，詩之末不理會得也無妨。」其論甚好。近世自集注文字出，此等文字都不見有[一五八]了，也害事。如呂伯恭讀詩記，人只是看這個。它上面有底便看，無底更不知看了。僩。

「子由詩解好處多，歐公詩本義亦好。」因説：「呂東萊[一五九]改本書解無闕疑處，只據意説去。」木之因[一六〇]問：「書解誰底好看？」曰：「東坡解大綱也好，只有失，如説『人心惟危』這般處便説得差了。如今看他底，須是識他是與不是處始得。」木之。

橫渠云「置心平易始知詩」，然橫渠解「悠悠蒼天，此何人哉」却不平易。小雅恐是燕禮用之，大雅須饗禮方用。小雅施之君臣之間，大雅則止人君可歌。伯豐。[一六一]

横渠云「置心平易始知詩」，然横渠解詩多不平易。程子説胡安定解九四作太子事，云「若一爻作一事，只做得三百八十四事」，此真看易之法。然易傳中亦有偏解作一事者。林艾軒嘗云：「伊川解經有説得未的當處。此文義間事安能一一皆是？若大頭項，則伊川底却是。」此善觀伊川者。陸子静看得二程低，此恐子静看其説未透耳。譬如一塊精金，却道不是金，非金之不好，蓋是不識金也。人傑。〔一六二〕

先生〔一六三〕問時舉：「看文字如何？」時舉云：〔一六四〕「詩傳今日方看得綱領。要知〔一六五〕緊要是要識得六義頭面分明，則詩亦無難看者。」先生云：〔一六六〕「讀詩全在諷詠得熟，則六義將自分明。須使篇篇有個下落始得。且如子善向看易傳往往畢竟不曾熟，如此則何緣會浹洽！横渠云：『書須成誦，精思多在夜中，或静坐得之。不記則思不起。』今學者看文字，若記不得，則何緣貫通？」時舉云：「緣資性魯鈍，全記不起。」先生云：〔一六七〕「只是貪多，故記不得。福州陳正之極魯鈍，每讀書只讀五十字，必三二百遍而後能熟，積習讀去，後來却赴賢良。要知人只是不會耐苦耳，凡學者要須做得人難做底事方好，若見做不得便不去做，要任其自然，何緣做得事成？切宜勉之！」時舉。

先生〔一六八〕問：「看詩如何？」時舉云〔一六九〕：「方看得關雎一篇，未有疑處。」先生云：〔一七〇〕「未要去討疑處，只熟看。某注得訓詁字字分明，便却玩索涵泳，方有所得。若便要立議論，往往裏面曲折其實未曉，只髣髴見得便自虛説耳，恐不濟事。此是三百篇之首，可更熟看。」時舉。

先生謂學者曰：「公看詩只看集傳，全不看古注？」答〔一七二〕曰：「某意欲先看了先生集傳，却看諸家解。」曰：「便是不如此，無却看底道理。纔説『却理會』便是悠悠語。今見看詩不從頭看一過，云，且等我看了一個了却看那個，幾時得再看？如斷殺相似，只是殺一陣便了。不成説今夜且如此斷殺，明日又重新殺一番。」僩。

因説學者解詩，曰：「某舊時看詩，數十家之説一一都從頭記得，初間那裏敢便判斷那説是，那説不是。看熟久之，方見得這説似是，那説似不是；或頭邊是，尾説不相應；或中間數句是，兩頭不是；或尾頭是，頭邊不是。然也未敢便判斷，疑恐是如此，又看久之方審得這説是，那説不是。又熟看久之，方敢決定斷説這説是，那説不是。這一部詩并諸家解都包在肚裏。公而今只是見已前人解詩便也要注解，更不問道理，只認捉着便據自家意思説，於己無益，於經有害，濟得甚事！凡先儒解經雖未知道，然其盡一生之力，縱未説得七八分，也有三四分。且須熟讀詳究以審其是非而爲吾之益，今公纔看着便妄生去取，肆以己意，是發明得個甚麽道理？公且説人之讀書是要將作甚麽用？所貴乎讀書者，是要理會這個道理以反之於身，爲我之益而已。」僩。

詩傳中或云「姑從」、或云「且從其說」之類，皆未有所攷，不免且用其說。銖。〔一七二〕

詩傳只得如此說，不容更着語，工夫却在讀者。伯豐。

問：「分『詩之經，詩之傳』，何也？」曰：「此得之於呂伯恭。風雅之正則爲經，風雅之變則爲傳。如屈平之作離騷即經也，如後人作反騷與夫九辨之類，則爲傳耳。」〔一七三〕

晦庵先生朱文公語類卷第八十一

毛詩二風雅頌〔一〕

周南

關雎〔二〕

問：「程氏云『詩有二南，猶易有乾坤』，莫只是以功化淺深言之？」曰：「不然。」文蔚

又〔三〕問：「莫是王者、諸侯之分不同？」曰：「今只看大序中說便可見。大序云：『關雎、麟趾之化，王者之風，故繫之周公；鵲巢、騶虞之德，諸侯之風，先王之所以教，故繫之召公。』只看那『化』字與『德』字及『所以教』字，便見二南猶乾坤也。」文蔚。

敬子說詩周南。曰：「他大綱領處只在戒謹恐懼上。只自『關關雎鳩』便從這裏做起，後面只是漸漸推得闊。」僩。

「關雎一詩文理深奥，如乾坤之卦一般，只可熟讀詳味，不可説。至如葛覃、卷耳，其言迫切，主於一事，便不如此了。」又曰：「讀詩須得他六義之體，如風、雅、頌則是詩人之格。後人説詩以爲雜雅、頌者，緣釋七月之詩者以爲備風、雅、頌三體，所以啓後人之説如此。」又曰：「『興』之爲言，起也，言興物而起意〔四〕。如『青青陵上麥』〔五〕、『青青河畔草』，皆是興物詩也。如『藁砧今何在』、『何當大刀頭』，皆是比詩體也。」卓。

問器遠：「君舉所説詩，謂關雎如何？」曰：「謂后妃自慊〔六〕，不敢當君子。謂如此之淑女方可爲君子之仇匹，這便是后妃之德。」曰：「這是鄭氏也自如此説了，某看來恁地説也得。只是覺得偏主一事，無正大之意。關雎如易之乾坤意思，如何得恁地無方際！如下面諸篇却多就一事説。這只反覆形容后妃之德，而不可指説道甚麽是德。只恁地渾淪説，這便見后妃德盛難言處。」賀孫。

「何福不除」，義如「除戎器」之「除」。伯豐。

「關雎之詩，此詩〔七〕非民俗所可言，度是宫閫中所作。」木之〔八〕問：「程子云是周公作。是否？〔九〕」曰：「也未見得是。」木之。

木之〔一〇〕問：「二南之詩真是以此風化天下否？」曰：「亦不須問是要風化天下與不風化天下，且要從『關關雎鳩，在河之洲』云云裏面看義理是如何。今人讀書只是説向外面去，却於本文全不識。」木之。

關雎之詩[一一]，看得[一二]來是妾媵做，所以形容得寤寐反側之事，外人做不到此。明作。

先生問曹兄云：「陳先生說詩如何？」曹未答。先生云：[一三]「陳丈說關雎之詩如何？」曹云：「言關雎以美夫人，有謙退不敢自當君子之德。」先生云：「如此則淑女又別是一個人也。」曹云：「是如此。」先生笑云：「今人說經多是恁地回互說去。如史丞相說書多是如此，說『祖伊恐奔告于受』處亦以紂爲好人而不殺祖伊，若他人則殺之矣。」先生乃云：「讀書且虛心去看，未要自去取舍。且依古人書恁地讀去，久後自然見得義理。」卓。

魏兄問「左右芼之」。曰：「芼是擇也，左右擇而取之也。」卓。

魏才仲問：「詩關雎注：『摯，至也。』至先生作『切至』說，似形容其美，何如？」曰：「也只是恁地。」問「芼」字。曰：「擇也。讀詩只是將意思想象去看，不如他書字字要捉縛教定。詩意只是疊疊推上去，因一事上有一事，一事上又有一事。如關雎形容后妃之德如此，又當知德[一四]君子之德如此；又當知得[一五]詩人形容得意味深長如此，必不是以下底人；又當知所以齊家，所以治國，所以平天下，人君則必當如文王，后妃則必當如太姒，其原如此。」賀孫。

王鳩，嘗見淮上人說淮上有之，狀如此間之鳩，差小而長，常是雌雄二個不相失。雖然二個不相失，亦不曾相近而立處，須是隔丈來地，所謂「摯而有別」是[一六]也。「人未嘗見其匹居而乘處」，乘處謂四個同處也。只是二個相隨，既不失其偶，又未嘗近相狎，所以爲貴也。余正甫云：「『宵行』自是夜光之蟲夜行於地，『熠燿』言其光耳，非螢也。芑，今之苦馬。」賀孫。

雎鳩，毛氏以爲「摯而有別」。一家作「猛摯」說，謂雎鳩是鶚之屬。鶚自是沉鷙之物，恐無和樂之意。蓋「摯」與「至」同，言其情意相與深至而未嘗狎，便見其樂而不淫之意。此是興詩。興，起也，引物以起吾意。如雎鳩是摯而有別之物，荇菜是潔淨和柔之物，引此起興猶不甚遠。其他亦有全不相類，只借它物而起吾意者，雖皆是興，與關雎又略不同也。時舉。

卷耳

問：「卷耳與前篇葛覃同是賦體，又似略不同。蓋葛覃直敍其所嘗經歷之事，卷耳則是託言也。」曰：「亦安知后妃之不自采卷耳？設使不曾經歷而自言我之所懷者如此，則亦是賦體也。若螽斯則只是比，蓋借螽斯以比后妃之子孫衆多。然〔一七〕『宜爾子孫振振兮』却自是説螽斯之子孫，不是説后妃之子孫也。蓋比詩多不説破這意，然亦有説破者。此前數篇，賦、比、興皆已備矣。自此推之，令篇篇各有着落乃好。」時舉因云：「螽只是春秋所書之螽。切疑『斯』字只是語辭，恐不可把『螽斯』爲名。」曰：「詩中固有以『斯』爲語者，如『鹿斯之奔』、『湛湛露斯』之類是也。然七月詩乃云『斯螽動股』，則恐『螽斯』即便是名也。」時舉。

樛木

問：「樛木詩『樂只君子』，作后妃亦無害否？」曰：「以文義推之，不得不作后妃。若作文王，恐太隔越了。某所著詩傳蓋皆推尋其脈理，以平易求之，不敢用一毫私意。大抵古人道言語自是不泥著。」某云：「詩人道言語皆發乎情，又不比他書。」曰：「然。」可學。

螽斯

不妬忌是后妃之一節。關雎所論是全體。方子。

兔罝

問：「兔罝詩作賦看得否？」曰：「亦可作賦看，但其辭上下相應，恐當爲興。然亦是興之賦。」可學。

漢廣

問：「文王時，紂在河北，政化只行於江漢？」曰：「然。西方亦有玁狁。」可學。

漢廣游女，求而不可得。行露之男不能侵陵正女，豈當時婦人蒙化而男子則非！亦是偶有此樣詩説得一邊。淳。

問：「『漢之廣矣，不可泳思；江之永矣，不可方思』，此是興，何如？」曰：「主意只説『漢有游女，不可求思』兩句。六句是反覆説。如『奕奕寢廟，君子作之。秩秩大猷，聖人莫之。他人有心，予忖度之。躍躍毚兔，遇犬獲之』，上下六句亦只興出『他人有心』兩句。」賀孫。〔一八〕

汝墳

陳君舉：〔一九〕詩言汝墳是已被文王之化者，江漢是聞文王之化而未被其澤者。却有意思。大雅。〔二〇〕

麟趾

木之〔二一〕問：「麟趾、騶虞之詩莫是當時有此二物出來否？」曰：「不是，只是取以爲比，云即此便是麟趾，便是騶虞。」又問：「詩序説『麟趾之時』，無義理。」曰：「此語有病。」〔二二〕

時舉説詩至麟之趾因言小序云：〔二三〕「『雖衰世之公子，皆信厚如麟趾之時』，似亦不成文理。」先生曰：「是。」時舉。

召南

鵲巢

時舉〔二四〕問：「召南之有鵲巢，猶周南之有關雎。關雎言『窈窕淑女』，則是明言后妃之德也，惟鵲巢三章皆不言夫人之德，如何？」曰：「鳩之爲物，其性專静無比，可借以見夫人之德也。」時舉。

采蘩

問：「采蘋蘩以供祭祀，采枲耳以備酒漿，后妃夫人恐未必親爲之。」曰：「詩人且是如此説。」德明。

器之問：「采蘩詩〔二五〕何故存兩説？」曰：「如今不見得果是如何，且與兩存。從來説蘩所以生蠶，可以供蠶事。何必底死説道只爲奉祭事，不爲蠶事？」木之。

時舉又〔二六〕問：「采蘩詩，若只作祭事説自是曉然。若作蠶事説，雖與葛覃同類而恐實非也。葛覃是女功，采蘩是婦職，以爲同類亦無不可，何必以蠶事而後同耶？」曰：「此説亦姑存之而已。」時舉。

殷其雷

問：「殷其雷詩〔二七〕比君子于役之類，莫是寬緩和平故入正風？」曰：「固然。但正、變風亦是後人如此分別，當時亦只是大約如此取之。聖人之言在春秋、易、書無一字虚，至於詩則發乎情，不同。」可學。

摽有梅

問：「摽有梅詩何以入於正風？」曰：「此乃當文王與紂之世方變惡入善，未可全責備。」可學。

問：「摽有梅之詩固是出於正，只是如此急迫，何耶？」曰：「此亦是人之情。嘗見晋、宋間有怨父母之詩。讀詩者於此亦欲達父母一作「男女」。〔二八〕之情。」文蔚。

江有汜

器之問江有汜詩〔二九〕序有「勤而無怨」之説。曰：「便是序不可信如此。詩序自是兩三人作，今但信詩不必信序。只看詩中説『不我以』、『不我過』、『不我與』，便自見得不與同去之意，安得『勤而無怨』之意？」因問器之：「此是〔三〇〕召南詩。如何公方看周南，便又説召南？讀書且要逐處沉潛，次第理會，不要班班剥剥，指東摘西，都不濟事。若能沉潛專一看得文字，只此便是治心養性之法。」木之。

何彼穠矣

問：「何彼穠矣之詩何以録於召南？」曰：「也是有些不穩當。但先儒相傳如此説，也只得恁地就他説。如定要分個正經及變詩，也自難考據。如頌中儘多周公説話，而風雅又未知如何。」〔三一〕

騶虞

騶虞詩。〔三二〕仁在一發之前。使庶類蕃殖者，仁也；「一發五豝」者，義也。人傑。

「于嗟乎騶虞」，看來只可解做獸名。以「于嗟麟兮」類之。可見若解做騶虞官，終無甚意思。僩。

邶

柏舟

時舉問：〔三三〕「柏舟詩〔三四〕『泛彼柏舟，亦泛其流』，注作比義。看來與『關關雎鳩，在河之洲』亦無異，彼何以爲興？」答云：「他下面便説淑女，見得是因彼興此。此詩纔説柏舟，下面更無貼意，見得其義是比。」時舉。

陳器之疑柏舟詩解「日居月諸，胡迭而微」太深。又屢辨賦、比、興之體。曰：「賦、比、興固不可以不辨。然讀詩者須當諷味，看他詩人之意是在甚處。如柏舟，婦人不得於其夫，宜其怨之深矣。而其言曰『我思古人，實獲我心』，又曰『靜言思之，不能奮飛』，其詞氣忠厚惻怛，怨而不過如此，所謂『止乎禮義』而中喜怒哀樂之節者，所以雖爲變風而繼二南之後者以此。臣之不得於其君，子之不得於其父，弟之不得於其兄，朋友之不相信，處之皆當以此爲法。如屈原不忍其憤，懷沙赴水，此賢者過之也。賈誼云『歷九州而相其君兮，何必懷此都也』，則又失之遠矣！讀詩須合如此看。所謂『詩可以興，可以觀，可以群，可以怨』，是詩中一個大義，不可不理會得也。」閎祖。

器之問：「柏舟詩[三五]『静言思之，不能奮飛』，似猶未有和平意。」曰：「也只是如此説，無過當處。既有可怨之事，亦須還他有怨底意思，終不成只如平時，却與土木相似！只看舜之號泣旻天，更有甚於此者。喜怒哀樂但發之不過其則耳，亦豈可無？聖賢處憂危[三六]，只要不失其正。如緑衣言『我思古人，實獲我心』，這般意思却又分外好。」木之。

燕燕[三七]

時舉説燕燕詩云[三八]：「前三章但見莊姜拳拳於戴嬀，有不能已者。及四章乃見莊姜於戴嬀非是情愛之私，由其有塞淵温惠之德，能自淑謹其身，又能以先君之思而勉己以不忘，則見戴嬀平日於莊姜相勸勉以善者多矣。故於其歸而愛之若此，無非情性之正也。」先生頷之。時舉。

日月終風

又説：「日月、終風二篇，據集注云，當在燕燕之前。以某觀之，終風當在先，日月當次之，燕燕是莊公死後之詩，當居最後。蓋詩[三九]終風之辭，莊公於莊姜猶有往來之時，但不暴則狎，莊姜不能堪耳。至日月則見莊公已絶不顧莊姜，而莊姜不免微怨矣。以此觀之，則終風當先而日月當次。」先生曰：「恐或如此。」時舉。

式微

器之問：「式微詩以爲勸耶，戒耶？」曰：「亦不必如此看，只是隨它當時所作之意如此，便與存在，也可以見得有羈旅狼狽之君如此，而方伯連帥無救卹之意。今人多被『止乎禮義』一句泥了，只管去曲説。且要平心看詩人之意。如北門之詩只是説官卑禮〔四〇〕薄，無可如何。又如摽有梅之詩〔四一〕，女子自言婚姻之意如此。看來自非正理，但人情亦自有如此者，不可不知。向見伯恭麗澤詩，有唐人女言兄嫂不以嫁之詩，亦自鄙俚可惡。後來思之，亦自是得人之情處。爲父母者能於是而察之，則必使之及時矣，此所謂『詩可以觀』。」子升問：「麗澤詩編得如何？」曰：「大綱亦好，但自據他之意揀擇。大率多喜深巧有意者，若平淡底詩則多不取。」問：「此亦有接續三百篇之意否？」曰：「不知。他亦須有此意。」木之。

簡兮

時舉〔四二〕問：「簡兮詩，張子謂『其迹如此，而其中固有以過人者』。夫能卷而懷之，是固可以爲賢。然以聖賢出處律之，恐未可以爲盡善？」曰：「古之伶官亦非甚賤，其所執者猶是先王之正樂。故獻工之禮亦與之交酢，但賢者而爲此，則自不得志耳。」時舉。

泉水

又〔四三〕問：「泉水篇〔四四〕『駕言出遊，以寫我憂』，注云：『安得出遊於彼而寫其憂哉！』恐此莫〔四五〕只是因思歸不得，故欲出遊於國以寫其憂否？」曰：「夫人之遊亦不可輕出，只是思遊於彼地耳。」時舉。

北門

問：「北門詩只作賦説，如何？」曰：「當作賦而比。當時必因出北門而後作此詩，亦有比意思。」可學。

時舉〔四六〕問：「北風末章謂〔四七〕『莫赤匪狐，莫黑匪烏』，狐與烏，不知詩人以比何物？」曰：「不但指一物而言。當國將危亂時，凡所見者無非不好底景象也。」時舉。

静女

又〔四八〕問：「静女篇〔四九〕，注以此詩〔五〇〕爲淫奔期會之詩，以静爲閑雅之意。不知淫奔之人方相與狎溺，又何取乎閑雅？」曰：「淫奔之人不知其爲可醜，但見其爲可愛耳。以女而俟人於城隅，安得謂之閑雅？而此曰『静女』者，猶日月詩所謂『德音無良』也，無良則不足以爲德音矣，而此曰『德音』，亦愛之之辭也。」時舉。

二子乘舟

又[五一]問：「二子乘舟篇[五二]，注取太史公語，謂二子與申生不明驪姬之過同。其意似取之，未知如何？」曰：「太史公之言有所抑揚，謂三人皆惡傷父之志而終於死之，其情則可取，雖於理爲未當。然視夫父子相殺、兄弟相戮者，則大相遠矣！」時舉。

鄘[五三]

干旄

先生問文蔚曰：[五四]「干旄詩[五五]『彼姝者子』指誰而言？」文蔚曰：「集傳言大夫乘此車馬以見賢者，賢者言：『車中之人德美如此，我將何以告之？』」曰：「此依舊是用小序說。此只是傍人見此人有好善之誠，曰『彼姝者子，何以告之』蓋指賢者而言也。如此說方不費力。今若如集傳說，是説斷了再起，覺得費力。」文蔚。

衛[五六]

淇奧

文蔚曰：「淇奧一篇，衛武公進德、成德之序始終可見。一章言切磋琢磨，則學問自修之功精密如此。二章言威儀服飾之盛，有諸中而形諸外者也。三章言如金錫圭璧則鍛煉已精，温純深粹而德器成矣。前二章皆有『瑟』、『僩』、『赫』、『咺』之詞，三章但言『寬』、『綽』、『戲』、『謔』而已，於此可見不事矜持而周旋，自然中禮之意。」曰：「説得甚善。衛武公學問之功甚不苟，年九十五歲，猶命群臣使進規諫。至如抑詩是他自警之詩，後人不知，遂以爲戒厲王。畢竟周之卿士去聖人近，氣象自是不同。且如劉康公謂『民受天地之中以生』，便説得這般言語出。」文蔚。

王[五七]

君子陽陽

「『君子陽陽』詩，先生亦作淫亂説，[五八]何如？」曰：「有個『君子于役』，如何便[五九]將這個做一樣説？『由房』只是人出入處，古人屋，於房處前有壁，後無壁，所以通内。所謂『焉得諼草，言樹之背』，蓋房之北也。」[六〇]

鄭[六一]

狡童[六二]

江疇問：「『狡童刺忽也』言其疾之太重。」先生曰：「若以當時之暴斂於民觀之，爲言亦不爲重。蓋民之於君，聚則爲君臣，散則爲仇讎，如孟子所謂『君之視臣如草芥，則臣視君如寇讎』是也。然詩人之意本不如此，何曾言『狡童』是刺忽？而序詩[六三]妄意言之，致得人如此説。聖人言『鄭聲淫』者，蓋鄭人之詩多是言當時風俗男女淫奔，故有此等語。狡童，想説當時之人，非刺其君也。」又曰：「詩辭多是出於當時鄉談鄙俚之語，雜而爲之。如鴟鴞云『拮据』、『捋荼』之語，皆此類也。」又曰：「此言乃周公爲之。周公，不知其人如何，其言聱牙[六四]難考。如書中周公之言便難讀，如立政、君奭之篇是也。最好者惟無逸一書，中間用字亦有『譸張爲幻』之語。至若周官、蔡仲等篇，却是官樣文字，必出於當時有司潤色之文，非純周公語也。」又曰：「古人作詩多有用意不相連續。如『嘒彼小星，三五在東』，釋者皆云『小星』者[六五]是五緯之星應在於東也。其言全不相貫。」卓。

又問：「狡童詩如何說？」〔六六〕曹云：「陳先生以此詩不是刺忽，但詩人說他人之言，如『彼狡童兮，不與我言兮。微子之故，使我不能餐兮』，言狡童不與我言則已之。」先生曰：「又去裏面添一個『休』字也。這只是衛人當時淫奔，故其言鄙俚如此，非是爲君言也。」卓。

問：「碩鼠、狡童之刺其君不已甚乎？」曰：「碩鼠刺君重斂，蓋暴取虐民，民怨之極，則將視君如寇讎，故發爲怨上之辭至此。若狡童詩本非是刺忽，纔做刺忽，便費得無限杜撰說話。鄭忽之罪不至已甚，往往如宋襄這般人大言無當，有甚狡處？狡童刺忽全不近傍些子，若鄭突却是狡。詩意本不如此。聖人云『鄭聲淫』，蓋周衰，惟鄭國最爲淫俗，故諸詩多是此事。東萊將鄭忽深文詆斥得可畏。」賀孫。

齊〔六七〕

魏〔六八〕

園有桃

園有桃似比詩。非卿。〔六九〕

唐[七〇]

蟋蟀

蟋蟀自做起底詩，山有樞自做到底詩，皆人所自作。升卿。

秦[七一]

陳[七二]

曹[七三]

豳

豳[七四]

問：「豳詩本風，而周禮籥章氏祈年於田祖則吹豳雅，蜡祭息老物則吹豳頌。不知就豳詩觀之，其孰爲雅，孰爲頌。」曰：「先儒因此説而謂風中自有雅，自有頌，雖程子亦謂然，似都壞了詩之六義。然有三説焉[七五]：一説謂豳之詩吹之，其調可以爲風，可以[七六]爲雅，可以[七七]爲頌；一説謂楚茨、大田、甫田是豳之雅，噫嘻、載芟、豐年諸篇是豳之頌，謂其言田之事如七月也。如王介甫則謂豳之詩自有雅頌，今皆亡矣。數説皆通，恐其或然，未敢必也。」道夫。

問：「古者改正朔，如以建子月爲首則謂之正月，抑只謂之十一月？」先生曰：「此亦不可考。如詩之月數即今之月。孟子『七八月之間旱』乃今之五、六月，『十一月徒杠成，十二月輿梁成』乃今之九、十月。國語夏令曰『九月成杠，十月成梁』，即孟子之十一月、十二月。若以爲改月，則與孟子、春秋相合而與詩、書不相合。若以爲不改月，則與詩、書相合而與孟子、春秋不相合。如秦元年以十月爲首，末又有正月，又似不改月。」淳。義剛録同。[七八]

問：「東萊曰：『十月而曰「改歲」，三正之通于民俗尚矣，周特舉而迭用之耳。』據七月[七九]詩，如『七月流火』之類是用夏正，『一之日觱發』之類是周正，即不見其用商正，而呂氏以爲『舉而迭用之』，何也？」先生曰：「周歷夏、商，其未有天下之時固用夏、商之正朔。然其國僻遠，無純臣之義，又自有私紀其時月者，故三正皆曾用之也。」時舉。[八〇]

問：「『躋彼公堂，稱彼兕觥』，民何以得升君之堂？」曰：「周初國小，君民相親，其禮樂法制未必盡備。而民事之艱難，君則盡得以知之。成王之時禮樂備，法制立，然但知爲君之尊而未必知爲國之初此等意思也[八一]。故周公特作此詩，使之因是以知民事也。」時舉。

鴟鴞

時舉[八二]因論鴟鴞詩，遂[八三]問：「周公使管叔監殷，豈非以愛兄之心勝，故不敢疑之耶？」曰：「若説不敢疑，則已是有可疑者矣。蓋周公以管叔是吾之兄，事同一體，今既克商，使之監殷，又何疑焉？非是不敢疑，乃是即無可疑之事也。不知他自差異，乃[八四]造出一件事，周公爲之奈何哉！」叔重因云：「孟子所謂『周公之過，不亦宜乎』者，正謂此也。」先生曰：「然。」時舉。

或問：「鴟鴞詩[八五]『既取我子，無毁我室』，解者以爲武庚既殺我管蔡，不可復亂我王室，不知是如此否？畢竟當初是管蔡挾武庚爲亂。武庚是紂子，豈有父爲人所殺而其子安然視之不報讎者？」曰：「詩人之言只得如此，不成歸怨管、蔡。周公愛兄，只得如此説，自是人情是如此。不知當初何故忽然使管、蔡去監他，做出一場大疏脱如此[八六]？合天下之力以誅紂了，却使出自家屋裏人自做出這一場大疏脱。這個[八七]是周公之過，無可疑者。然當初周公使管、蔡者，想見那時是[八八]好在，必不疑他。後來有這樣事，管、蔡必是後來[八九]被武庚與商之頑民每日將酒去灌啗它，乘醉以語言離間之曰：『你是兄，却出來在此。周公是弟，反執大權以臨天下。』管、蔡猒，想得被這幾個喚〔九〇〕動了，所以流言説：『公將不利於孺子。』這個〔九一〕都是武庚與商之頑民教他，所以使得這〔九二〕管、蔡如此。後來周公所以做酒誥丁寧如此，必是當日因酒做出許多事。其中間想煞有説話，而今書、傳只載得大概，其中更有幾多機變曲折在。」僩。

東山

時舉〔九三〕問：「東山詩序前後都是，只中間插『大夫美之』一句，便知不是周公作矣。」曰：「小序非出於〔九四〕一手，是後人旋旋添續，往往失了前人本意，如此類者多矣。」時舉。

破斧

破斧詩看聖人這般心下，詩人直是形容得出。這是答東山之詩。古人做事苟利國家，雖殺身爲之而不辭。如今人個個討〔九五〕較利害，看你四國如何不安也得，不寧也得，只是護了我斨、我斧莫得缺壞了。此詩説出極分明。毛注却云四國是管、蔡、商、奄。詩裏多少處説「四國」如正是「四國」之類，猶言四海。他却不照這例，自恁地説。賀孫。

破斧詩須看那「周公東征，四國是皇」，見得周公用心始得。這個却是個好話頭。義剛。

先生謂淳曰：「公當初説破斧詩，某不合截得緊了，不知更有甚疑？」安卿對〔九六〕曰：「當初只是疑被堅執鋭是粗人，如何謂之『聖人之徒』？」先生曰：「有粗底聖人之徒，亦有讀書識文理底盜賊之徒。」淳。義剛録同。〔九七〕

淳〔九八〕問：「破斧詩傳何以謂『被堅執鋭皆聖人之徒』？」曰：「不是聖人之徒，便是盜賊之徒。此語大概是如此，不必恁粘皮帶骨看，不成説聖人之徒便是聖人。且如『孳孳爲善』是舜之徒，然『孳孳爲善』亦有多少淺深。」淳。〔九九〕

「破斧詩最是個好題目，大有好理會處，安卿適來只説那一句没緊要底。」淳曰：「此詩見得周公之心分明天地正大之情，只被那一句礙了。」先生曰：「只泥那一句，便是未見得他意味。」淳。

九罭

九罭詩分明是東人願其東，故致願留之意。公歸豈無所？於汝但暫寓信宿耳。公歸將不復來，於汝但暫寓信處耳。「是以有衮衣兮」，「是以」兩字如今都不説。蓋本謂緣公暫至於此，是以此間有被衮衣之人。「無以我公歸兮，無使我心悲兮」，其爲東人願留之詩，豈不甚明白？止緣序有「刺朝廷不知」之句，故後之説詩者悉委曲附會之，費多少辭語，到底鶻突！某嘗謂死後千百年須有人知此意。自看來直是盡得聖人之心！賀孫。

「鴻飛遵渚，公歸無所」；「鴻飛遵陸，公歸不復」。「飛」、「歸」叶，是句腰亦用韻。詩中亦有此體。方子。

狼跋

問：「『公孫碩膚』，注以爲此乃詩人之意，言『此非四國之所爲，乃公自讓其大美而不居耳。蓋不使讒邪之口得以加乎公之忠聖。此可見其愛公之深，敬公之至』云云。看來詩人此意也回互委曲，却太傷巧得來不好。」曰：「自是作詩之體當如此，詩人只得如此説。如春秋『公孫于齊』，不成説昭公出奔。聖人也只得如此書，自是體當如此。」僩。

小雅〔一〇〇〕　鹿鳴之什〔一〇一〕

鹿鳴四牡皇皇者華〔一〇二〕

時舉〔一〇三〕問：「鹿鳴、四牡、皇皇者華三詩，儀禮皆以爲上下通用之樂。不知如君勞使臣謂『王事靡盬』之類，庶人安得而用之？」曰：「鄉飲酒亦用。而『大學始教，宵雅肄三，官其始也』，正謂習此。蓋入學之始，須教他便知有君臣之義始得。」又曰：「上下常用之樂，小雅如鹿鳴以下三篇及南有嘉魚、魚麗、南山有臺三篇，風則是關雎、卷耳、采蘩、采蘋等篇，皆是。然不知當初何故獨取此數篇也。」時舉。

常棣

時舉説常棣詩。先生曰：〔一〇四〕「『雖有兄弟，不如友生』處〔一〇五〕，未必其人實以兄弟爲不如友生也。猶言喪亂既平之後乃爲〔一〇六〕反不如友生乎。蓋疑而問之辭也。」時舉。

天保〔一〇七〕

時舉説天保詩云〔一〇八〕：「第一章至第三章皆人臣頌祝其君之言。然辭繁而不殺者，以其愛君之心無已也。至四章則以祭祀先公爲言，五章則以『遍爲爾德』爲言。蓋謂人君之德必上無愧於祖考，下無愧於斯民，然後福禄愈遠而愈新也，故末章終之以『無不爾或承』。」先生頷之。叔重因云：「蓼蕭詩云『令德壽豈』亦是此意，蓋人君必有此德而後可以稱是福也。」先生曰：「然。」時舉。

采薇

又説采薇詩云〔一〇九〕：「采薇首章略言征夫之出，蓋以玁狁不可不征，故舍其室家而不遑寧處。至〔一一〇〕二章則既出而不能不念其家。三章則竭力致死而無還心，蓋〔一一一〕不復念其家矣。至〔一一二〕四章、五章，則惟勉於王事而欲成其戰伐之功也。卒章則言其事成之後，極陳其勞苦憂傷之情而念之也。其序恐如此。」先生曰：「雅者，正也，乃王公大人所作之詩，皆有次序而文意不苟，極可玩味。風則或出於婦人、小子之口，故但可觀其大略耳。」時舉。

出車

「說出車詩至『畏此簡書』處。集傳有二說：一以爲簡書，戒命也。鄰國有急則以簡書戒命也；一以爲策命臨遣之詞。」先生曰：「後說爲長。前說雖據左氏，然此是天子命，將不得謂之鄰國也。」又曰：「『胡不旆旆』處，東萊以爲初出軍時旌旗未展，惟卷而建之而已，故曰此旗旐何不旆旆而飛揚乎。蓋以命下之初，我方憂心悄悄而僕夫又憔悴故耳。此說雖精熟，『胡不旆旆』一句，語勢恐不如此。『胡不』猶『遐不作人』之類，猶言豈不旆旆乎，但我自『憂心悄悄』而僕夫又況瘁耳。如此却自平正。」又曰：「東萊說詩忒煞巧，詩正怕如此看。古人意思自覺平，何嘗如此纖細拘迫！」時舉。〔一一三〕

魚麗

「文武以天保以上治内，采薇以下治外；始於憂勤，終於逸樂」，這四句儘説得好。道夫。

白華由庚等〔一一四〕

先生因亞夫問詩三百處，因推説及由庚白華等乃是笙詩，有其譜而無其辭者也。時舉。〔一一五〕

南有嘉魚之什〔一一六〕

南有嘉魚

潘子善〔一一七〕問南有嘉魚詩中「汕汕」字。曰：「是以木葉捕魚，今所謂『魚花園』是也。」

問枸。曰：「是機枸子，建陽謂之『皆拱子』，俗謂之『癩漢指頭』，味甘而解酒毒。有人家酒房一柱是此木而醖酒不成，左右前後有此則亦醖酒不成。」節。

蓼蕭

時舉說蓼蕭、湛露二詩。先生云：「文義也只如此。却更須要諷詠，實見他至誠和樂之意乃好。」時舉。

采芑［一一八］

時舉說采芑詩。先生曰：「宣王南征蠻荆想不甚費力，不曾大段戰鬭，故只盛［一一九］稱其軍容之盛而已。」時舉。

車攻

時舉說車攻、吉日二詩。先生曰：「好田獵之事，古人亦多刺之。然宣王之田乃是因此見得其車馬之盛、紀律之嚴，所以爲中興之勢者在此。其所謂田，異乎尋常之田矣。」時舉。

鴻鴈之什〔一二〇〕

庭燎

時舉説庭燎詩至〔一二一〕「庭燎有煇」。先生曰：「煇，火氣也，天欲明而見其烟光相雜。此是吴材老之説，説此一字極有功也。」時舉。

斯干

楊問：「横渠説斯干『兄弟宜相好，不要相學』，指何事而言？」曰：「不要相學不好處。且如兄去友弟，弟却不能恭其兄，兄豈可學弟之不恭而遂亦不友？爲兄者但當盡其友可也。爲弟能恭其兄，兄乃不友其弟，爲弟者豈可亦學兄之不友而遂忘其恭？爲弟者但當知其盡恭而已。如寇萊公撻倒用印事，王文正公謂他底既不是則不可學他不是，亦是此意然。詩之本意，『猶』字作相圖謀説。」淳。寓録同。〔一二二〕

時舉説斯干詩至「載弄之瓦」處，先生云：〔一二三〕「瓦，紡磚也。瓦，〔一二四〕紡時所用之物。舊見人畫列女傳，漆室乃手執一物，如今銀子樣者〔一二五〕。意其爲紡磚也，然未可必。」時舉。

節南山之什[一二六]

節南山

林武子説節南山詩。先生曰：[一二七]「自古小人，其初只是它自竊國柄。少間又自不奈何，又[一二八]引得別人來一齊不好了。如尹氏太師，却[一二九]只是它一個不好，少間到那『瑣瑣姻婭』處是幾個人不好了。」義剛。

時舉説節南山詩至「秉國之均」。先生曰：[一三〇]「『均』本當從『金』，所謂如泥之在鈞者，不知鈞是何物。」時舉曰：「恐只是爲瓦器者，所謂『車盤』是也。蓋運得愈急則其成器愈快，恐此即是鈞也。」先生曰：「『秉國之均』只是此義。今集傳訓『平』者，此物亦惟平乃能運也。」時舉。

小弁

時舉[一三一]問：「小弁詩，古今説者皆以爲此詩之意與舜怨慕之意同。切以爲只『我罪伊何』一句與舜『於我何哉』之意同，至後面『君子秉心，維其忍之』與『君子不惠，不舒究之』，分明是怨其親，却與舜怨慕之意似不同。」曰：「作小弁者自是未到得舜地位，蓋亦常人之情耳。只『我罪伊何』上面説『何辜于天』，亦一似自以爲無罪相似，未可與舜同日而語也。」問：「小弁末章〔一三二〕『莫高匪山，莫浚匪泉。君子無易由言，耳屬于垣』，集傳作賦體，疑莫〔一三三〕是以上兩句興下兩句耶？」曰：「此只是賦。蓋以爲莫高如山，莫浚如泉，而君子亦不可易其言，亦恐有人聞之也。」又曰：「看小雅雖未畢，且併看大雅。小雅後數篇大概相似，只消兼看。」因言：「詩人所見極大，如巧言詩『奕奕寢廟，君子作之。秩秩大猷，聖人莫之。他人有心，予忖度之。躍躍毚兔，遇犬獲之』，此一章本意只是惡巧言讒譖之人，却以『奕奕寢廟』與『秩秩大猷』起興。蓋以其大者興其小者，便見其所見極大，形於言者無非理義之極致也。」時舉云：「此亦是先王之澤未泯，禮義根於其心，故其形於言者自無非義理。」先生頷之。時舉。

谷風之什

楚茨〔一三四〕

楚茨一詩精深宏博，如何做得變雅！方子。

文蔚〔一三五〕問：「楚茨詩言『先祖是皇，〔一三六〕神保是饗』，詩傳謂神保是鬼神之嘉號，引楚詞語『思靈保兮賢姱』。但詩中既説『先祖是皇』，又説『神保是饗』，似語意重復，如何？」曰：「近見洪慶善説，靈保是巫。今詩中不説巫，當便是尸。却是向來解錯了此兩字。」文蔚。

甫田之什［一三七］

瞻彼洛矣

賀孫［一三八］問：「瞻彼洛矣，洛水或云兩處。」曰：「只是這一洛，有統言之，有説小地名。東西京共千里，東京六百里，西京四百里。」賀孫。此洛只就洛邑言之，非指關洛。［一三九］

賓之初筵［一四〇］

賀孫［一四一］問：「『韎韐有奭』。韎韐，毛鄭以爲祭服，王氏以爲戎服。」曰：「只是戎服。左傳云『有韎韋之跗注』是也。」又曰：「詩多有酬酢應答之篇。瞻彼洛矣是臣歸美其君。君子指君也，當時朝會於洛水之上，而臣祝其君如此。裳裳者華又是君報其臣，桑扈、鴛鴦皆然。」賀孫。

或問：「賓之初筵詩是自作否？」曰：「有時亦是因飲酒之後作此自戒，也未可知。」卓。

大雅[一四二]　文王之什[一四三]

文王[一四四]

問：「周受命如何？」曰：「命如何受於天？只是人與天同。然觀周自后稷以來，積仁累義，到此時人心奔赴自有不可已。」又問：「太王翦商，左氏云『太伯不從，是以不祀[一四五]』，莫是此意？」曰：「此事難明。但太王居於夷狄之邦，强大已久，商之政令亦未必行於周。大要天下公器，所謂『有德者易以興，無德者易以亡』。使紂無道，太王取之何害？今必言太王不取則是武王爲亂臣賊子，若文王之事則分明是盛德過人處，孔子於泰伯亦云『至德』。」可學。

「在帝左右」，察天理而左右也。古注亦如此。左氏傳「天子所右，寡君亦右之；所左，亦左之」之意。人傑。

「於緝熙敬止」，緝熙是工夫，敬止是功效收殺處。寓。[一四六]

馬節之問「無遏爾躬」一章[一四七]。先生曰：「無自遏絶於爾躬，如家自毁，國自伐。」蓋卿。

綿

「『虞芮質厥成，文王蹶厥生』。蹶，動也；生，是興起之意。當時一日之間，虞芮質成而來歸者四十餘國，其勢張盛，一時見之如忽然跳起。」又曰：「粗説時，一〔一四八〕如今人言敵〔一四九〕勢益張様〔一五〇〕。」義剛。

舊嘗見横渠詩傳中説，周至太王辟國已甚大，其所據有之地皆是中國與夷狄夾界所空不耕之地，今亦不復見此書矣。意者，周之興與元魏相似。初自極北起來漸漸强大，到得後來中原無主，遂被他取了。廣。

棫樸

「遐不作人」，古注并諸家皆作「遠」字，甚無道理。禮記注訓「胡」字，甚好。人傑。去僞録同〔一五一〕，下〔一五二〕注云：「道隨事著也。」

「遐不作人」只是胡不作人。敬仲。〔一五三〕

皇矣

時舉説皇矣詩。先生謂：「此詩稱文王德處是從『無然畔援，無然歆羨』上説起，後面却説『不識不知，順帝之則』。見得文王先有這個工夫，此心無一毫之私，故見於伐崇、伐密皆是道理合着恁地，初非聖人之私怒也。」問：「『無然畔援，無然歆羨』，竊恐是説文王生知之資得於天之所命，自然無畔援歆羨之意。後面『不識不知，順帝之則』乃是文王做工夫處。」先生曰：「然。」時舉。

下武

「昭茲來許」，漢碑作「昭哉」。洪氏隸釋「茲」、「哉」叶韻。柏梁臺詩末句韻亦同。方子。

文王有聲

問：「鎬至豐邑止二十五里，武王何故自豐遷鎬？」曰：「此只以後來事推之可見。秦始皇營朝宮渭南，史以爲咸陽人多，先王之宮廷小，故作之。想得遷鎬之意亦是如此。周得天下，諸侯盡來朝覲，豐之故宮不足以容之爾。」廣。

生民之什[一五四]

生民

問「履帝武敏」。曰：「此亦不知其何如，但詩中有此語，自歐公不信祥瑞，故後人纔見說祥瑞者[一五五]皆闢之。若如後世所謂祥瑞固多是[一五六]僞妄，然豈可因後世之僞妄而併真實者皆以爲無乎？『鳳鳥不至，河不出圖』，孔子之言[一五七]不成亦以爲非。」廣。

時舉說生民詩至[一五八]「履帝武敏歆，攸介攸止」處。先生曰：「『敏』字當爲絶句。蓋作母鄙反，叶上韻耳。履巨跡之事有此理，且如契之生，詩中亦云『天命玄鳥，降而生商』。蓋以爲稷契皆天生之爾，非有人道之感，非可以常理論也。漢高祖之生亦類此，此等不可以言盡，當意會之可也。」時舉。

既醉

時舉說既醉詩，以爲[一五九]古人祝頌多以壽考及子孫衆多爲言。如華封人祝堯，以爲[一六〇]「願聖人壽，願聖人多男子」亦是[一六一]此意。先生曰：「此兩事，孰有大於此者乎？」曰：「觀行葦及既醉二詩，見古之人君盡其誠敬於祭祀之時，極其恩義於燕飲之際。凡父兄耆老所以祝望之者如此，則其獲福也宜矣，此所謂『禍福無不自己求之者』也。」先生頷之。〔一六二〕

假樂

「千禄百福，子孫千億」是願其子孫之衆多。「穆穆皇皇，宜君宜王。不愆不忘，率由舊章」是願其子孫之賢。道夫。

舜功問：「『不愆不忘，率由舊章』，是勿忘、勿助長之意？」先生曰：「不必如此説。不愆是不得過，不忘是不得忘。能如此則能『率由舊章』。」可學。

時舉説假樂詩。先生曰：〔一六三〕「此詩末章即承上章之意，故上章云『四方之綱』，而下章即繼之曰『之綱之紀』。蓋張之爲綱，理之爲紀。下面『百辟卿士』至於庶民，皆是賴君以爲綱。所謂『不解于位』者，蓋欲綱常張而不弛也。」時舉。

公劉

又〔一六四〕問：「第二章説『既庶既繁，既順乃宣』，而第四章方言居邑之成。不知未成邑之時，何以得民居之繁庶也？」先生曰：「公劉始於草創，而人之[一六五]從之者已若是其盛，是以居邑由是而成也。」問第四章「君子武之[一六六]」處。先生曰：「東萊以爲爲之立君立宗，恐未必是如此，只是公劉自爲群臣之君宗耳。蓋此章言其一時燕饗，恐未説及立宗事也。」問「徹田爲糧」處。先生以爲「徹，通也」之説乃是横渠説。然以孟子考之，只曰「八家皆私百畝，同養公田」。又公羊云「公田不治則非民，私田不治則非吏」。似又與横渠之説不同，蓋未必是計畝而分也。又問：「此詩與豳七月詩皆言公劉得民之盛。想周家自后稷以來，至公劉始稍盛耳。」先生曰：「自后稷之後至於不窋，蓋已失其官守，故『文武不先不窋』。至於公劉乃始復修其業，故周室由是而興也。」時舉。

時舉説：「公劉詩『鞞琫容刀』，注云：『或曰：「容刀如言容臭，謂鞞琫之中容此刀也。」』如何謂之容臭？」先生曰：「如今香囊是也。」時舉。

卷阿

時舉説卷阿詩畢，以爲：「詩中凡稱頌人君之壽考福禄者，必歸於得人之盛。故既醉詩云『君子萬年，介爾景福』，而必曰『朋友攸攝，攝以威儀』。假樂詩言『受天之禄』與『千禄百福』，而必曰『率由群匹』與『百辟卿士，媚于天子』。蓋人君所以致福禄者，未有不自得人始也。」先生領之。時舉。

民勞

時舉説民勞詩[一六七]：「竊謂每章上四句是刺厲王，下六句是戒其同列。如此是否？[一六八]」曰：「皆只是戒其同列。然鋪敍如此，便自可見。故某以爲古人非是直作一詩以刺其王，只陳其政事之失，自可以爲戒矣。」時舉因謂：「第二章末謂『無棄爾勞，以爲王休』，蓋以爲王者之休莫大於得人，惟群臣無棄其功，然後可以爲王之休美。至第三章後二句謂『敬慎威儀，以近有德』，蓋以爲既能拒絶小人必須自反於己，能自反於己[一六九]又不可以不親有德之人。不然，則雖欲絶去小人，未必有以服其心也。後二章『無俾正敗』、『無俾正反』，尤見詩人憂慮之深。蓋『正敗』則惟敗壞吾之正道，而『正反』則全然反乎正矣。其憂慮之意，蓋一章切於一章也。」先生領之。時舉。

板[一七〇]

時舉説板詩，問：「張子謂『天體物而不遺，猶仁體事而無不在也』。[一七一]『天體物而不遺』是指理而言，『仁體事而無不在』是指人而言否？」曰：「『體事而無不在』是指心而言也。天下一切事皆此心發見爾。」因言：「讀書窮理當體之於身。凡平日所講貫窮究者，不知逐日常見得在吾心目間否？不然，則隨文逐義，趕趁期限，不見悅處，恐終無益。」時舉。〔一七二〕

「『昊天曰明，及爾出王；昊天曰旦，及爾游衍』。旦與明祇一意。這個豈是人自如此？皆有來處。纔有些放肆則〔一七三〕他便知，〔一七四〕所以曰『日監在兹』。」又曰「敬天之怒，無敢戲豫。敬天之渝，無敢馳驅」。道夫〔一七五〕問：「『渝』字如何？」曰：「變也，如『迅雷風烈必變』之『變』，但未至怒耳。」道夫。〔一七六〕

道夫言：「昨來所論『昊天曰明』云云至『游衍』，此意莫祇是言人之所以爲人者皆天之所爲，故雖起居動作之頃而所謂天者未嘗不在也？」曰：「公説『天體物不遺』，既説得是，則所謂『仁體事而無不在』者亦不過如此。今所以理會不透祇是以天與仁爲有二也，今須將聖賢言仁處就自家身上思量，久之自見。」記曰：『兩君相見，揖讓而入門，入門而縣興；揖讓而升堂，升堂而樂闋。下管象武，夏籥序興，陳其薦俎，序其禮樂，備其百官，如此而後君子知仁焉。』又曰：『賓入大門而奏肆夏，示易以敬也。卒爵而樂闋，孔子屢歎之。』」道夫曰：「如此，則是合正理而不紊其序便是仁。」曰：「恁地猜終是血脈不貫，且反復熟看。」道夫。

蕩之什[一七七]

抑

時舉説蕩詩云[一七八]：「首章前四句有怨天之辭。後四句乃解前四句，謂天之降命本無不善；惟人不以善道自終，故天命亦不克終，如疾威而多邪僻也。此章之意既如此，故自次章以下託文王言紂之辭而皆就人君身上説，使知其非天之過。如『女興是力』、『爾德不明』與『天不湎爾以酒』、『匪上帝不時』之類，皆自發明首章之意。大略如此，未知是否？」[一七九]先生頷之。時舉。[一八〇]

先生説：「抑詩煞好。」鄭謂：「東萊硬要做刺厲王，緣以『爾』、『汝』字礙。」先生曰：「如『幕中之辨，人反以汝爲叛；臺中之評，人反以汝爲傾』等類，亦是自謂。古人此樣多。大抵他[一八一]詩，其原生於不敢異先儒，將詩去就那序。前面被這些子礙便轉來又[一八二]穿鑿胡説，更不向前求前面廣大處去[一八三]。或有兩三説，則俱要存之。如一句，或爲興，或爲比，或爲賦，則曰詩兼備此體。某謂既取興體，則更不應又取比體，既取比體，則更不應又取賦體。説[一八四]狡童便引石虎事證，且要有字不曳白。南軒不解詩，道詩不用解，諸先生説好了。南軒却易曉，說與他便轉。」淳。

雲漢

問：「雲漢詩乃他人述宣王之意，然責己處太少。」曰：「然。」可學。

崧高

問：「崧高、烝民二詩是皆遣大臣出爲諸侯築城。」曰：「此也曉不得。封諸侯固是大事。看黍苗詩，當初召伯帶領許多車徒人馬去，也自勞攘。古人做事有不可曉者，如漢築長安城，都是去別處調發人來，又只是數日便休。詩云『溥彼韓城，燕師所完』，注家多說是燕安之衆，某說即召公所封燕國之師。不知當初何故不只教本土人築，又須去別處發人來，豈不大勞攘？古人重勞民，如此等事又却不然，更不可曉，强說便成穿鑿。」又曰：「看烝民詩及左傳、國語，周人說底話多有好處。也是文、武、周公立學校，教養得許多人，所以傳得這些言語，如烝民詩大故細膩。劉子曰『人受天地之中以生』，皆說得好。」夔孫。義剛錄同而少異，云：「林子武問：『宣王詩不知如何都使人臣去築城？』□曰：『也是不可曉。封諸侯也是一件大事。看召伯當時□□，封申伯、仲山甫也。夫築城但古制也，有難考處。且如漢築長安城，皆於數千里外調發來，又皆只是數日便罷。恁地千鄉萬里來做什麼？都不曉古人之意。且如說「召伯有成王心則寧」，「我徒我旅」，恁地帶許多人來也自是勞苦。古人重民□，又不知不只用地頭人却用遠處人做什麼？且如□□建州、南劍上下築城，却去建康府發人來。這般都曉不得，强爲之説便穿鑿。』」。〔一八五〕

往近南「舅」近音「記」，説文自從企從丌，文字差訛一至於此。道夫。〔一八六〕

烝民

問：「烝民詩解云『仲山甫蓋以冢宰兼太保』，何以知之？」曰：「其言『式是百辟』，則是爲宰相可知。其曰『保兹天子』、『王躬是保』，則是爲太保可知，此正召康公之舊職。」廣。

烝民詩〔一八七〕「仲山甫之德，柔嘉維則」，詩傳中用東萊吕氏説。文蔚舉似及此。〔一八八〕先生曰：「記得他甚主張那『柔』字。」文蔚曰：「他後面〔一八九〕一章云『柔亦不茹，剛亦不吐』，此言仲山甫之德剛柔不偏也。而二章首舉『仲山甫之德』，獨以『柔嘉維則』蔽之。崧高稱『申伯番番〔一九〇〕』，終論其德亦曰『柔惠且直』，然則入德之方其可知矣。」曰：「如此，則乾卦不用得了。人之姿禀自有柔德勝者，自有剛德勝者。如本朝范文正公、富鄭公輩是以剛德勝，如范忠宣、范淳夫、趙清獻、蘇子容輩是以柔德勝，只是他柔却柔得好。今仲山甫『令儀令色，小心翼翼』却是柔，但其中自有骨子，不是一向如此柔去。便是人看文字要得言外之意。若以仲山甫『柔嘉維則』必要以此爲入德之方則不可，人之進德須用剛健不息。」文蔚。

又論[一九一]「既明且哲，以保其身」。曰：「只是上文『肅肅王命，仲山甫將之。邦國若否，仲山甫明之』，便是明哲。所謂『明哲』者只是曉天下事班[一九二]，順理而行自然災害不及其身，可以保其禄位。今人以邪心讀詩，謂明哲是見幾知微，先去占取便宜。如揚子雲説『明哲煌煌，旁燭無疆。遜于不虞，以保天命』，便是占便宜底説話，所以它一生被這幾句誤。然『明哲保身』亦只是常法，若到那舍生取義處，又不如此論。」文蔚。

頌[一九三]

周頌[一九四]　清廟之什[一九五]

我將[一九六]

問：「我將之詩[一九七]乃祀文王於明堂之樂章。詩傳以謂『物成形於帝，人成形於父，故季秋祀帝於明堂而以父配之，取其成物之時也。此乃周公以義起之，非古禮也』。不知周公以後將以文王配耶，以時王之父配耶？」曰：「諸儒正持此二議，至今不決，看來只得以文王配。且周公所制之禮不知在武王之時，在成王之時？若在成王，則文王乃其祖也亦自可見。」又問：

「繼周者如何？」曰：「只得以有功之祖配之。」僩。

臣工之什〔一九八〕

敬之

「日就月將」是日成月長。就，成也；將，大也。節。

商頌〔一九九〕

商頌簡奥。公謹。〔二〇〇〕

玄鳥〔二〇一〕

問：「玄鳥詩吞卵事亦有此否？」先生曰：「當時恁地説，必是有此。今不可以聞見不及定其爲必無。」淳。

晦庵先生朱文公語類卷第八十二

孝經

或問：「孝經是聖人全書否？」先生曰：「某自有考孝經説。早晚尋出。」時舉。〔一〕

古文孝經却有不似今文順者。如「父母生之，續莫大焉」，又着一個「子曰」字，方説「不愛其親而愛他人者謂之悖德」。兼上更有個「子曰」，亦覺無意思。此本是一段，以「子曰」分爲三，恐不是。温公家範以父子、兄弟、夫婦等分門，却成一個文字，但其間有欠商量未通行者耳。本作一段聯寫去，今印者分作小段，無意思。伯恭閫範無倫序，其所編書多是如此。賀孫。

孝經疑非聖人之言。且如「先王有至德要道」，此是説得好處。然下面都不曾説得切要處着，但説得孝之效如此。如論語中説孝，皆親切有味，都不如此。士庶人章説得更好，只是下面都不親切。賜。

問：「『郊祀后稷以配天，宗祀文王以配上帝』，〔二〕帝只是天，天只是帝，却分祭何也？」曰：「爲壇而祭故謂之天，祭於屋下而以神祇祭之故謂之帝。」寓。

問：「周公〔三〕『郊祀后稷以配天，宗祀文王於明堂以配上帝』，此說如何？」曰：「此自是周公創立一個法如此，將文王配明堂，永爲定例。以后稷配〔四〕郊，推之自可見。後來妄將『嚴父』之說亂了。」賜。

問：「向見先生說，孝經中〔五〕『孝莫大於嚴父，嚴父莫大於配天』非是〔六〕聖人之言。必若此而後可以爲孝，豈不啓人僭亂之心？而中庸說舜、武王之孝，亦以『尊爲天子，富有四海之內』言之，如何？」曰：「中庸是著舜、武王言之，何害？若泛言人之孝而必以此爲說，則不可。」廣。

問：「孝經一書文字不多，先生何故不爲理會過？」曰：「此亦難說。據此書，只是前面一段自「仲尼居」至「未之有也」。〔七〕是當時曾子聞於孔子者，後面皆是後人綴緝而成。」問：「如『天地之性人爲貴』、『人之行莫大於孝』，恐非聖人不能言此。」曰：「此兩句固好。如下面說『孝莫大於嚴父，嚴父莫大於配天』，則豈不害理！儻如此則須是如武王、周公方能盡孝道，尋常人都無分盡孝道也，豈不啓人僭亂之心？其中煞有左傳及國語中言語。」或問：「莫是左氏引孝經中言語否？」曰：「不然。其言在左氏傳、國語中即上下句文理相接，在孝經中却不成文理。見程沙隨說，向時汪端明亦嘗疑此書是後人僞爲者。」廣。

器之又問「嚴父配天」。曰：「『嚴父』只是周公於文王如此稱纔是，成王便是祖。此等處儘有理會不得處。大約必是郊時以〔八〕后稷配天，明堂則以文王配帝。孝經亦是湊合之書，不可盡信，但以義起，亦是如此。」因說：「孝經只有前一段，後皆云『廣至德』、『廣要道』，都是湊合來演説前意，得〔九〕其文多不全。只是如〔一〇〕諫諍、五刑、喪親三篇稍是全文。如『配天』等説亦不是聖人説孝來歷，豈有人人皆可以配天？豈有必配天斯可以爲孝？如禮記煞有好處，可附於孝經。」賀孫問：「恐後人湊合成孝經時亦未必見禮記。如曲禮、少儀之類，猶是説禮節。若祭義後面許多説孝處説得極好，豈不可爲孝經？」曰：「然。今看孝經中有得一段似這個否？」賀孫。

「事地察」、「天地明察」、「上下察」、「察乎天地」、「文理密察」，皆明著之意。閎祖。〔一一〕

「明」、「察」是彰著之義。能事父孝則事天之理自然明，能事母孝則事地之理自然察。道夫。

晦庵先生朱文公語類卷第八十三

春秋

綱領

春秋獲麟，某不敢指定是書成感麟，亦不敢指定是感麟作。大概出非其時，被人殺了，是不祥。淳。

春秋今來大綱是從胡文定説，但中間也自有難穩處。如叔孫婼祈死事，昭公二十五年。〔一〕把他做死節，本自無據。後却將「至自晉」一項説，又因穀梁「公孫舍」云云。他若是到歸來，也須問我屋裏人，如何同去弑君，也須誅討斯得。自死是如何？春秋難説。若只消輕看過，不知是如何。如孟子説道「春秋無義戰，彼善於此」，只將這意看如何。左氏是三晉之後，不知是甚麽人。看他説魏畢萬之後必大，如説陳氏代齊之類，皆是後來設爲豫定之言。春秋分明處只是如「晉士匄侵齊，至穀聞齊侯卒，乃還」，這分明是與他。賀孫。

說春秋。云：〔二〕「程子所謂『春秋大義數十，炳如日星』者，如『成宋亂』、『宋災故』之類，乃是聖人直著誅貶，自是分明。如胡氏謂書『晉侯』爲以常情待晉襄，書『秦人』爲以王事責秦穆處，却恐未必如此。須是己之心果與聖人之心神交心契，始可斷他所書之旨，不然則未易言也。程子所謂『微辭隱義，時措從宜者爲難知』耳。」人傑。

問：「春秋當如何看？」曰：「只如看史樣看。」時舉云：〔三〕「程子所謂『以傳考經之事迹，以經別傳之真僞』，此意〔四〕如何？」曰：「便是亦有不可考處。」時舉云：〔五〕「其間不知是聖人果有褒貶否？」曰：「也見不得。」時舉云：〔六〕「如許世子止嘗藥之類如何？」曰：「聖人亦只因國史所載而録之耳。聖人光明正大，不應以一二字加褒貶於人。若如此屑屑求之，恐非聖人之本意。」時舉。

義剛〔七〕問：「文定公〔八〕據孟子『春秋天子之事』一句作骨，如此則是聖人有意誅賞。」曰：「文定是如此説，道理也是恁地。但聖人只是書放那裏，使後世因此去考見道理如何便爲是，如何便爲不是。若説道聖人當時之意，説他當如此我便書這一字〔九〕，他當如彼我便書那一字〔一〇〕，則恐聖人不解恁地。聖人當初只直寫那事在上面，如説張三打李四，李四打張三，未嘗斷他罪，某人杖六十，某人杖八十。如孟子便是説得那地步闊。聖人之意只是如此，不解恁地細碎。且如『季子來歸』，諸公説得恁地好。據某看來，季友之罪與慶父也不爭多。但是他歸來後會平了難，魯人歸之，故如此說。况他世執魯之大權，人自是怕他。史官書得恁地，孔子因而存此，蓋以見他執權之漸耳。」義剛。陳淳及別本録同而略。〔一一〕

「世間人解經多是杜撰。且如春秋只據赴告而後〔一二〕書之，孔子只因舊史而作春秋，非有許多曲折。且如書鄭忽與突事，纔書『忽』又書『鄭忽』，又書『鄭伯突』，胡文定便要說突有君國之德，須要因『鄭伯』兩字，字〔一三〕上求他是處，似此皆是杜撰。大概自成、哀已前舊史不全，有舛逆〔一四〕，故所記各有不同。若昭、哀已後皆聖人親見其事，故記得其實，不至於有遺處。如何却說聖人予其爵、削其爵、賞其功、罰其罪，是甚說話！」祖道問曰：「孟子說『春秋，天子之事』，如何？」曰：「只是被孔子寫取在此，人見者自有所畏懼耳。若要說孔子去褒貶他，去其爵，與其爵，賞其功，罰其罪，豈不是謬也！其爵之有無與人之有功有罪，孔子也予奪他不得。」祖道。〔一五〕

蘇子由解春秋，謂其從赴告，此說亦是。既書「鄭伯突」又書「鄭世子忽」，據史文而書耳。定、哀之時聖人親見，據實而書。隱、威之世，時既遠，史册亦有簡略處，夫子亦但據史册而寫出耳。人傑。

或說：「沈卿說春秋，云：『不當以褒貶看。聖人只備録是非使人自見。如「克段」之書而兄弟之義自見，如蔑之書而私盟之罪自見，來賵仲子便自見得以天王之尊下賵諸侯之妾。聖人以公平正大之心，何嘗規規於褒貶？』」先生〔一六〕曰：「只是中間不可以一例説，自有曉不得處。公且道如『翬帥師』之類是如何？」曰：「未賜族，如挾、柔、無駭之類。無駭，魯卿，隱二年書『無駭』，九年書『挾卒』，莊十一年書『柔』，皆未命也。到莊以後，却不待賜而諸侯自予之。」先生〔一七〕曰：「便是這般所在，那裏見得這個是賜、那個是未賜？三傳唯左氏近之。或云左氏是楚左史倚相之後，故載楚事較詳。國語與左傳似出一手，然國語使人厭看，如齊、楚、吳、越諸處又精采。如紀周、魯自是無可説，將虚文敷衍，如説籍田等處令人厭看。左氏必不解是丘明，如聖人所稱煞是正直底人。如左傳之文自有縱横意思。史記却説『左丘失明，厥有國語』，或云左丘明，左丘，其姓也。左傳自是左姓人作。又如秦始有臘祭，而左氏謂『虞不臘矣』，是秦時文字分明。」賀孫。

春秋大旨其可見者，誅亂臣討賊子、内中國外夷狄、貴王賤伯而已。未必如先儒所言字字有義也。想孔子當時只是要備二三百年之事，故取史文寫在這裏，何嘗云某事用某法？某〔一八〕事用某例邪？且如書會盟侵伐，大意不過見諸侯擅興自肆耳。書郊禘，大意不過見魯僭禮耳。至如三卜四卜，〔一九〕是失禮之中又失禮也。如「不郊，猶三望」，是不必望而猶望也。如書「仲遂卒，猶繹」，是不必繹而猶繹也。如此等義却自分明。近世如蘇子由、呂居仁却看得平。闳祖。

春秋只是直載當時之事，要見當時治亂興衰，非是於一字上定褒貶。初間王政不行，天下都無統屬，及五伯出來扶持，方有統屬。「禮樂征伐，自諸侯出」。到後來五伯又衰，政自大夫出。到孔子時，皇、帝、王、伯之道掃地，故孔子作春秋，據它事實寫在那裏，教人見得當時事是如此，安知用舊史與不用舊史。今硬説那個字是孔子文，那個字是舊史文，如何驗得？果[二〇]聖人所書，好惡自易見。如葵丘之會、召陵之師、踐土之盟自是好，本末自是別。及後來五伯既衰，溴梁之盟，大夫亦出與諸侯之會，這個自是差異不好。今要去一字兩字上討意思，甚至以日月、爵氏、名字上皆寓褒貶。如「王人子突救衛」自是當救衛[二一]，當時是有個子突，孔子因存他名字。今諸公解却道王人本不書字，緣其救衛故書字。又如季子來歸，諸解多做好看。某看季子之罪與慶父不争多，只是它歸來會平了難，故魯人如此説。更是它家世執魯之大權，史官怕它，自是恁地書。孔子因而存之，以見季氏之專萌芽於此。[二二]如[二三]孟子説：「臣弑其君者有之，子弑其父者有之。孔子懼，作春秋。」説得極是[二四]。又曰：「春秋無義戰，彼善於此則有之矣。」此等皆看得地步闊。聖人之意只是如此，不解恁地細碎。淳。義剛録少異[二五]，云：「或問春秋。曰：[二六]『春秋，[二七]某便[二八]不敢似諸公道聖人是於一字半字上定去取。聖人只是存得那事在，要見當時治亂興衰。如那一部左傳載得許多事，也未知是與不是，但是道理也是恁地，今且把來參考。[二九]見得其初王政不行，天下皆無統屬，及五伯出來，如此扶持，方有統屬。恁地便見得天王都做主不起。』」後同。

看春秋且須看得一部左傳首尾意思通貫，方能略見聖人筆削與當時事之大意。道夫。

春秋之書且據左氏。當時天下大亂，聖人且據實而書之，其是非得失付諸後世公論，蓋有言外之意。若必於一字一辭之間求褒貶所在，竊恐不然。齊威、晉文所以有功於王室者，蓋當時楚最强大，時復加兵于鄭，鄭則在王畿之内。又伐陸渾之戎，觀兵周疆，其勢與六國不同。蓋六國勢均力敵，不敢先動。楚在春秋時，他國皆不及其强，向非威、文有以遏之，則周室爲其所并矣。又，諸侯不朝聘于周而周反下聘於列國，是甚道理！廣。〔三〇〕

問春秋。曰：「此是聖人據魯史以書其事，使人自觀之以爲鑒戒爾。其事則齊威、晉文有足稱，其義則誅亂臣賊子。若欲推求一字之間，以爲聖人褒善貶惡專在於是，切恐不是聖人之意。如書即位者是魯君行即位之禮，繼故不書即位者是不行即位之禮。若威公之書即位則是威公自正其即位之禮耳，其他崩、薨、卒、葬，亦無意義。」人傑。

或有解春秋者專以日月爲褒貶，書時月則以爲貶，書日則以爲褒，穿鑿得全無義理。若胡文定公所解乃是以義理穿鑿，故可觀。人傑。

春秋所書，如某人爲某事，本據魯史舊文筆削而成。今人看春秋必要謂某字必〔三一〕譏某人，如此則是孔子專任私意，妄爲褒貶。孔子但據直書而善惡自著。今若必要如此推説，須是得魯史舊文參校筆削異同，然後爲可見。而亦豈復可得也？謨。

書「人」恐只是微者。然朝非微者之禮而有書「人」者，此類亦不可曉。閎祖。

問：「『春王正月』是用周正，用夏正？」〔三二〕曰：「兩邊都有證據，將何從？」〔三二〕某向來只管理會此，不放下，竟擔閣了。吾友讀書不多，不見得此等處。某讀書多後，有時此字也不敢喚做此字。如家語周公祝成王冠辭：『近爾民，遠爾年，嗇爾時，惠爾財，親賢任能。』『近爾民』言得民之親愛也，『遠爾年』言壽也。『年』與『民』叶，音紉。『能』與『財』叶，囊來反；與『時』叶，音尼。『財』音慈。」淳。義剛録云：「陳安卿問：『「王正月」是周正，或是夏正？』先生曰：『這個難稽考，莫要理會這個。』」〔三三〕

春秋有書「天王」者，有書「王」者，此皆難曉。或以爲王不稱「天」，貶之。某謂若書「天王」，其罪自見。宰咺以爲冢宰亦未敢信，其他如莒去疾、莒展輿、齊陽生，恐只據舊史文。若謂添一個字、減一個字便是褒貶，某不敢信。威公不書秋冬，史闕文也。或謂貶天王之失刑，不成議論，可謂亂道。夫子平時稱顔子「不遷怒，不貳過」，至作春秋却因惡魯威而及天子，可謂「桑樹着刀，穀樹汁出」者。魯威之弑，天王之不能討，罪惡自著，何待於去秋冬而後見乎！又如貶滕稱「子」，而滕遂至於終春秋稱「子」，豈有此理！今朝廷立法，降官者猶經赦敍復，豈有因滕子之朝威，遂併其子孫而降爵乎？人傑。

「胡文定説春秋『公即位』終是不通。且踰年即位，凶服如何入廟？胡文定却説是冢宰攝行。他事可攝，即位豈可攝？且如『十一月乙丑，伊尹以冕服奉嗣王』，『惟十有三祀』却是除服了。康王之誥，東坡道是召公失禮處。想古時是這般大事必有個權宜，如借吉之例。」或問：「金縢，前輩謂非全書。」曰：「周公以身代武王之説只緣人看錯了。此乃周公誠意篤切以庶幾其萬一。『丕子之責于天』，只是以武王受事天之責任。如今人説話他要個人來服事，周公便説是他不能服事天，不似我多才多藝自能服事天。」賀孫。

某〔三四〕問：「胡氏傳春秋盟誓處，以爲春秋皆惡之。楊龜山亦嘗議之矣。自今觀之，豈不可因其言之〔三五〕與否而褒貶之乎？今民『泯泯棼棼，罔中于信，以覆詛盟』之時，而遽責以未施信而民信之事，恐非化俗以漸之意也。」先生〔三六〕曰：「不然。盟詛〔三七〕必竟非君子之所爲，故曰『君子屢盟，亂是用長』。將欲變之，非去盟崇信，俗不可得而變〔三八〕也。故伊川有言曰：『凡委靡隨俗者不能隨時，惟剛惟毅特立，乃所以隨時也。』斯言可見矣。」先生〔三九〕問洽：「尋常如何理會胥命？」洽〔四〇〕曰：「嘗考之矣。當從劉侍讀之説。自王命不行，則諸侯上僭之事由階而升，然必與勢力之不相上下者〔四一〕共爲之，所以布於衆而成其僭也。齊、衛當時勢敵，故齊僖自以爲小伯而黎人責衛以方伯之事。當時王不敢命伯而欲自爲伯，故於此彼此相命以成其私也。及其久也，則力之能爲者專之矣，故威公遂自稱伯。以至戰國諸侯各有稱王之意，不敢獨稱於國，必與勢力之相侔者共約而爲之，齊、魏會于葿澤以相王是也。其後七國皆王，秦人思有以勝之，於是使人致帝于齊，約共稱帝，豈非相帝？自相命而至於相王，自相王而至於相帝，僭竊之漸勢必至此，[四二] 豈非其明證乎？」先生曰：「然則左傳所謂『胥命于弭』，何也？」某[四三] 曰：「此以納王之事相讓[四四] 相先也。」先生云：「説亦有理。」洽。[四五]

黄問：「春秋諸臣多曉義理。」曰：「那時多是世臣，君臣之分密，其情亦自不能相舍，非皆由曉義理。古者君臣素講自一家一國以及天下，大處有大君臣，小處有小君臣。今世在士人猶略知有君臣，如田夫豈識君臣是如何？太祖軍法曰『一階一級皆存服事之儀』，向來軍中却有定分。」淳。[四六]

張元德問春秋周禮疑難。先生曰：「此等皆無佐證，强説不得。若穿鑿説出來便是侮聖言。不如且研窮義理，義理明則皆可遍通矣。」因曰：「看文字且先看明白易曉者。此語是某發出來，諸公可記取。」時舉。[四七]

經[四八]

薛士龍曰「魯隱初僭史」，殊不知周官所謂「外史合四方之志」，便是四方諸侯皆有史。諸侯若無史，外史何所稽考而爲史？如古人生子則閭史書之。且二十五家爲閭，閭尚有史，況一國乎！正卿。隱元年。[四九]

惠公仲子恐是惠公之妾，僖公成風却是僖公之母，不可一例看，不必如孫明復之説。閎祖。

孫明復云：「文九年冬，秦人來〔五〇〕歸僖公成風之襚，與此不稱夫人義同，譏其不及事而又兼之貶也。」

「夫人子氏薨」只是仲子。左氏「豫凶事」之説亦有此〔五一〕理。「考仲子之宫」是到〔五二〕立廟。人傑。二年。

陳仲蔚説「公矢魚于棠」，云：「或謂『矢』如『臯陶矢厥謨』之『矢』。」先生曰：「便是亂説。今據傳曰『則君不射』，則『矢魚』〔五三〕是將弓矢去射之，如漢武帝親射江中蛟之類。何以〔五四〕見得？夫子作春秋，征只書征，伐只書伐，不曾恁地下〔五五〕一字。如何平白無事，陳魚不只寫作『陳』字，却要下個『矢』字則麽？『遂往陳魚而觀之』這幾句却是左氏自説，據他上文則無此意。」義剛。五年。

問：「書蔡威侯，文定以爲蔡季之賢知請謚，如何？」曰：「此只是文誤。」人傑。桓〔五六〕十七年。

問：「魯桓公爲齊襄公所殺，其子莊公與桓公會而不復讎，先儒謂春秋不譏，是否？」曰：「他當初只是據事如此寫在，如何見他譏與不譏？當桓公被殺之初便合與他理會，使上有明天子，下有賢方伯〔五七〕，興復讎之師。只緣周家衰弱，無告〔五八〕愬處，莊公又無理會，便自與之主婚，以王姬嫁齊。及到桓公時，又自隔一重了。況到此，事體又别，桓公率諸侯以尊周室，莊公安得不去？若是不去，却不是叛齊，乃是叛周。」文蔚[五九]曰：「使莊公當初自能舉兵殺了襄公，還可更赴桓公之會否？」曰：「他若是能殺襄公，他却自會做霸主，不用去隨桓公。若是如此，便是這事結絶了。」文蔚。[六〇]

問：「穀梁釋『夫人孫于齊』，其文義如何？」曰：「『始人之也』猶言始以人道治莊公也。命猶名也，猶曰『若於道』、『若於言』，天人皆以爲然，則是吾受是名也。『臣子受[六一]命』，謹其所受命之名而已。大抵齊魯之儒多質實，當時或傳誦師説，見理不明，故其言多不備[六二]。禮記中亦然，如云『仁者右也，義者左也』，道它不是不得。」人傑。莊元年。穀梁曰：「『夫人孫于齊』，諱奔也。接練時録母之變，始人之也。不言氏姓，貶之也。人之於天也，以道受命於人也；以言受命不若於道者，天絶之也；不若於言者，人絶之也。臣子大受命。」[六三]

荆楚初書國，後進稱人、稱爵，乃自是他初間不敢驟交於中國，故從卑稱。後漸大，故稱爵。賀孫。十一年。[六四]

吴楚盟會不書王，恐是吴楚當時雖自稱王於其國，至與諸侯盟會則未必稱也。閎祖。十二年。[六五]

「『季子來歸』如『高子來盟』、『齊仲孫來』之類。當時魯國内亂，得一季子歸國則國人皆有慰望之意，故魯史喜而書之。夫子直書史家之辭。其實季子無狀，觀於成風之事[六六]可見。

一書『季子來歸』而季氏得政，權去公室之漸皆由此起矣。」問：「魯君弑而書『薨』，如何？」曰：「如晉史書趙盾弑君，齊史書崔杼弑君，魯却不然，蓋恐是周公之垂法，史書之舊章。韓宣子所謂周禮在魯者，亦其一事也。」問諸侯書「卒」。曰：「劉道原嘗言之，此固當書『卒』。」問：「魯君書『薨』而諸侯書『卒』，内大夫卒而略外大夫，只是别内外之辭。」曰：「固是。且如今虜主死，其國必來告哀，史官必書虜主之死。若虜中宰相大臣，彼亦不告，此亦必不書之也。但書『王猛』又書『王子猛』，皆不可曉。所謂『天子未除喪曰「予小子」，生名之，死亦名之』，此乃據春秋例以爲之説耳。」人傑。閔元年。〔六七〕

問季友之爲人。曰：「此人亦多可疑。諸家多言季友『來歸』爲聖人美之之辭。據某看，此一句正是聖人著季氏所以專國爲禍之基。又『成風聞季氏之繇，乃事之』，左氏記此數句亦有説話。成風没巴鼻，事之則甚？據某看，此等人皆是〔六八〕魯國之賊耳。」又問子家子。曰：「它却是忠於昭公。只是也無計畫，不過只欲勸昭公且泯默含垢受辱，因季氏之來請而歸魯耳。昭公所以不歸，必是要逐季氏而後歸也。當時列國之大夫，如晉之欒、魯之季氏、鄭之伯有之徒，國國皆然。二百四十二年，真所謂五濁惡世，不成世界！孔子説『有用我者，吾其爲東周乎』，不知如何地做，從何處做起。某實曉不得。」或曰：「相魯可見。」曰：「他合下只説得季威子透，威子事事信之，所以做得。及後來被公斂處父一説破了，威子便不信之，孔子遂做不得矣。孟子説五年七年可『爲政於天下』，不知如何做，孔子不甚説出來。孟子自擔負不淺，不知怎生做也。」僩。

「成風事季友與敬嬴事襄仲一般，春秋何故褒季友？如書『季子來歸』是也。」人傑謂：「季子既歸，而閔公被弒，慶父出奔。季子不能討賊，是其意在於立僖公也。」先生曰：「縱失慶父之罪小而季子自有大惡，今春秋不貶之而反褒之，殆不可曉。蓋如高子、仲孫之徒，只是舊史書之，聖人因其文而不革。所以書之者，欲見當時事迹付諸後人之公議耳。若謂季子爲命大夫，則叔孫婼嘗受命服，何爲書名乎？」人傑。〔六九〕

春秋書「會王世子」，與齊威公也。廣。僖〔七〇〕五年。

晉里克事只以春秋所書，未見其是非。國語載驪姬陰託里克之妻，其後里克守不定，遂有中立之説。他當時只難里克，里克若不變，太子可安。由是觀之，里克之罪明矣。後來殺夷齊、〔七一〕卓子，亦自快國人之意，且與申生伸冤。如春秋所書多有不可曉。如里克等事，只當時人已自不知孰是孰非，况後世乎？如蔡人殺陳佗，都不曾有陳佗弒君蹤跡。「會王世子」却是威公做得好。賀孫。七年。〔七二〕

或問：「春秋書『晉殺其大夫荀息』，是取他否？」曰：「荀息亦未見有可取者，但始終一節，死君之難，亦可取耳。後又書『晉殺其大夫里克』者，不以弒君之罪討之也。然克之罪則在中立。今左傳中却不見其事，國語中所載甚詳。」廣。十年。

文蔚[七三]問：「里克、丕鄭、荀息三人，當初晉獻公欲廢太子申生，立奚齊，荀息便謂『君命立之，臣安敢貳』，略不能諫君以義，此大段不是。里克、丕鄭謂『從君之義，不從君之惑』，所見甚正，只是後來却做不徹。」答[七四]曰：「他倒了處便在那中立上。天下無中立之事，自家若排得他退便用排退他，若奈何[七五]不得便用自死。今驪姬一許他中立，便他事便了，便是他只要求生避禍。正如隋高祖篡周，韋孝寬初甚不能平，一見衆人被殺便去降他，反教他添做幾件不好底事。看史到此，使人氣悶。」或曰：「晉荀息[七六]亦有不是處。」曰：「全然不是。豈止有不是處？只是辦得一死亦是難事。」文蔚曰：「里克當獻公在時不能極力理會，及獻公死後却殺奚齊，此亦未是。」曰：「這般事便是難説。獻公在日，與他説不聽，又怎生奈何得他？後來亦用理會，只是不合殺了他。」文蔚。

「諸侯滅國未嘗書名。『衛侯燬滅邢』，説者以爲滅同姓之故。今經文只隔『夏四月癸酉』一句，便書『衛侯燬卒』，恐是因而傳寫之誤，亦未可知。」又曰：「魯君書『薨』，外諸侯書『卒』。劉原父答温公書謂『薨』者，臣子之詞。温公亦以爲然。以『卒』爲貶詞者恐亦非是。」儒用。人傑録同。[七七]二十五年。

僖公成風與東晉簡文帝鄭太后一也，皆所以著妾母之義。至本朝真宗既崩，始以三后並配。當時群臣亦嘗争之，爲其創見也。後來遂以爲常，此禮於是乎紊矣。人傑。文〔七八〕四年。

「公孫敖如京師，不至而復」。延平先生云：「只不至而復便是大不恭。又魯更不再使人往，皆罪也。」胡氏只貶他從己氏之過。經文元不及此事。人傑。八年。〔七九〕

問：「滕本侯爵，降而稱子。胡文定以爲『朝弑君之賊』，然終春秋之世以子書，似有可疑者。」先生曰：「程沙隨説此却頗有理。謂此乃自貶之爵，蓋懼以侯爵貢，故以子禮來。如鄭子産争承曰：『鄭伯，男也。而使從公侯之貢，懼弗給也。』恐類是。」十二年。争承，見昭十三年。儒用。〔八〇〕

「遂以夫人姜氏至自齊」，恐是當時史官所書如此。蓋爲如今魯史不存，無以知何者是舊文，何者是聖人筆削，怎見得聖人之意？閎祖。宣元年。

宣公十五年，「公孫歸父會楚子于宋。夏五月，宋人及楚人平」。春秋之責宋、鄭，正以其叛中國而從夷狄爾。中間諱言此事，故學者不敢正言，今猶守之而不變，此不知時務之過也。罪其貳霸亦非是。春秋豈率天下諸侯以從三五〔八一〕之罪人哉！特罪其叛中國爾。道夫。此章，先生親批章浦縣學課簿。

因問：「胡氏傳欒書，載〔八二〕晉厲公事，其意若許欒書之弑，何也？」先生曰：「舊亦嘗疑之，後見范伯達〔八三〕而問焉。伯達曰：『文定公之意，蓋以爲欒書執國之政而厲公無道如此，亦不得坐視。爲欒書〔八四〕之計，厲公可廢而不可殺也。』」某曰：〔八五〕「傳中全不見此意。」先生曰：「文定既以爲其人〔八六〕當如此作傳，雖不可明言，豈不可微示其意乎？今累數百言而其意絶不可曉，是亦拙於傳經者也。」洽。

胡解「晉弑其君州蒲」一段，意不分明，似是爲欒書出脱。曾問胡伯逢，伯逢曰：「厲公無道，但當廢之。」閎祖。成十九年。〔八七〕

春秋書「蔡人殺陳佗」，此是夫子據魯史書之。佗之弑君初不見於經者，亦是魯史無之耳。廣。〔八八〕

楊至之問：「左傳『元者體之長』等句是左氏引孔子語，抑古有此語？」曰：「或是古已有此語，孔子引他也未可知。左傳又云『克己復禮，仁也』。『克己復禮』四字亦是古已有此語。」淳。以下論三傳。〔八九〕

義剛〔九〇〕問：「石碏諫得已自好了，如何更要那『將立州吁』四句？」曰：「也是要得不殺那桓公。」又問：「如何不禁其子與州吁遊？」曰：「次第也是那〔九一〕石碏老後，奈那〔九二〕兒子不何。」又問：「殺之如何要引他從陳去？忽然陳不殺却如何。」曰：「如喫飯樣，不成説道喫不得後便不喫，也只得喫。」義剛。〔九三〕

義剛曰：「『莊公見潁考叔而告之悔，此只〔九四〕是他天理已漸漸明了。考叔當時聞莊公之事而欲見之，此蓋[九五]是他欲撥動他機，及其既動却好開明義理之説，使其心豁然知有天倫之親。今却教恁地去做，則母子全恩依舊不出於真理。此其母子之間雖能如此，而其私欲固未能瑩然消釋。其所以略能保全而不復開其隙者，特幸耳。」先生曰：「恁地看得細碎，不消如此。某便是不喜伯恭博議時，他便都是這般議論。恁地忒細碎，不濟得事。且如這樣，他是且欲全他母子之恩。以他重那盟誓未肯變，故且教他恁地做。這且得他全得大義，未暇計較這個，又何必如此去論他？」義剛。

陳仲蔚問：「東萊論潁考叔之説是否？」曰：「古人也是重那盟誓。」又問：「左傳於釋經處但略過，如何？」曰：「他釋經也有好處。如説『段不弟故不言弟。稱「鄭伯」，譏失教也』，這樣處説得也好，蓋説得闊。」又問：「『宋宣公可謂知人矣，立穆公，其子享之』，這也不可謂知人。」曰：「這樣處却説得無巴鼻。如公羊説，宣公却是宋之罪腦。公羊曰：「宋之禍，宣公爲之也。」[九六]左氏有一個大病時[九七]是他好以成敗論人，遇他做得來好時便説他好，做得來不好時便説他不是，却都不祈之以理之是非，這却[九八]是他大病。敍事時，左氏却多是，公、穀却都是胡撰。他去聖人遠了，只是想，是[九九]胡説。」或問：「左氏果丘明否？」曰：「左氏敍至韓、魏、趙殺智伯事，去孔子六七十年，決非丘明。」義剛。

林黄中謂：「左傳『君子曰』是劉歆之辭。」胡先生謂周禮是劉歆所作，不知是如何。」「左傳

『君子曰』最無意思。」因舉：「『芟夷蘊崇之』一段是關上文甚事？」賀孫。

晉「驪姬之亂，詛無畜群公子，自是晉無公族」，而以卿爲公室大夫，這個便是六卿分晉之漸也。始驪姬譖逐群公子，欲立奚齊、卓子爾。後來遂以爲例，則疑六卿之陰謀也。然亦不可曉。僩。[一〇〇]

昔嘗聞長上言：「齊威公伐楚不責以僭王之罪者，蓋威公每事持重不是一個率然不思後手者。當時楚甚强大，僭王已非一日。威公若以此問之，只宜楚即服罪，不然齊豈遽保其必勝楚哉？」及聞先生言及，亦以爲然。處謙。

楊至之問晉悼公。先生曰：「甚次第。他才大段高，觀當初人去周迎他時只十四歲，他説幾句話便乖，便有操有縱。纔歸晉做得便别。當時厲公恁地弄得狼當，被人攛掇，胡亂殺了，晉室大段費力。及悼公歸來不知如何便被他做得恁地好，恰如久雨積陰忽遇天晴，光景便别，赫然爲之一新。」又問：「勝威文否？」先生曰：「儘勝。但威文是白地做起來，悼公是見成基址。某嘗謂晉悼公、宇文周武帝、周世宗三人之才一般，却做得事，都是一做便成，及纔成又便死了，不知怎生地。」義剛。陳淳，人傑録同。[一〇一]

植因舉楚人「卒偏之兩」乃一百七十五人。先生[一〇二]曰：「一廣有百七十五人，二廣計三百五十。楚分爲左、右廣，前後更番，次舉額牒。[一〇三]」植。[一〇四]

春秋權臣得政者皆是厚施於民，故晏子對景公之辭曰「在禮，家施不及國」，乃先王防閑之意。人傑。

陳仲卿〔一〇五〕問：「三卿爲侯，〔一〇六〕司馬、胡氏之説孰正？」先生曰：「胡氏説也〔一〇七〕如此。但他也只從春秋中間説起，這却不特如此。蓋自平王以來便恁地無理會，緣是如此日降一日，到下梢自是没奈他何。而今看春秋初時，天王尚略略有戰伐之屬，到後來都無事，及到定哀之後更不敢説着他。然其初只是諸侯出來抗衡，到後來諸侯纔不奈何便又被大夫出來做，及大夫稍做得没奈何又被陪臣出來做。這便似唐之藩鎮樣，其初是節度抗衡，後來牙將、孔目官、虞候之屬，皆殺了節度使後出來做。當時被他出來握天下之權，恣意恁地做後更没奈他何，這個自是其勢必如此。如夫子説『禮樂征伐自天子出』一段，這個説得極分曉。」義剛。〔一〇八〕

臧文仲廢六關，若以爲不知利害而輕廢，則但可言不知，所以言「不仁」者，必有私意害民之事。但古事既遠，不可攷耳。〔一〇九〕從周。董銖録同。〔一一〇〕

或問：「子産相鄭，鑄刑書，作丘賦，時人不以爲然。是他不達『爲國以禮』底道理，徒恃法制以爲國，故鄭國日以衰削。」曰：「是他力量只到得這裏。觀他與韓宣子争時似守得定，及到伯有、子晳之徒撓他時，則度其可治者治之，若治他不得便只含糊了〔一一一〕過。亦緣當時列國世卿，每族〔一一二〕須有三兩族强大，根株盤互，勢力相依倚，卒急動他不得。不比如今大臣，纔被人論便可逐去。故當時自有一般議論，如郤獻子『分謗』之説，只是要大家含糊了〔一一三〕過，不要見得我是你不是。又如魯以相忍爲國，意思都如此。後來張文潛深取之，故其所著雖連篇累牘，不過只是這一意。」廣。〔一一四〕

「我思古人，實獲我心」言古人所爲恰與我相合，只此便是至善。前乎百世之已往，後乎千世之未來，只是此個道理。孟子所謂「得志行乎中國，若合符節」，政謂是爾。僩。〔一一五〕

問：「季札觀樂，如何知得如此之審？」曰：「此是左氏粧點出來，亦自難信。如聞齊樂而曰『國未可量』，然一再傳而爲田氏，烏在其爲未可量也！此處皆是難信處。」時舉。〔一一六〕

某常疑誅少正卯無此事，出於齊魯陋儒欲尊夫子之道，而造爲之説。若果有之，則左氏記載當時人物甚詳，何故有一人如許勞攘，而略不及之也？史傳間不足信事如此者甚多。僩。〔一一七〕

問：「『自陝以東，周公主之；自陝以西，召公主之』。周召既爲左右相，如何又主二伯事？」曰：「此春秋説所未詳，如顧命説召公率西方諸侯入應門左，畢公率東方諸侯入應門右，所可見者，其略如此。」〔一一八〕

先生問人傑：「記左傳分謗事否？」人傑以韓獻子將殺人，郤獻子馳救不及，使速以徇對。事見成二年。左傳。〔一一九〕先生曰：「近世士大夫多是如此，只要徇人情。如荀林父邲之役，先縠違命而濟，乃謂『與其專罪，六人同之』，是何等見識！當時爲林父者，只合按兵不動，召先縠而誅之。」人傑曰：「若如此，豈止全軍，雖進而救鄭可也。」因問：「韓厥殺人事，在郤克只得如此。」先生云：「既欲馳救，則殺之未得爲是，然這事却且莫管。」因云：「當時楚孫叔敖不欲戰，伍參爭之。若事有合爭處須當力爭，不可苟徇人情也。」人傑。〔一二〇〕

「形民之力而無醉飽之心」，左傳作「形」字解者，胡説。今家語作「刑民」，注云「傷也」，極分曉。蓋言傷民之力以爲養而無饜足之心也。又如禮記中説「耆慾將至，有開必先」，家語作「有物將至，其兆必先」爲是。蓋「有」字似「耆」字，「物」字似「慾」字，「其」字似「有」字，「兆」字篆文似「開」字之「門」，必誤無疑。今欲作「有開」解亦可，但無意思爾。王肅所引證也有好處。後漢鄭玄與王肅之學互相詆訾，王肅固多非是，然亦有考援得好處。僩。

左傳「形民之力而無醉飽之心」，杜預煞費力去解。後王肅只解作刑罰之「刑」，甚易曉，便是杜預不及他。李百藥也有兩處説，皆作「刑罰」字説。義剛。見昭〔一二二〕十二年。

問：「左氏駒支之辯，見襄公十四年。〔一二三〕劉侍讀以爲無是事。」曰：「某亦疑之。既曰『言語衣服，不與華同』，又却能賦青蠅，何也？又，太子申生伐東山皐落氏，攛掇申生之死，乃數公也。申生以閔二年十二月出師，衣之偏衣，佩之金玦，數公議論如此，獻公更舉事不得，便有『逆詐、億不信』底意思。左氏一部書都是這意思，文章浮艷，更無事實。蓋周衰時自有這一等迂闊人，觀國語之文可見周之衰也。某嘗讀宣王欲籍千畝事便心煩。及戰國時人却尚事實，觀太史公之〔一二三〕史記可見。公子成與趙武靈王争胡服，甘龍與衛鞅争變法，其他如蘇張之辯，莫不皆然。衛鞅之在魏，其相公孫痤〔一二四〕勸魏君用之，不然須殺之。魏君不從則又與鞅明言之，鞅以爲不能用我焉能殺我。及秦孝公下令，鞅西入秦。然觀孝公下令數語，如此氣勢乃是吞六國規模。鞅之初見孝公，説以帝道王道，想見好笑，其實乃是霸道。鞅之如此，所以堅孝公之心，後來迂闊之説更不能入。使當時無衛鞅必須别有人出來，觀孝公之意定是不用孟子。史記所載事實，左氏安得有此！」人傑。〔一二五〕

左氏説得春秋事有七八分。泳。〔一二六〕

春秋傳例多不可信。聖人記事安有許多義例！如書伐國，惡諸侯之擅興；書山崩、地震、螽、蝗之類，知災異有所自致也。德明。

或論及春秋之凡例。先生曰：「春秋之有例固矣，奈何非夫子之爲也。昔嘗見有人言及命格，予曰：『命格，果〔一二七〕誰之所爲乎？』人〔一二八〕曰：『善談五行者爲之也。』予曰：『然則何貴？設若自天而降，具言其爲美爲惡，則誠可信矣。今特出於人爲，烏可信也？』知此則知春秋之例矣。」又曰：「『季子來歸』，以爲季子之在魯不過有立僖之私恩耳，初何有大功於魯！又况通於成風，與慶父之徒何異？然則其歸也何足喜？蓋以啓季氏之事而書之乎！」處謙。

先生因[一二九]或人論春秋，以爲多有變例，所以前後所書之法多有不同。先生曰：「此烏可信！聖人作春秋正欲褒善貶惡，示萬世不易之法。今乃忽用此說以誅人，未幾又用此說以賞人，使天下後世皆求之而莫識其意，是乃後世弄法舞文之吏之所爲也，曾謂大中至正之道而如此乎！」處謙。

胡叔器問讀左傳法。先生曰：「也只是平心看那事理、事情、事勢。春秋十二公時各不同。如隱、桓之時，王室新東遷，號令不行，天下都星散無主。莊、僖之時，威、文迭伯，政自諸侯出，天下始有統一。宣公之時，楚莊王盛强，夷狄主盟，中國諸侯服齊者亦皆朝楚，服晉者亦皆朝楚。及成公之世，悼公出來整頓一番，楚始退去；繼而吴越又强入來争伯。定、哀之時，政皆自大夫出，魯有三家，晉有六卿，齊有田氏，宋有華向，被他肆意，故終春秋之世更没奈何。但是某嘗說，春秋之末與初年大不同。然是[一三〇]諸侯征戰只如戲樣，亦無甚大殺戮。及戰國七國争雄，那時便多是胡相殺。如鴈門斬首四萬，不知怎生地[一三一]殺了許多；又其後秦人[一三二]長平之戰四十萬人坑死，是殺了多少，[一三三]不知如何有許多人。如[一三四]後來項羽也坑十五萬，不知他如何地掘那坑後那死底都不知，當時不知如何地對副許多人。」陳安卿[一三五]曰：「恐非掘坑。」先生曰：「是掘坑。嘗見鄧艾伐蜀坑許多人，載說是掘坑。」義剛。淳録同。□□魏志：「胡烈紿語親兵曰：『會已作大坑。』」鍾會伐蜀見本傳。[一三六]

左氏之病是以成敗論是非，而不本於義理之正。嘗謂左氏是個猾頭熟事、趨炎附勢之人。夔孫。〔一三七〕

李丈問：「左傳如何？」曰：「左傳一部載許多事未知是與不是，但道理亦是如此，今且把來參考。」又問：「公穀如何？」曰：「據他說亦是有那道理，但恐聖人當初無此等意。如孫明復、趙啖、陸淳、胡文定皆說得好，道理皆是如此。但後世因春秋去考時當如此區處。若論聖人當初作春秋時，其意不解有許多說話。」林丈〔一三八〕說：「文定說得理太多，盡堆在裏面。」先曰：「不是如此底，亦壓從理上來。」淳。〔一三九〕

左氏傳是個博記人做，只是以世俗見識斷當它事，皆功利之說。公、穀雖陋，亦有是處，但皆得於傳聞，多訛謬。德明。

國秀問三傳優劣。曰：「左氏曾見國史，考事頗精，只是不知大義，專去小處理會，往往不曾講學。公羊、穀梁〔一四〇〕考事甚疏，然義理却精。此〔一四一〕二人乃是經生，傳得許多說話，往往都不曾見國史。」時舉。

「孔子作春秋，當時亦須與門人講說，所以公、穀、左氏得一個源流，只是漸漸訛舛。當初若是全無傳授，如何鑿空撰得？」文蔚〔一四二〕問：「今欲看春秋，且將胡文定說爲正，如何？」曰：「便是他亦有太過處。蘇子由教人只讀左傳，只是他春秋亦自分曉。且如『公與夫人如齊』

必竟是理會甚事自可見，又如季氏逐昭公畢竟因甚如此，今理會得一個義理後將他事來處置，合於義理者爲是，不合於義理者爲非。亦有喚做是而未盡善者，亦有謂之不是而彼善於此者。且如讀史記，便見得秦之所以亡，漢之所以興，及至後來劉、項事又知劉之所以得，項之所以失，不難判斷。只是春秋却精細，他都不説破，教後人自將義理去折衷。」文蔚。

問：「公、穀傳大概皆同？」曰：「所以林黄中説只是一人。只是看他文字疑若非一手者。」或曰：「疑當時皆有所傳授，其後門人弟子始筆之於書爾。」曰：「想得皆是齊魯間儒，其所著之書恐有所傳授，但皆雜以己意，所以多差舛。其有合道理者疑是聖人之舊。」僩。〔一四三〕

近時言春秋者皆是計較利害，大義却不曾見。如唐之陸淳、本朝孫明復之徒，他雖未曾〔一四四〕深於聖經，然觀其推言治道凜凜然可畏，終是得聖人個意思。春秋之作蓋以當時人欲横流，遂以二百四十二年行事寓其褒貶。恰如今之事送在法司相似，極是嚴謹〔一四五〕，一字不輕易。若如今之説，只是個權謀智略兵機譎詐之書爾。聖人晚年痛哭流涕，筆爲此書，豈肯恁地纖巧！豈至恁地不濟事！道夫。〔一四六〕

或問伊川先生〔一四七〕春秋序後條。曰：「四代之禮樂，此是經世之大法也。春秋之書亦經世之大法也。然四代之禮樂是以善者爲法，春秋是以不善者爲戒。」又問：「孔子有取乎五霸，豈非時措從宜？」曰：「是。」又曰：「觀其予五霸，其中便有一個奪底意思。」賀孫。

今日得程春秋解中間有説好處。如難理會處，他亦不爲決然之論。如〔一四八〕向見沙隨作〔一四九〕春秋解，只有説滕子來朝一處最好。如〔一五〇〕隱十一年方書「滕侯、薛侯」來朝，如何到〔一五一〕桓二年便書「滕子來朝」？先輩爲説甚多，或以爲時王所黜故降而書「子」，不知是時時王已不能行黜陟之典。就使能黜陟諸侯，當時亦不止一滕之可黜。或以春秋惡其朝桓，特削而書「子」。自此之後滕一向書「子」，豈春秋惡其朝桓而并後代子孫削之乎？或以爲當喪未君，前又不見滕侯卒。皆不通之論。沙隨則〔一五二〕謂此見得春秋時小國事大國，其朝聘貢賦之多寡隨其爵之崇卑。滕子之事魯以侯禮見則所供者多，故自貶降而以子禮見，庶得貢賦省少易供。此説却恐是。如此〔一五三〕何故？緣後面鄭朝晉云：「鄭伯，男也，而使從公侯之賦。」見得鄭本是男爵，後襲用侯伯之禮以交於大國，初焉不覺其貢賦之難辦，後來益困於此，方説出此等話。非獨是鄭〔一五四〕，想〔一五五〕當時小國多是如此。今程公春秋亦如此説滕子。程是紹興以前文字。不知沙隨見此而爲之説，還是自見得此意。賀孫。

問：「諸家春秋解如何？」曰：「某盡信不及。如胡文定春秋，某也信不及。知得聖人意裏是如此説否？今只眼前朝報差除尚未知他〔一五六〕朝廷意思如何，況生乎千百載之下而〔一五七〕欲逆推乎千百載上聖人之心。況自家之心又未如得聖人，如何知得聖人肚裏事。某所以都不敢信諸家解，除非是得孔子還魂親説出。不知如何也〔一五八〕。」僩。

胡文定公〔一五九〕春秋非不好，却不合這件事聖人意是如何下字，那件事聖人意又如何下字。要之，聖人只是直筆據見在而書，豈有許多忉怛！友仁。

胡春秋傳有牽强處，然議論有開合精神。閎祖。

時舉〔一六〇〕問：「胡春秋大抵〔一六一〕如何？」曰：「胡春秋大義正，但春秋自難理會。如左氏尤有淺陋處，如『君子曰』之類病處甚多。林黄中嘗疑之，却見得是。」時舉。

胡文定說春秋高而不曉事情。說「元年」不要年號。且如今中興以來更七個元年，若無號，則契券能無欺弊者乎？淳。

呂居仁春秋亦甚明白，正如某詩傳相似。道夫。

「春秋難看，三家皆非親見孔子。或以『左丘明恥之』是姓左作傳〔一六二〕，左氏乃楚左史倚相〔一六三〕，故載楚事極詳。呂舍人春秋不甚主張胡氏，要是此書難看。如劉原父春秋亦好。」可學云：「文定解『宋災故』一段乃是原父說。林黄中〔一六四〕春秋又怪異，云隱公篡桓公。」可學云黄中說『歸仲子之賵』，乃是周王以此爲正其分。」先生曰：「要正分更有多少般，却如此不契勘！」某又云：〔一六五〕「杜預每到不通處多云告辭略。經、傳互異不云傳誤，云經誤。」先生云：「可怪！是何識見！」可學。〔一六六〕

薛常州解春秋不知如何率意如此，只是幾日成此文字。如何說諸侯無史？內則尚有「閭史」。又如趙盾事，初靈公要殺盾，盾所以走出，趙穿便弑公，想是他本意如此，這個罪首合是誰做！賀孫。

東萊有左氏說，亦好，是人記録他語言。淳。〔一六七〕

昔楚相作燕相書，其燭暗而不明。楚相曰：「舉燭。」書者不察，遂書「舉燭」字於書中。燕相得之曰：「舉燭者，欲我之明於舉賢也。」於是舉賢退不肖而燕國大治，故曰「不是郢書，乃成燕說」。今之說春秋者正此類也。人傑。〔一六八〕

學春秋者多鑿說。後漢五行志注中〔一六九〕載漢末有人發范明友奴冢，奴猶活。明友，霍光女婿。說光家事及廢立之際多與漢書相應。某嘗說與學春秋者曰：「今如此穿鑿說亦不妨，只恐一旦有於地中得夫子家奴出來，說夫子當時之意不如此爾。」廣。

林問：「先生論春秋一經本是明道正誼、權衡萬世典刑之書。如朝聘、會盟、侵伐等事，皆是因人心之敬肆爲之詳略；或書字，或書名，皆就其事而爲之義理。最是斟酌毫忽不差。後之學春秋多是較量齊、魯長短。自此以後，如宋襄、晉悼等事，皆是論霸事業。不知當時爲王道作邪，爲伯者作邪？若是爲伯者作，則此書豈足爲義理之書？」曰：「大率本爲王道正其紀綱。看已前春秋文字雖觕，尚知有聖人明道正誼道理，尚可看。近來止說得霸業譎〔一七〇〕底意思，更開眼不得。此義不可不知。」寓。〔一七一〕

春秋本是明道正誼之書，今人只較齊、晉伯業優劣，反成謀利，大義都晦了。且如〔一七二〕今人做義且做得齊威、晉文優劣論。銖。〔一七三〕

春秋之作不爲晉國伯業之盛衰，此篇大意失之，亦近歲言春秋者之通病也。正誼不謀利，明道不計功；尊王賤霸，内諸夏外夷狄，此春秋之大指，不可不知也。〔一七四〕道夫。

問：「今科舉習春秋學，只將霸者事業纏在心胸。則春秋先儒謂尊王之書，其然邪？」曰：「公莫道『這個物事是取士弊，如此免得不應之』。今將六經做時文，最説得無道理是易與春秋。他經猶自可。」容。

今之治春秋者都只〔一七五〕許多權謀變詐爲説，氣象局促，不識聖人之意，不論王道之得失，而言霸業之盛衰，失其旨遠矣！「公即位」，要必當時别有即位禮數。不書即位者，此禮不備故也。今不可考，其義難見，諸家之説所以紛紛。「晉侯侵曹」、「晉侯伐衛」，皆是文公譎處，考之左氏可見皆所以致楚師也。謨。

先生話間説春秋，因語及〔一七六〕「今之做春秋義都是一般巧説，專是計較利害，將聖人之經做一個權謀機變之書。如此不是聖經，却成一個百將傳」。因説：「前輩做春秋義，言辭雖粗率，却説得聖人大意出。年來一味巧曲，但將孟子『何以利吾國』句説盡一部春秋。這文字不是今時方恁地。自秦師垣主和議，一時去趨媚他，春秋義纔出會夷狄處。此最是春秋誅絶底事，人却都做好說。看來此書自將來做文字不得，纔說出便有忌諱。常勸人不必做此經，他經皆可做，何必去做春秋？這處也是世變。如二程未出時，便有胡安定、孫泰山、石徂徠，他們說經雖是甚有疏略處，觀其推明治道直是凜凜然可畏。春秋本是嚴底文字，聖人此書之作遏人欲於横流，遂以二百四十二年行事寓其褒貶。恰如大辟罪人事，在款司極是嚴緊，一字不敢胡亂下。使聖人作經有今人巧曲意思，聖人亦不解作得。」因問文定春秋。先生曰：「某相識中多有不取其說者。『正其義不謀其利，明其道不計其功』，春秋大法正是如此。今人却不正其義而謀其利，不明其道而計其功。不知聖人將死，作一部書如此感麟涕潸，雨淚沾襟，這般意思是豈徒然！」問：「春秋繁露如何？」曰：「尤延之以此書爲僞，某看來不是董子書。」又言：「呂舍人春秋却好，白直說去。卷首與末梢又好，中間不似。伯恭以爲此書只粧點爲說。」寓。

春秋固是尊諸夏、外夷狄。然聖人當初作經，是要率天下諸侯而尊齊、晉。自秦檜和戎之後，士人諱言内外，而春秋大義晦矣。淳。

問：「春秋一經，夫子親筆，先生不可使此一經不明於天下後世。」答[一七七]曰：「某實看不得。」問：「以先生之高明，看如何難？」答[一七八]曰：「劈頭一個『王正月』便說不去。」劉曰：「『六經無建子月，惟是禮記雜記中有個『正月日至，可以有事于上帝；七月日至，可以有事于先王』，其他不見說建子月。」先生[一七九]曰：「惟是孟子出來作鬧，『七八月之間旱則苗槁矣』，便是而今五、六月，此句又可鶻突。『歲十一月徒杠成，十二月輿梁成』，是而今九月、十月，若作今十一月、十二月，此去天氣較煖便可涉過，唯是九月、十月不可涉過。止有此處說，其他便不可說。」劉云：「若看春秋，要信傳不可。」先生〔一八〇〕曰：「如何見得？」答〔一八一〕曰：「『天王使宰咺來歸仲子之賵』，傳謂『預凶事』，此非人情。天王歸賵於魯，正要得牢籠魯。這人未死，却歸之賵，正所以怒魯也。」先生〔一八二〕曰：「天王正以此厚魯。古人却不諱死。」舉漢梁王事云云，又「季武子成寢，杜氏之葬在西階之下，請合葬焉」云云〔一八三〕一段。先生舉此大笑，云：「似一個人家，一火人扛個棺櫬入來哭，豈不可笑？古者大夫入國以棺隨其後，使人抬扛個棺櫬隨行，死便要用，看古人不諱凶事。」砥。〔一八四〕

春秋，某煞有不可曉處，不知是聖人真個說底話否。泳。

問：「先生於二禮書春秋未有說，何也？」答〔一八五〕曰：「春秋是當時實事，孔子書在册子上。後世諸儒學未至而各以己意猜摶，正横渠所謂『非理明義精而治之，故其說多鑿』是也。唯伊川以爲『經世之大法』，得其旨矣。然其間極有無定當難處置處，今不若且存取胡文定本子與後世〔一八六〕看，縱未能盡得之，然不中不遠矣。書中間亦極有難考處，只如禹貢說三江及荆、揚間地理是吾輩親目見者，皆有疑。至北方即無疑，此無他，是不曾見耳。康誥以下三篇更難理會，如酒誥却是戒飲酒，乃曰『肇牽車牛遠服賈』，何也？梓材又自是臣告君之辭，更不可曉。其他諸篇亦多可疑處。解將去固易，豈免有疑？禮經要須編成門類，如冠、昏、喪、祭及他雜碎禮數，皆須分門類編出，考其異同而訂其當否方見得。然今精力已不逮矣，姑存與後人。」趙幾道又問：「禮合如何修？」答〔一八七〕曰：「禮非全書，而禮記尤雜。今合取儀禮爲正，然後取禮記諸書之說以類相從，更取諸儒剖擊之說各附其下，庶便搜閱。」又曰：「前此三禮同爲一經，故有三禮學究。王介甫廢了儀禮，取禮記。某以此知其無識。」大雅。

春秋難看，此生不敢問。如鄭伯髡頑之事，傳家甚異。〔一八八〕

晦庵先生朱文公語類卷第八十四

論考禮綱領[一]

東坡見伊川主司馬文正[二]之喪，譏其父在何以學得喪禮如此熟[三]。後人遂爲伊川解說，道伊川先丁母艱。也不消如此。人自少讀書，如禮記儀禮便都已理會了。古人謂居喪讀喪禮，亦平時理會了，到這時更把來温審，不是方始[四]理會。賀孫。[五]

南北朝是甚時節[六]，而士大夫[七]間禮學不廢。有考禮者說得亦[八]好。淳。[九]

「禮經難考。今若看得一兩般書[一〇]猶自得，若看上三四般去後便無討頭處[一一]。如孟子[一二]當時自是無可尋處了，今看孟子考禮亦疏[一三]，理會古[一四]制亦不甚得。如諸侯之禮，吾未之學。」又曰：「『其詳不可得聞。』又如說井田，引詩『雨我公田，遂及我私』，『惟助爲有公田，由此觀之，雖周亦助也』。似此樣證皆疏。周禮一書，他皆不曾見。如說夏后氏五十而貢，殷人七十而助，其終不敢十分信。且如今一家有五十畝，其中疆界溝洫廬舍已定，今忽然添二十畝，又須改易疆界溝洫廬舍再爲分畫。東遷西移，天下騷然不寧，是費多少心力。切恐不

然。疑自古皆只是百畝，向解孟子且隨文如此解。若實行之則大不然。」淳。[一五]

古禮難行。後世苟有作者必須酌古今之宜。若是古人如此煩[一六]縟，如何教今人要行得！古人上下習熟，不待家至戶曉，皆如飢食而渴飲，略不見其爲難。本朝陸農師之徒大抵說禮都要先求其義，豈知古人所以講明其義者，蓋緣其儀皆在，其具並存，耳聞目見無非是禮，所謂「三千」、「三百」者較然可知，故於此論說其義皆有據依。若是如[一七]今古禮散失百無一二存者，如何懸空於上面說義[一八]，是說[一九]得甚麼義。須是且將散失諸禮錯綜參考[二〇]，令節文度[二一]數一一着實方可推明其義，若錯綜得實[二二]，其義亦不[二三]待說而自明矣。賀孫。

「若[二四]聖人有作，古禮未必盡用[二五]，須[二六]別有個措置；若聖人有作，[二七]視許多瑣細制度[二八]，且是要理會大本大原。曾子臨死丁寧說及[二九]『君子所貴乎道者三：動容貌，斯遠暴慢矣；正顏色，斯近信矣；出辭氣，斯遠鄙倍矣。籩豆之事則有司存』，上許多正是大本大原。如今所理會許多正是籩豆之事，曾子臨死教人不要去理會這個。『夫子焉不學則[三〇]亦何常師之有』，非是孔子如何盡做這事？到孟子已是不說到這[三一]細碎上，答滕文公喪禮[三二]只說『諸侯之禮，吾未之學也。吾嘗聞之矣，[三三]齊疏之服，饘粥之食，自天子達於庶人』，這三項便是大原大本。又如說井田，也不曾見周禮，只據詩裏說『雨我公田，遂及我私』，『由此觀之，雖周亦助也』。這是不曾識周禮，[三四]只用詩意帶將去。後面都[三五]說『鄉田同井，出入相友，守望相助，疾病相扶持』，『井九百畝，其中爲公田，〔三六〕八家皆私百畝，同養公田』，説井田〔三七〕只説這幾句是多少好。這也是大原大本處。看孟子不去理會許多細碎，只理會許多大原大本。」又曰：「理會周禮，非位至宰相不能行其事。自一介論之更自〔三八〕遠在，且要就切實理會受用處。若做到宰相，亦須上〔三九〕遇文武之君，始可以〔四〇〕得行其志。」又曰：「且如孫吳專〔四一〕説用兵，如他説也有個本原。如説『一曰道：道者〔四二〕，與上〔四三〕同意可與之死，可與之生。有道之主將用其民，先和而後造大事』，若使不合於道理，不和於人神，雖有必勝之法，無所用之。」問器遠：「昨日又得書，説得大綱也是如此。只是某看仙鄉爲學，一言以蔽之，只是説得都似。須是理會到十分是始得。如入〔四四〕射一般，須是要中紅心。如今直要中的，少間猶且不會中的；若只要中帖只會中垛，少間都是胡亂發，枉了氣力。二百步外若不曾中的，只是枉矢。如今且要分別是非，是底直是是，非底直是非，少間做出便會是。若依希底也唤作是便了，下梢只是非。須是要做第一等人，若決是要做第一等人，若〔四五〕才力不逮也只做得第四五等人。今合下便要做第四五等人，説道就他才地如此，下梢成甚麽物事。」又曰：「須是先理會本領端正，其餘事物漸漸理會到上面。若不理會本領了，假饒你百靈百會，若有些子私意便粉碎了。只是這私意如何卒急除得！如顏子天姿如此，孔子也只教他『克己復禮』。其餘弟子，告之雖不同，莫不以此意望之。公書所説冉求、仲由，當初他這〔四六〕是只要做到如此〔四七〕。聖人〔四八〕教由、求之徒莫不以曾、顔望之，無奈何他才質只做〔四九〕到這裏。如『可使治其賦』、『可使爲之宰』，他當初也不止〔五〇〕是要恁他〔五一〕。」又曰：「胡氏開治道齋亦非獨只理會這些〔五二〕。如所謂『頭容直，足容重，手容恭』，許多説話都是本原。」又曰：「君舉所説，某非謂其理會不是，只不是次序。如莊子云『語道非其序，則非其道也』，他這説〔五三〕自説得好。如今人且〔五四〕須是理會身心。如一片地相似，須是用力子細開墾。未能如此，只管説種東種西，其實種得甚麼物事。」又曰：「某嘗説佛老也自有快活得人處，是那裏？只緣他打併得心下浄潔。所以本朝如李文靖公、〔五五〕王文正公、〔五六〕楊文公、劉元城、吕申公都是恁麽地人，也都去學他。」又曰：「論來那様事不着理會？若本領是了，少間如兩漢之所以盛是如何，所以衰是如何，三國分併是如何，唐初間如何興起，後來如何衰，以至於本朝大綱，自可理會。若有工夫更就裏面看，若更有工夫就裏面討些光采更好。某之諸生，度得他脚手也未可與拈盡許多，只是且教他就切身處理會。如讀虞、夏、商、周之書許多，聖人亦有説賞罰，亦有説兵刑，只是這個不是本領。」問：「封建，周禮説公五百里，孟子説百里，如何不同？」曰：「看漢儒注書，於不通處即説道這是夏商之制，大抵且要賴將去。若將這説來看二項，却怕孟子説是。夏商之制，孟子不詳考，亦只説『嘗聞其略也』。若夏商時諸處廣闊，人各自聚爲一國，其大者止百里，故禹合諸侯，執玉帛者萬國。到周時漸漸吞并，地里只管添，國數只管少。到周時只千八百國，較之萬國，五分已滅了四分已上，此時諸國已自大了。到得封諸公，非五百里不得。如周公封魯七百里，蓋欲優於其他諸公。如左氏說云，大國多兼數圻，也是如此。後來只管併來併去，到周衰便制他不得，也是尾大了。到孟子時只有七國，這是事勢必到這裏，雖有大聖大智，亦不能遏其衝。今人只說漢封諸侯王土地太過，[五七]看來也是[五八]不如此不得。初間高祖定天下，不能得韓、彭、英、盧許多人來使，所得地又未定是我底。當時要殺項羽，若有人說道：『中分天下與我，我便與你殺項羽。』也没奈何與他。到少間封自子弟也自要狹小不得，須是教當得許多異姓過。」又曰：「公今且收拾這心下，勿爲事物所勝。且如一日全不得去講明道理，不得讀書，只去應事，也須使這心常常在這裏。若不先去理會得這本領[五九]，只要去[六〇]就事上理會，雖是理會得許多骨董，只是添得許多雜[六一]亂，只是添得許多驕吝。某這說的定是恁地[六二]，雖孔子復生[六三]不能易其說，這道理只一而已[六四]。」

胡兄問禮。曰：「『禮，時爲大[六五]』，有聖人[六六]者作必將因今之禮而裁酌其中，取其簡易易[六七]曉而可行，必不至復取古人繁縟之禮而施之於今也。古禮如此零碎繁冗，今豈可行？亦且得隨時裁損爾。孔子『從先進』恐已有此意。」或曰：「禮之所以亡，正以其太繁而難行耳。」「然。」[六八]蘇子由古史說忠、質、文處亦有此意，只是發揮不出，首尾不相照應，不知文字何故如此。其說云『自夏商周以來，人情日趨於文』，其終却云『今須復行夏商之質乃可』。夫人情既日趨於文矣，安能復行夏商之質？其意本欲如『先進』之説，但辭不足以達之耳。」僩。

古禮於今實是難行。當祭之時獻神處少，只祝酌奠。卒祝、迎尸以後都是人自食了。主人獻尸，尸又酢主人，酢主婦，酢祝，及佐食、宰、贊、衆賓等，交相勸酬，甚繁且久，所以季氏之祭至於繼之以燭。竊謂後世有大聖人者作，與他整理一過，令人蘇醒，必不一一如古人之繁，但放古人大[六九]意，簡而易行耳。温公[七〇]儀人所憚行者，只爲閑辭多，長篇浩瀚，[七一]令人難讀，其實行禮處無多。某嘗修祭儀[七二]，只就中間行禮[七三]處分作五六段，甚簡易曉。後被人竊去[七四]，亡之矣。[七五]

凶服古而吉服今[七六]，不相抵接。[七七]釋奠惟[七八]三獻法服，其餘皆今服。[七九]某謂[八〇]百世以下有聖賢[八一]出，必不踏舊本子，必須斬[八二]新別做。如周禮如此繁[八三]密，必不可行。且以明堂位觀之，周人每事皆添四[八四]重虞黻，不過是一水擔[八五]相似。夏火、殷藻、周龍章皆重添去。若聖賢有作，必須簡易疏通使見之而易知，推之而易行。蓋文、質相生，秦漢初已自趣於質了。太史公、董仲舒每欲改用夏之忠，不知其初蓋已是質也。國朝文德殿正衙常朝，升朝官已上皆排班，宰相押班，再行[八六]拜而出。時歸班官甚苦之，其後遂廢，致王樂道以此攻魏公，蓋以人情趨於簡便故也。方子。

胡伯量[八七]問：「殯禮可行否？」曰：「此不用問人，當自觀其宜。今以不漆不灰之棺而欲以甎土圍之，此可不可耶？必不可矣。數日見公説喪禮太繁絮，禮不如此看，説得人都心悶。須討個活物事弄，如弄活蛇相似方好。公今只是弄得一條死蛇，不濟事。某嘗説，古者之禮今只是存它一個大概，令勿散失，使人知其意義，要之必不可盡行。如始喪一段[八八]，若必欲盡行古禮[九〇]則必無哀戚哭泣之情[九一]。何者？[九二]方哀苦荒[九三]迷之際有何心情一一如古禮之繁細委曲[九四]？古[九五]者有[九六]相禮者，所以導孝子爲之。若欲孝子一一盡依古禮[九七]必躬[九八]必親，則必無哀戚之情矣。況只依今世俗之禮[九九]亦未爲失，但使哀戚之情盡耳。有虞氏瓦棺而葬，夏后氏堲周必無周人之繁文委曲也。又禮，壙中用生體之屬，久之必潰爛，却引蟲蟻，非所以爲亡者慮久遠也。古人壙中置物甚多。以某觀之，禮文之意太備則防患之意反不足。要之，只當防慮久遠，『毋使土親膚』而已，其他禮文皆可略也。又如古者棺不釘，不用漆粘。而今灰漆如此堅密猶有蟻子入去，何況不使釘漆？此皆不可行。孔子曰『如用之則吾從先進』，已是厭周之文了。又曰『行夏之時，乘殷之輅』，此意皆可見。使有[一〇〇]聖賢者作必不盡如古之[一〇一]禮，必當[一〇二]裁酌從今之宜而爲之也。又如士相見禮、鄉飲酒禮、射禮之屬，而今去那裏行？只是當存他大概，使人不可不知。方當[一〇三]周之盛時禮文[一〇四]全體皆備，所以不可有纖毫之差。今世盡不見，徒掇拾編緝於殘編斷簡之餘，如何必欲盡倣古之禮得！」或曰：「『郁郁乎文哉，吾從周』，聖人又欲從周之文，何也？」曰：「聖人之言固非一端。蓋聖人生［一〇五］於周之世，周之一代禮文皆備，誠是整齊［一〇六］，聖人如何不［一〇七］從得！只是『如用之，則吾從先進』，謂自爲邦則從［一〇八］先進［一〇九］。

高宗登遐，壽皇麻衣不離身，而［一一〇］臣子晏然朝服如常，只於朝見時略換皂帶以爲［一一一］服。至尊之服冠有數樣，衣有數樣，所以當來如此者，乃是甚麽時便着甚麽樣冠服。昨聞朝廷無所折衷，將許多衣服一齊重疊着了。古禮恐難行，如今來却自有古人做未到處。如古者以皮束棺，如何會彌縫？又，設熬黍稷於棺旁以惑蚍蜉，可見少智。然三日便殯了，又見得防慮之深遠。今棺以用漆爲固，要拘三日便殯亦難。喪最要不失大本。如不用浮屠，送葬不用樂，這也須除却。所謂古禮難行者，非是禮［一一二］不當行，只怕少間止了得要合那邊，要合這邊，到這裏一重大利害處却没理會，却便成易了。古人已自有個活法，如身執事者面垢而已之類。［一一三］

今日百事無人理會。姑以禮言之，古禮既莫之考，至於後世之沿革因襲者亦浸失其意而莫之知矣。非止浸失其意，以至名物度數亦莫有曉者。差舛謳謬不堪着眼。三代之禮今固難以盡見，其略幸散見於他書，如儀禮十七篇多是士［一一四］禮，邦國禮人君者僅存一二。遭秦人焚滅之後［一一五］，至河間獻王［一一六］始得邦國禮五十八篇獻之［一一七］，惜乎不行。［一一八］至唐此書向在，［一一九］諸儒注疏猶時有引爲説者［一二〇］。及後來無人説着［一二一］則書亡矣，豈不大可惜！叔孫通所制漢儀[一二二]，及曹褒[一二三]所修固已非古，然今亦不存。唐有開元、顯慶二禮[一二四]，顯慶已亡，開元襲隋舊爲之。本朝修開寶禮多本開元而頗加詳備。及政和間修五禮，一時姦邪以私智損益，疏略牴牾，更没理會，又不如開元禮。僩。

嘗見劉昭信云「禮之趨翔、登降、揖遜皆須習」，也是如此。漢時如甚大射等禮，雖不行，却依舊令人習，人自傳得一般。今雖是不能行，亦須是立科，令人習得也是一事。

論後世禮書

開寶禮全體是開元禮，但略改動。五禮新儀其間有難定者，皆稱「御製」以決之。如禱山川者，又只開元禮内有。方子。

祖宗時有開寶通禮科，學究試默義，須是念得禮熟始得，禮官用此等人爲之。介甫一切罷去，盡令做大義。故今之禮官不問是甚人皆可做。某嘗謂朝廷須留此等專科，如史科亦當有[一二五]。方子。

問五禮新儀。曰：「古人於禮直如[一二六]今人相揖相似，終日周旋[一二七]於其間，自然使人有[一二八]感化[一二九]處。後世安得如此！」可學。

横渠所制禮多不本諸儀禮[一三〇]，有自[一三一]杜撰處。如温公却是本諸儀禮，最爲適古今之宜[一三二]。義剛。

胡叔器問四先生禮。先生曰：「二程與横渠多是古禮，温公則大概本儀禮而參以今之可行者。要之，温公較穩，其中與古不甚遠，是七分好。若伊川禮則祭祀可用，婚禮則[一三三]惟温公者好。大抵古禮不可全用，如古服古器，今皆難用。」又問：「向見人設主，有父在子死而主牌書『父主祀』字，如何？」先生曰：「便是禮書中説得不甚分曉，此類只得不寫，若向上尊長則寫。」又問：「温公所作主牌甚大，闊四寸，厚五寸八分，不知大小當以何者爲是？」先生曰：「便是温公錯了，他却本荀勗禮。」義剛。

吕與叔集諸家禮[一三四]補儀[一三五]，以儀禮爲骨。方子。

福州有前輩三人皆以明禮稱：王普，字伯照；劉藻，字昭信；任文薦，字希純。某不及見王伯照而觀其書，其學似最優，説得皆有證據，儘有議論，却不似今人杜撰胡説。麻沙有王伯照文字三件，今[一三六]合爲一書。廣。

「福州[一三七]王侍郎普，字伯照。[一三八]禮學、律曆皆極精深。蓋其所著皆據本而言，非出私臆[一三九]。某[一四〇]細考其書，皆有來歷，可行。考訂精確，極不易得。[一四一]林黄中[一四二]屢稱王伯照，他何嘗得其髣髴，都是杜撰[一四三]。」或言：[一四四]「福州黄繼道樞密祖舜。與伯照齊名。」曰：「不同。黄只是讀書，[一四五]不曾[一四六]理會這功夫。是時福州以禮學齊名者三人[一四七]：王伯照、[一四八]任希純、劉昭信。某識任、劉二公。任搭乾不曉事，問東答西，不可曉。劉説話極子細，有來歷，可聽。某嘗問以易説，其解亦有好處。如云『見險而止爲需，見險而不止爲訟；需訟下卦皆坎。能通其變爲隨，不能通其變爲蠱』之類。想有成書，近來解易者多引之。」僩。

「古者禮學是專門名家始終理會此事，故學者有所傳授，終身守而行之。凡欲行禮有疑者輒就質問，所以上自宗廟朝廷，下至士庶鄉黨典禮，各各分明。漢唐時猶有此意。如今直是無人如前者。某人丁所生繼母憂，禮經必有明文。當時滿朝更無一人知道合當是如何，大家打鬨一場，後來只説莫若從厚。恰似無奈何，本不當如此，姑徇人情從厚爲之。是何所爲如此？豈有堂堂中國朝廷之上以至天下儒生，無一人識此禮者！然而也是無此人。州州縣縣秀才與太學秀才，治周禮者不曾理會得周禮，治禮記者不曾理會得禮記，治周易者不曾理會得周易，以至春秋、詩都恁地，國家何賴焉[一四九]！」因問張舅，[一五〇]淳。聞其已死，再三稱歎，且詢其子孫能守其家學否[一五一]？且云：「可惜朝廷不舉用之使典禮儀[一五二]。『天叙有典，[一五三]自我[一五四]五典五敦哉！天秩有禮，自我五禮五庸哉[一五五]』，這個典禮[一五六]自是天理之當然，欠他一毫不得，添他一毫不得。惟是聖人之心與天合一，故行出這禮無一不與天合，其間曲折厚薄淺深莫不恰好。這都不是聖人白撰出，都是天理决定合著如此。後之人此心未得似聖人之心，只得將聖人已行底，聖人所傳於後世底，依這樣子做，做得合時，便是合天理之自然。」賀孫。

劉原父好古，在長安偶得一周敦，其中刻云「弡中」，原父遂以爲周張仲之器。後又得一枚，刻云「弡伯」，遂以爲張伯。曰：「詩言『張仲孝友』，則仲必有兄矣。」遂作銘述其事。後來趙明誠金石録辨之，云「弡」非「張」，乃某字也。今之説禮無所據而杜撰者，此類也。廣。

論儀禮經傳通解〔一五七〕

「『禮，時爲大』。使聖賢有作〔一五八〕必不一切從古之禮。疑只是以古禮減殺，從今世俗之禮，令稍有防範節文，不至太簡而已。觀孔子欲『從先進』，又曰『行夏之時，乘殷之輅』，便是有意於損周之文〔一五九〕，從古之朴矣。今所以〔一六〇〕集禮書也只是略存古〔一六一〕之制度，使後〔一六二〕之〔一六三〕人自去減殺，求其可行者而已〔一六四〕。若必欲一一〔一六五〕盡如古人衣服冠屨之纖悉畢備，其勢也行〔一六六〕不得。」問：「温公所集之〔一六七〕禮如何？」曰：「早是詳了。又，喪服一節也太詳〔一六八〕。爲人子者方遭喪禍，使其一欲纖悉盡如古人制度，有甚麽心情去理會？古人此等衣服冠屨，每日接熟於耳目，所以一旦喪禍，不待講究便可以如禮。今却閑時不曾理會，一旦荒迷之際欲旋講究，勢之必難行者〔一六九〕。必不得已，且得從俗之禮而已。

若有識禮者相之可也。」〔一七〇〕

問：「所編禮今可一一遵行否？」曰：「人不可不知此源流，豈能一一盡行？後世有聖人出来〔一七一〕亦須着變。夏、商、周之禮已自不同，今人〔一七二〕只得且把周之禮文行。」賀孫。〔一七三〕

先生〔一七四〕問賀孫所編禮書，曰：「某嘗說，使有聖王復興爲今日禮，且〔一七五〕怕必不能悉如古制。今且要得大綱是，若其小處，亦難盡用。且如喪禮、冠服、斬衰如此而吉服全不相似，却到遭喪時方做一副當如此着，也是咤異。」賀孫問：「今齊斬尚存此意。而齊衰期便太輕，大功、小功以下又輕，又〔一七六〕且無降殺。今若得斟酌古今之儀制爲一式，庶幾行之無礙，方始立得住。」先生〔一七七〕曰：「上面既如此，下面如何盡整頓得！這須是一齊都整頓過方好。未說其他瑣細處〔一七八〕，且如冠〔一七九〕便須於祭祀當用如何底，於軍旅當用如何底〔一八〇〕，於平〔一八一〕居當用如何底，於見長上當用如何底〔一八二〕，於朝廷治事當〔一八三〕用如何底，天子之制當如何，卿、大夫之制當如何〔一八四〕，士〔一八五〕當如何，庶人當如何，這是許多冠都定了。更須理會衣服等差，須用上衣下裳。若佩玉之類只於大朝會、大祭祀用之。五服亦各用上衣下裳。齊斬用粗布，期功以下又各爲降殺。如上紐衫一等紕繆鄙陋服色都除了，如此便得大綱正。今若只去零零碎碎理會些小不濟事，如今若考究禮經，須是一一自着考究教定。」賀孫。

賀孫因問：「祭禮附祭義，如說孝許多，如何來得？」曰：「便是祭禮難附。兼祭義前所說多是天子禮，若儀禮所存，唯少牢饋食、特牲饋食禮是諸侯大夫禮。兼又只是有饋食。若天子祭便合有初間祭腥等事，如所謂『建設朝事，燔燎羶薌』。若附儀禮，此等皆無入頭處。意間欲將周禮中天子祭禮逐項作一總腦，却以禮記附。如疏中有説天子處皆編出。」因云：「某已衰老，其間合要理會文字皆起得個頭在，及見其成與不見其成皆未可知。萬一不及見此書之成，諸公千萬勉力整理。得成此書，所係甚大！」賀孫〔一八六〕問：「前日承教，喻以五服之制乃上有制作之君〔一八七〕，其等〔一八八〕差如此。今在下有志之士欲依古禮行之既〔一八九〕不可，若一向徇俗之鄙陋又覺大不經，於心極〔一九〇〕不安，如何？」曰：「『非天子不議禮，不制度，不考文』。這事要整頓便著從〔一九一〕頭整頓，吉凶皆相稱。今吉服既不如古，獨於喪服欲如古已〔一九二〕不可。古禮也須一一考究着所在在這裏〔一九三〕，却始酌今之宜而損益之。若今便要理會一二項小小去處不濟事，須大看世間都得其宜方好。」問：「如今父母喪且如古服，如齊衰期乃兄弟、祖父母、伯叔父母，此豈可從俗輕薄如此？」曰：「自聖賢不得位，此事終無由正。」又云：「使鄭康成之徒制作，也須略成個模樣，未説待周公出制作。如今全然没理會，奈何！若有考禮之人又須得上之人信得及這事，行之天下亦不難。且如冠制尊卑，且以中梁爲等差。如今天子者用二十四，如何安頓？所以甚大而不宜。要好，天子以十二梁〔一九四〕，一品官〔一九五〕以九，陞朝以七，選人以五，士以三，庶人只用紗帛裹髻。如今道人自有此〔一九六〕意思。」賀孫〔一九七〕問：

「且如權宜期喪當如何？」曰：「且依四脚帽子加絰。此帽本只是巾，前二脚縛於後，後二〔一九八〕脚反前縛於上，今硬帽、幞頭皆是。後來漸變重遲，不便於事。如初用冠帶，一時似好。某必知其易变〔一九九〕，今果如此。若一個紫衫涼衫便可懷袖間去見人，又費輕。如帽帶皂衫是多少費，窮秀才如何得許多錢？是應必廢也。」居父問：「期之服合如何？用上領衫而加衰可乎？」曰：「上領衫已不是。」曰：「用深衣制，而粗布加衰可乎？」曰：「深衣於古便服。『朝玄端，夕深衣』，深衣是簡便之衣。吉服依玄端制，却於凶服亦倣爲之則宜矣。」問：「士禮，如喪祭等可通行否？古有命士，有不命士，今如之何？」曰：「喪祭禮節繁多，今士人亦難行。但古今士不同。古時諸侯大夫皆可以用士，如今簿、尉之類，乃邑宰之士，節推、判官之屬，則是太守之士。只一縣一州之中有人才，自家便可取將來使便是士。如藩鎮之制尚存此意。最〔二〇〇〕無奈何，便〔二〇一〕是如今將下面一齊都截了，盡教做一門入，盡教由科舉而得，是將奈何！」歎息久之。器之問：「國初衙前役用鄉户？」曰：「客將次於太守，其權甚重，一州之兵皆其將之，凡教閲出入，皆主其事。當時既是大户做，亦自愛惜家産，上下相體悉。若做得好底且教他做。更次一等户便爲公人，各管逐項職事。更次一等户爲吏人，掌文書簿牘。極下户爲胥徒，是今弓手、節級、奔走之屬。其終各各有弊。英宗時有詔，韓絳等要變不成。王荆公做參政，一變變了。」〔二〇二〕

楊通老問禮書。曰：「看禮書，見古人極有精密處，事無微細，各各有義理。然又須自家工夫到，方看得古人意思出，若自家工夫未到，只見得度數文爲之末，如此豈能識得深意？如將一椀乾硬底飯來喫，有甚滋味！若白地將自家所見揣摸他本來意思不如此，也不濟事。兼自家工夫未到，只去理會這個，下梢溺於器數，一齊都昏倒了。如今度得未可盡曉其意，且要識得大綱。」賀孫。

語次，〔二〇三〕問：「聞郡中近已開六經。」先生云：「已開詩、書、易、春秋，惟二禮未暇及。詩、書序各置於後以還其舊。易用呂伯恭〔二〇四〕所定本。周禮自是一書。惟禮〔二〇五〕尚有說話。儀禮，禮之根本，而禮記乃其枝葉。禮記本〔二〇六〕秦、漢上下諸儒解釋儀禮之書，又有他說附益於其間。今欲定作一書，先以儀禮篇目置於前，而附禮記於其〔二〇七〕後，如射禮，則附以射義，似此類已得二十餘篇。若其餘曲禮、少儀，又自作一項而以類相從。若疏中有說制度處亦當采取以益之。舊嘗以此例授潘恭叔，渠亦曾整理數篇來。今居喪無事，想必下手。儀禮舊與六經、三傳並行，至王介甫始罷去。其後雖復春秋而儀禮卒廢。今士人讀禮記而不讀儀禮，故不能見其本末。場屋中禮〔二〇八〕義，格調皆凡下。蓋禮記解行於世者，如方、馬之屬，源流出於熙、豐。士人作義者多讀此，故然。」可學。〔二〇九〕

賀孫〔二一〇〕問禮書。曰：「惟儀禮是古全書。若曲禮、玉藻諸篇，皆戰國士人及漢儒所裒集。王制、月令、内則是成書。要好，自將説禮物處，如内則、王制、月令諸篇，附儀禮成一書，如中間却將曲禮、玉藻又附在末後；不説禮物處，如孔子閒居、孔子燕居、表記、緇衣、儒行諸篇，却自成一書。樂記文章頗粹，怕不是漢儒做，自與史記、荀子是一套，怕只是荀子作。家語中説話猶得，孔叢子分明是後來文字，弱甚。天下多少是僞書，開眼看得透，自無多書可讀。」賀孫。

因理會所編禮書分經分傳而言曰：「經文精確峻潔，傳文則詞語泛濫。國語所載事跡多如此。如今人作文，因一件事便要泛濫成章。」人傑。

「周禮自是全書。如今禮書欲編入，又恐分拆了周禮，殊未有所處。」因説：「周禮只是説禮之條目，其間煞有文字，如『八法』、『八則』、『三易』、『三兆』之類，須各自别有書。」子升問：「儀禮傳記是誰作？」曰：「傳是子夏作，記是子夏以後人作。」子升云：「今禮書更附入後世變禮亦好。」曰：「有此意。」木之。

「余正父欲用國語而不用周禮，然周禮豈可不入！國語辭多理寡，乃衰世之書，支離蔓衍，大不及左傳。看此時文章若此，如何會興起國家！」坐間朋友問是誰做。曰：「見説是左丘明做。」此條以編禮書而言。〔二二一一〕賀孫。

禮編，纔到長沙，即欲諸公來同共〔二二一二〕理會。後見彼事叢，且不爲久留計，遂止。後至都下，庶幾事體稍定，做個規模。盡喚天下識禮者修書，如余正父諸人皆教來。今日休矣。賀孫。

或問：「禮書修得有次第否？」曰：「散在諸處，收拾不聚。最苦每日應酬多，工夫不得專一。若得數月之〔二一三〕閑，更得一兩個朋友相助則可畢矣。頃在朝欲奏乞專創一局，召四方朋友習禮者數人入局〔二一四〕編修。俟書成將上，然後乞朝廷命之以官以酬其勞，亦以少助朝廷蒐用遺才之意。事未及舉而某已〔二一五〕去國矣。」僩。

文蔚〔二一六〕問：「禮書學禮首引舜命契爲司徒敷五教、命夔典樂教胄子兩條。文蔚切謂古人教學不出此兩者。契敷五教是欲使人明於人倫，曉得這道理；夔典樂教胄子，是欲使人養其德性而實有諸己。此是一篇綱領。」答〔二一七〕曰：「固是如此。後面只是明此一意，如大司徒之教只是契敷教事，大司樂之教即是夔樂事。」因曰：「『直而温，寬而栗』，直與寬本自是好，但濟之以温與栗則盡善。至如『剛』、『簡』二字則微覺有弊，故戒之以『無虐』、『無傲』，蓋所以防其失也。某所以特與分開，欲見防其失者，專爲『剛』、『簡』而設，不蒙上『直』、『寬』二句。『直』、『寬』但曰『而温』、『而栗』，至『剛』、『簡』則曰『無虐』、『無傲』，觀其立言之意自可見。〔二一八〕」文蔚曰：「教以人倫者固是又欲養其德性，要養德性便只是下面『詩言志，歌永言，聲依永，律和聲』四句上。」曰：「然。諷誦歌詠之間足以和其心氣，但上面三句抑揚高下尚且由人，到那〔二一九〕『律和聲』處直是不可走作，所以詠歌之際深足養人情性。至如播之金石、被之管絃，非是不和，終是不若人聲自然。故晉人孟嘉有言『絲不如竹，竹不如肉』，謂『漸近自然』。

至『八音克諧，無相奪倫，神人以和』，此是言祭祀燕享時事，又是一節。」文蔚。

或問：「禮書所引伊川言『古者養士，其公卿大夫士之子弟固不患於無養，而庶人子弟之入學者亦皆有以養之』，不知是否？」曰：「恐不然。此段明州諸公添入，當刪。不然則注其下云：『今按，程子之言，未知何所據也。』古者教士，其比閭之學則鄉老坐于門而察其出入。其來學也有時，既受學則退而習於其家。及其升而上也則亦有時。春夏耕耘，餘時肄業，未聞上之人復有以養之也。夫既給之以百畝之田矣，又給之以學糧，亦安得許多糧給之耶！周禮自有士田可考。史記言孔子養弟子三千人，而子由古史亦遽信而取之，恐不然也。想得弟子來從學者則自賫糧，而從孔子出遊列國者則食孔子之食耳。然孔子亦安得許多糧？想亦取之列國之饋爾。孔子居衛最久，所以於靈公、孝公有交際、公養之仕，其所以奉孔子者必厚，至他國則不然矣。故晏子諫齊景公勿用孔子之言曰『游説丐貸，不可以爲國』。孟子之時，徒衆尤盛。當時諸侯重士又非孔子之時之比。春秋時人淳，未甚有事，故齊、晉皆累世爲伯主，人莫敢争。戰國之時人多姦詐，列國紛争，急於收拾人才以爲用，故不得不厚待士。」又曰：「古者三年大比，興其賢者、能者而進于天子，大國三人，中國二人，小國一人，不進則有罰。看來數年後所進極多。然天子之國亦小，其員數亦有限，不知如何用得許多人？今以天下之大，三年一番進士猶無安頓處，何況當時？白虎通曰：『古者諸侯進士，一不當則有罰，再不當則削其地，三不當則罷之廢之而託於諸侯爲寓公。』恐無此理，蓋出後世儒者之傅會。進士不當有甚大過而遂廢其君、絶其社稷耶！」或曰：「想得周家此法行之殊不能久。成、康數世之後，諸侯擅政，天子諸侯之公卿大夫皆爲世臣盤據，豈復容外人爲之耶？」曰：「然。兼當時諸侯國中亦自要人才用，必不會再貢之於天子。天子亦自擁虚器，無用它處也。當時天子威令不行，公卿大夫世襲，諸侯之國猶寬，故人才之窮而在下者多仕於諸侯之國。及公室又弱，而人才復多仕於列國之大夫。當時爲大夫之陪臣者，其權甚重，大夫執一國之權而陪臣復執大夫之權。所以説『禄去公室』、『陪臣執國命』。」又曰：「以爵位言之則大夫亦未甚尊，以權勢言之則甚重。自天子而下三等便至大夫。」又曰：「再命爲士，三命爲大夫，天子之大夫四命，小國之大夫再命或一命。一樣小小官職皆無命。他命禮極重。」又問：「當時庶民之秀者，其進而上之不過爲大夫極矣。至於公卿之貴皆世臣世襲，非若今之可以更進而代爲也，則士之生於斯時者，亦可謂不幸矣。」曰：「然。然當時之大夫宰臣，其權甚重。如晉、楚、齊諸國，其大夫皆握天下之權，操縱旨麾，天下莫不從之。其宰臣復握大夫之權，蓋當時其重在下，其輕在上。今日則其重在内，其輕在外，故不同也。」僩。

晦庵先生朱文公語類卷第八十五

儀禮[一]

總論

漢[二]河間獻王得古禮五十六篇，想必有可觀。但當時君臣間有所不曉，遂至無傳。故先儒謂聖經不亡於秦火而壞於漢儒，其説亦好。温公論景帝太子既亡，當時若立獻王爲嗣，則漢之禮樂制度必有可觀。又胡致堂[三]謂武帝若使董仲舒爲相、汲黯爲御史大夫，則漢治必盛。某常[四]謂：「若如此差除，那裏得來！」廣。人傑録同。[五]

先王之禮今存者無幾。漢初自有文字都無人收拾。河間獻王既得雅樂，又有禮書五十六篇，惜乎不見於後世。是當時儒者專門名家，自一經之外都不暇講，況在上又無興禮樂之主。故胡氏説道，使河間獻王爲君、董仲舒爲相、汲黯爲御史，則漢之禮樂必興。這三個差除豈不甚盛！賀孫。

今儀禮多是士禮，天子諸侯喪祭之禮皆不存，其中不過有些小朝聘燕享之禮。自漢以來，凡天子之禮皆是將士禮來增加爲之。漢[六]河間獻王所得禮五十六篇却有天子諸侯之禮，故班固謂「愈於推士禮以爲天子諸侯之禮者」。班固作漢書時此禮猶在，不知何代何年失了，可惜！可惜！廣。[七]

「今之儀禮只是士大夫禮，無天子諸侯禮。河間獻王五十六篇却有天子諸侯禮，班固作漢書時此禮尚存，不知如何失了。故班固云，今之言禮，愈於推士禮以達天子。豈若用此禮哉？」賀孫問：「女子子已嫁不爲父母禫否？今禮文只有『父在爲母、爲妻禫』。」曰：「想是無此禮。所謂父在爲母、妻禫，乃是只主男子而言。」賀孫。[八]

河間獻王集禮古經五十六篇。時謂愈於儀禮，推士禮以知天子諸侯之禮。班固作漢書時其書想尚在，不知是甚時失了。方子索漢書藝文志□古禮五十六卷，經七十篇。□□□記百三十一篇。七十子從禮學者所記。「禮古經出於魯淹中，及孔氏存七十篇文，相似多三十九篇。及明堂陰陽、王史氏記所見，多天子諸侯卿大夫之制，雖不能備，猶愈倉等推士禮以至於天子之說。」其言正如此，無河間獻王集之文，疑聽之誤也。[九]

禮書如儀禮，尚完備如他書。僩用。

儀禮不是古人預作一書如此。初間只以義起，漸漸相襲，行得好，只管乃至於情文極細密、施周緻處。[一〇]聖人見此意思好，故録成書。只看古人君臣之際，如公前日所畫圖子，君臨臣喪，坐撫當心要經而踊。今日之事至於死生之際，恝然不相關，不啻如路人。所謂君臣之恩義安在！祖宗時於舊執政喪亦嘗[一一]親臨，自[一二]渡江以來一向廢此。只秦檜之死，高宗臨之，後來不復舉。如陳福公，壽皇眷之如此隆至，其死亦不親臨。祖宗凡大臣死，遠地不及臨者必遣郎官往弔。今來一向如此。[一三]壽皇凡百提掇得意思，這般處却恁地不覺。今日便一向廢却。賀孫。

禮有經有變。經者，常也；變者，常之變也。先儒以曲禮爲變禮，看來全以爲變禮亦不可。蓋曲者委曲之義，故以曲禮爲變禮。然「毋不敬，安定辭，安民哉」，此三句豈可謂之變禮？先儒以儀禮爲經禮。然儀禮中亦自有變，變禮中又自有經，不可一律看也。禮記，聖人説禮及學者問答處，多是説禮之變。上古禮書極多，如河間獻王收拾得五十六篇，後來藏在祕府，鄭玄輩尚及見之，今注疏中有引援處，後來遂失不傳，可惜！可惜！儀禮古亦多有，今所餘十七篇，但多士禮耳。僩。

「儀禮是經，禮記是解儀禮。且[一四]如儀禮有冠禮，禮記便有冠義；儀禮有昏禮，禮記便有昏義。以至燕、射之類，莫不皆然。只是儀禮有士相見禮，禮記却無士相見義。後來劉原父補成一篇。」文蔚問：「他[一五]補得如何？」曰：「他亦學禮記下言語，只是解他儀禮。」文蔚。

魯共王壞孔子宅得古文儀禮五十六篇，其中十七篇與高堂生所傳十七篇同。鄭康成注此十七篇多舉古文作某，則是他當時亦見此壁中之書。不知如何只解此十七篇而三十九篇不解，竟無傳焉。淳。〔一六〕

儀禮疏説得不甚分明。温公禮有疏漏處，高氏送終禮勝得温公禮。撫州學有板本。〔一七〕淳。〔一八〕

永嘉張忠甫所校儀禮甚子細，然却於目録中冠禮玄端處便錯了。但此本較他本爲最勝。賀孫。

陳振叔亦儘得。見〔一九〕其説儀禮云：「此乃是義〔二〇〕，更須有禮書。儀禮只載行禮之威儀，所謂『威儀三千』是也。禮書如云『天子七廟，諸侯五，大夫三，士二』之類，是説大經處。這〔二一〕是禮，須自有個文字。」賀孫。

士冠

問：「士冠禮『筮于廟門』，其禮甚詳。而昏禮止云『將加諸卜，占曰，吉』。既無筮而卜禮略，何也？」曰：「恐卜筮通言之。」又問：「禮家之意，莫是冠禮？既詳其筮，則於昏禮不必更詳，且從省文之義如何？」曰：「亦恐如此。然儀禮中亦自有不備處，如父母戒女，止有其辭而不言於某處之類。」人傑。

古朝服用布，祭則用絲，詩絲衣「繹賓尸也」。「皮弁素積」，皮弁，以白鹿皮爲之；素積，白布爲裙。泳。

寓〔二二〕問：「士冠禮有所謂『始加』、『再加』、『三加』，如何？」曰：「所謂『三加彌尊』只是三次加：初是緇布冠，以粗布爲之；次皮弁；次爵弁。爵弁，〔二三〕諸家皆作畫爵，看來亦只是皮弁模樣，皆以白皮爲之。緇布冠古來有之，初是緇布冠，齊則緇之。次皮弁者，只是朝服；爵弁，士之祭服。周禮，爵弁居五冕之下。」又問：「『致美乎黻冕』，注言『皆祭服也』。黻冕恐不全是祭服否？」曰：「祭服謂之『黻冕』，朝服謂之『韠』，如詩『鞞琫有珌』、內則『端韠紳』皆是。」問：「士冠禮『一加』、『再加』，『吉〔二四〕月』、『令月』；至『三加』言『以歲之正』、『正』〔二五〕不知是同時否？」曰：「只是一時節行此文，自如此說。加緇布冠，少頃又更加皮弁，少頃又更加爵弁，然後成禮。如溫公冠禮亦倣此：初裹巾，次帽，次幞頭。」又問：「黻冕，蔽黻膝也，以韋爲之。舜之畫衣裳有黼、黻、絺、繡，不知又如何畫於服上？」曰：「亦有不可曉。黻在裳之前，亦畫黼於其上。」寓。

陳仲蔚問冠時威儀〔二六〕。先生曰：「凡婦人見男子每先一拜，男拜，又〔二七〕答拜。再拜亦然。若子冠則見母亦如之，重成人也。尋常則不如此。但古人無受拜禮，雖兄亦答拜，君亦然。但諸侯見君，則兩拜還一拜。」義剛。

冠者見母與兄弟，而母與兄弟皆先拜，此一節亦差異。昏禮亦然。婦始見舅姑，舅姑亦拜。義剛。陳淳録同。〔二八〕

古人祭酒於地。祭食於豆間有板〔二九〕盛之，卒食撤去。人傑。〔三〇〕

「有體，有俎」。祭享：體，半邊也。俎以骨爲斷。卓。〔三一〕

木豆爲豆，銅豆爲登。「登」本作「鐙」。道夫。〔三二〕

「死謚，周道也」。史云夏商以上無謚，以其號爲謚，如堯、舜、禹之類。看來堯、舜、禹爲謚也無意義。「堯」字從三土，如土之堯然而高；「舜」只是花名，所謂「顔如舜華」；「禹」者，獸跡，今篆文「禹」字如獸之跡。若死而以此爲謚號也無意義，况虞、舜側微時已云「有鰥在下曰虞舜」，則不得爲死而後加之謚號矣。看來堯、舜、禹只是名，非號也。僩。〔三三〕

士昏

儀禮昏禮「下達用鴈」，注謂「在下之人，達二家之好而用鴈」，非也。此只是公卿大夫下達庶人皆用鴈，後得陸農師解亦如此説。陸，名佃。〔三四〕陸解多杜撰，亦煞有好處，但簡略難看。陳祥道禮書考得亦穩。淳。〔三五〕

問：「昏禮用鴈，『壻執鴈』，或謂取其不再偶，或謂取其順陰陽往來之義。」先生曰：「士昏禮謂之『攝乘』，蓋以士而服大夫之服[三六]，乘大夫之車[三七]，則當用[三八]大夫之贄。前説恐傅會。」又曰：「重其禮而盛其服。」儒用。[三九]賜録同而略，云：「昏禮用鴈禮，謂之攝乘。蓋以士而服大夫之服，雀弁。乘大夫之車，墨車。執大夫之摯。蓋重其禮，故盛其服。」[四〇]

門是外門，雙扇。户是室中之户，隻扇。觀儀禮中可見。淳。義剛録略同。[四一]

几是坐物，有可以按手者，如今之三清椅。明作。[四二]

或問：「禮經，婦三月而後廟見，與左氏不同。」曰：「左氏説禮處多與禮經不同，恐是他[四三]當時俗禮，非必合於禮經。」又問：「既爲婦便當廟見，必待[四四]三月之久何邪？」曰：「三月而後事定。三月以前恐更有可去等事，至三月不可去則爲婦定矣，故必待三月而后廟見。」或曰：「未廟見而死則以妾[四五]葬之。」先生曰：「歸葬於婦氏之黨。」文蔚。

士相見[四六]

劉原父補亡記，如士相見義、公食大夫義儘好。蓋偏會學人文字，如今人善爲百家書者。又如學古樂府，皆好。意林是專學公羊，亦似公羊。其他所自爲文章，如雜著等，却不甚佳。人傑。

鄉飲酒

鄉飲酒云：「笙入，樂南陔、白華、華黍。」想是笙入吹此詩而樂亦奏此詩，樂便是衆樂皆奏之也。庚。[四七]

「旅酬」是客勸[四八]主人，主人復勸客，客[四九]又勸次客，次客又勸第三客，以次傳去。如客多，則兩頭勸起。義剛。[五〇]

大射[五一]

鎛鍾甚大，特懸鍾也。衆樂未作，先擊特鍾以發其聲；衆樂既闋，乃擊特磬以收其韻。僩。卓録同。[五二]

聘禮

問聘禮所言「君行一，臣行二」之義。曰：「君行步闊而遲，臣行步狹而疾，故君行一步而臣行兩步，蓋不敢同君之行而踐其跡也。國語齊君、晏子行，子貢怪之，問孔子君臣交際之禮一段，説得甚分曉。」僩。

公食大夫禮

公食大夫禮乃是專饗大夫。爲主人者時出勸賓，賓辭而獨饗。人傑。

覲禮

天子常服皮弁。惟諸侯來朝見於廟中服冕服，用鬱鬯之酒灌神。文蔚。

覲是正君臣之禮，較嚴。天子當依而立，不下堂而見諸侯。朝是講賓主之儀，天子當宁而立，在路寢門之外相與揖遜而入。義剛。陳淳録同。[五三]

喪服經傳

今人齊衰用布太細，又大功、小功皆用苧布，恐皆非禮。大功須用市中所賣火麻布稍細者，或熟麻布亦可。小功須用虔布之屬，古者布帛精粗皆有升數，所以説「布帛精粗不中數[五四]不鬻於市」。今更無此制，聽民之所爲，所以倉卒難得中度者，只得買來自以意釋[五五]製之爾。僩。

喪服葛布極粗，非若今之細也。僩。

「緦十五升，抽其半」者，是一簆只用一經。如今廣中有一種疏布，又如單經黄草布，皆只一經也。然小功十二升則其縷反多於緦矣，又不知是如何。閎祖。

問婦人首絰之制。曰：「亦只是大麻索作一環耳。」淳。〔五六〕

首絰大一搤，只是拇指與第二指一圍。要〔五七〕絰較小，此絞帶又小於要絰。象〔五八〕大帶，兩頭長垂下。絞帶象革帶，一頭有圈〔五九〕子，以一頭穿於中而束之。淳。〔六〇〕

問：「温公儀，首絰綴於冠，而儀禮疏説别材而不相綴。」曰：「綴也得，〔六一〕無繫要。」淳。

緦〔六二〕如今之髽巾。括髮是束髮爲髻。淳。〔六三〕

淳問：「鄭氏儀禮注及疏，以男子括髮與免及婦人髽，皆云『如著幓頭音騷。』。所謂幓頭者，如何？」曰：「幓頭只如今之著頭韈様，自項而前交於額上，却繞髻也。『免』字或讀，不音問而只音倪，謂去冠耳。」淳。〔六四〕

或問服制。曰：「儀禮事事都載在裏面，其間曲折難行處，他都有個措置得恰好。」因舉一項：「父卒，繼母嫁，後爲之服報。傳曰：『何以期也？貴終也。』嘗爲母子，貴終其恩，此爲繼母服之義。」賀孫。

問「妾母」之稱。曰：「恐也只得稱母，他無可稱。在經只得云『妾母』，不然無以别於他母也。」又問：「弔慰〔六五〕人妾母之死，合稱之〔六六〕云何？」曰：「恐也只得隨其子平日所稱而稱之。」或曰：「五峰稱妾母爲『少母』，南軒亦然。據爾雅，亦有『少姑』之文。五峰想是本此。」先生又曰：「『爲人後者爲其父母服』。本朝濮王之議欲加『皇考』字，引此爲證。當時雖是衆人爭得住，然至今士大夫猶以爲未然。蓋不知禮經中若不稱作爲其父母，別無個稱呼，只得如此說也。」僩。[六七]

沈存中說，喪服中，曾祖齊衰服，曾祖以上皆謂之曾祖。恐是如此。如此則皆合有齊衰三月服。看來高祖死，豈有不爲服之理？須合行齊衰三月也。伊川頃言祖父母喪須是不赴舉，後來不曾行。法令雖無明文，看來爲士者爲祖父母期服內不當赴舉。僩。

沈存中云，高祖齊衰三月，不特四世祖爲然，自四世以上，凡逮[六八]事皆當服衰麻三月，高祖蓋通稱耳。閎祖。

問：「某人不[六九]丁所生母憂。」先生云：「禮爲所生父母齊衰杖期，律文許其[七〇]中心喪。若所生父再娶，亦當從律，某人是也。」又問：「若所生父與所繼父俱再娶，當持六喪乎？」先生云：「固是。」又問先儒爭濮議事。先生云：「此只是理會稱親。當時蓋有引戾園事欲稱『皇考』者。」又問：「稱『皇考』是否？」曰：「不是。近[七一]世儒者亦有多言合稱『皇考』者。」人傑。

儀禮「期喪」條內，注說：「國君有疾不能爲祖父母、曾祖父母服，則世子斬。」又曰：「『君喪皆斬。』説已分明。天子無期喪。凡有服，則必斬三年。」淳。

因言孫爲人君，爲祖承重。頃在朝，檢此條不見。後歸家檢儀禮疏，説得甚詳，正與今日之事一般。乃知書多看不辦。舊來有明經科，便有人去讀這般書，注疏都讀過。自王介甫新經出，廢明經學究科，人更不讀書。卒有禮文之變，更無人曉得，爲害不細。如今秀才和那本經也有不看底，朝廷更要將經義、賦、論、策頒行印下教人在。僩。

「與爲人後者不入」。「與爲人後者」，謂大宗已有後而小宗復爲之後，却無意思。因言李光祖嘗爲人後，其家甚富，其父母死，竭家貲以葬之，而光祖遂至於貧。雖不中節，然意思却好。人傑。[七二]

無大功尊。父母本是期，加成三年。祖父母、世父母、叔父母本是大功，加成期。其曾祖父母小功及從祖、伯父母、叔父母小功者，乃正服之不加者耳。閎祖。

母之姊妹服反重於母之兄弟，緣於兄弟既嫁則降服，而母[七三]於姊妹之服則未嘗降。故爲子者於舅服緦，於姨母服小功也。賀孫。

舅於甥之妻有服，甥之妻於夫之舅却無服，此也是[七四]可疑。恐是舅則從父身上推將來故廣，甥之妻則從夫身上推將來故狹。夔孫。義剛録同而少異。[七五]

「禮，妻之父曰舅，『謂我舅者，吾謂之甥』。古禮『甥』字用處極多，如壻謂之『甥』，姑之子亦曰『甥』。」或問：「『姪』字，本非兄弟之子所當稱？」曰：「然。伊川嘗言之。胡文定家子弟稱『猶子』，禮『兄弟之子，猶子也』，亦不成稱呼。嘗見文定家藏〔七六〕伊川語録，凡家書説『姪』處皆非〔七七〕『猶子』，私常怪之。後見他本只作『姪』字，乃知『猶子』字文定所改，以伊川嘗非之故也。殊不知伊川雖非之，然未有一字替得，亦且只得從俗。若改爲『猶子』，豈不駭俗！據禮，兄弟之子當稱『從子』爲是。自曾祖而下三代稱『從子』，自高祖四世而止〔七八〕稱『族子』。」僩。

始封之君不臣其兄弟，封君之子不臣其諸父，不忘其舊也。公謹。

喪服，五服皆用麻。朋友麻是加麻於弔服之上。麻謂絰也。閎祖。

既夕

問：「朝祖時有遷祖奠，恐在祖廟之前。祖無奠而亡者難獨享否？」曰：「不須如此理會。禮説有奠處便是合有奠，無奠處便是〔七九〕合無奠，更何用疑？其他可疑處却多。如温公儀斬、齊古制，而功、緦又却不古制，是何説也？古者五服皆用麻，但有等差，皆有冠絰，但功、緦之絰小耳。今人吉服不古而凶服古，亦無謂也。今俗喪服之制，下用横布作襴，惟斬衰用不得。」淳。〔八〇〕

李守約問：「喪未葬可行虞祔否？」曰：「虞，所以安神，故既葬而虞。未葬，不可也。」僩。〔八一〕

特牲饋食〔八二〕

杜佑云：「祭用尸是上古朴野之俗。」先生制禮，本欲變朴野之俗，此等是去不盡者。文蔚。〔八三〕

少牢饋食

先生曰：〔八四〕「儀禮『日用丁巳』，按注家説則當作『丁、己』，蓋十干中柔日也。」雉。

有司〔八五〕

繹，祭之明日也。賓尸，以賓客之禮燕爲尸者。敬仲。〔八六〕

晦庵先生朱文公語類卷第八十六

周禮[一]

總論

問[二]周禮。先生曰：「不敢教人學。此[三]非是不可學，亦非是不當學，只爲學有先後，先須理會自家身心合做底，學周禮却是後一截事。而今且把來説看，還有一句干涉吾人身心上事否？」庚。[四]

「今只有周禮儀禮可全信。禮記有信不得處。」又曰：「周禮只疑得[五]有行未盡處。看來周禮規模皆是周公做，但其言語是他人做。如[六]今時宰相提舉敕令，豈是宰相一一下筆？有不是處周公須與改，至小可處或未及改，或是周公晚年作此書[七]。」庚。[八]

「大抵説制度之書，惟周禮儀禮可信，禮記便不可深信。周禮畢竟出於一家。謂是周公親筆做成固不可，然大綱却是周公意思。某所疑者，但恐周公立下此法却不曾行得盡。」文蔚。僩録同，而沈又注云：〔九〕「周禮是一個草本，尚未曾行。」

周禮，胡氏父子以爲是王莽令劉歆撰著〔一〇〕，此恐不然。周禮是周公遺典也。德明。〔一一〕

周禮一書好看，廣大精密，周家法度在裏許〔一二〕，但未敢令學者看。方子。

周禮一書也是做得來〔一三〕縝密，真個盛水不漏。廣。

子升問：「周禮合〔一四〕如何看？」曰：「也且循注疏看去。第一要見得聖人是個公平底意思。如陳君舉説，天官之職，如膳羞衣服之官皆屬之，此是治人主之身，此説自是。到得中間有官屬相錯綜處，皆謂聖人有使之相防察之意，這便不是。天官是正人主之身，兼統百官；地官主教民之事，大綱已具矣。春、夏、秋、冬之官各有所掌，如太史等官屬之宗伯，蓋以祝、史之事用之祭祀之故；職方氏等屬之司馬，蓋司馬掌封疆之政。最是大行人等官屬之司寇難曉，蓋儀禮覲禮，諸侯行禮既畢，出，『乃右肉袒於廟門之東』。王曰：『伯父無事，歸寧乃邦。』然後再拜稽首，出自屏。此所謂『懷諸侯則天下畏之』是也，所以屬之司寇。如此等處皆是合着如此，初非聖人私意。大綱要得如此看。如其間節目有不可曉處，如官職之多與子由所疑三處之類，只得且缺之，所謂『其詳不可得而聞也』。或謂周公作此書有未及盡行之者，恐亦有此理。只如今時法令，其間頗有不曾行者。」木之因説：「舊時妄意看此書，大綱是要人主正心、修身、齊家、治國、平天下，使天下之民無不被其澤，又推而至於鳥獸草木，無一不得其所而已〔一五〕。不如是不足以謂之裁成輔相、參贊天地耳。」曰：「是恁地，須要識公平意思。」因説：「如今學問不考古固不得，若一向去採摭故事零碎湊合説出來，也無甚益。孟子慨然以天下自任，曰『當今天下〔一六〕，舍我其誰哉』，到説制度處也〔一七〕只説『諸侯之禮，吾未之學也，嘗聞其略也』。要之，後世若有聖賢出來，如儀禮等書也不應便行得。如封建諸侯，柳子厚之説自是。當時却是他各自推戴爲主，聖人從而定之耳。如今若要將一州一縣封某人爲諸侯，人亦未必安之，兼數世之後其弊非一。如鄉飲酒之禮若要教天下之人都如此行，也未必能。只後世太無制度。若有聖賢爲之就中定其尊卑隆殺之數，使人可以通行，這便是禮；爲之去其哇淫鄙俚之辭，使之不失中和歡悦之意，這便是樂。」木之。

問：〔一八〕「社主平時藏在何處？」曰：「向來沙隨説以所宜木刻而爲主。某嘗辨之，後來覺得却是，但以所宜木爲主。如今世俗神樹模樣，非是將木來截作主也。以木爲社，如櫟社、枌榆社之類。」又問社稷之〔一九〕神。先生曰：「説得不同。或云稷是山林原隰之神，或云是穀神，看來穀神較是。社是土神。」又問：「社何以有神？」曰：「能生物便是神也。」又曰：「周禮，亡國之社却用刑人爲尸。一部周禮却是見〔二〇〕得天理都爛熟也。」夔孫。〔二一〕

周禮中多有説事之綱目者。如屬民讀法，其法不可知。司馬職「乃陳車徒，如戰之陳」，其陳法亦不可見矣。人傑。

「周都豐、鎬則王畿之内當有西北之戎，如此則稍、甸、縣、都如之，何其〔二二二〕可爲也？」答〔二二三〕曰：「周禮一書，聖人姑爲一代之法爾。到不可用法處，聖人須别有通變之道。」謨。去僞、人傑録並同。〔二二四〕

今人不信周官，若據某言却不恁地。蓋古人立法無所不有，天下有是事，他便立此一官，但只是要不失正耳。且如女巫之職，掌宮中巫、祝之事，凡宮中所祝皆在此人。次第〔二二五〕如此則便無後世巫蠱之事矣。道夫。

五峰以周禮爲非周公致太平之書，謂如天官冢宰却管甚宮閫之事，其意只是見後世宰相請託宮闈，交結近習，以爲不可。殊不知此正人君治國、平天下之本，豈可以後世之弊而併廢聖人之良法美意哉！又如王后不當交通外朝之説，他亦是懲後世之弊。要之，儀禮中亦分明自載此禮在〔二二六〕。至若所謂「女祝掌凡内禱、祠、禬、禳之事」，使後世有此官，則巫蠱之事安從有哉！道夫。

論近世諸儒説

於丘子服處見陳、徐二先生周禮制度菁華。下半册徐元德作，上半册即陳君舉所奏周官説。先生云：「孝宗嘗問君舉：『聞卿博學，不知讀書之法當如何？』陳奏云：『臣生平於周官粗嘗用心推考。今周官數篇已屬藁，容臣退，繕寫進呈。』遂寫進御。大概推周官制度亦稍詳，然亦有杜撰錯説處。[二七] 如云冢宰之職，不特朝廷之事，凡内而天子飲食、服御、宫掖之事無不畢管。蓋冢宰以道詔王，格群心之非，所以如此説，固是。[二八] 但云主客行人之官合屬春官宗伯，而乃掌於司寇；宗伯典禮，司寇典刑。[二九] 土地疆域之事合掌於司徒，乃掌於司馬。[三〇] 蓋周家設六官互相檢制之意。此大不然！何聖人不以君子長者之道待其臣？既任之而復疑之邪？」或問：「如何？」先生曰：「賓客屬秋官者，蓋諸侯朝覲、會同之禮既畢，則降而肉袒請刑，司寇主刑，所以屬之，有威懷諸侯之意。夏官掌諸侯土地封疆，如職方氏皆屬夏官。蓋諸侯有變則六師移之，[三一] 所以屬司馬也。」又問：「冬官司空掌何事？」曰：「次第是管土田之事。蓋司馬職方氏存[三二] 其疆域之定制，至於申畫井田，創置纖悉，必屬於司空，而今亡矣。」又云：「陳、徐周禮制度講三公宰相處甚詳，然皆是自秦漢以下説起。云漢承秦舊，置三公之官。若仍秦舊，何不只倣秦爲丞相、太尉、御史大夫？却置司馬、司徒[三三] 者，何故？蓋他不知前漢諸儒未見孔壁古文尚書有周官一篇，説太師、太傅、太保爲三公爾。孔安國古文尚書藏之祕府，諸儒專門伏生二十五篇，一向不取孔氏所藏古文者。及至魏晉間，古文者始出而行於世。漢初亦只仍秦舊，置丞相、御史、太尉爲三公。及武帝始改太尉爲大司馬。然武帝亦非是有意於復古，但以衛霍功高官大，上面去不得，故於驃騎大將軍之上加大司馬以寵異之，如加階官『冠軍』

之號爾，其職無以異於大將軍也。及何武欲改三公，他見是時大司馬已典兵，兼名號已正，故但去大字而以丞相爲司徒，御史大夫爲司空。後漢仍舊改司馬爲太尉，而司徒、司空之官如故。然政事歸於臺閣，三公備員。後來三公之職遂廢，而侍中、中書、尚書之權獨重，以至今日。」庚。〔三四〕

君舉說井田，道是周禮、王制、孟子三處說皆通。他說千里不平直量四邊，又突出圓算，則是有千二百五十里。說出亦自好看，今考來乃不然。周禮，鄭氏自於匠人注內說得極子細。前面正說處却未見，却於後面僻處說。先儒這般處〔三五〕極子細。君舉於周禮甚熟，不是不知，只是做個新樣好話謾人。本文自說「百里之國」、「五十里之國」。賀孫。

周禮有井田之制，有溝洫之制。井田是四數，溝洫是十數。今永嘉諸儒論田制乃欲混井田、溝洫爲一則不可行。鄭氏注解分作兩項，却是。人傑。

溝洫以十爲數，井田以九爲數，決不可合，永嘉必欲合之。王制、孟子、武成分土皆言三等，周禮乃有五等，決不合，永嘉必欲合之。閎祖。

「諸公之地，封疆方五百里。」又云：「凡千里，以方五百里封四公。」則是每個方五百里，甚是分明。陳乃云方一百二十五里，又以爲合加地、賞田、附庸而言之，何欺誑之甚！閎祖。

向來君舉進制度說，周禮封疆方五百里是周圍五百里，徑只百二十五里，方四百里者徑只百里，方三百里者徑只七十五里，方二百里者徑只五十里，方百里者徑只二十五里。自奇其説與王制等語相合。然本文「方千里之地，以封公則四公，以封侯則六侯，以封伯則七伯，以封子則二十五子，以封男則百男，其地已有定數」，此説如何可通？況男國二十五里之小，則國君即今之一耆長耳，何以爲國君？某嘗作辨，與逐項破其説。淳。［三六］

先生以禮鑰授黄直卿［三七］，令誦一遍畢。先生曰：「他論封國將孟子説在前，而後又引周禮『諸公之地封疆方五百里』説，非是。」直卿問：「孟子所論五等之地是如何與周禮不合？」先生曰：「先儒説孟子所論又［三八］夏商以前之制，周禮是成王之制，此説是了。但又説是周斥大封域而封之，其説又不是。若是恁地每一國添了許多地，便着移了許多人家社稷，某便説道［三九］恐無此理。這個［四〇］只是夏商以來漸漸相吞併後［四一］，至周自恁地大了。周公也是不奈他何後［四二］就見在封他，且如當初許多國也不是先王要恁地封。便如柳子厚説樣，他是爲［四三］人占得這些子地在［四四］，故［四五］先王從而命之以爵，不意到後來相吞併得恁地［四六］大了。且如今孟子説：『周公之封於魯也，地非不足也，而儉於百里；太公之封於齊也，地非不足也，而儉於百里。』這個［四七］也不是。當時封許多功臣親戚，也是要他國［四八］因而藩衛王室。他那舊時國都恁地［四九］大了，便［五〇］却封得恁地小，教他與那大國雜居，也於理勢不順。據今看［五一］左傳所説『東至於海，西至於河，南至於穆陵，北至無棣』，齊是恁地闊。詩『復周公之宇』，魯是恁地闊。這個也是勢着恁地。陳君舉却説只是封疆方五百里，四維各〔五二〕一面只二百五十里，蓋以維言〔五三〕則只百二十五里。某説若恁地，則男國不過似一耆長，如何是〔五四〕建國？他那〔五五〕職方氏説一千里封四伯、一千里封六侯之類，此説極分明了。〔五六〕這一千里，縱横是四個五百里，便是開破〔五七〕可以封四個伯。他那算得國數極定，更無可疑。君舉又却云，一千里地封四伯外，餘地只是〔五八〕存留得〔五九〕在那裏。某説，不知恁地〔六〇〕存留得〔六一〕作甚麼？若是〔六二〕恁地，則一千里只將三十來同封了四伯，那七十來同却不知留得〔六三〕作何用？」直卿曰：「武王『分土惟三』，則百里、七十里、五十里似是周制。」先生曰：「武王是初得天下，事勢未定，且大概恁地。如文王治岐，那制度也自不同。」先生論至此，蹙眉曰：「這個也且大概恁地説，不知當時子細是如何。」義剛問：「孟子想是〔六四〕不見周禮？」先生曰：「孟子是不見周禮。」直卿曰：「觀子産責晉之辭，則也恐不解封得恁地大。」先生曰：「子産是應急之説。他一時急後且恁地放鵰，云何故侵小。這非是至論。」直卿曰：「府、史、胥、徒則是庶人在官者，不知如何有許多？」先生曰：「嘗看子由古史，他疑三事：其一，謂府、史、胥、徒太多。這個當時却都是兼官，其實府、史、胥、徒無許多。」直卿曰：「那司市一官更動誕不得，法可謂甚嚴。」先生曰：「周公當時做得法大段齊整。如市，他〔六五〕便不放教人四散去買賣，他只立得一市在那裏，要買物事便入那市中去。不似而今要買物只於門前，自有人擔來賣。更是一日三次會合，亦通人情。看他所立法極是齊整，但不知周公此書行得幾時耳。」義剛。按，池本無自「若是恁地」至「留得作何用」一節。〔六六〕

天官

「天官之職是總五官者，若其心不大，如何包得許多事？且冢宰，内自王之飲食衣服，外至五官庶事，自大至小，自本至末，千頭萬緒，若不是大其心者區處應副，事到面前便且區處不下。況於先事措置，思患預防，是着多少精神，所以記得此復忘彼。佛氏只合下將那心頓下〔六七〕無用處，纔動步便疏脱。所以吾儒貴窮理致知，便須事事物物理會過。「舜明於庶物」，物即是物，只是明便見皆有其則。今文字在面前尚且看不得，況許多事到面前，如何奈得他！須襟懷大底人〔六八〕。」又云：「後人皆以周禮非聖人書。其間細碎處雖可疑，其大體直是非聖人做不得！」賀孫。以下冢宰。〔六九〕

「周之天官統六卿之職爾〔七〇〕，是提〔七一〕其大綱。至其他卿則一人理一事。然天官之職，至於闇寺、宮嬪、醯醬、魚鹽之屬，無不領之。」道夫問：「古人命官之意，莫是以其切於君身，故使之領否？」曰：「然。」道夫。

問：「宮伯、宮正所率之屬五百人皆入宮中，似不便否？」曰：「此只是宿衛在外，不是入宫。皆公卿王族之子弟爲之，不是兵卒。」淳。宫伯、宫正。

地官

義剛〔七二〕問：「司徒職在『敬敷五教』，而地官言教者甚略，而言山林陵麓之事却甚詳。」曰：「也須是教他有飯喫、有衣着，五方之民各得其所方可去教他。若不恁地，教如何地〔七三〕施？但是其中言教也大略〔七四〕，如閭胥書其孝悌婣卹、屬民讀法之類，皆是。」義剛。〔七五〕

問：「大司徒掌邦教而多主於山陵林麓之事者，何也？」曰：「民無住處，無物喫，亦如何教得？所以辨五方之宜以定民居，使之各得其所而後教可行也。」淳。〔七六〕

直卿問：「司徒所謂教只是十二教否？」曰：「非也。只如教民以六德、六行、六藝及歲時讀法之類。」淳。

周禮中説教民處止及於畿内之民，都不及畿外之民，不知如何。豈應如此？廣。

問六德「智」、「聖」。曰：「智是知得事理。聖便高似智，蓋無所不通明底意思。」伯羽。

直卿問：「古以百步爲畝，今如何？」曰：「今以二百四十步爲畝。百畝當今四十一畝。」賀孫。

問：「一夫均受田百畝，而有食九人、八人、七人、六人、五人多少之不等者，何以能均？」

曰：「田均受百畝，此等數乃言人勤惰之不齊耳。上農夫勤於耕則可食得九人，下不勤則可食得五人。故庶人在官者之禄，亦準是以爲差也。」淳。[七七]

古者百畝之地收皆畝一鍾，爲米四石六斗。以今量較之，爲米一石五斗爾。僩。

今謂周官非聖人之書。至如比、閭、族、黨之法，正周公建太平之基本也。他這個一如棋盤相似，秤布定後棋子方有放處。[七八]道夫。

二十五家爲閭。閭，吕也，如身之有脊吕骨。蓋閭長之居當中而二十四家列於兩旁，如身之脊吕骨當中而肋骨分布兩旁也。僩。

先生與曹兄論井田，先生云：「當時須自[七九]有個道理。天下安得有個王畿千里之地，將鄭康成圖來安頓於上！今看古人地制，如豐、鎬皆在山谷之間，洛邑、伊闕之地亦多是小溪澗，不知如何措置。」卓。

問：「畿内采地只是仕於王朝而食禄，退則無此否？」曰：「采地不世襲，所謂『外諸侯嗣也，内諸侯禄也』。然後來亦各占其地，競相侵削，天子只得鄉、遂而已。」淳。[八〇]

「子約疑井田之法，一鄉一遂爲一萬有餘夫，多溝洫川澮，而匠人一同爲九萬夫，川澮溝洫反少者，此以地有遠近，故治有詳略也。鄉遂近王都，人衆稠密，家家勝兵，不如此則不足以盡地利而養民，且又縱横爲溝洫川澮，所以寓設險之意而限車馬之衝突也，故治近爲甚詳。若鄉遂之外則民少而地多，欲盡開治則民力不足，故其治甚略。晉郤克帥諸國伐齊，齊求盟，晉人曰『必以蕭同叔子爲質而盡東其畝』，齊人曰『唯吾子戎車是利，無顧土宜』云云，晉謀遂塞。蓋鄉遂之畝，如中間是田，兩邊是溝，向東直去，而前復有横畝向南，溝復南流。一東一南，十字相交在此，所以險阻多而非車馬之利也。晉欲使齊盡東其畝，欲爲侵伐之利耳。而齊覺之，若盡東其畝則無縱横相銜，但一直向東，戎馬可以長驅而來矣。」次日又曰：「昨夜説匠人九夫之制無許多溝洫，其實不然。適間檢看許多溝洫川澮與鄉遂之地一般，乃是子約看不子細耳。」僩。

周家每年一推排，十六歲受田，六十者歸田。其後想亦不能無弊，故蔡澤言商君决裂井田，廢壞阡陌，以静百姓之業而一其志。唐制，每歲十月一日，應受田者皆集於縣令廷中而升降之，若縣令非才，則是日乃胥吏之利耳。方子。

「五家爲比，五比爲閭，四閭爲族，五族爲黨，五黨爲州，五州爲鄉」，「五家爲鄰，五鄰爲里，四里爲酇，五酇爲鄙，五鄙爲縣，五縣爲遂」，此鄉遂〔八二〕制田里之法也。「五人爲伍，五伍爲兩，四兩爲卒，五卒爲旅，五旅爲師，五師爲軍」，此鄉遂出兵之法也。故曰：「凡起徒役，無過家一人。」既一家出一人，則兵數宜甚多，然只是擁衛王室，如今禁衛相似，不令征行也。都鄙之法，則「九夫爲井，四井爲邑，四邑爲丘，四丘爲甸」，然後出長轂一乘、甲士三人、步卒七十二人。以五百一十二家而共只出七十五人，則可謂甚少。然有征行，則發此都鄙之兵，悉調者不用而用者不悉調。此二法所以不同，而貢、助之法亦異。大率鄉遂以十爲數，是長連排去；井田以九爲數，是一個方底物事。自是不同。而永嘉必欲合之，如何合得！閎祖。以下小司徒。

淳[八二]問：「鄭氏『旁加一里』之説是否？」曰：「如此方得數相合，亦不見所憑據處，今且大概依他如此看。」淳。[八三]

鄉遂雖用貢法，然「巡野觀稼，以年之上中下出斂法」，則亦未嘗拘也。閎祖。[八四]

周制鄉遂用貢法，故十夫治溝，長底是十，方底是百，長底是千，方底是萬。都鄙用助法，故八家同溝共井。鄉遂則以五爲數，家出一人爲兵以守衛王畿，役次必簡。如周禮，惟挽匶則用之，此役之最輕者。都鄙則以四爲數，六七家始出一人，故甸出甲士三人、步卒七十二人、馬四匹、牛三頭。鄉遂所以必爲溝洫而不爲井者，以欲起兵數故也。五比、五鄰、五伍之後，變五爲四閭、四里、四兩者，用四則成百之數，復用五，則自此奇零不整齊矣。如曰周制皆井者，此欺人之説，不可行也。因言永嘉之説，受田則用溝洫，起賦斂則依井。方子。[八五]

天子六鄉，故有六軍；諸侯三鄉，故有三軍。所謂「五家爲比」，比即伍也；「五比爲閭」，閭即兩也；「四閭爲族」，族即卒也，則是夫人爲兵矣。至於「九夫爲井，四井爲邑，四邑爲丘，四丘爲甸」，甸出兵車一乘。且以九夫言之，中爲公田，只是八夫甸，則五百一十二夫，何其少於鄉遂也？便是難曉。以某觀之，鄉遂之民以衛王畿，凡有征討止用丘甸之民。又，學校之制所以取士者但見於鄉遂，之［八六］外不聞教養之制，亦可疑也。人傑。

問：「都鄙四丘爲甸，甸六十四井，出車一乘、甲士三人、步卒七十二人。不審鄉遂車賦則如何？」曰：「鄉遂亦有車，但不可見其制。六鄉一家出一人，排門是兵。都鄙七家而出兵［八七］，在内者役重而賦輕，在外者役輕而賦重。六軍只是六鄉之衆，六遂不與。六遂亦有軍，但不可見其數。侯國三軍亦只是三郊之衆，三遂不與。大國三郊，次國二郊，小國一郊。蔡季通説，車一乘不止甲士三人、步卒七十二人，此是輕車用馬馳者，更有二十五人將重車在後，用牛載糗糧戈甲衣裝，見七書。如魯頌『公徒三萬』，亦具其説矣。」淳。

問：「司馬法車乘士徒之數與周禮不同，如何？」曰：「古制不明，皆不可考，此只見於鄭氏注。七書中司馬法又不是。此林勳本政書錯説，以爲文王治岐之政。」曰：「或以周禮乃常數，司馬法乃調發時數，是否？」曰：「不通處如何硬要通。不須恁思量，枉費心力。」淳。

問：「侯國亦倣鄉遂都鄙之制否？」曰：「鄭氏説侯國用都鄙法。然觀『魯人三郊三遂』，及孟子『請野九一而助，國中什一使自賦』，則亦是如此。」［八八］淳。［八九］

「『王受賢能之書，再拜受之，登於天府』。［九〇］内史貳之内史掌策命諸侯及群臣者，卿大夫既獻賢能之書，王拜受，登於天府。其副本則内史掌之，以内史掌策命諸侯及群臣故也。古之王者封建諸侯，王坐，使内史讀策命之。非特命諸侯，亦欲在廷詢其可否。且如後世除拜百官亦合有策，只是辭免了。」「祖〔九一〕宗之制亦如此否？」曰：「自唐以上皆如此。今除宰相宣麻，是其遺意。立后以上用玉策，其次皆用竹策。漢常用策，緣他近古。其初亦不曾用，自武帝〔九二〕立三王始用起。」齊懷王閎、燕剌王旦、廣陵王胥。卿大夫。〔九三〕

問：「周禮黨正謂：〔九四〕『一命齒於鄉里，再命齒於父族，三命不齒。』若據如此，雖說『鄉黨莫如齒』，到得爵尊後又不復序齒。」曰：「古人貴貴長長，並行而不悖。他雖說不序，亦不相壓。自别設一位，如今之掛位然。」〔九五〕文蔚。以下〔九六〕黨正。

問：「周禮書其〔九七〕『德行道藝』，德、行、藝三者猶有可指名者。『道』字不知〔九八〕當如何解？」曰：「舊嘗思之，未甚曉。看來『道』字只是曉得那道理而已。大而天地事物之理，以至古今治亂興亡事變。聖賢之典策、一事一物之理，皆曉得所以然，謂之道。且如禮、樂、射、御、書、數，禮樂之文，却是祝史所掌，至於禮樂之理，則須是知道者方知得。如所謂『天高地下，萬物散殊而禮制行矣；流而不息，合同而化而樂興焉』之謂。又德是有德，行是有行，藝是有藝，道則知得那德、行、藝之理所以然也。注云『德行是賢者，道藝是能者』，蓋曉得許多事物之理，所以屬能。」僩。

古制微細處今不可曉，但觀其大概如此〔九九〕。「宅田、士田、賈田」、「官田、牛田、賞田、牧田」，鄭康成作一説，鄭司農又作一説，憑何者爲是？淳。以下載師。

問：「商賈是官司令民爲之，抑民自爲之邪？」曰：「自〔一〇〇〕爲之，亦受田，但少耳，如載師所謂『賈田』者是也。」淳。

問：「士人受田如何？」曰：「上士、中士、下士是有命之士也〔一〇一〕，有禄。如管子『士鄉十五』是未命之士，若民皆爲士則無農矣，故鄉止十五。亦受田，但不多，所謂『士田』者是也。」淳。〔一〇二〕

「近郊十一，遠郊二十而三，縣、稍、都、鄙〔一〇三〕皆無過十二」，此即是田税。然遠近輕重不等者，蓋近處如六鄉，排門皆兵，其役多，故税輕；遠處如都鄙，井法七家而賦一兵，其役少，故税重。所謂「十二」者是并雜税，皆無過此數也。都鄙税亦只納在采邑。淳。

淳問：「『山林川澤三分去一』之説如何？」先生曰：「此亦是解不行後便如此説。如蜀中有七百里之地，置處州皆平坦膏腴良田，如何三分去一？嘗登雲谷山頂，望見密密皆山，其間有些空隙，黄白處是田，蓋百分之二，又如何三分去一？」淳。〔一〇四〕

周禮〔一〇五〕載師云：「凡宅不毛者有里布，凡田不耕者出屋粟，凡民無職事者出夫家之征。」閭師又云：「凡民無職者出夫布。」前重後輕者，前以待士大夫之有土者，後方是待庶民。「宅不毛」爲其爲亭臺也，「田不耕」爲其爲池沼也。凡民無職事者，此是大夫家所養浮泛之人也。賀孫。

「周禮〔一〇六〕師氏『居虎門，司王朝』。虎門，路寢門也。正義謂路寢庭朝、庫門外朝非常朝。此是常朝，故知在路門外。」文蔚問：「路寢庭朝、庫門外朝，如何不是常朝？」曰：「路寢庭在門之裏，議政事則在此朝。庫門外，是國有大事，詢及衆庶，則在此處，非每日常朝之所。若每日常朝，王但立於寢門外與群臣相揖而已。然王却先揖，揖群臣就位，王便入。只是揖亦不同，如『土揖庶姓，時揖異姓，天揖同姓』之類，各有高下。胡明仲嘗云，近世朝禮每日拜跪乃是秦法，周人之制元不如此。」文蔚。師氏。

古者教法，禮、樂、射、御、書、數，不可闕一。就中樂之教尤親切。夔教胄子只用樂，大司徒之職也是用樂。蓋是教人朝夕從事於此，拘束得心長在這上面。蓋爲樂有節奏，學他底，急也不得，慢也不得，久之，都換了他一副當情性。植。以下保氏。

周禮「六書」，制字固有從形者，然爲義各不同，却如何必欲説義理得！龜山有辯荆公字説三十餘字。夫〔一〇七〕荆公字説，其説多矣，而〔一〇八〕止辯三十字何益哉？又不去頂門上下一轉語，而隨其後屑屑與之辨。使其説轉，則吾之説不行矣。僩。

問：〔一〇九〕「復讎之義，禮記疏云『穀梁春秋許百世復讎』。庶〔一一〇〕人許五世復讎。又云『國君許九世復讎』。又引〔一一一〕魯威〔一一二〕公爲齊襄公所殺，其子莊公與齊威公會盟，春秋不譏。自威至定〔一一三〕九世，孔子相定公，會齊侯於夾谷，是九世不復讎也。此説如何？」

曰：「謂復百世之讎者，亂說也。〔一一四〕許五世復讎者，謂親親之恩至〔一一五〕五世而斬也。春秋許九世復讎與春秋不譏、春秋美之之事，皆解春秋者亂說也。聖〔一一六〕人作春秋不過直書其事，美惡自〔一一七〕見。後世言春秋者動引譏、美爲言，不知你〔一一八〕何從見聖人譏、美之意。皆是亂說。〔一一九〕」或〔一二〇〕云：「夷狄亂華〔一二一〕之禍，雖百世復之可也。」曰：「這事難說。凡〔一二二〕事貴謀始，也要及早乘勢〔一二三〕，纔放冷了便做不得。如莊公〔一二四〕之事，較之〔一二五〕他親見襄公〔一二六〕殺其父，既不能復讎〔一二七〕，反〔一二八〕與之燕會，又與之主婚，築王姬之館於外〔一二九〕，使周天子之女去嫁他。所爲如此，豈特不能復而已？既親與讎人如此，如何更責他去報齊威公？況更欲責定公夾谷之會，爭那裏去！見讎在面前，不曾報得，更欲報之於其子若孫，非惟事有所不可，也自做得〔一三〇〕没氣勢、無意思了。又況齊威公率諸侯尊周室以義而舉，莊公雖欲不赴其盟會，豈可得哉！事又當權個時勢義理輕重。若威公不是尊王室，無事自來召諸侯，如此，則莊公不赴可也。今威公名爲尊王室，若莊公不赴，非是叛齊，乃叛周也。又況威公做得氣勢如此盛大，自家如何便復得讎？若欲復讎，則襄公殺其父之時，莊公當以不共戴天之故告之天子、方伯、連牧〔一三一〕，必以復讎爲事，殺得襄公而後已，如此方快。人既不能，然反〔一三二〕親與之燕會、與之主婚，尚何責焉？〔一三三〕」又〔一三四〕問：「莊公若能殺得襄公，〔一三五〕不知可復與威公盟會否？〔一三六〕」曰：「既殺襄公，則自〔一三七〕家之事已了，兩邊方平，自與威公爲會亦何妨？但莊公若能殺襄公，則『九合諸侯，一正天下』之功將在莊公而不在齊威矣，惟其不能，所以只得俛首而[一三八]屈服事之也。只要乘氣勢做，及時做得方好。[一三九]纔到一[一四〇]二世後事便冷了，假使自家欲如此做，也自氣[一四一]不振。又況復讎須復得親殺吾父兄[一四二]之讎方好，若復其子孫，有甚意思！漢武帝引春秋『九世復讎』之説，遂征夷狄，名[一四三]爲高祖報讎，春秋何處有[一四四]此説？諸公讀此還信否？他自好大喜功，欲攘伐四夷[一四五]，故[一四六]姑托此以自詭爾。」又[一四七]問：「疏中説[一四八]君以無辜殺其父，其子當報[一四九]。引伍子胥事爲證，以爲聖人是之。[一五〇]如此則是報君，豈有此理？」曰：「盡是[一五一]疏家胡説，豈有此理！聖[一五二]人何嘗有明文是子胥來！今之解[一五三]春秋者都是如此胡説[一五四]。」問：「疏中[一五五]又引子思曰『今之君子，退人若將墜諸淵。毋爲戎首，不亦善乎』，言亦當報之，[一五六]但勿爲兵首，從人以殺之可也。」曰：「盡是胡解。子思之意，蓋爲或人問『禮爲舊君有服』，禮歟？子思因言人君退人無禮如此，他不爲戎首來殺你已自好了，何況更望其爲你服。此乃自人君而言，蓋甚之之辭，非言人臣不見禮於其君便可以如此也。讀書不可窒塞，須看他大意。」僩。調人。[一五七]

「泉府掌以市之征布，斂貨之不售者」，或買，或賖，或貸。貸者以國服爲息，此能幾何？而云「凡國事之財用取具焉」，何也？閎祖。泉府。

淳〔一五八〕問：「鄉遂爲溝洫用貢法，都鄙爲井田行助法。何以如此分別？」曰：「古制不明，亦不曉古人是如何。遂人溝洫之法，田不井授，而以夫數制之，『歲時登其夫家之衆寡』以令貢賦，便是用貢法。」淳。以下遂人。〔一五九〕

問：「遂，何以上地特加萊五十畝？」曰：「古制不明，亦不可曉。鄉之田制亦如此，但此見於遂耳。大抵鄉吏專主教，遂吏專主耕。」淳。〔一六〇〕

「稍」者，稍稍之義，言逐旋給與之也。不特待使者，凡百官廩禄皆然，猶今官中給俸米。僩。稍人。

春官

周禮載用赤璋、白璧〔一六一〕，此豈長策？要是周公未思〔一六二〕耳。觀季孫斯死用玉，而孔子歷階言其不可，則是孔子方思量到，而周公思量未到也。義剛。大宗伯。〔一六三〕

黄問：「周禮祀天神、地示、人鬼之樂，何以無商音？」曰：「五音無一則不成樂。非是無商音，只是無商調。先儒謂商調是殺聲，鬼神畏商調。」淳。以下大司樂。

周禮不言祭地，止於大司樂一處言之。舊見陳君舉亦云，社稷之祭乃是祭地。却不曾問大司樂祭地祇之事。人傑。

因説及夢，曰：「聖人無所不用其敬」。曰：「雖至小没緊要底物事也用其敬。到得後世儒者方説得如此闊大没收殺。如周禮，夢亦有官掌之，此有甚緊要？然聖人亦將做一件事。某平生每夢見故舊親戚，次日若不接其書信及見之，則必有人説及。看來惟此等是正夢，其他皆非正。」僩。〔一六四〕

夏官

大凡人不曾着實理會，則説道理皆是懸空，如讀易不曾理會揲法，則説易亦是懸空。如周禮所載蒐田事云「如其陣之法」，便是古人自識了陣法，所以更不載。今人不曾理會陣法，則談兵亦皆是脱空。道夫。大司馬。〔一六五〕

路門外有鼓，謂之路鼓，王崩則擊此鼓用以宣傳四方。肺石，其形若肺，擊之有聲；冤民訴〔一六六〕，擊此石，如今登聞鼓。唐人亦有肺石。文蔚。太僕。

秋官

人謂周公不言刑。秋官有許多刑，如何是不言刑！淳。

義剛〔一六七〕問：「周禮五服之貢限以定名，不問其地之有無。與禹貢不合，何故？」先生曰：「一代自有一代之制。他大概是近處貢重底物事，遠處貢輕底物事，恰如禹貢所謂『納銍、納秸』之類。」義剛。大行人。

冬官〔一六八〕

車所以揉木又以圍計者，蓋是用生成圓木揉而爲之，故堅耐，堪馳騁。〔一六九〕輪人。

晦庵先生朱文公語類卷第八十七

小戴禮〔一〕

總論

節〔二〕問：「看禮記、語、孟，孰先？」答〔三〕曰：「禮記有説宗廟朝廷，説得遠後，雜亂不切於日用。若欲觀禮，須將禮記節出切於日用常行者看，節出玉藻、内則、曲禮、少儀看。」節。

先生云：〔四〕「學禮者〔五〕先看儀禮。儀禮是全書，其他皆是講説。〔六〕如周禮、王制是制度之書，大學、中庸是説理之書。儒行、樂記非聖人之書，乃戰國賢士爲之。」又云：「人不可以不莊嚴，所謂『君子莊敬日强，安肆日偷』。」又曰：「『智崇禮卑』。人之智識不可以不高明，而行之在乎小心。如大學之格物、致知是智崇處，正心、修身是禮卑處。」卓。

有許順之者〔七〕説，人謂禮記是漢儒説，恐不然。漢儒最純者莫如董仲舒，仲舒之文最純者莫如三策，何嘗有禮記中説話來！如樂記所謂「天高地下，萬物散殊而禮制行矣；流而不息，合同而化而樂興焉」。仲舒如何説得到這裏？想必是古來流傳得此個文字如此。李本作〔八〕：「以是知禮記必出於孔門之徒無疑。順之此言極是。」廣。方子同而少異。〔九〕

問禮記正義載五養老、七養老之禮。曰：「漢儒説制度有不合者，多推從殷禮去。大抵古人制度恐不便於今。如鄉飲酒禮節文甚繁，今强行之畢竟無益，不若取今之禮酌而行之。」人傑。

禮記有王肅注煞好。太史公樂書載樂記全文，注家兼存得王肅。又，鄭氏注覺得好。〔一〇〕如〔一一〕陸農師禮象、陳用之禮書亦該博，陳氏勝陸氏。〔一二〕如〔一三〕後世禮樂全不足取〔一四〕。但諸儒議禮頗有好處，此不可廢，當別類作一書〔一五〕。六朝人多是精於此，必竟當時此學自專門名家，朝廷有禮事便用此等人議之，如今之〔一六〕刑法官只除〔一七〕用試大法人做。如本生父母事却在隋書劉子翼傳，江西有士人方庭堅引處〔一八〕，今言者得以引用。賜。〔一九〕

鄭康成是個好人，考禮名數大有功，事事都理會得。如漢律令亦有注，儘有許多精力。東漢風俗〔二〇〕，諸儒煞好，盧植也好。淳。義剛同。〔二一〕

王肅議禮必反鄭玄。賀孫。

問：「禮記古注外無以加否？」答〔二二〕曰：「鄭注自好。看注、看疏自可了。」大雅。〔二三〕

或曰：「經文不可輕改。」答〔二四〕曰：「改經文固是〔二五〕啓學者不敬之心。然舊有一人專攻鄭康成解禮記不合改其文。如『蛾子時術之』，亦不改，只改作『蠶蛾』字。〔二六〕云，如蠶種之生，循環不息。是何義也！且如大學云『舉而不能先，命也』，若不改，成甚義理！」大雅。

鄭康成解「非天子不議禮」云：「必聖人在天子之位然後可。」若解經得如此簡而明，方好。大雅。〔二七〕

漢儒初不要窮究義理，但是會讀，記得多便是學。義剛。〔二八〕

「方、馬二解合當參考，儘有説好處，不可以其新學而黜之。如『君賜衣服，服以拜賜』。絶句是。『以辟之命，銘爲烝彝鼎』，舊點『以辟之』爲一句，極無義。辟乃君也，以君之命銘彝鼎。最是。又如陸農師點『人生十年曰幼』作一句，『學』作一句，下放此，亦有理。『聖人作』作一句，『爲禮以教人』。學記『大學之教也』作一句，『時教必有正業，退息必有居學』。『乃言底可續三載』，皆當如此。『不在此位也』，吕與叔作『豈不在此位也』，是。後看家語乃無『不』字，當從之。大戴禮或有注或無注，皆不可曉。其本文多錯，注亦錯。如武王諸銘有煞着題處，有全不着題處。或是當時偶有警戒之語便隨處寫記，不必恰好。不似今人爲某銘，須要做象本色。」賀孫因舉問數銘可疑。先生曰：「便是如盥盤之銘，又恰似可做船銘，亦是當時因見水而起意。然此等錯雜亦未可知。如明堂篇，鄭注於『二九四七五三六一八』之下，謂周室法龜文。看『二九四七五三六一八』正是洛書。他那時已自把九疇作洛書看了。」〔二九〕賀孫。

曲禮上〔三〇〕

陳叔晉云：「經禮，如天子七廟、士二廟之類，當別有一書，今亡矣。曲禮，如威儀之類，〔三一〕今曲禮儀禮是也。」恨不及問之。方子。

曲禮必須別有一書協韻，如弟子職之類。如今篇首「若思」、「定辭」、「民哉」，茲。及「上堂聲必揚」、「入户視必下」，户。皆是協〔三二〕韻。今上下二篇却是後人補湊而成，不是全篇做底。「若夫」等處文意都不接。内則却是全篇做底，但「曾子曰」一段不是。方子。

問：「艾軒解『毋不敬，儼若思，安定辭，安民哉』〔三三〕，訓『思』字作助語，然否？」曰：「訓『思』字作助語尚庶幾，至以『辭』字亦爲助語，則全非也。他門大率偏枯，把心都在邊角上用。」方子。〔三四〕

文蔚〔三五〕問：「曲禮篇〔三六〕首三句是從源頭説來，此三句固是一篇綱領。要之，『儼若思，安定辭』又以『毋不敬』爲本。」曰：「然。」又曰：「只是下面兩句便是『毋不敬』。今人身上大節目只是一個容貌言語，便如『君子所貴乎道者三』，這裏只是不曾説『正顔色』。要之，顔色容貌亦不争多，只是顔色有個誠與僞。」沈録此下又云：〔三七〕「箕子九疇，其要只在五事。」文蔚。

「若夫坐如尸，立如齊」本大戴禮之文。上意〔三八〕尊親，因假説此乃成人之儀，非所以事親也。記曲禮者撮其言反帶「若夫」二字，不成文理。而鄭康成又以「丈夫」解之，益謬。他也是解書多後更不暇子細。此亦猶「子曰好學近乎智，力行近乎仁，知耻近乎勇」，家語答問甚詳，子思取入中庸而刪削不及，反衍此[三九]「子曰」兩字。義剛。陳淳録同。[四〇]

文蔚[四一]問：「『禮聞取於人，不聞取人；禮聞來學，不聞往教』。呂與叔謂上二句學者之道，下二句教者之道。取猶致也。取於人者，我爲人所取而教之，在學[四二]者言之則來學者也。取人者，我致人以教己，在教者言之則往教者也。此說如何？」曰：「道理亦大綱是如此，只是說得不甚分曉。據某所見，都只就教者身上說。取於人者，是人來求我，我因而教之；取人者，是我求人以教。今欲下一轉語：取於人者便是『有朋自遠方來』、『童蒙求我』；取人者便是『好爲人師』、『我求童蒙』。」文蔚。

「班朝治軍，涖官行法，非禮，威嚴不行；禱祠祭祀，供給鬼神，非禮，不誠不莊」。以「誠莊」對「威嚴」，則涖官當以威嚴爲本。然恐其太嚴，又當以寬濟之。德明。

問：「『七十老而傳』則嫡子、嫡孫主祭。如此，則廟中神主都用改換作嫡子、嫡孫名奉祀。然父母猶在，於心安乎？」曰：「然。此等也難行，也且得躬親耳。」又問：「嫡孫主祭則便須祧六世、七世廟主，自嫡孫言之則當祧。若叔祖尚在則乃是祧其高曾祖，於心安乎？」曰：「也只得如此。聖人立法，一定而不可易，兼當時人習慣亦不以爲異也。」又問：「先生舊時立春祭先祖，冬至祭始祖，後來廢之，何故？」曰：「覺見〔四三〕得忒煞過當，和那〔四四〕禘、祫都包在裏面了。恐太僭，遂廢之。」僩。

義剛〔四五〕問：「『年長以倍則父事之』，這也只〔四六〕是同類則可行此禮否〔四七〕？」曰：「如此則不必問德之高下，但一例如此否？」曰：「德也隱微難見。德行底人，人也自是篤〔四八〕敬他。」又問：「如此則不必問年之高下，但有德者皆篤敬之？」曰：「若是師他則又不同，若朋友中德行底也自是較篤敬也。」義剛。

「爲人子者，居不主奧」。古人室在東南隅開門，東北隅爲窔，西北隅爲屋漏，西南隅爲奧。人纔進便先見東北隅，却到西北隅，然後始到西南隅，此是至深密之地。銖。

尸用無父母者爲之，故曰「食饗不爲概，祭祀不爲尸」。文蔚。

「父召無諾，唯而起」，唯速於諾。文蔚。

文蔚〔四九〕問：「曲禮〔五〇〕云『父不祭子，夫不祭妻』，何也？」曰：「便是此一說，被人解得都無理會了。據某所見，此二句承上面『餕餘不祭』說。蓋謂餕餘之物，雖父不可將去祭子，夫不可將去祭妻。且如孔子『君賜食，必正席先嘗之；君賜腥，必熟而薦之』，君賜腥則必非〔五一〕餕餘矣，雖熟之以薦先祖可也。賜食則或爲餕餘，但可正席先嘗而已，固是不可祭先祖，雖妻子至卑，亦不可祭也。」文蔚。

「餕餘不祭，父不祭子，夫不祭妻」。先儒自説[五二]一説，横渠又自爲一説。看來只是祭祀之「祭」，此因「餕餘」起文，謂父不以是祭其子，夫不以是祭其妻，舉其輕者言，則他可知矣。雉。

「餕餘不祭，父不祭子，夫不祭妻」，古注説不是。今思之，只是不敢以餕餘又將去祭神。雖以父之尊亦不可以祭其子之卑，夫之尊亦不可以祭其妻之卑，蓋不敢以鬼神之餘復以祭也。「祭」非「飲食必有祭」之「祭」。賀孫。

居喪，初無不得讀書之文。「古人居喪不受業」者，業謂簨虡上一片板，不受業謂不敢作樂耳。古人禮樂不離身，惟居喪然後廢樂，故曰「喪復常，讀樂章」。周禮有司業者，謂司樂也。僩。

凡有一物必有一個則，如「羹之有菜者用梜」。祖道。

凡御車，皆御者居中、乘者居左。惟大將軍之車，將自居中，所謂「鼓下」。大將自擊此鼓，爲三軍聽他節制。雖王親征，亦自擊鼓。文蔚。

檀弓上

孔子令伯魚喪出母而子上不喪者，蓋猶子繼祖，與祖爲體。出母既得罪於祖，則不得入祖廟。不喪出母，禮也。孔子時人喪之，故亦令伯魚、子思喪之；子上時人不喪之，故子上守法，亦不喪之。其實子上是正禮，孔子却是變禮也，故曰「道隆則從而隆，道污則從而污」。方子。

問子上不喪出母。曰：「今律文甚分明。」又問：「伯魚母死，期而猶哭，如何？」曰：「既期則當除矣，而猶哭，是以夫子非之。」又問「道隆則從而隆，道污則從而污」。曰：「以文意觀之，道隆者，古人爲出母無服，迨德下衰，有爲出母制服者。夫子之聽伯魚喪出母，隨時之義也。若子思之意，則以爲我不能效先君子之所爲，亦從古者無服之義耳。」人傑。

問「不喪出母」。曰：「子思所答與喪禮都不相應，不知何故。據其問意，則以孔子嘗令子思喪之，却不令子上喪之，故疑而問之也。子思之母死，孔子令其哭於廟。蓋伯魚死，其妻再嫁於衛。子思答以道之污隆，則以孔子之時可以隨俗，而今據正禮則爲伋妻者則爲白母，不爲伋妻者是不爲白母爾。禮，爲父後者，爲出母無服。只合以此答之。」僩。

「稽顙而後拜」，謂先以頭至地而後下手，此喪拜也。若「拜而後稽顙」，則今人常用之拜也。人傑。

「稽顙而後拜」，稽顙者，首觸地也。「拜」字從兩手下。人傑。

申生不辨驪姬，看來亦未是。若辨而後走，恐其他公子亦不免於難。方子。

施問：「每疑夫子言『我非生而知之』，『若聖與仁，則吾豈敢』，及至夢奠兩楹之間則曰：『太山其頹乎！梁木其壞乎！哲人其萎乎！』由前似太謙，由後似太高。」先生曰：「檀弓出於漢儒之雜記，恐未必得其真也。」寓。

「曾子襲裘而弔，子游裼裘而弔」，裘似今之襖子，裼衣似今背子，襲衣似今涼衫公服。襲裘者，冒之不使外見；裼裘者，袒其半而以禪衣襯出之。「緇衣，羔裘；素衣，麑裘；黄衣，狐裘」，緇衣、素衣、黄衣即裼衣，禪衣也。欲其相稱也。僩。

「從母之夫，舅之妻，二夫人相爲服」，這恰似難曉。往往是外甥在舅家，見得姨[五三]與姨夫相爲服。其本來無服，故異之。[五四]

喪禮只二[五五]十五月，「是月禫，徙月樂」。文蔚。

檀弓下

「君之喪，諸達官之長，杖。」達官謂得自通於君者，如內則公卿、宰執與六曹之長、九寺五監之長，外則監司、郡守，得自通章奏於君者。凡此皆杖，次則不杖。如太常卿杖[五六]，太常少卿則不杖，若太常卿闕，則少卿代之杖。僩。[五七]

問子貢、曾子入弔修容事。先生曰：「未必恁地。」夔孫。[五八]

王制

王制說王畿采地只是內諸侯之禄。後來如祭公、單父、劉子、尹氏亦皆是世嗣，然其沾王教細密，人物皆好。劉康公所謂「民受天地之中以生」，都是識這道理。想當時識這道理者亦多，所以孔子亦要行一遭，問禮於老聃。淳。

問王制封國之制。曰：「漢儒之説只是立下一個算法，非惟施之當今有不可行，求之昔時亦有難曉。且如九州之地，冀州極闊，河東、北皆屬焉。雍州亦闊，陝西五路皆屬焉。若青、兗、徐、豫，則疆界有不足者矣。設如夏時封建之國革命之後，不成地多者削其國以予少者，如此則彼未必服，或以生亂。又如周王以原田與晉文，其民不服，至於伐之。蓋世守其地，不肯遽從他人。若封王子弟，必須有空地方可封。左氏載齊地蒲姑氏因之，而後太公因之，若成王不得蒲姑之地，太公亦未有頓放處。」人傑。〔五九〕

王制、祭法廟制不同。以周制言之，恐王制爲是。閎祖。

問「天子犆礿，祫禘，祫嘗，祫烝」，正義所解數段。曰：「此亦難曉。礿祭以春物未成，其禮稍輕，須着逐廟各祭。祫、禘之類又却合爲一處，則犆反詳而祫反略矣。又據正義，禘禮是四處各序昭穆，而大傳謂『不王不禘。王者禘其祖之所自出，以其祖配之』。若周人禘嚳，配以后稷，是也。如此，則説禘又不可通矣。」又云：「春秋書『禘于太廟，用致夫人』，又不知禘于太廟其禮如何？太廟是周公之廟。先儒有謂魯亦有文王廟。左氏載鄭祖厲王。諸侯不敢祖天子，而當時越禮如此，故公廟設於私家皆無理會處。」又問：「『諸侯礿則不禘』一段，是〔六〇〕歲朝天子，廢一時祭。」曰：「春秋朝會無節，[六一]豈止一歲[六二]廢、一時祭而已哉！不然，則或有世子，或大臣居守。[六三]」人傑。[六四]

月令

黄直卿[六五]云：「今仲冬中星，乃東壁。」義剛。

明堂，想只是一個三間九架屋子。賀孫。

論明堂之制者非一。某竊意當有九室，如井田之制：東之中爲青陽太廟，東之南爲青陽右個，東之北爲青陽左個，南之中爲明堂太廟，南之東即東之南。爲明堂左個，南之西即西之南。爲明堂右個，西之中爲總章太廟，西之南即南之西。爲總章左個，西之北即北之西。爲總章右個，北之中爲玄堂太廟，北之東即東之北。爲玄堂右個，北之西即西之北。爲玄堂左個，中是[六六]爲太廟太室。凡四方之太廟異方所。其左個右個：則青陽之右個乃明堂之左個，明堂之右個乃總章之左個也；總章之右個乃玄堂之左個，玄堂之左個乃青陽之右個也，但隨其時之方位開門耳。太廟太室則每季十八日，天子居焉。古人制

總章左个	總章太廟	總章右个
明堂右个		玄堂左个
門		門
明堂太廟	太廟太室	玄堂太廟
門		門
明堂左个		玄堂右个
青陽右个	青陽太廟	青陽左个

事多用井田遺意，此恐也是。砥。

問：「禮注疏中所説祀五帝神名，如靈威仰、赤熛怒、白招拒、叶光紀之類，果有之否？」曰：「皆是妄説。漢時已祀此神。漢是火德，故祀赤熛怒，謂之『感生帝』。本朝火德，亦祀之。」問「感生」之義。曰：「如玄鳥卵、大人跡之類耳。」「漢赤帝子事，果有之否？」曰：「豈有此理，盡是鄙俗相傳、傅會之談。」又問：「五行相生相勝之説，歷代建國皆不之廢，有此理否？」曰：「須也有此理，只是他前代推得都没理會。如秦以水德，漢却黜秦爲閏而自以火德繼周。如漢初張蒼自用水德，後來賈誼、公孫臣輩皆云當用土德，引黄龍見爲證，遂用土德。直至漢末方申火德之説。及光武以有赤伏符之應，遂用火德。歷代相推去。唐用土德，五代〔六七〕後梁繼之以金。及至後唐，又自以爲唐之後，復用土德而不繼梁。後晉以金繼土，後漢以水，後周以木，本朝以火。是時諸公皆争以爲本朝當用土德，改正五代之序而去其一以承周。至引太祖初生時，胞衣如菡萏，遍體如真金色，以爲此真土德之瑞。一時煞争議，後來卒用火德。此等皆没理會。且如五代僅有三四年者亦占一德，此何足以繫存亡之數！若以五代爲當繫，則豈應黜秦爲閏？皆有不可曉者，不知如何。」又曰：「五行之建，於國家初無利害，但臘日則用此推之耳。如本朝用戌日爲臘，是取此義。」又曰：「如秦以水德，以爲水者刻深，遂專尚殺罰，此却大害事！」僩。

又〔六八〕問：「月令『仲春行秋令』云云，〔六九〕不知是天行令，是人行令？」先生曰：「是人行此令，則召天之災。」辛。〔七〇〕

文王世子

「師保、疑丞」，「疑」字曉不得，想只是有疑即問他之意。庚。〔七一〕

「公族有罪無宮刑，不翦其類也」。纖剸於甸人，特不以示衆耳。刑固不可免。今之法，乃殺人不死。祖宗時宗室至少，又聚於京師，犯法絶寡，故立此法。今散於四方萬里，與常人無異，乃縱之殺人，是何法令？不可不革。可學。

禮運

問：「禮運似與老子同？」曰：「不是聖人書。胡明仲云『禮運是子游作，樂記是子貢作』。計子游亦不至如此之淺。」問：「樂記以樂爲先，與濂溪異。」曰：「他却將兩者分開了。」〔七二〕可學。

孔子曰：「我欲觀夏道，是故之杞而不足徵也，吾得夏時焉；我欲觀殷道，是故之宋而不足徵也，吾得坤、乾焉。」説者謂夏小正與歸藏，然聖人讀此二書必是大有發明處。歸藏之書無傳。然就使今人得二書讀之，豈能有聖人意思也！人傑。

楊問：「禮運『故百姓則君以自治也』，云云。注『則』字作『明』字，不知可從否？」曰：「只得作『明』字。」？寓問：「六經中，注家所更定字不知盡從之否？」曰：「亦有不可依他處。」寓問：「禮記『主人既祖，填池』，鄭氏作『奠徹』，恐只是『填池』，是殯車所用者。」先生曰：「如『魚躍拂池』，固是如此。但見葬車用此，恐殯車不用此，此處亦有疑。」又問：「『其慎也，蓋殯也』，『慎』蓋[七三]爲『引』如何？」曰：「若此處皆未可曉。」寓。

問：「七情，[七四]喜、愛、欲發於陽，怒、哀、懼、惡發於陰否？」曰：「也是如此。」問：「怒如何屬陰？」曰：「怒畢竟屬義，義屬陰。怒與惡皆羞惡之發，所以屬陰。愛與欲相似，欲又較深。愛是只[七五]說這物事好可愛而已，欲又是欲得之於己。他這物事又自分屬五行。」問：「欲屬水，喜屬火，愛屬木，惡與怒屬金，哀與懼亦屬水否？」曰：「然。」僩。

問：「七情中[七六]愛與欲何以別？」曰：「愛是泛愛那物。欲則有意於必得，便要拏將來。」淳。

賀孫[七七]問：「喜、怒、哀、懼、愛、惡、欲是七情，論來亦自性發。只是怒自羞惡發出，如喜、怒、哀、欲，恰都自惻隱上發。」曰：「哀、懼是那個發？看來也只是從惻隱發，蓋懼亦是怵惕之甚者。但七情不可分配四端，七情自於四端橫貫過了。」賀孫。

問：「喜、愛、欲三者不同，如何分別？」曰：「這只〔七八〕各就他地頭看。如誠只是實，就他本來説唤做誠，就自家身上〔七九〕説誠又自與本來不同。如信，就本然之理説是信，就自家身己説信又不同，就物上説又不同。要知也只是一個實。如曰『主忠信』之類，皆是自家身上説也。」賀孫。

問：「『欲』與『慾』字有何分別？」答〔八〇〕曰：「無心『欲』字虚，有心『慾』字實。有心『慾』字是無心『欲』字之母。此兩字亦通用。今人言滅天理而窮人慾，亦使此『慾』字。」㬊曰：「方動者慾，行出來者欲。」節。

愛是泛愛，欲是要得之心。道夫。〔八一〕

郊特牲〔八二〕

禮記〔八三〕出人情，亦是人情用。可學。

問：「蜡祭何以言『仁之至，義之盡』？」曰：「如猫〔八四〕、虎等事，雖至微至細處亦有所不違，故曰『仁之至，義之盡』。」謨。去僞録同。〔八五〕

玉藻〔八六〕

「笏者，忽也，所以備忽忘也。『天子以球玉，諸侯以象，大夫以魚須、文竹，士竹本，象可也』。漢書有秉笏奏事。」又曰：「執簿亦笏之類，本只是爲備遺忘，故手執、眼觀、口誦。或於君前有所指畫，不敢用手，故以笏指畫，今世遂用以爲常執之物。周禮典瑞『王搢大圭，執鎮圭』，大圭不執，只是搢於腰間，却執鎮圭，用藻藉以朝日，而今郊廟天子皆執大圭。大圭長三尺，且重，執之甚難，古者本非執大圭也。」僩。

文蔚〔八七〕問：「禮記九容與論語九思，一同本原之地，固欲存養。於容貌之間又欲隨事省察。」曰：「即此便是涵養本原。這裏不是存養，更於甚處存養？」文蔚。

明堂位

問：「明堂位一篇是有此否？」答〔八八〕曰：「看魯人有郊禘，也是有此。」問曰：「當時周公制禮，『父爲大夫，子爲士，葬以大夫，祭以士；父爲士，子爲大夫，葬以士，祭以大夫』。不成周公制禮使其子亂之？看來子思前如此説，後却説『郊社之禮，禘嘗之義，治國其如示諸掌乎』，怕是子思以此譏魯之僭禮。」先生曰：「子思自是稱武王、周公之達孝，不曾是譏魯。」劉曰：「孔子言『魯之郊禘，非禮也，周公其衰矣』，孔子尚有此説。」先生曰：「孔子後來是如此譏之。」先生因曰：「看公文字有幾件要合作一處説。〔八九〕」又曰：「這個自是周公死了，成王賜伯禽，不干周公事。堯之有丹朱，舜之有商均，不肖子弟亦有之。成王、伯禽猶似可〔九〇〕。」問：

「當時不曾封公，只是封侯，如何？」答〔九一〕曰：「天子之宰、二王之後方封公，伯禽勢不得封公。」楊問秦會之當時云云。先生曰：「他當時有震主之勢，出於己只是跳一步便是這物事。如吳王濞，漢〔九二〕既立丞相、御史大夫、百官，與天子不相遠，所以起不肖之心。周公當時七年天子之位，其勢成，王所以賜之天子之禮樂。」砥。寓同而略。〔九三〕

喪服小記

禮記只是解儀禮，如喪服小記便是解喪服傳，推之每篇皆然。惟大傳是總解。德明。

凡文字，有一兩本參對則義理自明。如禮記中喪服小記、喪服大傳，都是解注儀禮。喪服小記云：「庶子不祭禰，明有〔九四〕宗也。」又曰：「庶子不祭祖，明有宗也。」注謂不祭禰者，父之庶子。不祭祖者，其父爲庶子。説得繁碎。大傳只説「庶子不祭」，則祖、禰皆在其中矣。某所以於禮書中只載大傳説。〔九五〕

大傳

吴斗南説：「『禮，不王不禘』，『王』如『來王』之『王』。四夷〔九六〕之君，世見中國。一世王者立則彼一番來朝，故王者行禘禮以接之。彼本國之君一世繼立則亦一番來朝，故歸國則亦行

禘禮。」此説亦有理。所謂「吉禘於莊公」者亦此類，非五年之禘也。淳。[九七]

諸侯奪宗，大夫不可奪宗。泳。

「别子爲祖，繼别爲宗」。是諸侯之庶子與他國之人在此邦居者皆爲别子，既爲别子[九八]則其子孫各自以爲太祖。如魯之三家：季友，季孫[九九]氏之太祖也；慶父，孟孫[一〇〇]氏之太祖也；公子牙，叔孫氏之太祖也。僩。

問「有小宗而無大宗者，有大宗而無小宗者，有無宗亦莫之宗者」。先生云：「此説公子之宗也。謂如人君有三子，一嫡而二庶則庶宗其嫡，是謂『有大宗而無小宗』；皆庶則宗其庶長，是謂『有小宗而無大宗』；止有一人則無人宗之，已亦無所宗焉，是謂『有[一〇一]無宗亦莫之宗』也。下云『公子之公，爲其士大夫之庶者，宗其士大夫之嫡者』，此正解『有大宗而無小宗』一句。『之公』之『公』猶君也。」人傑。

學記[一〇二]

學記云[一〇三]「九年知類通達」，横渠説得好：「學者至於能立，則教者無遺恨矣，此處方謂大成。」蓋學者既到立處，則教者亦不消得管他，自住不得。故横渠又云：「學者能立，則自强不反而至於聖人之大成。而今學者不能得扶持到立處。」嘗謂此段是個致知之要。如云「一年視離經辨志」，古注云，「離經」，斷絶句也。此只［一〇四］是讀得成句。辨志是知得這個是爲己、那個是爲人，這個是義、那個是利。「三年敬業樂群」，敬業是知得此是合當如此［一〇五］；樂群是知得滋味，好與朋友切磋。「五年博習親師」，博習是無所不習，親師是所見與其師相近了。「七年論學取友」，論學是他論得有頭緒了，取友是知賢者而取之，此謂之小成。「九年知類通達」，此謂之大成。横渠説得「推類」兩字最好，如荀子「倫類不通，不足謂之善學」。而今學者只是不能推類，到得「知類通達」是無所不曉，便是自强不反。這幾句都是上兩字説學，下兩字説所得處，如離經便是學，辨志便是所得處。他皆倣此。賜。［一〇六］

林子武［一〇七］問「宵雅肄三，官其始也」。先生曰：「聖人教人，合下便是要用底［一〇八］，便要用賢者［一〇九］以治不賢者［一一〇］，舉能者［一一一］以教不能者［一一二］。所以公卿大夫在下，也思各舉其職。不似而今上下都恁地了，使窮困之民無所告訴。聖賢生斯世，若是見似而今都無理會得［一一三］，他豈不爲［一一四］惻然思有以救之？『孔子三月無君則皇皇如也』，但不可枉尺直尋，以利言之。天生一人便須管得天地間事，如人家有四五子，父母養他豈不要他使？但其間有不會底，則會底豈可不出來爲他擔當一家事？韓退之云『蓋畏天命而悲人窮也』，這也説得來［一一五］好，説得聖賢心出。」義剛。夔孫録有詳略。［一一六］

問：「『不學雜服，不能安禮』，鄭注謂服是皮弁、冕服；横渠謂，服，事也，如洒掃應對沃盥之類。」曰：「恐只如鄭說。古人服各有等降，若理會得雜服，則於禮亦思過半矣。且如冕服是天子祭服，皮弁是天子朝服；諸侯助祭於天子則服冕服，自祭於其廟則服玄冕〔一一七〕；大夫助祭於諸侯則服玄冕，自祭於其廟則服皮弁。又如天子常朝則服皮弁，朔旦則服玄冕；無旒之冕也。諸侯常朝則用玄端，朔旦則服皮弁；大夫私朝亦用玄端，夕深衣；士則玄端以祭，上士玄裳，中士黃裳，下士雜裳，前玄後黃也。庶人深衣。」〔一一八〕

學記謂〔一一九〕「呻其佔畢，多其訊」，多其訊如公穀所謂「何」者是也。廣。

問：「『使人不由其誠』，莫只是教他記誦而中心未嘗自得否？」曰：「若是逼得他緊，他便來廝瞞，便是不由誠。嘗見橫渠作簡與某人，謂其子日來誦書不熟，且教他熟誦，盡其誠與材。」文蔚曰：「便是他解此兩句只作一意解。其言曰：『人之材足以有爲，但以其不由於誠則不盡其材。若曰勉率以爲之，豈有由其誠也哉？』」曰：「固是。既是他不由誠，自是材不盡。」文蔚。

「善問者如攻堅木，先其易者」，而後其難。今人多以難中有道理，而不知通其易則難自通，此不可不曉。可學。

問「善問者如攻堅木」一段。曰：「此說最好。若先其難者，理會不得，更進步不去。須先其易者，難處且放下，少間見多了，自然相證而解。『說』字，人以爲『悅』，恐只是『說』字。『說』證之義也。『解物爲解，自解釋爲解』，恐是相證而曉解。」庚。〔一二〇〕

「『善問者如攻堅木，先其易者，後其節目』。非特善問，讀書求義理之法皆然。置其難處，先理會其易處，易處通則堅節自迎刃而解矣。若先其難者，則刅頓斧傷而木終不可攻，縱使能攻而費工竭力，無自然相説而解之功，終亦無益於事也。」問：「『相説而解』，古注『説』音悦，『解』音佳買反。」曰：「『説』只當如字，而『解』音蟹。蓋義理相説之久，其難處自然觸發解散也。」僩。

樂記

看樂記大段形容得樂之氣象。當時許多形名度數是人人曉得，不消説出，故只説樂之理如此其好〔一二二一〕。今來許多度數都没了，却只有許多樂之意思是好，只是没個頓放處。如有帽却無頭，有個鞋却無脚，雖則是好，自無頓放處。司馬温公舊與范蜀公事事争到底，這一項事却不思量着。賀孫。

古者禮樂之書具在，人皆識其器數，〔一二二二〕却怕他不曉其義，故教之曰：「凡音之起，由人心生也。」又曰：「失其義，陳其數者，祝、史之徒也。」今則禮樂之書皆亡，學者却但言其義，至於器數則不復曉，蓋失其本矣。方子。〔一二二三〕

「一倡而三歎」，謂一人倡而三人和也。今之解者猶以爲三歎息，非也。節〔一二二四〕問：

「『人生而靜，天之性也』。靜非是性，是就所生指性而言。」先生應。節〔一二五〕問「知知」字。曰：「上『知』字是『致知』之『知』。」又曰：「上『知』字是體，下『知』字是用。上『知』字是知覺者。」節復〔一二六〕問「反躬」。曰：「反躬是回頭省察。」又曰：「反躬是事親孝，事君忠，這個合恁地，那個合恁地，這是反躬。」節。〔一二七〕

「物之感人無窮，而人之好惡無節」，此說得工夫極密，兩邊都有些罪過。物之誘人固無窮，然亦是自家好惡無節，所以被物誘去。若自有個主宰，如何被他誘去？此處極好玩味，且是語意渾粹。〔一二八〕

問：「『禮勝則離，樂勝則流』，既云離與流，則不特謂之勝，禮樂已亡矣。」曰：「不必如此說，正好就『勝』字上看，只爭這些子。禮纔勝些子便是離了，樂纔勝些子便是流了。知其勝而歸之中，即是禮樂之正。正好就『勝』字上看，不可云禮樂已亡也。」僩。

又曰：〔一二九〕「此等禮，古人目熟耳聞，凡其周旋曲折、升降揖遜，無人不曉。後世盡不得見其詳，却只有個說禮處，云『大禮與天地同節』云云。又如樂盡亡了，而今却只空留得許多說樂處，云『流而不息，合同而化』云云。又如周易許多占卦，淺近底物事盡無了，却空有個繫辭說得神出鬼沒。」僩。

問「明則有禮樂，幽則有鬼神」。曰：「禮主減，樂主盈。鬼神亦只是屈伸之義。禮樂、鬼神一理。」德明。

問「明則有禮樂，幽則有鬼神」。答云：〔一三〇〕「此只〔一三一〕是一個道理。在聖人制作處便是禮樂，在造化處便見〔一三二〕鬼神。」金録止此。〔一三三〕或云：「明道云『「天尊地卑，乾坤定矣，鼓之以雷霆，潤之以風雨」是也』。不知『天地尊卑』是禮，『鼓之』、『潤之』是樂否？」先生乃引樂記〔一三四〕一段，云：「此意思極好！再三歎息。退思，是『天尊地卑，乾坤定矣』，如此則禮者天地之別也。『地氣上際，天氣下降』云云，如此則樂者天地之和也。〔一三五〕」己亥秋嘗見先生，云：〔一三六〕「鬼神只是禮樂底骨子。」人傑。謨去僞亦同而略。〔一三七〕

「樂由天作」，屬陽，故有運動底意；「禮以地制」，如由地出，不可移易。升卿。

或問「天高地下，萬物散殊」一段。先生因歎此數句意思極好，非孟子以下所能作，其文如中庸，必子思之辭。左傳子太叔亦論此：「夫禮，天之經，地之義，民之行，天地之經，而民實則〔一三八〕。」云云。〔一三九〕「舊見伯恭愛教人看。只是説得粗，文意不溜亮，不如此説之純粹通暢。他只是説人做這個去合那天之度數。如云『爲六畜、五牲、三犧以奉五味』云云之類，都是做這個去合那天，都無那自然之理。如云『天高地下，萬物散殊而禮制行矣；流而不息，合同而化而樂興焉』，皆是自然合當如此。」僩。

問：「『禮樂極乎〔一四〇〕天而蟠乎地，行乎陰陽而通乎鬼神，窮高極遠而測深厚』，此是言一氣之和無所不通否？」曰：「此亦以理言。有是理即有是氣。亦如説『天高地下，萬物散殊而禮制行矣』。」文蔚曰：「正義却引『甘露降，醴泉出』等語。」曰：「大綱亦是如此。緣先有此理，末梢便有這徵驗。」文蔚。

「『樂，樂其所自生；禮，反其所自始』，亦如『樂由中出，禮自外作』。樂是和氣，從中間直出，無所待於外；禮却是始初有這意思，外面却做一個節文抵當他，却是人做底。雖説是人做，元不曾杜撰，因他本有這意思，故下文云『樂章德，禮報情，反始也』。」文蔚問：「如何是章德？」曰：「和順積諸中，英華發諸外，便是章著其内之德。横渠説：『樂則［一四二］其所樂，即是樂也，更何所待？是樂其所自成。』説得亦好。只是『樂其所自成』與『樂其所自生』，用字不同爾。」文蔚。

問：「『禮樂偵天地之情』，如陰陽之闔闢升降，天地萬物之高下散殊；『窮本知變，樂之情』，如五音六律之相生無窮；『著誠去僞，禮之經』，如品藻節文之不可淆亂否？」曰：「也不消如此分。這兩個物事只是一件。禮之誠便是樂之本，樂之本便是禮之誠。若細分之，則樂只是一體周流底物，禮則是兩個相對，著誠與去僞也。禮則相刑相尅，以此克彼；樂則相生相長，其變無窮。樂如晝夜之循環，陰陽之闔闢，周流貫通；而禮則有向背明暗。論其本，則皆出於一。樂之和便是禮之誠，禮之誠便是樂之和。只是禮則有誠有僞，須以誠克去僞則誠著。

所以樂記内外同異，只管相對説，翻來覆去只是這兩説。」又曰：「偩，依象也。『窮本知變』，如樂窮極到本原處，而其變生無窮。」問：「『降興上下之神』是説樂，『凝是精粗之體』是説禮否？」曰：「不消如此分。禮也有『降興上下之神』時節，如祭肝、祭心之類。」僩。

節〔一四二〕問「樂以治心，禮以治躬」。曰：「心要平易，無艱深險阻，所以説『不和不樂，則鄙詐之心入之矣』；不莊不敬，則慢易之心入之矣』。」節。

「易直子諒」，韓詩作「易直慈良」。從周。〔一四三〕

讀書自有可得參考處。如「易直子諒之心生〔一四四〕」一句，「子諒」，從來説得無理會。却因見韓詩外傳「子諒」字〔一四五〕作「慈良」字，則無可疑。木之。

林子武〔一四六〕問：「『天則不言而信』莫只是實理，『神則不怒而威』莫只是不測知之意〔一四七〕否？」先生曰：「也是恁地。神便是個動底物事。」義剛。

祭法

或問：「祭法云『鯀障洪水而殛死，禹能修鯀之功』，所以舉鯀，莫是因言禹後併及之耶？」答〔一四八〕曰：「不然。」去僞。

李丈問：「四時之祫，高祖有時而在穆。」先生曰：「某以意推之，如此無甚緊要，何必理會？禮書大概差舛不可曉。如祭法一篇即國語柳下惠説[一四九]爰居一段，但文有先後。如祀稷祀契之類，只是祭祖宗耳。末又説有功則祀之，若然則祖宗無功不祀乎？」淳。義剛同而略，自「如祭法」以上無。[一五〇]

祭義

祭義説：[一五一]「春禘秋嘗。霜露既降，君子履之必有悽愴之心，非其寒之謂。雨露既濡，君子履之必有怵惕之心，如將見之。樂以迎來，哀以送往，故禘有樂而嘗無樂。」蓋春陽氣發來，人之魄魂[一五二]亦動，故禘有樂以迎來，如楚辭大招中亦有「魂來」之語；秋陽氣退去乃鬼之屈，故嘗不用樂以送往。義剛。陳淳録同。[一五三]

問：「禮記云[一五四]『孝子有終身之喪，忌日之謂也』，不知忌日合着如何服？」曰：「唐時士大夫依舊孝服受弔。五代時某人忌日受弔，某人弔之，遂於坐間刺殺之。後來只是受人慰書而不接見，須隔日預辦下謝書，俟有來慰者即以謝書授之，不得過次日。過次日謂之失禮。服亦有數等，考與祖、曾祖、高祖各有降殺；妣與祖妣，服亦不同。大概都是黲衫、黲巾。後來横渠制度又别，以爲男子重乎首，女子重乎帶。考之忌日則用白巾之類，疑亦是黲巾。而不易帶；妣之忌日則易帶而不改巾。服亦隨親疏有隆殺。」問：「先生於忌日何服？」曰：「某只是〔一五五〕著白絹涼衫、黲巾，不能做許多樣服得。」問：「黲巾以何爲之？」曰：「紗絹皆可。某以紗。」又問：「誕辰亦受子弟壽酒否？」曰：「否。」「衣服易否？」曰：「否。一例不受人物事。某家舊時常祭：立春、冬至、季秋祭禰三祭。後以立春、冬至二祭近禘、祫之祭，覺得不安，遂去之。季秋依舊祭禰，而用某生日祭之。適值某生日在季秋，遂用此日。」九月十五日。又問：「在官所還受人壽儀否？」曰：「否。然也有行不得處，如作州則可以不受人物禮〔一五六〕，蓋受與不受〔一五七〕可以自由。若有監司所在，只得按例與之受；蓋他生日時又用還他禮數〔一五八〕，所以有處只得受。〔一五九〕某在潭州如此。在南康、漳州，不受亦不送。」又問黲巾之制。曰：「如帕復相似，有四隻帶，若當幞頭然。」僩。

又〔一六〇〕問表記〔一六一〕伊川曰：「禮記名〔一六二〕有不純處。如『至孝近乎王，至弟近乎霸』，直是可疑。如此則王無弟、霸無父也！」曰：「表記言『仁有數，義有長短小大』，此亦有未安處。今且只得如注說。」去僞。

祭義中，夫子對宰我問鬼神一段好。人傑。〔一六三〕

文蔚〔一六四〕問：「『其氣發揚於上，爲昭明、焄蒿、悽愴』，此百物之精神之著也。如何？」〔一六五〕曰：「此是陰陽乍離之際，髣髴如有所見有這個聲氣。昭明、焄蒿是氣之升騰，悽愴是感傷之意。」文蔚。

問「其氣發揚於上，爲昭明、焄蒿、悽愴」。先生云：「昭明是所謂光景者，想像其如此；焄蒿是騰升底氣象；悽愴是能令人感動模樣，『墟墓之間未施哀而民哀』是也。『洋洋乎如在其上，如在其左右』，正謂此。」德明。

哀公問

哀公問中「訪」字，去聲讀，只是「方」字。山東人呼「方」字去聲。漢書中説文帝舅駟鈞處，上文云「訪高后時」，即山東音也，其義只是「方」字。按，此篇無「訪」字，録誤，當考。僩。

孔子閒居〔一六六〕

「嗜欲將至，有開必先」，家語作「有物將至，其兆必先」，恐家語爲是。人傑。〔一六七〕

禮記「嗜欲將至，有開必先」，家語作「有物將至，其兆必先」，却是。初疑「有物」訛爲「嗜欲」、「其兆」訛爲「有開」，黄録止此。〔一六八〕故「嗜」下「日」亦似「有」，「開」上「門」亦似「兆」。若説「嗜欲」，則又成不好底意。〔一六九〕

表記

問：「『君子莊敬日强』是志强否？」曰：「志也强，體力也强。今人放肆則日怠惰一日，那得强！伊川云『人莊敬則日就規矩』，莊敬自是耐得辛苦，自不覺其日就規矩也。」寓。按，陳淳録同而略。〔一七〇〕

禮記「與仁同過」之言説得太巧，失於迫切。人傑。

問：「『鄉道而行，中道而廢，忘身之老也〔一七一〕』，其意何〔一七二〕在？」先生曰：「古人只是恁地學去〔一七三〕，有時倒〔一七四〕了也不定。今人便廢時〔一七五〕度日計〔一七六〕功效。〔一七七〕」方子。〔一七八〕

鄉飲酒〔一七九〕

「婚〔一八〇〕禮不賀，人之序也」云云〔一八一〕。先生曰：「婦既歸來則〔一八二〕姑與之爲禮，喜於家事之有承替也，〔一八三〕故姑反置酒一分以勸婦〔一八四〕。姑坐客位而婦坐主位，〔一八五〕姑降自西階，婦降自阼階。」卓。〔一八六〕

鄉飲酒義「三讓」之義，注疏以爲「月三日而成魄，魄三月而成時」之義，不成文理，説倒了。

他和書「哉生魄」也不曾曉得，然亦不成譬喻。或云當作「月三日而成明」，乃是。僩。

鄉飲酒禮：堂上主客列兩邊，主人一拜，客又答一拜；又拜一拜，[一八七]却不交拜。又也皆北向拜，不相對。不知是如何。某赴省試，當[一八八]時，衆士人拜知舉。知舉受拜了，却在堂上令衆人少立，使人大喝云：「知舉答拜！」方拜二拜。是古拜禮猶有存者。近年問人則便已交拜了[一八九]，是二三十年間此禮又失了。賀孫。

明州行鄉飲酒禮，其儀乃是高抑崇撰。如何不曾看着[一九〇]儀禮，却[一九一]只將禮記鄉飲酒義做這文字。似乎也[一九二]編入國史實録，果然是貽笑千古者也。儀禮有「拜迎」、「拜至」、「拜送」、「拜既」，拜迎謂迎賓；拜至謂至階；拜送謂既酌酒送酒也；拜既，卒爵而拜也。此禮中四節如此。今其所定拜送乃是送客拜兩拜。客去又拜兩拜，謂之「拜既」。豈非大可笑？禮，既飲，「左執爵，祭脯醢」。所以左執爵者，謂欲用右手取脯醢，從其便也。他今[一九三]却改「祭脯醢」作「薦脯醢」，自教一人令在邊進脯醢。右手自無用，却將左手只管把了爵，將右順便手却縮了。是可笑否？賀孫。

「紹興初，爲鄉飲酒禮，朝廷行下一儀制極乖陋。此時乃高抑崇爲禮官。看他爲謹終喪禮，是煞看許多文字，如儀禮一齊都考得子細。如何定鄉飲酒禮乃如此疏繆？更不識着儀禮，只把禮記鄉飲酒義鋪排教人行。且試舉一項，如鄉飲酒文云『拜至，拜洗，拜受[一九四]』，拜洗、[一九五]拜至，乃是賓升，主人阼階上當楣北面再拜，謝賓至堂，是爲拜至。主人既洗酌，卒洗，升，賓拜洗，是爲拜洗。主人取爵實之獻賓，賓西階上拜，是爲拜受。若拜送，乃是賓進受爵，主人阼階上拜，如今云送酒，是爲拜送爵。賓復西階上位，方有拜告旨、拜執爵及酢主人之禮。他乃將拜送作送之門外再拜爲拜送，門外兩拜了又兩拜爲拜既。不知如何恁地不子細。拜既爵亦只是堂上禮。」又曰：「古禮看説許多節目若甚煩縟，到得行時節只頃刻間[一九六]可了。以舊時所行鄉飲酒看之，煞見得不費時節。」又曰：「開元禮煞可看。唯是五禮新儀全然不是。是當時要[一九七]做這文字時不曾用得識禮底人，只是胡亂變易古文白撰，全不考究。天子乘車，古者君車將駕則僕御執策立於馬前。既效駕，君雖未升，僕御者先升則奮衣由右上。以君位在左，故避君空位。五禮新儀却漏了僕人登車一項，至駐車處却有僕人下車之文。這是一處錯，他處都錯了。」又云：「五禮新儀固未是，至如今又皆不理會。如朝報上云『執綏官』，則是無僕人之禮。古者執綏自是執綏，僕人乃是受綏，如何今却以執綏官代僕人？兼古者有敬事則必式，蓋緣立於車上，故憑衡式則是磬折，是爲致敬。今却在車上用倚子坐，則首與前衡高下不多，若憑手則是傲慢。這般所在都不是。如所謂『僕人乃立於車柱之外後角』，又恐立不住，却以采帛繫於柱上，都不成模樣！兼前面乃以內侍二人立於兩旁，是大非禮！『同子參乘，爰絲變色』，豈有以內侍同載而前後皆安之？眼前事，纔拈一件起來勘當着所在便不成模樣！神宗嘗欲正此禮數，王安石答以先理會得學問了，這般事自有人出理會，遂止。如荆公門人陸農師自是煞能考禮，渠後來却自不曾用他。」又曰：「婦人之拜，據古樂府云『出門長跪問故夫』，又云『直身長跪』，余正父云『周禮有肅拜，恐只是如今之俯首加敬而已。』不知夫人如何。喪禮，婦人唯舅之喪則跪拜，於他人又不知其拜如何。古禮殘闕，這般所在皆無可考。」賀孫。

鄉射

「射〔一九八〕中則得爲諸侯，不中則不得爲諸侯」，此等語皆難信。書謂「庶頑讒説，侯以明之」，然中間若有羿之能，又如何以此分别？恐大意略以射審定，非專以此去取也。〔一九九〕

拾遺

「朝極辨，不繼之以倦」，辨，治也。〔二〇〇〕

謂〔二〇一〕「進以禮，退以義」，曰：「三揖而進，一辭而退。」〔二〇二〕

王出户則宗祝隨之，出門則巫覡隨之。文蔚。

「偪屨著綦」。綦，鞋口帶也，古人皆旋繫，今人只從簡易，綴之於上，如假帶然。僩。

「天子視學以齒，嘗爲臣者弗臣」，或疑此句未純，恐其終使人不臣，如蔡卞之扶植王安石也。曰：「天子自有尊師重道之意，亦豈可遏！只爲蔡卞是小人，王安石未爲大賢，蔡卞只是扶他以證其邪説，故使人不伏[二〇三]，喫人議論。如了翁論他也是。若真有伊、周之德，雖是故臣，稍加尊敬亦何害？天子入學，父事三老，兄事五更，便是以齒不臣之也。如或人之論，則廢此禮可也。」

問：「『改葬緦』，鄭玄以爲終緦之月數而除服，王肅以爲葬畢便除，如何？」曰：「如今不可考。禮宜從厚，當如鄭氏。」問：「王肅以爲既虞而除之。若是改葬，神已在廟久矣，何得虞乎？」曰：「便是如此而今都不可考。看來也須當反哭於廟。」問：「鄭氏以爲只是有三年服者，改葬服緦三月；非三年服者，弔服加麻，葬畢除之否？」曰：「然。子思曰：『禮，父母改葬，緦而除。』則非父母不服緦也。」賀孫。[二〇四]

晦庵先生朱文公語類卷第八十八

大戴禮[一]

大戴禮無頭，其篇目缺處皆是元無，非小戴所去取。其間多雜僞，亦有最好處。然多誤，難讀。淳。義剛録同。[二]

大戴禮[三]本文多錯，注尤舛誤。武王諸銘有直做得巧了切題者，如鑑銘是也。亦有絶不可曉者。[四]想他[五]古人只是述戒懼之意，而隨所在寫記以自警省爾。不似今人爲此銘後[六]便要就此物上説得親切。[七]然其間固[八]亦有切題者，如湯盤銘之類。至於武王盥盤銘則又却[九]似個船銘，[一〇]想只是因水起意，然恐亦有錯雜處。廣。[一一]

太公銘几杖之屬有不可曉、不着題之語。古人文字只是有個意思便説，不似今人區區就一物上説。庚。[一二]

淳[一三]問：「大戴保傅篇多與賈誼策同，如何？」曰：「保傅中説『秦無道之暴』，此等語必非古書，乃後人采賈誼策爲之，亦有孝昭冠辭。」淳。義剛録同。[一四]

大戴禮冗雜，其好處已被小戴採摘來做禮記了，然尚有零碎好處在。廣。

晦庵先生朱文公語類卷第八十九

冠昏喪[一]

總論

冠禮、昏禮不知起於何時。如禮記疏説得恁地，不知如何未暇辨得。義剛。

節[二]問：「冠、昏、喪、祭，何書可用者[三]？」曰：「只是[四]温公書儀略可行，亦不備。」又曰：「只是儀禮。」節復[五]問：「伊川亦有此[六]書？」曰：「那個[七]只有些子。」節。

張欽夫[八]嘗定諸禮可行者，[九]乃除冠禮不載。問之，乃[一〇]云：「難行。」某答之云：「古禮惟冠禮最易行。[一一]如昏禮須兩家皆好禮[一二]方得行。喪禮臨時哀痛中，少有心力及之。祭禮則終獻之儀，煩多長久，皆是難行。看冠禮比他禮却最易行。」賀孫。[一三]

敬夫在廣西刊三家禮，除却冠禮。某問其故，敬夫曰：「冠禮難行。」某曰：「冠禮却易行，只一家事。昏禮却難行，礙兩家。如五綱之儀，須是兩家一樣人始得。」淳。[一四]

問冠、昏、喪、祭禮。曰：「今日行之正要簡，簡則人易從。如温公書儀，人已以爲難行，其殽饌十五味，亦難辦。」舜工[一五]云：「隨家豐儉。」曰：「然。」問：「唐人立廟，不知當用何器？」曰：「本朝只文潞公立廟，不知其[一六]用何器。呂與叔亦曾立廟，用古器。然其祭以古玄服，乃作大袖皂衫，亦怪，不如著公服。今五禮新儀亦簡，唐人祭禮極詳。」可學。

又[一七]問：「冠、昏之禮如欲行之，當須使冠、昏之人易曉其言乃爲有益。如三加之辭、出門之戒，若只以古語告之，彼將謂何？」曰：「只以今之俗語告之，使之易曉，乃佳。」時舉。

冠禮[一八]

因言冠禮，或曰：「邾隱公將冠，使孟懿子問於孔子，孔子對他一段好。」曰：「似這樣事，孔子肚裏有多，但今所載於方册上者亦無幾爾。」廣。

昏禮[一九]

陳厚之問：「女子二十而嫁，此是察情防微之意否？」先生批：「此意是。」義剛。[二〇]

親迎之禮恐從伊川之説爲是，近則迎於其國，遠則迎於其館。閎祖。

淳[二一]問：「程氏昏儀與温公儀如何？」曰：「互有得失。」曰：「當以何爲主？」曰：「迎婦以前，温公底是；婦入門以後，程儀底[二二]是。温公儀，親迎只拜妻之父母[二三]，兩拜便受婦以行，却是；程儀遍見妻之黨，則不是。温公儀入門便廟見，不是；程儀未廟見却是。大概只此兩條，以此爲準去子細看。」曰：「廟見當以何日？」曰：「古人三月而後廟[二四]見。」曰：「何必待三月？」曰：「未知得婦人性行如何。三月之久，則婦儀亦熟，方成婦矣。然今也不能到三月，只做個節次如此。」曰：「古人納采後又納吉。若卜不吉，則如何？」曰：「便休也。」曰：「古人納幣五兩，只五匹耳。恐太簡，難行否？」曰：「計繁簡則是以利言矣。且吾儕無望其[二五]復古，則風俗更教誰變？」曰：「温公用鹿皮，如何？」曰：「大節是了，小小不能皆然，亦没緊要。」曰：「温公婦見舅姑及舅姑享婦儀，是否？」曰：「亦是古人有此禮。」淳。

賀孫[二六]問：「喪、祭之禮，今之士固難行，而冠、昏自行，可乎？」曰：「亦自可行。某今所定者，前一截依温公，後一截依伊川。昏禮事屬兩家，恐未必信，禮恐或難行。若冠禮，是自家屋裏事，却易行。向見南軒説冠禮難行。某云，是自家屋裏事，關了門，將巾冠與子弟戴，有甚難？」又云：「昏禮廟見舅姑之亡者而不及祖，蓋古者宗子法行，非宗子之家不可別立祖廟，故但有禰廟。今只共廟，如何只見禰而不見祖？此當以義起，亦見祖可也。」賀孫。問：「必待三月，如何？」曰：「今若既歸來，直待三月又似太久。古人直是至此方見可以爲婦及不可爲婦，此後方反馬。馬是婦初歸時所乘車，至此方送還母家。」賀孫。

某定昏禮，親迎用温公，入門以後則從伊川。大概如此。道夫。〔二七〕

問：〔二八〕「古者娶婦三月廟見，而温公禮用次日，今有當日即廟見者，如何？」曰：「古人是從下做上，其初且是行夫婦禮；次日方見舅姑；服事舅姑已及三月，不得罪於舅姑方得奉祭祀。」夔孫。〔二九〕

問：「人家娶婦有當日便令廟見者，〔三〇〕非禮否？」曰：「固然。温公如此。今見温公書儀何故如此，温公有不可曉處，〔三一〕他是取左氏『先配而〔三二〕後祖』之説，不知左氏之語又〔三三〕何足憑。豈可取不足憑之左氏，而棄可信之儀禮乎！」卓。

人著書只是自入些己意，便做病痛。司馬文正〔三四〕與伊川定昏禮都是依儀禮，只是各改了一處，便不是古人意。司馬禮云：「親迎，奠雁，見主昏者即出。」不先於〔三五〕妻父母者，以婦未見舅姑也。是古禮如此。伊川却教拜了，又入堂拜大男小女，這不是。伊川云：「婿迎婦既至，即揖入内，次日見舅姑，三月而廟見。」是古禮。司馬禮却説婦入門即拜影堂，這又不是。古人初未成婦，次日方見舅姑。蓋先得於夫方可見舅姑；到兩三月得舅姑意了，舅姑方令見祖廟。某思量，今亦不能三月之久，亦須第二日見舅姑，第三日廟見，乃安。亦當行親迎之禮。古者天子必無親至后家之禮。今妻家遠，要行禮，一則令妻家就近處設一處，却就彼往迎歸館成禮；一則妻家出至一處，婿即就彼迎歸自家成禮。賀孫。

胡叔器[三六]問：「昏禮，温公儀，婦先拜夫；程儀，夫先拜婦。」陳此下云：「或又以爲妻者齊也，當齊拜。何者爲之是？」[三七]先生曰：「古者婦人與男子爲禮皆俠拜，每拜以二爲禮。昏禮，婦先二拜，夫答一拜；婦又二拜，夫又答一拜。冠禮皆[三八]見母，母亦俠拜。」又[三九]問：「古者婦人以肅拜爲正，何謂『肅拜』？」曰：「兩膝齊跪，手至地，頭[四〇]不下，爲肅拜。手拜[四一]亦然。爲喪主則頭亦至地，不肅拜。南北朝有樂府詩説婦人云『伸腰再拜跪，問客今安否』，伸腰亦是頭不下也。周宣帝令命婦朝見皆跪伏[四二]，如男子之儀。但不知婦人膝不跪地而變爲今之拜者起於何時。陳此下云：「此等小小禮文皆無所稽考。」[四三]程泰之以爲始於武后，非[四四]也。古者男子拜亦兩膝齊屈，如今之道士拜。杜子春注周禮奇拜，以爲先屈一膝，如今之雅拜。漢人雅拜即今之拜是也。」義剛。陳淳録同而差詳。[四五]

義剛[四六]問：「昏禮，[四七]今有士人對俗人結姻，士人[四八]欲行昏禮而彼俗人不從，却如何？」先生微笑，顧義剛久之，乃曰：「這也是費力，但也[四九]只得宛轉使人去與他商量。但[五〇]古禮也省徑，人也何苦不行！」黄直卿[五一]曰：「若古禮有甚難行者，也不必拘。如三周御輪樣[五二]，不成是硬要扛定轎子旋三匝？」先生亦笑而應。義剛曰：「如俗禮若不大段害理者，些小不必盡去也得。」先生曰：「是。」久之，云：「古人也有不可曉。古人於男女之際甚嚴，却如何地親迎乃用男子御車，但古今[五三]略偏些子，不知怎生地。」直卿舉今人結髮之説爲

笑。先生曰：「若娶用結髮，則結髮從軍皆先用結了頭髮後，方與番人廝殺耶？」義剛。陳淳録同。[五四]

李丈[五五]問姑舅之子爲昏。先生曰：「據律中不許。然自仁宗之女嫁李瑋[五六]家，乃是姑舅之子，故歐陽公曰『公私皆已通行』。此句最是把嵓。去聲。這事陳無「此句」以下至此八字。[五七]又如魯初間與宋世爲昏，後又與齊世爲昏，其間皆有姑舅之子者，從古已然。只怕位行[五八]不是。」義剛。陳淳録同而略。[五九]

喪禮[六〇]

因論喪服，曰：「今人吉服皆已變古，獨喪服必欲從古，恐不相稱。」閎祖云：「雖是如此，但古禮已廢，幸此喪服尚有古制，不猶愈於俱亡乎？」直卿亦以爲然。先生云：「『禮時爲大』。某嘗謂，衣冠本以便身，古人亦未必一一有義。又是逐時增添，名物愈繁。若要可行，須是酌古之制去其重複，使之簡易然後可。」又云：「一人自在下面做不濟事。須是朝廷理會，一齊與整頓過。」又云：「邵康節云[六一]『某今人，須着今時衣服』，忒煞不理會也。」閎祖。[六二]

問子升兄[六三]：「向見考祔禮煞子細，不知其他禮數都考得如此否？」曰：「未能及其他。」曰：「今古不同。如殯禮，今已自不可行。」子升因問：「喪禮，如温公儀，今人平時既不用古服，却獨於喪禮服之，恐亦非宜，兼非禮不足哀有餘之意。故向來斟酌，只以今服加衰絰。」曰：「論來固是如此。只如今因喪服尚存古制，後世有願治君臣或可因此舉而行之。若一向廢了，恐後來者愈不復識矣。」木之。

又〔六四〕問：「喪服，今人亦有欲用古制者。時舉以爲吉服既用今制，而獨喪服乃用古制，恐徒駭俗。不知當如何？」先生曰：「駭俗猶些小事，但恐考之未必是耳。若果考得是，用之亦無害。」時舉。

因說：「天子之喪，自太子、宰執而下漸降其服，至於四海則盡三月。服謂凶服。訃所至不問地之遠近，但盡於三月而止。天子初死，近地先聞則盡三月，遠地或後聞之，亦止於三月之内也。」又云：「古者次第，公卿大夫與列國之諸侯各爲天子三年之喪，而列國之卿大夫又各爲其君三年之服，蓋止是自服其君。如諸侯之大夫，爲本國諸侯服三年之喪，則不復爲天子服。百姓則畿内之民，自爲天子服本國之君服三年之喪也。故禮曰『百姓爲天子、諸侯有土者，服三年之喪』，爲此也。」又云：「『君之喪，諸達官者皆杖〔六五〕』，達官者〔六六〕謂得自通於君者，如内則公卿、宰執、六曹之長，九寺、五監之長，外則監司、郡守，皆自得通章奏於君者，故曰達官。〔六七〕凡此者皆杖，以次則不杖。如太常卿則〔六八〕杖，太常少卿則不杖。若無太常卿，則少卿代之杖也。只不知王畿之内公卿之有采地者，其民當如何服，當檢看。」卓。

賀孫[六九]問：「喪服，如至尊之喪，小官及士庶等服於古皆差。儀禮，諸侯爲天子斬衰三年。傳曰：『君，至尊也。』注：『天子諸侯及卿大夫有地者皆曰君。』庶人爲國君齊衰三月。注：『不言民而言庶人，庶人或有在官者。天子畿内之民服，天子亦如之。』以是觀之，自古無有[七〇]通天下爲天子三年之制，前輩恐未之考。」先生曰：「今士庶人既無本國之君服，又無至尊服，則是無君，亦不可不示其變。如今凉衫亦不害，此亦只存得些影子。」賀孫[七一]問：「士庶亦不可久。」「庶人爲國君亦止齊衰三月，諸侯之大夫爲天子亦止小功、緦麻[七二]。」或問：「有官人嫁娶在祔廟後。」先生曰：「只不可帶花用樂，少示其變。」又曰：「至尊之服，要好，初來三日用古冠服，上衣下裳。以後却用今所制服，四脚幞頭等，却自京官以上是一等服，京官以下是一等服，士人只[七三]一等服，庶人又一等服。如此等級分明也是[七四]好。」器之問：「壽皇行三年之喪，是誰建議？」先生曰：「自是要行，這是甚次第！可惜無好宰相將順成此一大事。若能因舉行盛典及於天下，一整數千百年之陋，垂數千百年之成憲，是甚次第！時相自用紫衫皂帶，入臨用白衫，待退歸便不着。某前日在上前説及三年之喪亦自感動，次日即付出與禮官集議，意甚好。不知後來如何忽又住了，却對宰相説『也似咤異』。不知壽皇既已行了，又有甚咤異？只是亦無人助成此事。因檢儀禮注疏説嫡孫承重甚詳。君之喪服，士庶亦可聚哭，但不可設位。某在潭州時亦多有民衆欲入衙來哭，某初不知，外面自[七五]被門子止約了。待

兩三日方知，遂出榜告示，亦有來哭者。」賀孫。〔七六〕

徽廟訃至，胡明仲知嚴州，衆議欲以日易月。張晉彦爲司理，爲明仲言：「前世以日易月皆是有遺詔。今太上在遠，無遺詔，豈可行？」胡曰：「然則如之何？」張〔七七〕曰：「盍請之於朝？」胡如其說，不報。可學。

正淳問：「呂氏解三年之喪與父母之喪是兩項。」曰：「他只據左氏『王一歲而有三年之喪二』，左氏定禮皆當時鄙野之談，據不得。」因言：「左氏只是一個能曉事、會做文章底人，却不是儒者。公、穀却是一個不曉事底儒者。」味道因言：「陳鍼子送女一段全然亂說。」先生曰：「然。」方子。〔七八〕

器遠問：「『習安守故』〔七九〕是如何？」曰：「云云。如親生父母，子合當安之。到得立爲伯叔後疑於伯叔父有不安者，這也是理合當如此。然而自古却有大宗無子則小宗之子爲之後，這道理又却重。只得安於伯叔父母而不可安於所生父母，喪服則爲爲後父母服三年，所生父母只齊衰，不杖，期。」賀孫。〔八〇〕

又〔八一〕問：「『天下事易至於安常習故』，如何？」曰：「且如今人最是，人家一個乞養兒，爲所生父母齊衰，〔八二〕不杖，期。爲所養父母斬衰三年，以理觀之自是不安，然聖人有個存亡繼絶底道理，又不容不安。且如濮安懿王事，當時皆以司馬公爲是。今則濮安懿王下却有主祀，朝廷却未嘗正其號。」卓。

包顯道[八三]問服制。曰：「唐時添那服制，添得也有差異處。且如親叔伯是期，堂叔[八四]須是大功，乃便降爲小功，不知是怎生地。」義剛。

姪對姑而言。今人於伯叔父前皆以爲「猶子」。蓋記禮[八五]者主喪服言。如夫子謂「回也視予猶父」，若以姪謂之「猶子」，則亦可以□□爲父矣[八六]。漢人謂之「從子」却得其正，蓋叔伯皆從父也。道夫。[八七]

問：「嫂叔無服，而程先生云『後聖有作，須爲制服』。」曰：「守禮經舊法，此固是好。纔説起定是那個不穩，然有禮之權處，父道母道亦是無一節安排。看『推而遠之』，便是合有服但安排不得，故推而遠之。若果是鞠養於嫂，恩義不可已，是他心自住不得，又如何無服得！」直卿云：「當如所謂『同爨緦』可也。今法從小功。」居父問姨母重於舅服。曰：「姊妹於兄弟未嫁期，既嫁則降爲大功，姊妹之身却不降也，故姨母重於舅也。」賀孫。[八八]

問：[八九]「今之墨衰便於出入而不合禮經，如何？」曰：「若能不出則不服之亦好，但有出入治事則只得服之。喪服四制説：『百官備，百物具。不言而事行者，扶而起；言而後事行者，杖而起；身執事而後行者，面垢而已。』蓋惟天子諸侯始得全伸其禮，庶人皆是自執事，不得伸其禮。」淳。[九〇]

問："「練而祔，是否？」曰："「此是殷禮，而今人都從周禮。若只此一件却行殷禮亦無意思。若如陸子静説，祔了便除去几筵，則須練而祔。若鄭氏説祔畢復移主出於寢，則當如周制，祔亦何害？」賀孫。〔九一〕

祔新主而遷舊主亦合告祭舊主，古書無所載，兼不説遷於何所。天子則有始祖之廟而藏之夾室，大夫亦自有始祖之廟。今皆無此始祖之廟〔九二〕，更無頓處。古人埋桑主於兩階間，蓋古者階間人不甚行。今則混雜，亦難埋於此，看來只得埋於墓所。大戴禮説得遷祔一條又不分曉。庚。〔九三〕

先生長子小祥，悲念形色，先期十日早暮慟，内外蔬食。賀孫。〔九四〕

先生以長子大祥，先十日朝暮哭，諸子不赴酒食會。近祥則舉家蔬食，此日除祔。先生累日顔色憂戚。賀孫。

二十五月祥後便禫，看來當如王肅之説，於『是月禫，徙月樂』之説爲順。而今從鄭氏之説，雖是禮疑從厚，然未爲當。看來而今喪禮須當從儀禮爲正。如父在爲母期非是薄於母，只爲尊在其父不可復尊在母，然亦須心喪三年。及嫂叔無服，這般處皆是大項事，不是小節目，後來都失了。而今國家法爲所生父母皆心喪三年，此意甚好。賀孫。〔九五〕

惟父母與長子有禫。方子。〔九六〕

或問：「有祖母服，今承重合禫與否？」曰：「在禮，有爲父母長子禫，却於祖母未聞。然既承重，則應有禫也。」〔九七〕

或問：「女子已嫁，爲父母禫否？」曰：〔九八〕「據禮云父在爲母、爲妻〔九九〕禫，止是主男子而言。」廣。〔一〇〇〕

問：「今弔人〔一〇一〕者用横烏，此禮〔一〇二〕如何？」曰：「此正是『玄冠以弔』，此禮正與孔子所謂〔一〇三〕『羔裘玄冠不以弔』相反，亦不知起於何時。想見當官者既不欲易服去弔人，故杜撰成個禮數。若閑居時只當易服用凉衫。」廣。〔一〇四〕

「本朝於大臣之喪，待之甚哀」。賀孫舉哲宗，哀臨温公事。先生曰：「温公固是如此，至於嘗爲執政，已告老而死，祖宗亦必爲之親臨罷樂。看古禮，君於大夫，小斂往焉，大斂往焉；於士，既殯往焉。何其誠愛之至！今乃恝然。這也只是自渡江以後，君臣之勢方始〔一〇五〕一向懸絶，無相親之意，故如此。古之君臣所以事事做得成，緣是親愛一體。因説虜人初起時，其酋長與部落都無分別，同坐同飲，相爲戲舞，所以做得事。如後來兀朮犯中國，虜掠得中國士類，因有教之以分等陛、立制度者，於是上下位勢漸隔，做事漸難。」賀孫。〔一〇六〕

某舊爲先人飾棺，考制度作帷幌，延平先生〔一〇七〕以爲不切。而今禮文覺繁多，使人難行。後聖有作，必是裁減了方始行得。賀孫。〔一〇八〕

先生殯其長子，諸生具香燭之奠。先生留寒泉殯所受弔，先生〔一〇九〕望見客至必涕泣遠接之，客去必遠送之。就寒泉庵西向殯。掘地深二尺、闊三四尺許〔一一〇〕，以墳磚〔一一一〕鋪砌，用石灰重重遍塗之，棺下及四圍用土磚夾砌。〔一一二〕將下棺，以食五味奠亡人，次子以下皆哭拜。諸客拜奠，次子代亡人答拜。蓋兄死子幼，禮然也。賀孫。〔一一三〕

伯謨問：「某人家欲除服而未葬，除之則魂帛無所依，不可祔廟。」先生曰：「不可，如何不早葬？葬何所費？只是悠悠。」因語：「莆人葬只是於馬鬣上，大可憂！須是懸棺而葬。」可學。〔一一四〕

先生葬長子喪儀：銘旌，埋銘，魂轎，柩止用紫蓋。盡去繁文。埋銘石二片，各長四尺、闊二尺許，止記姓名、歲月、里居〔一一五〕。刻訖，以字面相合，以鐵束之，置於壙上。其壙用石，上蓋厚一尺許，五六段橫湊之，兩旁及底五寸許。內外皆用石灰、雜炭末、細沙、黃泥築之。賀孫。

問〔一一六〕合葬夫婦之位。曰：「某當初葬亡室只存東畔一位，亦不曾考禮是如何。」淳問：〔一一七〕「地道以右爲尊，恐男當居右否〔一一八〕？」曰：「祭而以西爲上，則葬時亦當如此方是。」淳。〔一一九〕

又〔一二〇〕問改葬。曰：「須告廟而後告墓，方啓墓以葬。葬畢，奠而歸，又告廟，哭，而後畢事，方穩當〔一二一〕。行葬更不必出主，祭告時却出主於寢。」賀孫。

「人家墓壙棺槨切不可太大，當使壙僅能容槨，槨僅能容棺乃善。去年此間陳家墳墓遭發掘者皆緣壙中太闊，其不能發者皆是壙中狹小無着脚手處，此不可不知也。又，此間墳墓山脚低卸，故盜易入。」問：「墳與墓何別？」曰：「墓想是塋域，墳即土封隆起者。光武紀云，爲墳但取其稍高，四邊能走水足矣。古人墳極高大，壙中容得人行，也没意思。法令，一品已上墳得一丈二尺，亦自儘高矣。」李守約〔二三二〕云：「墳墓所以遭發掘者，亦陰陽家之説有以啓之。蓋凡發掘者皆以葬淺之故，若深一二丈自無此患。古禮葬亦許深。」曰：「不然，深葬有水。嘗見興化、漳、泉間墳墓甚高。問之，則曰，棺只浮在土上，深者僅有一半入地，半在地上，所以不得不高其封。後來見福州人舉移舊墓稍深者，無不有水，方知興化、漳、泉淺葬者，蓋防水爾。北方地土深厚，深葬不妨。豈可同也？」問：「槨外可用炭灰雜沙土否？」曰：「只純用炭末置之槨外，槨内實以和沙石灰。」或曰：「可純用灰否？」曰：「純灰恐不實，須雜以篩過沙，久之灰沙相乳入，其堅如石。槨外四圍上下一切實以炭末，約厚七八寸許，既辟濕氣、免水患，又截樹根不入。樹根遇炭皆生轉去，以此見炭灰之妙。蓋炭是死物，無情，故樹根不入也。抱朴子曰『炭入地，千年不變』。」問：「范家用黄泥拌石炭實槨外，如何？」曰：「不可。黄泥久之亦能引樹根。」又問：「古人用瀝青，恐地氣蒸熱，瀝青溶化，棺有偏陷，却不便。」曰：「不曾親見用瀝青利害，但書傳間多言用者，不知如何。」僴。

問：「喪之五服皆有制，不知飲食起居亦當終其制否？」曰：「今[一二三]當盡其制，但今人不能行，然在人斟酌行之。」寓。

問：「喪禮不飲酒、不食肉，若朝夕奠及親朋來奠之饌，則如之何？」曰：「與無服之親喫之[一二四]可也。」淳。

喪葬之時只當以素食待客。祭餘[一二五]葷食只可分與僕役。賀孫。

晦庵先生朱文公語類卷第九十

祭[一]

輔漢卿[二]問天神地亓之義。曰：「注疏謂天氣常伸謂之神，地道常默以示人謂之亓。」以下天地山川。[三]人傑。[四]

地祇者，周禮作「亓」字，只是示見、著見之義。庚。[五]

天地合祭於南郊，及太祖不別立廟室，千五六百年無人整理。賀孫。[六]

古時天地定是不合祭，日月山川百神亦無合共一時祭享之禮。當時禮數也簡，儀從也省，必是天子躬親行事。豈有祭天便將下許多百神一齊排作一堆都祭？只看郊臺階級兩邊是踏過處，中間自上排下都是神位，更不通看。賀孫。

郊祀，天子登壇，太常博士引太常卿，太常卿引皇帝。文蔚。[七]

問南、北郊。曰：「周禮只説祀昊天上帝，不説祀后土。先儒説祭社便是。如『郊特牲，社稷太牢』，又如『用牲於郊牛二』及『社于新邑』，此乃明驗。」又問：「周禮大司樂，冬至奏樂於圜

丘以禮天神，夏至奏樂於方丘以禮地示。如何？」曰：「只此處如此説。又如『祀大神，享大鬼，祭大示』。」人傑。〔八〕

問先朝南、北郊之辨。曰：「如禮説『郊特牲而社稷太牢』，書謂『用牲於郊牛二』及『社于新邑』，此其明驗也。故本朝後來亦嘗分南、北郊。至徽宗時又不知何故，却合爲一。」又曰：「但周禮亦只是説祀昊天上帝，不説祀后土，故先儒説祭社便是。」又問：「周禮大司樂，冬至奏樂於圜丘以禮天，夏至奏樂于方丘以禮地。」曰：「周禮中止有此説。更有『禮大神，享大鬼，祭大祇』之説，餘皆無明文。」廣。

五峰言無北郊，只社便是祭地，此説却好。〔九〕道夫。〔一〇〕

先生因泛説祭祀：「以社祭爲祀地。諸儒云立大社、王社、諸侯國社、侯社。五峰有此〔一一〕，謂此即祭地之禮。〔一二〕周禮他處不説，只宗伯『以黄琮禮地』，注謂夏至地神在崑崙。典瑞『兩圭有邸以祀地』，注謂祀於北郊。大司樂『夏日至，於澤中方丘奏之八變，則地示可得而禮矣』，他書亦無所考。書云『乃社于新邑，牛一、羊一』，然禮云諸侯社稷皆少牢，此處或不可曉。」賀孫。

如今郊禮合祭天地。周禮有「圜丘」、「方澤」之説，後來人却只説地便是后土，見於書傳，言郊社多矣。某看來不要如此，也自還有方澤之祭。但周禮其他處又都不説，亦未可曉。木之。

如今祀天地山川神，塑貌像以祭，極無義理。木之。

問山川之尸。曰：「儀禮，周公祭太山以召公爲尸。」淳。按黃義剛録同。〔一三〕

問：「祭天地山川而用牲幣酒醴者，只是表吾心之誠邪，抑真有氣來感〔一四〕格也？」曰：「若是無物來享時，自家祭是祭〔一五〕甚底？肅然在上令人奉承敬畏是甚物？若道真有雲車擁從而來，則〔一六〕又妄誕。」淳。〔一七〕

程沙隨云：「古者社以木爲主，今以石爲主，非古也。」社。〔一八〕方子。

五祀，行是道路之神，伊川云是宁廊，未必然。門是門神，户〔一九〕神與中霤、竈，凡五。古時〔二〇〕聖人爲之祭祀亦必有其神，如孔子說「祭如在，祭神如神在」，是有這祭便有這神，不是聖人若有若亡見得一半，便自恁地。但不如後世門神，便畫一個神象如此。賀孫。〔二一〕

胡叔器〔二二〕問五祀祭行之義。先生曰：「行，堂塗也。古人無廊屋，只於堂陛〔二三〕下取兩條路。五祀雖分四時祭，然出則獨祭行，又〔二四〕出門又有一祭。作兩小山于門前，烹狗置之山上，祭畢，却就山邊喫，却推車從兩山間過，蓋取跋履山川之義。」符舜功〔二五〕問：「祭五祀想也只是當如此致敬，未必有此神。」曰：「神也者，妙萬物爲〔二六〕言者也。盈天地之間皆神。若說五祀無神，則是有有神處、有無神處，却〔二七〕是甚麽道理？」叔器問：「天子祭天地，諸侯祭山川，大夫祭五祀，士庶人祭其先，此是分當如此否？」曰：「也是氣與他相關。如天子則是天地之主，便祭得那天地。若似其他人，與他不相關後祭個甚麽？如諸侯祭山川，也只祭得境内底。如楚昭王病後卜云『河爲祟』時[二八]，諸大夫欲去[二九]祭河，昭王自言楚之分地不及於河，河非所以爲祟。孔子所以美之，云昭王之不失國也宜哉。這便見得境外山川與我不相關，自不當祭。」又問：「如殺孝婦，天爲之旱，如何？」曰：「這自是他一人足以感動天地。若是分[三〇]與他不相干，如何祭得？」又問：「人而今去燒香拜天之類，恐也不是。」曰：「天只在我，更禱個甚麽？一身之中凡所思慮運動無非是天，一身在天裏行，如魚在水裏，滿肚裏都是水。某説人家還醮無意思，[三一]豈有斟一盞酒、盛兩個餅，却便[三二]享上帝！且説有此理無此理？某在南康祈雨，每日去天慶觀燒香。某説，且謾去。[三三]今若有個人不經州縣便去天子那裏下狀時，你嫌他不嫌他？你須捉來打，不合越訴。而今祈雨却如何不祭境内山川？如何却[三四]去告上帝？」義剛。

問：「竈可祭否？」曰：「人家飲食所繫，亦可祭。」問竈尸。曰：「想是以庖人爲之。」問祭竈之儀。曰：「亦略如祭宗廟儀。」淳。義剛錄同，但止於「庖人爲之」，自「問」以下無。[三五]

因説：「五祀，伊川疑不祭井，古人恐是同井。」曰：「然。」可學。

古人神位皆西坐東向，故獻官皆西向拜。而今皆南向了，釋奠時獻官猶西向拜，不知是如何？[三六]

室中西南隅乃主位。室中西牖東户。若宣聖廟室則先聖當東向，先師南向。如周人禘嚳郊稷，嚳東[三七]，稷南向。今朝廷宗廟之禮，情文都自相悖。不曉得古者主位東向，配位南向，故拜即望西。今既一列皆南向，到拜時亦却望西拜，都自相背如此[三八]。古者用籩豆簠簋等陳於地，當時只席地而坐，故如此飲食爲便。如[三九]今塑象高高在上，而祭饌反陳於地，情文全不相稱。曩者某人來問白鹿洞書院夫子廟欲塑象[四〇]，某答以州縣學是天子所立，既元用象，不可更。書院自不宜如此，不如不塑象。某處有列子廟，却塑列子膝坐於地，這必有古象。行古禮須是參用今來日用常禮，庶或饗之。如太祖祭，用簠簋籩豆之外，又設牙盤食用椀楪之類陳於床，這也有意思。到神宗時廢了，元祐初復用。後來變元祐之政，故此亦遂廢。賀孫。

夫子象設置於椅上已不是，又復置在臺座上。到春秋釋奠却乃陳簠簋籩豆於地，是甚義理？某幾番説要塑宣聖坐於地上如設席模樣，祭時却自席地，此有甚不可處？每説與人，都道差異，不知如何。某記在南康欲於學中整頓宣聖不能得，後説與交代云云。宣聖本不當設象，春秋祭時只設主祭可也，今不可行，只得設象坐於地方始是禮。寓。

「孔子居中，顔、孟當列東坐西向。七十二人先是排東廡三十六人了，却方自西頭排起，當初如此。自升曾子於殿上，下面趲一位，次序都亂了。此言漳州，未知他處如何。」又云：「某經歷諸處州縣學，都無一個合禮序。」賀孫。

高宗御製七十二子贊，曾見他處所附封爵姓名多用唐封官號。本朝已經兩番加封，如何恁地？賀孫。

謁宣聖焚香不是古禮。拜進將捻香，不當叩首。只直上捻香了，却出笏叩首而降拜。賀孫。

釋奠散齋，因云：「陳膚仲以書問釋奠之儀。今學中儀乃禮院所班，多參差不可用。唐開元禮却好。開寶禮只是全録開元禮，易去帝號耳。若政和五禮，則甚錯。今釋奠有伯魚而無子思，又『十哲』亦皆差互，仲弓反在上。且如紹興中作七十二子贊只據唐爵號，不知後來已經加封矣。近嘗申明之。」可學。

「在漳州日，陳請釋奠禮儀，到如今只恁地白休了。子約爲藉田令，多少用意主張，諸禮官都没理會了，遂休。」坐客云：「想是從來不曾理會得，故怕理會。」曰：「東坡曾云，今爲禮官者皆是自牛背上拖將來。今看來是如此。」因問張舅忠甫家須更别有禮書，令還鄉日詢求之。致道云：「今以時文取官，下梢這般所在全理會不得。」曰：「向時尚有開寶通禮科，令其熟讀此書，試時挑問。後來又做出通禮，通禮[四二]如注釋一般。如人要治此，必須連此都記得。如問云籩起於何時，逐一説了後又反復論議一段，如此亦自好。漳州煞有文字，皆不得寫。如今朝廷頒行許多禮書，如五禮新儀，未是。若是不識禮便做不識禮，且只依本寫在也得。又去杜撰，將古人處改了。」是日因看薛直老行狀，中有述其初爲教官陳請改上丁釋奠事。「蓋其見當時用下丁，故請改之。舊看古禮中有一處注云：『春用二月上丁，秋用八月下丁。』今忘記出處。向亦欲檢問象先，及漳州陳請釋奠儀，欲乞委象先，又思量渠不是要理會這般事人，故已之。」賀孫。

新書院告成，明日欲祀先聖先師。古有釋菜之禮，約而可行，遂檢五禮新儀，令具其要者以呈。先生終日董役，夜歸即與諸生斟酌禮儀。雞鳴起，平明往書院，以廳事未備，就講堂行禮。宣聖像居中，兖國公顔氏、郕侯曾氏、沂水侯孔氏、鄒國公孟氏西向配北上，並紙牌子。濂溪周先生、東一。明道程先生、西一。伊川程先生、東二。康節邵先生、西二。司馬温國文正公、東三。横渠張先生、西三。延平李先生東四。從祀，亦紙牌子。並設於地。祭儀別録，祝文別録。先生爲獻官，命賀孫爲贊，直卿、居甫分奠，叔蒙贊，敬之掌儀。堂狹地潤，頗有失儀，但獻官極其誠敬[四二]，如或享之，鄰曲長幼並來陪。禮畢，先生揖賓坐，賓再起，請先生就中位開講。先生以坐中多年老，不敢居中位，再辭不獲，諸生復請，遂就位説爲學之要。午飯後集衆賓飲，至暮散。賀孫。

李丈問太廟堂室之制。先生曰：「古制是不可曉。禮説，士堂後一架爲室，蓋甚窄。一架即一桁也。天子便待加得五七架，亦窄狹。不知周家三十以上神主位次相迫[四三]，如何行禮？室在堂後一架[四四]間，後堂内左角爲户而入。西壁如今之墻上爲龕，太祖居之，東向。旁兩壁有牖，群昭列於北牖下而南向，群穆列於南牖下而北向。堂又不爲神位而爲人所行禮之地，天子設黼扆於中，受諸侯之朝。」以下天子宗廟之祭。淳。[四五]

劉歆説「文、武爲宗，不在七廟數中」，此説是。蓋「祖有功，宗有德」，天下後世自有公論，不以揀擇爲嫌。如其不然，則商三宗之外少一親廟矣。淳。[四六]

義剛[四七]問：「諸儒所議禮如何？」曰：「劉歆説得較是。他謂宗不在七廟中者，謂恐有功德者多則占了那七廟數也。」又[四八]問：「文定『七廟』之説如何？」曰：「便是文定好如此硬説，如何恁地説[四九]！且如商之三宗，若不是別立廟，後只是親廟時，何不胡亂將三個來立？如何恰限取祖甲、太戊、高宗爲之？那個[五〇]『祖有功，宗有德』，天下後世自有公論，不以擇揀爲嫌，所以[五一]名之曰『幽』、『厲』，雖孝子慈孫，百世不能改。那個好底自是合當宗祀，如何毀得！如今若道三宗只是親廟，則是少了[五二]一個親廟了。便是書難理會。且如成王崩後十餘日，此自是成服了，然顧命却説麻冕、黼裳、彤裳之屬，如此便是脱了那麻衣更來着色衣。文定便説道是攝行踐阼之禮。且[五三]道，政事便可攝而行，阼豈可攝而踐？如何恁地硬説。且如元年，他便硬道不要年號。而今有年號後[五四]人尚去揩改契書之屬，若更無後當如何？」又問：「『志一則動氣』是『先天而天弗違』，『氣一則動志』是『後天而奉天時』，其意如何？」曰：「此是横渠恁地説，[五五]他是説春秋成後獲[五六]麟。先儒固亦有此説，然亦安知是作起獲麟與文成獲[五七]麟？但某意恐不恁地，這似乎不祥。若是一個麟出後被人打殺了，也撙采。」因言：「馬子莊道袁州曾有一麟。」胡叔器云：「但是古老相傳，舊日開江有一白駒。」先生曰：「馬説是二十年間事。若白駒等説是起於禹，如顔師古注『啓母石』之説政如此。近時廣德軍張大王分明是倣這一説。」義剛。

或問：「『遠廟爲祧』，如何？」曰：「天子七廟，如周文、武之廟不祧。文爲穆，則凡後之屬乎穆者，皆歸於文之廟，武爲昭，則凡後之屬乎昭者，皆歸乎武之廟也。」時舉。

問：「諸侯廟制，太祖居北而南向，昭廟二在其東南，穆廟二在其西南，皆南北相重。不知當時每廟一處，或共一室各爲位也？」曰：「古廟制自太祖以下各是一室，陸農師禮象圖可考。西漢時高帝廟、文帝顧成之廟猶各在一處，但無法度，不同一處。至東漢[五八]明帝謙貶不敢自當立廟，祔於光武廟，其後遂以爲例。至唐，太廟及群臣家廟悉如今制，以西爲上也。至禰處謂之『東廟』，只作一列。今太廟之制亦然。」德明。

今之廟制出於漢明帝，歷代相承不改。神宗嘗欲更張，今見於陸農師集中，史却不載。可學。

問：「本朝十一室，則九廟、七廟之制如何？」曰：「孝宗未祔廟，僖祖、宣祖未祧遷時爲十二室，是九世。今既祔宣祖，又祧僖祖，却祔孝宗，止是八世。進不及九，退不及七。當時且祧宣祖，存得九廟，却待後世商量猶得。直如此匆忙，何也？」人傑。[五九]

古人所以祔於祖者，以有廟制昭穆相對，將來祧廟則以新死者安於祖廟。所以設祔祭豫告，使死者知其將來安於此位，亦令其祖知是將來移上去，其孫來居此位。今不異廟，只共一室排作一列，以西爲上，則將來祧其高祖了，只躐得一位，死者當移在禰處。如此則只當祔禰，今而〔六〇〕祔於祖，全無義理。但古人本是祔於祖，今又難改他底，若卒改他底，將來後世或有重立廟制則又着改也。神宗朝欲議立朝廷廟制，當時張虎則以爲祧廟、祔廟只移一位，陸農師則以爲祔廟、祧廟皆移一匝。如農師之説則是世爲昭穆不定，豈得如此？文王却是穆，武王却是昭。如曰「我穆考文王」，又曰「我昭考武王」。又如左傳説：「管、蔡、郕、霍、魯、衛、毛、聃、郜、雍、曹、滕、畢、原、酆、郇，文之昭也。」這十六國是文王之子，文王是穆，故其子曰「文之昭也」。「邘、晉、應、韓，武之穆也」，這四國是武王之子。武王是昭，故其子曰「武之穆也」，則昭穆是萬世不可易，豈得如陸氏之説？陸氏禮象圖中多有杜撰處。不知當時廟制後來如何不行？賀孫。〔六一〕

今不立昭穆，即所謂「祔於曾祖、曾祖姑」者，無情理也。德明。〔六二〕

禘只祭始祖及所自出之帝二者而已〔六三〕，祫乃合群廟之主〔六四〕皆在。當從趙匡之説。〔六五〕黄文云：「所自出之帝無廟。」方子。〔六六〕

「王者禘其祖之所自出，以其祖配之而立四廟，庶子王亦如之。程先生曰：『「禘其祖之所自出」，始受姓者也；「其祖配之」，以始祖配也。』文武必以稷配，後世必以文王配，所出之祖無廟於太祖之廟，禘之而已。萬物本乎天，人本乎祖，故以所出之祖配天地。周之后稷生於姜嫄，已上更推不去也。文武之功起於后稷，故配天者須以后稷，嚴父莫大於配天。宗祀，文王於明堂以配上帝，上帝即天也，聚天之神而言之，則謂之上帝，此武王祀文王，推父以配上帝，配上帝須以父。」曰：「昔者周公郊祀，后稷以配天，宗祀，文王於明堂以配上帝不？」曰：「武王者，以周之禮樂盡出周公制作，故以其作禮樂者言之。猶言『魯之郊禘，非禮也』，周公其衰矣，是周公之法壞也。若是成王祭上帝，則須配以武王，配天之祖則不易，雖百世惟以后稷配帝，則必以父，若宣王祭上帝，則亦以厲王。雖聖如堯、舜不可以爲父，雖惡如幽、厲不害其爲所生也，故祭法言『有虞氏宗堯，非也』。如此，則須舜是堯之子，苟非其子，雖舜受以天下之重，不可謂之父也。如此，則是堯養舜以爲養男也，禪讓之事蔑然矣。以始祖配天須在冬至，一陽始生，萬物之始。祭用圓丘，器用陶匏藁秸，服大裘而祭。宗祀，九月，萬物之成。父者，我所自生；帝者，生物之祖。故推以爲配而祭祀於明堂。此議方正。先此祭五帝，又祭昊天上帝并配者六位。自介甫議，惟祭昊上帝以禰配之，太祖而上，有僖、順、翼、宣，先嘗以僖祧之矣。介甫議以爲不當祧順，以下祧之可也。何者？本朝推僖祖爲始，已上不可得而推之也，或難以僖祖無功業亦當祧。以是言之，則英雄以得天下自己力爲之，並不與祖德。或謂『靈芝無根，醴泉無源』，物豈有無，本而生者？今日天下基本蓋始於此，人安得爲無功業？故朝廷復立僖祖廟爲得禮。介甫所見，終是高於世俗之儒。」賀孫。〔六七〕

諸侯有四時之祫，畢竟是祭有不及處方如此。如春秋「有事於太廟」，太廟便是群祧之主皆在其中。義剛。陳淳録同。〔六八〕

鄧子禮問：「廟主自西而列排〔六九〕，何所據？」曰：「此也不是古禮。如古時一代只奉之於一廟，如后稷爲始封之廟，文王自有文王之廟，武王自有武王之廟，不曾混雜共一廟。」賀孫。

春秋傳毁廟之道，改塗易檐。言不是盡除，只改其灰飾、易其屋檐而已。淳。〔七〇〕

古者各有始祖之廟以藏祧主。如適士二廟各有門、堂、寢，各三間，是十八間屋。今士人如何要行得！賀孫。〔七一〕

賀孫〔七二〕問：「家廟在東，莫是親親之意否？」曰：「此是人子不死其親之意。」賀孫〔七三〕

問：「如大成殿又却在學之西，莫是尊右之義否？」曰：「未知初意如何。本朝因仍舊制反更率略，較之唐制尤没理會。唐制猶有近〔七四〕處，猶有條理可觀。且如古者王畿之内髣髴如井田規畫，中間一圈便是宫殿，前圈中左宗廟、右社稷，其他百官府以次列居，是爲前朝。後中圈爲市，不似如今市中家家自各賣買，乃是宫中爲設一去處，令凡民之賣買者就其處，若今場務然，無游民雜處其間。更東西六圈以處六鄉六遂之民，耕作則出就田中之廬，農功畢則入此室處。唐制頗倣此，最有條理。城中幾坊，每坊各有墻圍，如子城然。一坊共一門出入，六街。凡城門坊角有武侯鋪，衛士分守。日暮門閉。五更二點，鼓自内發，諸街鼓承振，坊市門皆啓。若有姦盜，自無所容。蓋坊内皆常居之民，外面人來皆可知。如殺宰相武元衡於靖安里門外，分明載元衡入朝，出靖安里，賊乘暗害之。亦可見坊門不可胡亂入，只在大官街上被殺了。如那時措置得好，官堦[七五]邊都無閑雜賣買、污穢雜揉。所以杜詩云『我居巷南子巷北，可恨鄰里間，十日不一見顔色』，亦見出一坊、入一坊，非特特往來不可。」賀孫。

問：「先生家廟只在廳事之側。」曰：「便是力不能辦。古之家廟甚闊，所謂『寢不踰廟』，是也。」又問：[七六]「祭時移神主於正堂，其位如何？」曰：「只是排列以西爲上。」又問：[七七]「祫祭考妣之位如何？」曰：「太祖東向，則昭、穆之南[七八]、北向者當以西方爲上。則昭之位次，高祖西而妣東，祖西而妣東，是祖母與孫並列，於體爲順。若余正父之説，則欲高祖東而妣西，祖東而妣西，則是祖與孫婦並列，於體爲不順。彼蓋據儀[七九]中有高祖南向、吕后少西，更不取證於經文，而獨取傳注中之一二執以爲是，斷不可回耳。」人傑。

問：「天子七廟，諸侯五廟，大夫三廟，士二廟，官師一廟。若只是一廟，只祭得父母，更不及祖矣，無乃不盡人情？」曰：「位卑則流澤淺，其理自然如此。」文蔚曰：「今雖士庶人家，亦祭三代，如此却是違禮。」曰：「雖祭三代却無廟，亦不可謂之僭。古之所謂廟者，其體面甚大，皆是門、堂、寢、室，勝如所居之宮，非如今人但以一室爲之。」文蔚。

胡兄問祧主置何處。曰：「古者始祖之廟有夾室，凡祧主皆藏之於夾室，自天子至於士庶皆然。今世[八〇]士庶之家不敢僭立始祖之廟，故祧主無安頓處，只得如伊川說埋於兩階之間而已。某家廟中亦如此。兩階之間人跡不到，取其潔爾。今人家廟亦安有所謂兩階？但擇淨處埋之可也。思之，不若埋於始祖墓邊。緣無個始祖廟所以難處，只得如此。」僩。

問祧禮。曰：「天子諸侯有太廟夾室則祧主藏於其中，今士人家無此，祧主無可置處。禮注說藏於兩階間，今不得已只埋於墓所。」問：「有祭告否？」曰：「橫渠說三年後祫祭於太廟，因其祭畢還主之時遂奉祧主歸於夾室，遷主新主皆歸於廟。鄭氏周禮注大宗伯享先王處亦有此意，今略倣而行之。」問：「考妣入廟有先後，則祧以何時？」曰：「妣先未得入廟，考入廟則祧。」宗伯注曰：「魯禮，三年喪畢而祫於太祖。明年春，禘於群廟。自爾以後率五年而再殷祭，一祫一禘。」王制注亦然。淳。[八一]

問：「祧主，諸侯於祫祭時祧。今士人家無祫祭，只於四時祭祧，仍用祝詞告之，可否？」曰：「默地祧又不是也。古者適士二廟，廟是個大屋。特牲饋食禮有宗、祝等許多官屬，祭祀時禮數大。今士人家無廟，亦無許大禮數。」淳。

古人惟家廟有碑，廟中者以繫牲。冢上四角四個以繫索下棺，棺既下則埋於四角，所謂「豐碑」是也。或因而刻字於其上。後人凡碑刻無不用之，且於中間穴孔，不知欲何用也。今會稽大禹廟有一碑，下廣銳而上小薄，形制不方不圓，尚用以繫牲，云是時[八二]葬禹之物。上有隸字，蓋後人刻之也。

春秋時宗法未亡。如滕文公云「吾宗國魯先君」，蓋滕，文之昭也。文王之子武王既爲天子，以次則周公爲長，故滕謂魯爲「宗國」。又如左氏傳載：「女喪而宗室，於人何有？」如三威之後，公父文伯、公鉏、公爲之類乃季氏之小宗；南宮适之類，孟氏之小宗。今宗室中多帶皇兄、皇叔、皇伯等冠於官職之上，非古者不得以戚戚君之意。本朝王定國嘗言之，欲令稱「某王孫」，或「曾孫」，或「幾世孫」，有如越王派下則當云「越王幾世孫」。如此則族屬易識，且無戚君之嫌，亦自好。後來定國得罪，反以此論爲離間骨肉。今宗室散無統紀，名諱重疊，字號都窮了，更無安排處。楊子直欲[八四]用「季」字[八五]，趙丞相以爲「季」是叔、季，意不好，遂不用。賀孫。[八六]

「古者宗法有南宮、北宮，便是不分財也須異爨。今若同爨固好，只是少間人多了又却不齊整，又不如異爨。」問：「陸子静家有百餘人喫飯。」曰：「近得他書，已自别架屋，便也是許多人無頓着處。」又曰：「見宋子蜚説，廣西賀州有一人家共一大門，門裏有兩廊，皆是子房，如學舍、僧房。每私房有人客來則自辦飲食，引上大廳請尊長伴五盞後，却回私房别置酒。恁地却有宗子意，亦是異爨。見説其族甚大。」又曰：「陸子静始初理會家法亦齊整：諸父自做一處喫飯，諸母自做一處喫飯，諸子自做一處，諸婦自做一處，諸孫自做一處，孫婦自做一處，卑幼自做一處。」或問：「父子須異食否？」曰：「雖是如此，亦須待父母食畢，然後可退而食。」問：「事母亦須然否？」曰：「也須如此。」問：「有飲宴何如？」曰：「這須同處。如大饗，君臣亦同坐。」賀孫。

「宗子只得立適，雖庶長立不得。若無適子則亦立庶子，所謂『世子之同母弟』。世子是適，若世子死則立世子之親弟，亦是次適也，是庶子不得立也。本朝哲廟上仙，哲廟弟有申王，次端王，次簡王，乃哲廟親弟。當時章子厚欲立簡王。是時向后猶在，乃曰『老身無子，諸王皆云云』。當以次立申王，目眇不足以視天下，乃立端王，是爲徽宗。章子厚殊不知禮意。同母弟便須皆是適子方可言〔八七〕，既皆庶子，安得不依次第？今臣庶家要立宗也難，只是宗室與襲封孔氏、柴氏當立宗，今孔氏、柴氏襲封只是兄死弟繼，只如而今人〔八八〕門長一般，大不是。」又曰：「今若〔八九〕要立宗亦只在人，有甚難處？只是而今時節更做事不得，奈何！奈何！如伊川當時要勿封孔氏，要將朝廷所賜田五百頃一處給作一『奉聖鄉』，而呂原明便以爲不可，不知如何。漢世諸王無子國除，不是都無子，只是無適子便除其國。不知是如何。恐只是漢世不奈諸侯王何，幸因他如此，便除了國。」賀孫。

古人用尸，本與死者是一氣，又以生人精神去交感他那精神，是會附着歆享。杜佑說古人質朴，立尸爲非禮。今蠻夷中猶有用尸者。庚。〔九〇〕

古者立尸必隔一位。孫可以爲祖尸，子不可以爲父尸，以昭、穆不可亂也。夔孫。〔九一〕

或問：「古人祫祭時每位有尸否？」曰：「固是。周家旅酬六尸是每位皆有尸也。古者主人獻尸，尸酢主人。開元禮猶如此，每獻一位畢，則尸便酢主人，受酢已，又獻第二位。不知是〔九二〕甚時緣甚事後廢了，到本朝都把這樣禮數併省了。」廣。

或問：「妣有尸否？」曰：「一處説無尸，又有一處説有男尸、有女尸。亦不知廢於甚時代〔九三〕。古者不用尸則有陰厭，書儀中所謂『闔門垂簾』是也，欲使神靈厭飫之也。」廣。

問：「去祭用尸。」〔九四〕曰：「古者男女皆有尸。自周以來不見〔九五〕有女尸，想是漸次廢了。這個也磽碕。古者君〔九六〕尸在廟門之外，則全臣子之禮，在廟門之内，則君拜之。杜佑説，上古時中國與〔九七〕夷狄一般，後世〔九八〕聖人改之有未盡善者，尸其一也。蓋今蠻洞中亦〔九九〕有此，但擇美丈夫爲之，不問族類。」事見杜佑理道要訣末篇。〔一〇〇〕夔孫。〔一〇一〕

神主之位東向，尸在神主之北。銖。

問：「程氏主式，士人家可用否？」曰：「他云已是殺諸侯之制。士人家用牌子。」曰：「牌子式當如何？」曰：「温公用大板子。今但依程氏主式而勿陷其中可也。」淳。〔一〇二〕

伊川制，士庶不用主只用牌子。看來牌子當如主制，只不消做二片相合及竅其旁以通中。賀孫。

又〔一〇三〕問：「庶人家廟〔一〇四〕亦可用主否？」曰：「用亦不妨。且如今人未仕只用牌子，到仕後不中换了。若是士人只用主，亦無大利害。」又問：「祧主當如何？」曰：「當埋之於墓。其餘祭儀，諸家祭祀〔一〇五〕已備具矣。如欲行之，可自子細考過。」時舉。

黄直卿〔一〇六〕問：「神主牌，先生夜來説荀勗禮未終。」先生曰：「温公所製牌闊四寸、厚五寸八分，錯了。據隋煬帝所編禮書有一篇荀勗禮，乃是云『闊四寸，厚五寸，八分大書「某人神座」』。不然，只小楷書亦得。後人相承誤了，却作『五寸八分』爲一句。」義剛。

李丈〔一〇七〕問士牌子式。曰：「晉人制長一尺二分、博四寸五分，亦太大。不如只依程主外式，然其題則不能如陷中之多矣。」淳。義剛録同。〔一〇八〕

古人祭禮次喪禮，蓋謂從那始行〔一〇九〕重時〔一一〇〕便做那祭底道理來。後來人却移祭禮在喪之前，不曉這個意思。植。〔一一一〕

問：「祭禮，古今事體不同，行之多窒礙，如何？」曰：「有何難行？但以誠敬爲主，其他儀則隨家豐約，如一羹一飯，皆可自盡其誠。若温公書儀所説堂室等處，貧家自無許多所在，如何要行得？據某看來，苟有作者興禮樂，必有簡而易行之理。」賀孫。

李丈問：「祭儀更有修改否？」曰：「大概只是温公儀，無修政處。」問始祖之祭。曰：「後來疑似禘祭，更不敢祭。」淳。〔一一二〕

今之冠昏禮易行，喪祭禮繁多，所以難行。使聖人復出，亦必理會教簡要易行。今之祭禮豈得是古人禮？唐世三獻官隨獻，各自飲福受胙。至本朝便都只三獻後方始飲福受胙，也是覺見繁了，故如此。某之祭禮不成書，只是將司馬文正〔一一三〕者減却幾處。如今人飲食如何得恁地多？橫渠說「墓祭非古」，又自撰墓祭禮，即是周禮上自有了。賀孫。

黄問：「行正禮而祖先不曉，此則如何？」曰：「公曉得不曉得？公曉得，祖先便曉得。」淳。〔一一四〕

或問：「祖宗非士人，而子孫欲變其家風以禮祭之，祖宗不曉却如何？」曰。〔一一五〕義剛。按此下闕文，當有如上條，意始備，恐同聞而録異耳。〔一一六〕

人家族衆不分合祭，或主祭者不可以祭及叔伯之類，則須令其嗣子別得祭之。今且說同居，同出於曾祖，便有從兄弟及再從兄弟了。祭時主於主祭者，其他或子不得祭其父母。若恁地衮做一處祭不得。要好，當主祭之嫡孫當一日祭其曾祖及祖及父，餘子孫與祭。次日，却令次位子孫自祭其祖及父。又次日，却令又次位子孫自祭其祖及父。此却有古宗法意。古今祭禮這般處皆有之。某後來更討得幾家，要入未得。如今要知宗法祭祀之禮，須是在上之人先就宗室及世族家行了，做個樣子，方可使以下士大夫行之。賀孫。〔一一七〕

某自十四歲而孤，十六而免喪。是時祭祀只依家中舊禮，禮文雖未備，却甚齊整。先妣執祭事甚虔。及某年十七八許〔一一八〕方考訂得諸家禮，禮文稍備。是時因思古人有八十歲躬祭事拜跪如禮者，常自期，以爲年至此時，當亦能如此。在禮雖有「七十曰老，而傳」，則祭祀不預之説，然亦自期儻年至此，必不敢不自親其事。然自去年來拜跪已難，至冬間益艱辛。今年春間僅能立得住，遂使人代拜，今立亦不得了。然七八十而不衰，非特古人，今人亦多有之，不知某安得如此衰也！僩。

又〔一一九〕問「支子不祭」。曰：「不當祭。」又〔一二〇〕問：「横渠有季父之喪，三廢時祀，却令竹監弟爲之。緣竹監在官，無持喪之專，如此則支子亦祭。」曰：「這便是横渠有礙處，只得不祭。」因説：「古人持喪端的是持喪，如不食粥端的是不食粥〔一二一〕。」淳。

問士祭服。曰：「應舉者用襴衫幞頭，不應舉者用皂衫幞頭。」問：「皂衫帽子如何？」曰：「亦可。然亦只當涼衫。中間朝廷一番行冠帶，後却自朝廷〔一二二〕官先廢了。崇觀間，莆人朱給事子入京，父令過錢塘謁故人某大卿。初見以衫帽，及宴亦衫帽，用大樂。酒一行，樂一作，主人先釂，遂兩手捧盞側勸客。客亦釂，主人捧盞不移，〔一二三〕至樂罷而後下。及五盞歇坐，請解衫帶，着背子，不脱帽以終席。來歸語其父。父曰：『我所以令汝謁見者，欲汝觀前輩禮儀也。』此亦可見前輩風俗。今士大夫殊無有衫帽者。嘗有某人作郡，作衫帽之禮，監司不喜，以他故按之。」淳。〔一二四〕

胡叔器〔一二五〕問：「祭祖先，〔一二六〕士庶當祭幾代？」曰：「古時一代即有一廟，其禮甚多。今於禮制大段虧缺，而士庶皆無廟。但温公禮祭三代，伊川祭自高祖，始疑其過。要之，既無廟又於禮煞缺，祭四代亦無善〔一二七〕。」義剛問：「東坡〔一二八〕之説如何？」曰：「祭〔一二九〕四代，蓋自己成一代説起。」陳仲蔚〔一三〇〕問：「『郵畷表』不知爲何神？」曰：「却不曾子細看〔一三一〕。東坡以爲猶如戰〔一三二〕。」又問：「中霤是何處？」曰：「上世人居土屋，中間開一天窗，此便是中霤。後人易爲屋，不忘古制，相承亦有中霤之名。今之中霤但當於屋中祭之。」張以道問：「蜡便是臘否？」曰：「模樣臘自是臘，蜡自是蜡。」義剛曰：「臘之名至秦方有。」義剛。〔一三三〕

問〔一三四〕始祖之祭。曰：「古無此。是伊川先生以義起之。〔一三五〕某當初也祭，後來覺得僭，遂不敢祭。古者諸侯只得到〔一三六〕始封之君，以上則〔一三七〕不敢祭。大夫有大功，則請於天子得祭其高祖，然亦止得祭一番，常時不敢祭。程先生亦云，人必祭高祖，只是疏數耳。」又問：「士〔一三八〕庶亦有始基之祖，四〔一三九〕代以上則可不祭否？」曰：「如今祭四代已爲僭。古者官師亦只得祭二代，若是始基之祖莫亦只存得墓祭。」夔孫。〔一四〇〕

余正父謂：「士大夫不得祭始祖，此天子諸侯之禮。若士大夫當祭，則自古無明文。」又云：「大夫自無太祖。」先生因舉：「春秋如單氏、尹氏，王朝之大夫自上世至後世皆不變其初來姓號，則必有太祖。又如季氏之徒世世不改其號，則亦必有太祖。」余正父謂：「此春秋時自是世卿不由天子，都没理會。」先生云：「非獨是春秋時，如詩裏説『南仲太祖，太師皇父』，南仲是文王時人，到宣王時爲太祖。不知古者世禄不世官之説如何？又如周公之後，伯禽已受封於魯，而周家世有周公，如春秋云『宰周公』，這般所在自曉未得。」賀孫。

問：「冬至祭始祖是何祖？」曰：「或謂受姓之祖，如蔡氏則以〔一四一〕蔡叔之類。或謂厥初生民之祖，如盤古之類。」曰：「立春祭先祖則何祖？」曰：「自始祖下之第二世，及己身以上第六世之祖。」曰：「何以只設二位？」曰：「此只是以意享之而已。」淳。

李問至日始祖之祭初獻事。答云：〔一四二〕「家中尋常只作一番安排。想古人也不恁地，却有三奠酒。或有脯醢之屬，因三奠中進。」遂問：「始祖是隨一姓有一始祖，或只是是〔一四三〕一始祖？」曰：「此事亦不可得而見。想開闢之時只是生一個人出來。」淳。〔一四四〕

始祖之祭、先祖之祭，先生家近已之。云：「嫌其偪於天子之禮。始祖之祭似禘，先祖之祭似祫。」閎祖。〔一四五〕

問祭禮。曰：「古禮難行，且依温公，擇其可行者行之。祭土地只用韓公所編。祇一位。祭祖自高祖而下，如伊川所論。古者祇祭考妣，温公祭自曾祖而下。伊川先生以高祖有服，所當祭，今見於遺書者甚詳。此古禮所無，創自伊川，所以使人盡孝敬追遠之義。」道夫。〔一四六〕

伊川時祭止於高祖，而〔一四七〕上則於立春設二位統祭之，而不用主，此説是也。却又云，祖又豈可厭多？其〔一四八〕可知者無遠近〔一四九〕，皆當〔一五〇〕祭之。疑是初時未曾討論，故有此説。道夫。

問遺書云「尋常祭及高祖」。曰：「天子則以周人言，上有太祖二祧。大夫則于祫及其高祖。」可學。

用之問：「先生祭禮，立春日〔一五一〕祭高祖而上，只設二位。若古人祫祭，須是逐位祭？」曰：「某只是依伊川説。伊川禮更略。伊川所定不是成書，温公儀却是做成了。」賀孫。

李丈問立春先祖之祭。曰：「後來亦疑似祫祭，不敢祭。」淳。〔一五二〕

問：「祭先祖用一分如何？」曰：「只是一氣。若影堂中各有牌子則不可。」可學。

居父問祖妣配祭之禮。先生檢古今祭禮唐元和一段示之。賀孫。

古人無再娶之禮，娶時便有一副當人了，嫡庶之分定矣，故繼室於正室不可並配。今人雖再娶，然皆以禮聘，皆正室也，祭於別室恐未安。如伊川云，奉嗣〔一五三〕之人是再娶所生則以所生母配。如此則是嫡母不得祭矣，此尤恐未安。大抵伊川考禮文，却不似橫渠考得較子細。伯羽。〔一五四〕。

妣者，媲也。祭所生母只當稱母，則略有別。伯羽。〔一五五〕

無後之祭，伊川説在古今家祭禮中。閎祖。〔一五六〕

問無後祔食之位。曰：「古人祭於東西廂。而〔一五七〕今人家無東西廂，某家每常〔一五八〕只位於堂之兩邊。祭食則一，但正位三獻畢，然後使人分獻一酌而已，如今學中從祀然。」淳。義剛録同。〔一五九〕

李守約問：「祭殤，幾代而止？」曰：「禮經無所説〔一六〇〕。只程氏遺書一段説此，亦是以義起。」祭殤。義剛。陳淳録同。〔一六一〕

一之問：「長兄死，有嫂無子，不持服，歸父母。未幾，亦死于父母家。謂嫂已去而無義，欲不祀其嫂之主。又有次兄年少未娶而死。欲以二兄之主同爲一櫝，如何？」曰：「兄在日不去嫂，兄死後嫂雖歸父母家又不嫁，未得爲絶，不祀亦無謂。若然，是弟自去其嫂也，兄弟亦何必同櫝乎？」淳。〔一六二〕

李丈問曰〔一六三〕：「荆婦有所生母取養於家〔一六四〕，百歲後只歸祔於外氏之塋，如何？」曰：「亦可。」又問：「神主歸於外家〔一六五〕，則外家〔一六六〕凌替，欲祀於家之別室，如何？」曰：「不便。北人風俗如此。上谷郡君謂伊川曰『今日爲我祀父母，明日不復祠〔一六七〕矣』，是亦祀其外家也。然無禮經。」義剛。

胡〔一六八〕問：「行正禮，則俗節之祭如何？」曰：「韓魏公處得好，謂之節祠，殺於正祭。

某家依而行之，但七月十五日〔一六九〕素饌用浮屠，某不用耳。向南軒廢俗節之祭，某問：『於端午能不食粽乎？重陽能不飲茱萸酒乎？不祭而自享，於汝安乎？』淳。〔一七〇〕

問：「行時祭，則俗節如之〔一七一〕何？」曰：「某家且兩存之。」童問：「莫簡於時祭否？」曰：「是。要得不行，須是自家亦不飲酒始得。」淳。

先生依婺源舊俗：歲暮二十六日，烹豕一祭家先，就中堂二鼓行禮。次日，召諸生餕。李丈問曰：「夜來之祭飲福受胙否？」曰：「亦不講此。」婺源俗：豕必方切大塊。首、蹄、肝、肺、心、腸、肚、尾、腎等每件逐位皆均有。亦炙肉，及以魚佐之。云是日甚忌有器皿之毀。淳。

先生以歲前二十六夜祭先。云：「是家間從來如此。這又不是新安舊俗，某嘗在新安見祭享又不同。只都安排了，大男小女都不敢近前〔一七二〕，亦〔一七三〕不舉燭，只黑地，主祭一人自去燒香禱祝了。祭饌不徹，閉户以待，來早方徹。其祭不止一日，從二十六日連日只祭去。大綱如今俗所謂『唤福』。」賀孫。

又〔一七四〕問：「先生除夜有祭否？」曰：「無祭。」「先生有五祀之祭否？」曰：「不祭。」因説五祀皆設主而後迎尸，其詳見月令注，與宗廟一般。遂舉先生語解中「王孫賈」一段。曰：〔一七五〕「當初因讀月令注，方知王孫賈所問奥、竈之説。」淳。

墓祭非古。雖周禮有「墓人爲尸」之文，或是初間祭后土亦未可知。但今風俗皆然，亦無大

害。國家不免亦十月上陵。淳。[一七六]

義剛[一七七]問：「墓祭有儀否？」曰：「也無儀，大概略如家祭。唐人亦不見有墓祭，但是拜掃而已。」林擇之云：「唐有墓祭，通典載得在。」曰：「却不曾考。」或問墓祭祭后土[一七八]。曰：「就墓外設位而祭。」義剛。陳淳録同而略，今附，云：「淳問：『墓祭有儀否？』曰：『不制儀。大概略如家祭。古人無墓祭。』問：『祭畢亦祭后土否？』曰：『就墓外設位而祭。』又注云：『先人説唐人不墓祭，只拜掃而已。』林擇之説：『通典載亦有。』更考。」[一七九]

温公書儀謂以香火代焫蕭。楊子直不用，以爲香只是佛家用之。義剛。[一八〇]

問：「酹酒是少[一八二]傾，是盡傾？」先生曰：「降神是盡傾。然温公儀降神一節亦似僭禮。大夫無灌獻，亦無焫蕭，灌獻、焫蕭乃天子諸侯禮。焫蕭欲以通陽氣，今太廟亦用之。或以爲焚香可當焫蕭，然焚香乃道家以此物氣味香而供養神明，非焫蕭之比也。」陳録以上自作一條。[一八二]

問后土氏之祭。曰：「極而言之亦似僭，然此即古人中霤之祭，而今之所謂『土地』者。郊特牲：『取財於地，取法於天，是以尊天而親地，教民美報焉，故家主中霤而國主社。』觀此，則天不可祭而土神在民亦可祭。蓋自上古陶爲土室，其當中處上爲一竅[一八三]通明，名之曰『中霤』。及中古有宮室，亦以室之中央爲中霤，存古之舊，示不忘本。雖曰土神，而只以小者言之，

非如天子所謂祭皇天后土之大者也。」義剛。陳淳録同。〔一八四〕

祭禮，主人作初獻，未有主婦則弟得爲亞獻，弟婦得爲終獻。賀孫。〔一八五〕飲福受胙即尸酢主人之事，無尸者則有陰厭、陽厭。旅酬從下面勸上，下至直罍洗者皆得與獻酬之數。方子。

夫祭妻亦當拜。義剛。陳淳録同。〔一八六〕

古無忌祭，近日諸先生方考及此。賀孫。〔一八七〕

問：「忌日當哭否？」曰：「若是哀來時，自當哭。」又問衣服之制。曰：「某自有弔服，絹衫絹巾，忌日則服之。」廣。

忌日須用墨衣墨冠。横渠却視祖先遠近爲等差，墨布冠，墨布繒衣。銖。

先生母夫人忌日着縿墨布衫，其巾亦然。友仁問：「今日服色何謂？」先生曰：「公豈不聞『君子有終身之喪』？」友仁。

先生爲無後叔祖忌祭，未祭之前不見客。賀孫。

問：「『三年而後葬者必再祭』，鄭玄注以爲只是練祥祭無禫。」曰：「不知禮經上下文如何道，看見也是如此。」賀孫。〔一八八〕

「喪三年不祭」，蓋孝子居倚廬堊室只是思慕哭泣，百事皆廢，故不祭耳。然亦疑當令宗人

攝祭，但無明文，不可考耳。閎祖。〔一八九〕

問「喪三年不祭」。曰：「程先生謂，今人居喪都不能如古禮，却於祭祀祖先獨以古禮不行，恐不得。橫渠曰『如此則是不以禮祀其親也』。某嘗謂，如今人居喪時，行三二分居喪底道理，則亦當行三二分祭先底禮數。」〔一九〇〕廣。

先生以子喪，不舉盛祭，就影堂前致薦，用深衣幅巾。薦畢，反喪服，哭奠於靈，至慟。賀孫。〔一九一〕

晦庵先生朱文公語類卷第九十一

雜儀[一]

自三代後，車服冠冕之制，前漢皆不説，只後漢志内略載，尚[二]又多不可曉。庚。[三]

古者有祭服，有朝服。祭服所謂鷩冕之類，朝服所謂皮弁、玄端之類。天子諸侯各有等差。黄無「天子」以下八字。[四]自漢以來祭亦用冕服，朝服則所謂進賢冠、絳紗袍。隋煬帝時始令百官戎服，唐人謂之「便服」，又謂之「從省服」，乃今之公服也。祖宗以來亦有冕服、車騎[五]之類而不常用，惟大典禮則用之，然將用之時必先出許多物色於庭，所持之人又須有賞賜。[六]於是將用之前有司必先入文字，取指揮，例降旨權免。夔孫。黄義剛録同。[七]

今朝廷服色三等乃古間服，此起於隋煬帝時。然當時亦只是做戎服，當時以巡幸煩數，欲就簡便，故三品以上服紫，五品服緋，六品以下服緑。他當時又自有朝服。今亦自有朝服，大祭祀時用之，然不常以朝。到臨祭時取用却一齊都破損了，要整理又須大費一巡，只得恁地包在那裏。賀孫。

今之朝服乃戎服，蓋自隋煬帝數遊幸，令百官以戎服從，一品紫，五品朱，六品青。皂靴乃上馬鞋也。後世循襲，遂爲朝服。然自唐人朝服猶著禮服，幞頭圓頂軟脚，今之吏人所冠者是也。桶頭[八]帽子乃隱士之冠。宣和末，京師士人行道間猶著衫帽，至渡江戎馬中乃變爲白涼衫，紹興二十年間猶[九]是白涼衫，至後來軍興，又變爲紫衫，皆戎服也。淳。[一〇]

祖宗時有大朝會，如元正、冬至有之。天子被法服，群臣皆有其服。籍溪胡先生[一一]在某州爲解頭，亦嘗預元正朝班。又舊制：在京升朝官以上每日趂班[一二]，如上不御殿，宰相押班。所以韓魏公不押班，爲臺諫所論。籍溪云，士服著白羅衫，青緣，有裙有佩。紹興間，韓勉之知某州，於信州會樣來製士服，正如此。某後來看祖宗實録，乃是教大晟樂時士人所服，方知出處。今朝廷所頒緋衫，乃有司之服也。人傑。按，輔廣録略，今附，云：「祖宗時元正、冬至皆有大朝會，君臣都著法服，諸州解頭亦預。籍溪先生在某州爲解元，亦曾預元正朝會，皆白羅衫，青緣，有冠有佩。」[一三]

賀孫[一四]問：「今冠帶起於何時？」曰：「看角抵圖所畫觀戲者盡是冠帶。立底、屋上坐底皆戴帽繫帶，樹上坐底也如此。那時猶只是軟帽搭在頭上，帶只是一條小皮，穿幾個孔，用那跨子縛住。至賤之人皆用之。今來帽子做得恁地[一五]高，硬帶做得恁地重大，既不便於從事，又且是費錢。皂衫更費重。某從向時見此三物，疑其必廢。如今果是人罕用。也是貧士，如何要辦得！自家竭力辦得，着去那家，那家自無了，教他出來相接也不得，所以其弊必廢。大凡事不思量後都是如此。」

賀孫[一六]問：「古人制深衣，正以爲士之貴服，且謂『完且弗費』，極是好，上至天子亦服之。不知士可以常服否？」曰：「『可以擯相，可以治軍旅』，如此貴重，恐不可常服。」曰：「『朝玄端，夕深衣』已是從簡便了。且如深衣有大帶了，又有組以束之，今人已不用組了。凡是物事，纔是有兩件，定是廢了一件。」又云：「竇太后以戲帽贈文帝，[一七]則帽已自此時有了。從來也多唤做巾子、幞頭。」或云：「後唐莊宗取伶人者用之[一八]，但未[一九]有脚。」或云：「神廟朝[二〇]方用。」想神廟[二一]方制得如此長脚。賀孫。

符舜功曰：「去年初得官，欲冠帶參先生，中以顯道言而止。今思之亦是失禮。」先生曰：「畢竟是君命。」良久，笑曰：「顯道是出世間法。某初聞劉諫議初仕時，冠帶乘涼轎還人事。又聞李先生云，楊龜山初得官時亦冠帶乘轎還人事。[二二]往往前輩皆如此。今人都不理會其間有如此者，遂哂之。要之，冠帶爲禮。某在同安作簿時，朝廷亦有文字令百官皆戴帽。某時坐轎有礙，後於轎頂上添了一團[二三]竹。」義剛。

上領服非古服。看古賢如孔門弟子衣服，如今道服却有此意。古畫亦未有上領者，惟是唐時人便服此，蓋自唐初已雜五胡之服矣。[二四]

因言服制之變：「前輩無著背子者，雖婦人亦無之。士大夫家居，常服紗帽、皂衫、革帶，無此則不敢出。背子起殊未久。」或問：「婦人不着背子則何服？」曰：「大衣。」問：「大衣，非命婦亦可著否？」曰：「可。」僩因舉胡德輝雜志云：「背子本婢妾之服，以其行直主母之背，故名『背子』。後來習俗相承，遂爲男女辨貴賤之服。」曰：「然。嘗見前輩雜説中載，上御便殿着紗帽、背子，則國初已有背子矣。皆不可曉。」又曰：「後世禮服固未能猝復先王之舊，然[二五]且得華夷稍有辨别猶得。今世之服大抵皆胡服，如上領衫、靴鞋之類，先王冠服掃地盡矣！中國衣冠之亂自晉五胡，後來遂相承襲。唐接隋，隋接周，周接元魏，大抵皆胡服。」問：「今公服起於何時？」曰：「隋煬帝游幸，令群臣皆以戎服從，五品以上服紫，七品以上服緋，九品以上[二六]服緑。只從此起遂爲不易之制。」又問：「公服何故如許闊？」曰：「亦是積漸而然，初不知所起。嘗見唐人畫十八學士裹幞頭，公服極窄，畫裴晉公諸人則稍闊，及畫晚唐王鐸輩，則又闊。相承至今又益闊也。嘗見前輩説，紹興初某人欲製公服，呼針匠計料，匠云少三尺許。某人遂寄往都下製造，及得之，以示針匠。匠曰：『此不中格式，某不敢爲也。』某人問其故。曰：『但看袖必短，據格式，袖合與下襜齊至地，不然則不可以入閤門。』彼時猶守得這些[二七]意思，今亦不復存矣。唐人有官者，公服、幞頭不離身，以此爲常服。又别有朝服，如進賢冠、中單服之類。其下又有省服，服爲常服。今之公服，即唐之省服服也。」又問幞頭所起。曰：「亦不知所起，但諸家小説中時班駁見一二，如王彦輔麈史猶略言之。某少時尚見唐時小説極多，今皆不復存矣。唐人幞頭，初止以紗爲之，後以其軟，遂斫木作一山子在前襯起，名曰『軍容頭』。其説以爲起於魚朝恩，一時人争效，士大夫欲爲幞頭，則曰『爲我斫一軍容頭來』。及朝恩被誅，人以爲語讖。其先幞頭四角有脚，兩脚繫向前，兩脚繫向後。後來遂横兩脚，以鐵綫張之，然惟人主得裹此，世所畫唐明皇已裹兩脚者，但比今甚短。後來藩鎮遂亦僭用，想得士大夫因此亦皆用之，但不知幾時展得如此長？嘗見禪家語録載唐莊宗問一僧云：『朕收中原得一寶，未有人酬價。』僧曰：『略借陛下寶看。』莊宗以手展幞頭兩脚示之。如此，則五代時猶是惟人君得裹兩脚者，然皆莫可考也。桐木山子相承用，至本朝遂易以藤織者，而以紗冒之。近時方易以漆紗。嘗見南劍沙溪一士夫家尚收得上世所藏幞頭，猶是藤織坯子。唐製又有兩脚上下者，亦莫可曉。」僩。

今官員執笏最無道理。笏者，只是君前記事恐事多，須以紙粘笏上記其頭緒。或在君前不可以手指人物，須用笏指之。此笏常只[二八]插在腰間，不執在手中。夫子「攝齊升堂」，何曾手中有笏？攝齊者畏謹，恐上階時踏着裳，有顛仆之患。執圭者，圭自是贄見之物，只是捧至君前，不是如執笏。所以執圭時便「足縮縮，如有循」，緣手中有圭不得攝齊，亦防顛仆。明作。[二九]

古人言人跪坐。「雖有拱璧而先乘馬，不如坐進此道」，謂跪而獻之也。如文帝不覺膝之前，蓋亦是跪坐。跪坐，故兩手下爲拜。「拜」字從兩手下。古者初冠，母子相拜；婦初見舅姑，舅姑答拜。不特君臣相答拜也。方子。以下拜。

古人坐於地未必有[三〇]盤足，必是跪。以其慣了，故脚不痛，所以拜時易也。古人之拜止[三一]如今道士拜，二膝齊下。唐人先下一膝，謂之「雅拜」，似有罪，是不恭也。今人不然。明作。

問：[三二]「古者天子拜其臣，想亦是席地而坐，只略爲之俛首，便是拜否？」先生曰：「太甲『拜手稽首』，[三三]疏言稽留之意，是首至地之久也，蓋其尊師傅如此。後來晉元帝亦拜王導，至其家亦拜其妻。如法帖中，元帝與王導帖皆稱『頓首』，又不知如何也。[三四]」淳。義剛録同。[三五]

賀孫[三六]問：「看禮中説婦人吉拜，雖君賜肅拜，此則古人女子拜亦伏地也。」曰：「古有女子伏拜者。乃太祖問范質之姪杲：『古者女子拜如何？』他遂舉古樂府云『長跪問故夫』，以爲古婦女皆伏拜，自則天欲爲自尊之計，始不用伏拜。今看來此説不然。樂府只説『長跪問故夫』，不曾説伏拜。古人坐也是跪，一處云『直身長跪』，若拜時亦只低手祇揖便是肅拜，故禮肅拜注云『肅，俯手也』。蓋婦人首飾盛多，如『副笄六珈』之類，自難以俯伏地上。古人所以有父母拜其子、舅姑答婦拜者，蓋古坐時只跪坐在地，拜時亦容易；又不曾相對，拜各有向，當答拜亦然。大祝九拜：稽首拜，頭至地；頓首拜，頭叩地；空首拜，頭至手，所謂『拜手』也；振動，戰栗變動之拜；吉拜，拜而後稽顙；凶拜，稽顙而後拜也；奇拜，一拜；褒拜，再拜，『褒』讀爲『報』；肅拜，『但俯下手，今時拾』，傳云『介者不拜』，『敢肅使者』是也。」賀孫。

古人屋黄作「室」。無廊廡。三公露立於槐下，九卿露立於棘下。當其朝會，有雨則止。黄本止此。〔三七〕曾子問：「諸侯見天子，入門而雨霑服失容則廢。」淳。義剛録同而〔三八〕略。以下朝廷之儀。

三代之君見大臣多立，乘車亦立。漢初猶立見大臣，如贊者云「天子爲丞相起」。後世君太尊，臣太卑。德明。

古者天子見群臣有禮：先特揖三公，次揖九卿，又次揖左右，然後泛揖百官。所謂「天揖同室〔三九〕」之類，有許多等級。義剛。陳淳録同。〔四〇〕

「皇太子參決時見宰相、侍從以賓主之禮，餘官不然。」又曰：「獨宰相爲正拜者，蓋餘官謝恩在殿下拜，侍從以上雖拜殿上，亦只偏拜，獨宰相正拜，故云。」敬仲。〔四一〕

近日上殿禮簡，如所謂舞蹈等事皆無之。只是直至殿下拜一雙，上殿奏事，退又拜，即〔四二〕這也是閤門要省事故如此。壽皇初間得幾時見群臣，皆許只用紫衫。後來有人説道太簡，後不如此。賀孫。〔四三〕

問朝見舞蹈之禮。曰：「不知起於何時。元魏末年方見説那舞，然恐或是夷狄之風。」廣。〔四四〕

「古時隔品則拜，謂如八品見六品、六品見四品則拜。宰相絶禮[四五]百僚，則皆拜之。若存得此等舊禮亦好，却有等殺。今著令，從事郎以下庭參不拜，則以上者不庭參可知。豈有京朝官復降階之禮？今朝士見宰相只是客禮，見監司、郡守如何却降階？」問：「若客司輩[四六]揖請降階則如何？」曰：「平立不降可也。同官雖皆降階，吾獨不降可也。」是時將赴莆田，問此。先生又云：「古者庭參官，令録以下往往皆拜，惟職官不拜，所以著令如此。」德明。

廖子晦將赴莆陽宰，[四七]請於先生：「今屬邑見郡守有階墀之禮，合當如何？[四八]」曰：「若欲自行其志，勿從俗可也。」因云：「今多相尚如此。以此去事人固是無見識，且是爲官長者安受而不疑，更是怪。」坐客云：「趙丞相帥某處，經過某處，而屬邑宰及同僚皆於船頭迎望拜接，後却旨揮不要此般禮數。這般所在，須先戒飭客將。」或云：「今人見宰相，欲有所言，未及出口，已爲客將按住云『相公尊重』，至有要取覆而客將抗聲云『不得取覆』者。」先生曰：「若是有此等，無奈何，須叱之可也。」賀孫。

黄直卿[四九]言：「廖子晦作宰，不庭參，當時忤了上位，但此一節最可服。」先生曰：「庭參底固不是，然待上位來争到底也不是。」義剛。[五〇]

開元禮有刺史弔吏民之禮，如[五一]古者國君弔臣禮。本朝删去此條。方子。

問：「左右必竟孰爲尊？」曰：「漢初右丞相居左丞相之上，史中有言曰『朝廷無出其右者』，則是右爲尊也。到後來又却以左爲尊，而老子曰有[五二]『上將軍處右而偏將軍處左』。喪事尚右，[五三]兵，凶器也，故以喪禮處之，如此則吉事尚左[五四]矣。漢初豈習於戰國與暴秦之所爲乎！」廣。[五五]

問：「盤坐於理有害否？」曰：「古人席地亦只是盤坐，又有跪坐者。[五六]君前臣跪，父前子跪，兩膝頭屈前着地，觀畫圖可見。古人密處未見得，其疏即是如此。[五七]管寧坐一木榻，積五十年未嘗箕股，其榻上當膝處皆穿。今人有椅子，若對賓客時合當垂足坐，若獨居時垂足坐難久，盤坐亦何害？」淳。按，徐寓録同而略，今附，云：「安卿問：『管寧跪坐，今人盤坐無妨否？』曰：『古人席地亦只跪坐，未有盤坐。君前臣跪，父前子跪。兩膝頭屈前着地，古人撙節處自如此密。今有橙椅之屬，若對賓客時合垂足坐，若燕居無尊客，垂足坐難久，盤坐亦何害？』」[五八]

古人上下之分雖嚴，然待臣僕如子弟，待子弟如臣僕。伯玉之使，孔子與之坐；陶淵明籃輿，用其子與門人；子路之負米；子貢之埋馬；夫子之釣弋；有若之三踴於魯大夫之庭，而同三百人中當國士也；[五九]冉有用矛却齊以入其軍，而樊須雖少能用命也。古之人執干戈衛社稷，躬耕稼與陶漁之事，皆是也。後世驕侈日甚，反以臣子之職爲耻，此風日變，不可復也。士君子知此，爲學者言之，以漸率其子弟，庶幾可少變乎。人傑。[六〇]

今之表啓是下諛其上，今之制誥是君諛其臣。道夫。

今人書簡使上覆，以爲重於啓也。然用「啓」字則有義理，用「覆」字却無義理。「啓」乃開啓之「啓」。「覆」爲審覆之「覆」，如「三覆奏」，謂已有指揮，更爲再三審覆之也。廣。

問：「今人書簡未嘗拜而言拜，未嘗瞻仰而言瞻仰，如何？」先生曰：「『瞻仰』字去之無害，但『拜』字承用之久，若遽除去，恐不免譏罵。前輩只云『某啓』，『啓』是開白之義。法帖中有『頓首』，韓文中有『再拜』，其來已久。」人傑[六一]問：「『啓』又訓跪，如秦王問范睢有『跽而請[六二]』。」曰：「古人席地而坐，有問於人則略起身時其膝至地，或謂之跪。若婦人之拜在古亦跪，古樂府云『伸腰拜手跪』，則婦人當跪而拜，但首不至地耳。不知婦人之不跪起於何代，或謂唐武后時方如此，亦未可知。周天元令命婦爲男子之拜以稱賀，及天元薨，遂改其制。想史官書之以表其異，則古者婦人之拜，其首不至地可知也。然則婦人之拜，當以深拜頗合於古。」人傑。

有士大夫來謁，各以坐次推遜不已。先生曰：「吾人年至五十後，莫論官、休。」自修。

大抵前輩禮數極周詳鄭重，不若今人之苟簡。以今人律之先王之禮，則今人爲山鹿野麋矣。然某尚及見前輩禮數之周，今又益薄矣。僩。